高等学校土木工程专业"十三五"规划教材
全国高校土木工程专业应用型本科规划推荐教材

公路工程概预算

董 云 主编

张 颖 刘 锋 副主编

中国建筑工业出版社

图书在版编目（CIP）数据

公路工程概预算/董云主编. —北京：中国建筑工业
出版社，2018.8（2024.2重印）
高等学校土木工程专业"十三五"规划教材
全国高校土木工程专业应用型本科规划推荐教材
ISBN 978-7-112-22416-6

Ⅰ. ①公… Ⅱ. ①董… Ⅲ. ①道路工程-概算编
制-高等学校-教材②道路工程-预算编制-高等学校-教
材 Ⅳ. ①U415.13

中国版本图书馆 CIP 数据核字（2018）第 147504 号

本书以《公路工程基本建设项目投资估算编制方法》JTG M20—2011、《公路工程基本建设项目概算预算编制办法》JTG B06—2007、《公路工程估算指标》JTG/T M21—2011、《公路工程概算定额》JTG/T B06-01—2007、《公路工程预算定额》JTG/T B06-02—2007、《公路工程机械台班费用定额》JTG/T B06-03—2007 和《公路工程标准施工招标文件》（2018 年版）为依据，从估算、概算、预算的编制原理出发，全面、系统地介绍了公路工程概预算的编制程序和方法，并通过示例，解析用公路工程造价软件编制施工图预算的全过程。

本书共 9 章，内容包括：公路工程概预算基础知识；公路工程识图与工程量计算；公路工程定额及应用；公路工程投资估算；公路工程概预算费用构成；设计概算和施工图预算的编制；公路工程工程量清单；公路工程招投标；公路工程造价管理系统。

本书可以作为高等院校土木工程、道路桥梁与渡河工程、交通工程、工程造价及相关专业的教材或教学参考书，也可供道路设计、施工、养护、管理单位的工程技术人员学习参考，并可作为继续教育、成人教育的专业课教材。

本书配套教学课件，有需要的读者可以发送邮件至 jiangongkejian@163.com 索取。

责任编辑：仕　帅　吉万旺　王　跃
责任校对：焦　乐

高等学校土木工程专业"十三五"规划教材
全国高校土木工程专业应用型本科规划推荐教材
公路工程概预算
董　云　主编
张　颖　刘　锋　副主编
*
中国建筑工业出版社出版、发行（北京海淀三里河路 9 号）
各地新华书店、建筑书店经销
霸州市顺浩图文科技发展有限公司制版
建工社（河北）印刷有限公司印刷
*
开本：787×1092 毫米　1/16　印张：19　字数：461 千字
2018 年 9 月第一版　　2024 年 2 月第四次印刷
定价：**42.00** 元（赠课件）
ISBN 978-7-112-22416-6
（32291）

前　言

本书根据《高等学校土木工程本科指导性专业规范》等相关专业指导要求进行编写，以公路工程造价计价为主要对象，全面反映近年来公路工程造价管理体制的变化、招标投标及施工阶段造价计价的特点，严格遵循中华人民共和国交通运输部最新颁布和修订的行业标准和规范。本教材主要有以下特点：

1. 本教材是认真贯彻和执行交通运输部颁发的《公路工程基本建设项目概算预算编制办法》JTG B06—2007、《公路工程概算定额》JTG/T B06-01—2007、《公路工程预算定额》JTG/T B06-02—2007、《公路工程机械台班费用定额》JTG/T B06-03—2007，《公路工程基本建设项目投资估算编制方法》JTG M20—2011、《公路工程估算指标》JTG M21—2011 和 2018 年起实施的《公路工程标准施工招标文件》（2018 年版）等文件，并结合《关于公布公路工程基本建设项目概算预算编制办法局部修订的公告》（交通运输部公告 2011 年第 83 号）的规定、交通运输部 2016 年 5 月 1 日执行的关于《公路工程营业税改征增值税计价依据调整方案》的通知等进行编写而成的，体现了我国当前公路工程造价管理中的最新精神。

2. 在本教材编写中较好地体现了应用型本科人才培养目标，力求体现以人为本、注重知识实用性的现代教育理念，重视教材的实践性、先进性和实施性，编者参考了大量同类教材及参考资料，并收集了很多工程实例和造价员培训案例，根据各章节的内容安排大量案例穿插其中，理论结合实际，能加深读者对道路工程造价的理解，有利于提高学生编制道路工程造价的能力。

3. 在最后一章详细介绍了纵横 SmartCost 公路工程造价软件的基本功能、特点及具体操作流程，用实例分析讲解如何用公路工程造价软件编制概预算及工程量清单预算。

本书共 9 章，全书由董云统稿，其中第 1、2 章由宿迁学院刘锋编写，第 3、4 章由江苏建筑职业技术学院刘顾楠编写，第 5、6 章由淮阴工学院董云编写，第 7、8 章由淮阴工学院张颖编写，第 9 章由淮阴工学院程永振编写。

由于编著者水平有限，缺点和错误在所难免，敬请读者批评指正。

编者

2018 年 6 月

目　　录

第1章 公路工程概预算基础知识

教学目标

（1）了解公路的分类、公路的基本组成；

（2）熟悉公路工程基本建设程序；了解公路工程基本建设项目的投资构成；了解公路工程基本建设各阶段的造价构成；

（3）了解我国的造价工程师制度。

教学要求

知识要点	能力要求	相关知识
公路工程基本概念	(1)了解公路的分类； (2)熟悉公路的组成	(1)公路的分类； (2)公路的基本组成
公路工程基本建设项目	(1)熟悉公路工程基本建设项目的程序； (2)了解公路工程基本建设项目的投资构成	(1)公路工程基本建设项目； (2)基本建设投资
公路工程不同阶段的工程造价	了解公路工程基本建设各阶段的造价构成	公路工程基本建设各阶段的造价
造价师制度	了解我国的造价工程师制度	我国的造价工程师制度

基本概念

公路工程基本建设；基本建设投资；造价师。

1.1 公路工程基本概念

公路是指连接城市、乡村、港口、厂矿和林区等，主要供汽车行驶，且具备一定技术条件的交通设施。公路工程是一种人工构造物，是需要通过设计和施工等环节，消耗大量的人工、材料和机械而完成的建筑产品。

1.1.1 公路的分类

1. 按技术标准划分

交通运输部 2014 年 9 月颁布的国家行业标准《公路工程技术标准》JTG B01—2014，将公路根据功能和适应的交通量分为五个等级，即高速公路、一级公路、二级公路、三级公路、四级公路。

（1）高速公路：为专供汽车分向、分车道行驶，并应全部控制出入的多车道公路。

（2）一级公路：为供汽车分向、分车道行驶，并可根据需要控制出入的多车道公路。

（3）二级公路：为供汽车行驶的双车道公路。

（4）三级公路：为主要供汽车行驶的双车道公路。

（5）四级公路：为主要供汽车行驶的双车道或单车道公路。

2. 按行政类别划分

（1）国道：在国家公路网中，具有全国性政治、经济、国防意义，并经确定为国家干线的公路。

（2）省道：在省公路网中，具有全省性政治、经济、国防意义，并经确定为省级干线的公路。

（3）县道：具有全县性政治、经济意义，并经确定为县级的公路。

（4）乡道：主要为乡村生产、生活服务，并经确定为乡级的公路。

（5）专用公路：专为企业或其他单位提供运输服务的道路，如专门或主要为工矿、林区、油田、农场、军事要地等与外部连接的公路。

1.1.2 公路的组成

1. 路基工程

路基指的是按照路线位置和一定技术要求修筑的作为路面基础的带状构造物，是铁路和公路的基础，路基是用土或石料修筑而成的线形结构物。

按路基横断面形状的不同，通常可分为路堤、路堑和半填半挖路基三种形式；按修筑所用材料不同，路基可分为土路基、石路基、土石路基三种。

2. 路面工程

路面是在路基之上用各种筑路材料铺筑的供汽车行驶的层状构造物，其作用是保证汽车能全天候地在道路上安全、迅速、舒适、经济的运行。中、低级路面结构包括面层、基层和垫层；高级路面的路面结构一般由面层、基层、底基层与垫层组成。

路面按其力学特性可以分为：

（1）刚性路面：行车荷载作用下能产生板体作用，弯拉强度大，弯沉变形很小，呈现出较大的刚性，它的破坏取决于极限弯拉强度。刚性路面主要代表是水泥混凝土路面，包括接缝处设传力杆、不设传力杆及设补强钢筋网的水泥混凝土路面。

（2）柔性路面：荷载作用下产生的弯沉变形较大、抗弯强度小，在反复荷载作用下会产生积累变形，它的破坏取决于极限垂直变形和弯拉应变。柔性路面的主要代表是各种沥青类面层，包括沥青混凝土面层、沥青碎石面层、沥青贯入式碎（砾）石面层等。

3. 桥涵工程

当路线跨越河流山谷以及道路互相交叉时，为了保持道路的畅通，一般需要架设桥梁、涵洞。桥涵是道路工程的重要组成部分。

（1）按桥梁总长和跨径的不同，分为特大桥、大桥、中桥、小桥和涵洞。交通运输部颁布的《公路桥涵设计通用规范》JTG D60—2015 给出了桥涵的分类，具体如表 1-1 所示。

（2）桥梁按受力体系分类，可分为梁式桥、拱式桥、刚架桥、吊桥四种基本体系，其中梁式桥以受弯为主，拱式桥以受压为主，吊桥以受拉为主。

桥梁分类	多孔桥全长(m)	单孔跨径(m)	桥梁分类	多孔桥全长(m)	单孔跨径(m)
特大桥	$L>1000$	>150	小桥	$8 \leqslant L \leqslant 30$	<20
大桥	$100 \leqslant L \leqslant 1000$	$\leqslant 150$	涵洞	—	<5
中桥	$30<L<100$	<40			

4. 隧道

隧道是埋置于地层内的工程建筑物，是为公路从地层内部或水下通过而修建的结构物，是人类利用地下空间的一种形式。

隧道的结构包括主体建筑物和附属设备两部分。主体建筑物由洞身和洞门组成；附属设备包括避车洞、消防设施、应急通信和防排水设施，长大隧道还有专门的通风和照明设备。

5. 排水及防护工程

排水工程是为了排除地面水及地下水而设置的排水构筑物，包括地面排水构筑物和地下排水构筑物两大类。地面排水构筑物主要指路基的边沟、天沟、截水沟、排水沟、跌水和急流槽等构筑物；地下排水构筑物主要指路基的明沟、排水槽、排水管、渗沟、渗水隧洞、渗井和水平钻孔排水等构筑物。

防护工程是为了加固路基边坡、确保路基稳定的结构物，是防治路基病害、保证路基稳定、改善环境景观、保护生态平衡的重要设施。

6. 交通工程设施

(1) 安全设施：指的是为保障行车和行人的安全，充分发挥道路的作用，在道路沿线所设置的人行地道、人行天桥、照明设备、护栏、标注、标志标线等设施的总称。交通安全设施主要包括：交通标志、标线、防撞设施、隔离栅、轮廓标、诱导标、防眩设施、照明设施等。

(2) 管理设施：主要包括控制、监视、通信、数据采集与处理设施。

(3) 服务设施：主要包括服务区、加油站、公共汽车停靠站等。

(4) 收费设施：主要是指收费站等。

(5) 供电设施：是为了使整个交通工程系统正常运行而设置的配套设施。

(6) 环保设施：主要指为减少公路交通环境污染而设计的声屏障、减噪路面、绿化工程及公路景观（自然景观及人文景观）。

1.2 公路基本建设项目

现代交通运输由铁路、公路、航空以及管道运输等组成。公路运输具有灵活、机动、迅速、直达、服务面广、适应性强的特点，因而在整个交通运输业中占有较大比重，并且具有良好的发展前景。发展公路运输业，必须首先进行公路工程建设。

1.2.1 基本建设及其内容构成

1. 基本建设的定义

基本建设是指固定资产的建筑、添置和安装，是国民经济各部门为了扩大再生产而进行的增加固定资产的建设工作。

"基本建设"一词是1926年4月斯大林在一次报告中提出来的,其含义是资本建设或资金建设。英美等国称为固定资本投资或资本支出,日本称为建设投资。我国从1950年起正式使用"基本建设"这个词,其含义简单地讲,就是以扩大生产能力(或增加工程效益)为目的的综合经济活动。具体地讲,就是建造、购置和安装固定资产的活动以及与之相联系的工作,如征用土地、勘察设计、筹建机构、培训员工等。例如建设一个工厂即为基本建设,包括厂房的建造,机器设备的购置和安装以及土地征用、勘察设计、筹建机构、培训职工等工作。

公路工程基本建设是通过勘察、设计、施工以及有关的经济活动等,将一定建筑材料按设计要求与技术标准使用机械设备建造成公路构造物的过程。

2. 公路基本建设的内容

公路建设的内容,按其任务与分工不同可以分为:

1)公路工程的小修、保养

公路工程构造物在长期使用过程中,受到行车和自然因素的作用而不断磨耗损坏,只有通过定期和不定期的维修保养,才能保证固定资产原有功能和正常使用,保持运输生产不间断地持续进行,使原有生产能力得到维持。所以,公路工程的小修、保养是实现固定资产简单再生产的主要手段之一。

2)公路工程大、中修与技术改造

公路工程构造物由于受到材料、工艺、结构、设备以及当时技术条件等诸多方面制约和限制,必然使公路各组成部分具有不同的寿命期。因此,固定资产尽管经过维修,也不可能无限期地使用下去,到一定年限后,某些组成部分就会丧失功能,这时公路工程通过大、中修这种方式,来进行固定资产的更新。通常与公路的技术改造结合进行(如局部改线、改造不合标准路段、提高路面等级等)来提高公路的通行能力,实现固定资产简单再生产和部分扩大再生产。

3)公路工程基本建设

公路为了适应社会生产和流通发展的需要,必须通过新建、扩建、改建和重建四种基本建设形式来实现固定资产的扩大再生产,达到不断扩大公路运输能力的目的。

公路建设通过固定资产维修、固定资产更新与技术改造、基本建设三条途径来实现固定资产的简单再生产和扩大再生产。它们之间既有相同之处,又有所区别。

相同之处是:第一,它们都是我国固定资产再生产不可缺少的组成部分,都是高速发展社会主义现代化建设事业的必要手段;第二,都需要消耗一定数量的人力、财力和物力。所谓区别是:第一,资金来源不同;第二,管理方式与方法不同;第三,任务与分工不同。公路建设部门是指在国民经济中从事公路工程建筑、安装、养护的社会主义物质生产部门。

公路基本建设工作内容按其投资额构成和工作性质主要有如下三部分:

(1)建筑安装工程:指兴工动料的施工活动,包括建筑工程和设备安装工程。

① 建筑工程,如路基、路面、桥梁、隧道、防护工程、沿线设施、临时工程等建筑施工。

② 设备安装工程,如高速公路、大型桥梁所需各种生产运输及动力等设备和仪器的

安装、测试等。

（2）设备、工具、器具的购置：指为满足公路营运、服务、管理、养护所需要购置的设备、工具、器具，以及为保证新建、改建公路初期正常生产、使用、管理所需办公和生活用家具的采购或自制。设备可分为需要安装的设备和不需要安装的设备。

（3）其他基本建设：指不属于上述各项的但不可或缺的基本建设工作，如勘察、设计及与之有关的调查和技术研究工作，公路筹建阶段和建设阶段的管理工作，征用土地、青苗补偿和安置补助工作，施工机构迁移工作等等。

3. 基本建设项目组成

为了便于编制施工组织设计和概预算文件，必须对基本建设工程进行项目划分。基本建设工程可依次划分为：建设项目、单项工程、单位工程、分部工程和分项工程。

（1）基本建设项目：有总体设计文件，经济实行独立核算，行政上具有独立组织形式的建设项目。如：一条公路、铁路、港口等。

（2）单项工程：又称工程项目，它是构成建设项目的基本单位。一个建设项目，可以是一个单项工程，也可以包括多个单项工程。所谓单项工程是有独立设计文件、竣工后可以独立发挥生产能力或效益的工程。如：某独立大中桥、隧道等。公路建设的单项工程一般指独立的桥梁工程、隧道工程，这些工程一般包括与已有公路的接线，建成以后可以独立发挥交通功能。但一条路线中的桥梁或隧道，在整个路线未修通前，并不能发挥交通功能，也就不能作为一个单项工程。

（3）单位工程：它是单项工程的组成部分，它不能独立发挥生产能力（效益），但具有单独的施工图设计，具有独立施工条件，并可单独作为成本计算的对象。一个单项工程一般应由几个单位工程所组成，也可能只由一个单位工程组成。如某隧道单项工程，可分为土建工程、照明和通风工程等单位工程；一条公路可分为路线工程、桥涵工程等单位工程。

（4）分部工程：单位工程的组成部分，一般是按单位工程中的主要结构、主要部位来划分的。在公路建设工程中，分部工程的确定，是在工程项目界定的范围内，基本上以工程部位、工程结构和施工工艺为依据，并考虑在工程建设实施过程中便于进行工程结算和经济核算的前提下确定的。如按工程部位划分为路基工程、路面工程、桥涵上（下）部工程等，按工程结构和施工工艺划分为土石方工程、混凝土工程、砌筑工程等。

（5）分项工程：分部工程的组成部分，是根据工程的不同结构、不同材料和不同施工方法等因素划分的，如基础工程可划分为围堰、挖基、基础砌筑、回填等分项工程。它又是概预算定额的基本计量单位，故也称为工程定额子目或工程细目。如路基土石方分为松土、软土等各类土石成分，基础砌石分为片石、块石等。总之它是建筑安装工程的基本构成单位。

1.2.2 基本建设程序

公路建设是基本建设项目，凡新建公路工程项目和改建的大、中型公路工程项目，都必须按我国交通运输部颁布的《公路工程基本建设管理办法》规定的程序办理。按照当前法律、法规和规章规定，一个公路建设项目一般需要工程可行性研究报告、城镇发展规划审查、水土保持方案论证、环境影响评价、用地预审、压覆重要矿产资源评估、地质灾害危险性评估、文物调查、防洪影响评价、地震安全性评价，通航安全影响论证，通航标准和技术要求审查，跨河方案审查，跨越铁路方案审查，勘察设计招标，初步设计审查，征用林地报批、征用草原报批、征用土地报批，施工图设计审查、施工和监理招标，办理质量监督手续，施工许可，重大和较大变更审批，交工验收，环保、水保、档案等专项验收（收费站、服务区等房建工程还要进行消防验收），决算审计，竣工验收，项目后评价等27个报批环节。个别环节在改建的小型公路工程中不涉及。

公路工程基本建设程序如图1-1所示。

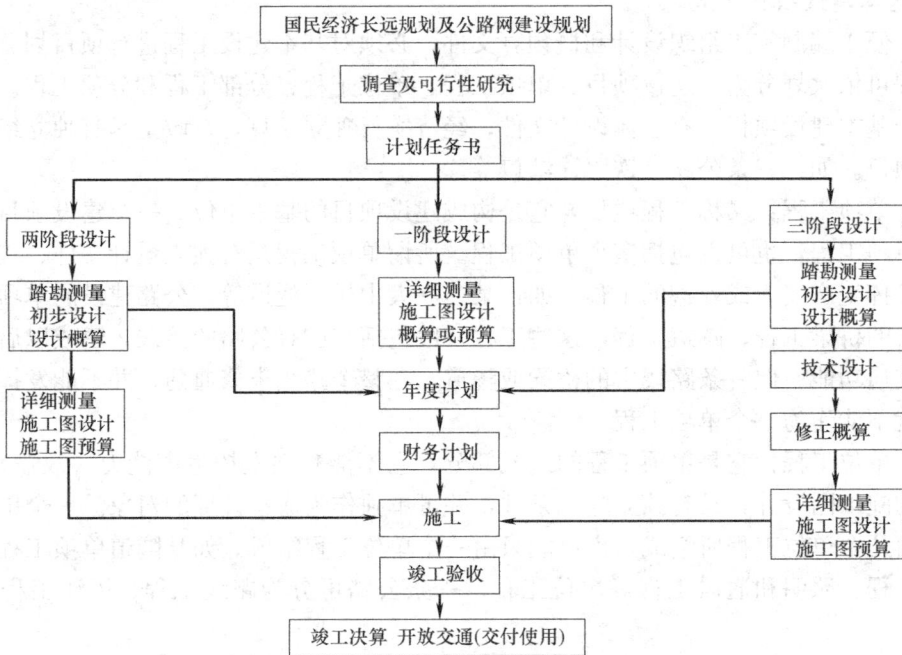

图 1-1 公路基本建设程序

下面将公路工程基本建设程序的内容，进行具体地描述。

1. 项目建议书

根据发展国民经济的长远规划和公路网建设规划，由地方政府和公路部门通过踏勘和调查研究，提出拟建项目的建设规模、技术标准、资源配置、建设条件，论述建设的必要性、条件的可行性和获利的可能性，编制项目建议书，供有关部门选择并确定是否进行下一步的工作。项目建议书编制阶段也称预可行性研究阶段（简称"预可研"），是可行性研究的初级阶段。

项目建议书的内容主要包括：项目建设的必要性和依据；拟建设规模、建设地点和建设方案的初步设想；资源情况、建设条件和协作关系等的初步分析；投资估算和资金筹措的设想；建设进度设想；经济效果和社会效益的初步估计。

2. 工程可行性研究

项目建议书批准后，即可着手进行可行性研究。公路建设项目可行性研究是通过对项目的市场需求、资源供应、建设规模、工艺路线、设备选型、环境影响、资金筹措、盈利能力等方面的研究，从技术、经济、工程等角度对项目进行调查研究和分析比较，并对项目建成以后可能取得的经济效益和社会环境影响进行科学预测，为项目决策提供公正、可靠、科学的投资咨询意见，以减少项目决策的盲目性。

公路建设项目可行性研究报告的主要内容包括：建设项目依据、历史背景；建设地区综合运输网的交通运输现状和建设项目在交通运输网中的地位及作用；原有公路的技术状况及适应程度；论述建设项目所在地区的经济特征，研究建设项目与经济发展的内在联系，预测交通量、运输量的发展水平；说明建设项目的地理位置、地形、地质、地震、气候、水文等自然特征；筑路材料来源及运输条件；论证不同建设方案的路线起讫点和主要控制点、建设规模、标准，提出推荐意见；评价建设项目对环境的影响；测算主要工程数量、征地拆迁数量估算投资，提出资金筹措方式；提出勘测、设计、施工计划安排；确定运输成本及有关经济参数，进行经济评价、敏感性分析。收费公路、桥梁、隧道尚需做财务分析，评价推荐方案提出存在问题和有关建议。

3. 设计文件

设计文件是安排建设项目、控制投资、编制招标文件、组织施工和竣工验收的重要依据。设计文件的编制必须坚持精心设计；认真贯彻国家有关方针政策，严格执行基本建设程序的规定。

公路工程基本建设项目，一般采用两阶段设计，即初步设计和施工图设计。对于技术简单、方案明确的小型建设项目，可采用一阶段设计，即一阶段施工图设计；技术复杂而又缺乏经验的建设项目或建设项目中个别路段、特殊大桥、互通式立体交叉、隧道等，必要时采用三阶段设计，即初步设计、技术设计和施工图设计。

初步设计应根据批准的可行性研究报告的要求和初测资料，拟定修建原则，选定设计方案，计算主要工程数量，提出施工方案的意见，编制设计概算，提供文字说明及图表资料。初步设计文件经审查批准后，是国家控制建设项目投资及编制施工图设计文件或技术设计文件（采用三阶段设计时）的依据，并且为订购和调拨主要材料、机具、设备、安排重大科研试验项目、征用土地等的筹划提供资料。初步设计提出的总概算与工程可行性研究报告确定的总投资估算之差，应控制在 10% 以内，若超过，需重新报批可行性研究报告。

技术设计，应根据批准的初步设计和补充初测（或定测）资料，对重大、复杂的技术问题通过科学试验、专题研究，加深勘探调查及分析比较，解决初步设计中未能解决的问题，落实技术方案，计算工程数量，提出修正的施工方案，编制修正设计概算。经批准后作为编制施工图设计的依据。

一阶段施工图设计，应根据批准的可行性研究和定测资料，拟定修建原则，确定设计方案和工程数量，提出文字说明和图表资料以及施工组织计划，编制施工图预算，满足审批的要求，适应施工的需要。

两阶段（或三阶段）施工图设计，应根据批准的初步设计（或技术设计）和定测（或补充定测）资料，进一步对所审定的修建原则、设计方案、技术决策加以深化，最终确定工程数量，提出文字说明和适应施工需要的图表资料以及施工组织计划，编制施工图预算。

设计文件必须由具有相应等级的公路勘察设计资质的单位编制，其编制与审批应按交通运输部现行的《公路建设监督管理办法》办理。

7

4. 纳入政府基本建设计划

建设项目的初步设计和概算经上级批准后，才能列入国家基本建设年度计划。建设单位根据国家发改委颁发的年度基本建设计划数据，按照批准的可行性研究报告和设计文件，编制本单位的年度基本建设计划，报经批准后，再编制物资、劳动、财务计划。这些计划分别经过主管机关审查后，作为国家或地方政府宏观调控地方发展规划的依据，同时也作为建设单位筹措资金、安排生产、物资分配、劳力调配的依据，并通过招标投标或其他方式落实施工单位。

5. 施工准备

为了保证施工的顺利进行，在施工准备阶段，建设主管部门应根据计划要求的建设进度指定一个企业或事业单位组织基建管理机构，办理登记及拆迁，做好施工沿线有关单位和部门的协调工作，抓紧配套工程项目的落实，组织分工范围内的技术资料、材料、设备的供应；勘测设计单位应按照技术资料供应协议，按时提供各种图纸资料，做好施工图纸的会审及移交工作；施工单位应组织机具、人员进场，进行施工测量，修筑便道及生产、生活等临时设施，组织材料、物资采购、加工、运输、供应、储备，做好施工图纸的接受工作，熟悉图纸的要求，编制实施性施工组织设计和施工预算，提出开工报告，按投资隶属关系报请交通运输部或省（市）、自治区基建主管部门核准；财政部门应会同建设、设计、施工单位作好图纸的会审，严格按计划要求进行财政拨款或贷款。

6. 组织施工

施工单位要遵照施工程序合理组织施工，施工过程中应严格按照设计要求和施工规范，确保工程质量，安全施工。推广应用新工艺、新技术，努力缩短工期，降低造价，同时应注意做好施工记录，建立技术档案。

7. 竣工验收、交付使用

建设项目的竣工验收是基本建设全过程的一个重要程序。工程验收是一项十分细致而又严肃的工作，必须从国家和人民的利益出发，按照国家计委《关于基本建设项目竣工验收暂行规定》、《建设工程质量管理条例》和交通运输部颁发的《公路工程竣（交）工验收办法》〔（交通部令2004年3号）于2004年10月1日施行〕、《公路工程竣（交）工验收办法实施细则》（交公路发（2010）65号）的要求，认真负责地对全部基本建设工程进行总验收。竣工验收包括对工程质量、数量、期限、生产能力、建设规模、使用条件的审查，对建设单位和施工企业编报的固定资产移交清单、隐蔽工程说明和竣工决算等进行细致检查。特别是竣工决算，它是反映整个基本建设工作所消耗的全部投资金额的综合性文件，也是通过货币指标对全部基本建设工作的全面总结。

8. 营运阶段

当全部基本建设工程经过验收合格，完全符合设计要求后，应立即移交给生产部门正式使用，迅速办理固定资产交付使用的转账手续，加强固定资产的管理、竣工决算上报财政及审计部门批准核销。在验收时，对遗留问题，由验收委员会（或小组）确定具体处理办法，报主管部门批准，交有关单位执行。

进入投资回收期，需要养护工程施工管理及收费管理工作。养护和大、中修工程，即固定资产的更新与技术改造，原则上也应参照基本建设程序，按交通运输部有关规定执行。

8

1.2.3 基本建设投资

1. 投资的构成

基本建设投资是由基本建设项目从筹建到竣工验收、交付使用的全部建设费用所构成。凡是新建、改建、扩建和重建的工厂、矿山、交通、水利等工程的建设费用，包括建筑安装工程，设备、工具、器具的购置，其他基本建设费（如征用土地、青苗、拆迁补偿，建设单位管理费，勘察设计费，研究试验费等），预留费用等都作为基本建设投资。

建设项目的四个阶段，即规划与研究阶段、设计阶段、施工阶段和交付使用阶段，每个阶段都贯穿着资金的运作。基本建设投资就是从建设前期的可行性研究费等少量投资开始，到施工期间大量投入资金，直到交付使用后经一定时期收回全部投资为止的一个完整周期内，以货币形式反映基本建设规模的综合指标。

在我国基本建设程序中，随着各个阶段工作深度的不同，计算投资总额的程序和要求不同，其作用也不同。投资前期的可行性研究阶段进行投资估算、经济评价是可行性研究的核心，投资估算就是经济评价工作的基础。投资估算的正确与否直接影响可行性研究经济计算的结果与评价，直接影响可行性研究工作质量。初步设计阶段编制投资概算（初步设计概算），它一经批准即列入年度基本建设计划，作为工程项目投资、贷款的依据。施工图预算的投资额是确定工程造价、签订建筑安装合同、办理工程结算、实行经济核算和考核工程成本的依据。施工阶段进行的施工预算、工程结算以及竣工决算是投资活动后期对实际发生的投资额的计算，它是投资额支付的活动过程，是检查基本建设投资计划、设计图预算执行情况和考核投资效果的重要依据。

2. 我国公路基本建设投资来源

我国公路基本建设资金来源主要有如下五种。

1）政府投资。政府投资是由政府预算直接安排的投资，通过政府财政拨款的方式，根据建设进度分期拨给建设单位，然后直接用于公路工程建设。

2）地方投资。在政府预算安排之外，由各地区、各部门按照国家规定自筹资金安排的投资。这是我国建设投资的一项补充来源。

3）银行贷款。银行信贷是以银行为主体，根据信贷自愿的原则，依据经济合同所施行的有偿有息投资。政府主管部门对公路建设贷款额度和贷款期限方面有明文规定。

4）国外资金。在国家统一政策的指导下，积极慎重地引进国外的先进技术和国外投资，以弥补我国建设资金的不足，加速我国经济建设的发展。

目前我国可利用的外资来源，主要是从国外以及我国港、澳、台地区借入资金和由投资者直接投资两个方面，大致可归纳为国际金融机构贷款，如世界银行、亚洲开发银行等机构提供的贷款；国外政府贷款，即外国政府预算中拨出资金开展对外援助或促进本国出口贸易而进行的贷款；出口信贷，指西方国家为鼓励资本输出和商品输出而设置的信贷；国际金融市场贷款，指各国商业银行和私人银行利用吸收的外汇存款发放的贷款；合资经营是由境外合营者提供设备、技术、培训人员，我国合营者提供土地、厂房、动力、原材料、劳动力等，双方按协议计算投资股份，分享利润和承担风险；以及租赁信贷、发放国外债券等。

5）其他资金来源。如联营投资、股票投资、发行债券等。

我国公路交通运输压力虽有缓解，但随着车辆拥有量的急剧增加与运输能力不足等矛盾也更加突出。由于公路建设资金不足，在国务院直接领导和支持下，已制定几项发展交通的政策，建立了国家公路建设特别基金：一是养护税费改革增加投资；二是增列汽车购置附加费；三是允许集资贷款修建高速公路、独立大桥和隧道等，以收取一定费用偿还本息；四是确定能源、交通基金返还，实行"以工代赈"地方集资等政策和措施，使公路建设部分资金有了长期稳定的来源。

1.3　公路工程不同阶段的工程造价

为了对公路基本建设工程进行全面而有效的工程造价管理，在项目的各阶段都必须编制有关的造价文件，这些不同造价文件的投资额则要根据其主要内容要求，由不同测算工作来完成。工程项目进行的各阶段与投资测算的相互关系如图1-2所示。

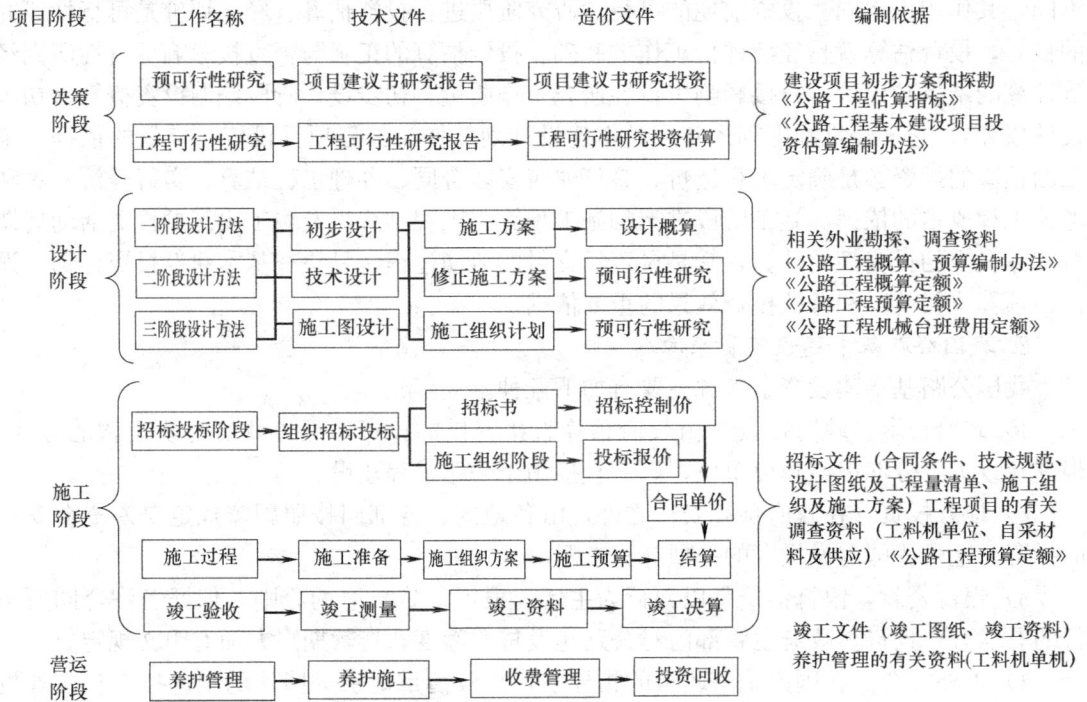

图 1-2　公路工程项目各阶段与投资测算关系

下面就各个阶段的工程造价进行相关介绍。

1. 投资估算

投资估算，一般是指在投资前期（规划、项目建议书、可行性研究报告）阶段，建设单位向国家申请拟定项目或国家进行决策时，确定建设项目在规划、项目建议书、可行性研究报告等不同阶段的相应投资总额而编制的经济文件。

国家对任何一个拟建项目，都要通过对可行性研究报告的全面评审后，才能决定是否正式立项。在可行性研究中除考虑国家经济发展上的需要和技术上的可行性外，还要考虑经济上的合理性。投资估算为投资决策提供数量依据，也是建设项目经济效益分析中确定成本的主要依据。因此，它是建设项目在初步设计前各阶段工作中，作为拟建项目在经济上是否合理的重要文件。它具有如下四个方面的作用。

（1）它是国家决定拟建项目是否继续进行研究的依据。

（2）它是国家审批项目建议书的依据。

（3）它是国家审批建设项目可行性研究报告的依据。

可行性研究报告被批准后，投资估算就作为控制初步设计概预算的依据，也是国家对建设项目所下达的投资限额，并可作为资金筹措计划的依据。

（4）它是国家编制中长期规划和保持合理投资结构的依据。

根据投资估算的作用不同，其内容的深浅程度也不尽相同。公路工程投资估算是公路建设项目可行性研究报告中的重要内容，它可分为两类，一类是项目建议书投资估算，另一类是工程可行性研究投资估算。交通运输部在 2011 年公布了《公路工程基本建设项目投资估算编制办法》JTG M20—2011 和《公路工程估算指标》JTG/T M21—2011，在编制公路工程投资估算时，应按其规定执行，并应满足预可行性研究和工程可行性研究的要求。

2. 概算

概算又分为设计概算和修正概算两种。设计概算是指在初步设计或技术设计阶段，由设计单位根据设计图纸、概算定额、各类费用定额、建设地区的自然条件和技术经济条件等资料预先计算和确定建设项目从筹建至竣工验收的全部建设费用的造价文件。它是设计文件的重要组成部分，是国家确定和控制公路基本建设投资总额，安排基本建设计划，选择最优设计方案的依据。建设项目的总概算一经批准，在其随后的其他阶段是不能随意突破的。

3. 施工图预算

公路基本建设工程不论采用几个阶段设计，设计单位在施工图设计阶段均应编制施工图预算。施工图预算是以设计单位为主，必要时可邀请施工单位、建设单位参加，根据施工图设计的工程量和施工方案，按预算定额和各类费用定额，编制反映工程造价的文件。它是考核施工图设计经济合理性的依据，对于按施工图预算承包的工程它又是签订建筑安装工程合同，实行建设单位和施工单位投资包干和办理工程结算的依据；对于进行施工招标的工程，施工图预算也是编制工程标底的依据；同时它也是施工单位加强经营管理，搞好经济核算的基础。

施工图预算必须以施工图图纸、说明书、施工组织设计（或施工方案）以及编制预算的法令性文件为依据。

4. 施工预算

施工预算是施工单位进行成本控制与成本核算的依据，也是施工单位进行劳动组织与安排，以及进行材料和机械管理的依据，对施工组织和施工生产有着极为重要的作用。

施工预算是指施工阶段，在施工图预算的控制下，施工单位根据施工图计算的分项工程量、施工定额、施工组织设计或分部分项工程施工过程的设计及其他有关技术资料，通过工料分析，计算和确定完成一个工程项目或一个单位工程或其中的分部分项工程所需的人工、材料、机械台班消耗量及其他相应费用的造价文件。施工预算所反映的是完成工程项目的成本，是成本控制的主要目标。

5. 标底

工程项目实行招标，按发包工程的工程内容（通常由工程量清单来明确）、设计文件、合同条件以及技术规范和有关定额等资料进行编制。标底是一项重要的投资额测算文件，是评标的一个基本依据，也是衡量投标人报价水平高低的基本指标，在招投标工作中起着关键作用。其编制一方面应遵守国家的有关规定和要求，另一方面应力求准确。标底一般以设计概算和施工图预算为基础编制，以其中的建筑安装工程费为主，且不准超过批准的概算或施工图预算的限额。

6. 报价

报价是由投标单位根据招标文件及有关定额（有时往往是投标单位根据自身的施工经验与管理水平所制定的企业定额）和招标项目所在地区的自然、社会和经济条件及施工组织方案和投标单位自身条件，计算完成招标工程所需各项目用的造价文件。报价是投标文件最重要的组成成分和主要内容，是投标工作的关键和核心，也是能否中标的主要依据。报价过高，中标率就会降低；报价过低，尽管中标率增大，但可能无利可图，甚至承担工程施工亏损的风险，因此，能否准确计算和合理确定工程报价，是施工企业在投标竞争中能否获胜的前提条件。中标单位的报价，将直接成为工程承包合同价的主要基础，并对将来的施工过程起着严格的制约作用。承包单位和业主均不能随意更改报价。

报价同施工预算比较接近，但不同于施工预算。报价的费用组成和计算方法同概预算类似，但其编制体系和要求均不同于概预算，尤其目前招投标工作中，一般采用单价合同，因而使报价时的费用分摊同概预算的费用计算方式有很大差别。总的看来，报价和概预算的差别主要体现在两个方面：一是概预算文件必须按国家有关规定进行编制，尤其是各费用的计算，更能体现施工单位的一般水平。二是概预算经设计单位编完后，必须经建设单位或其主管部门、建设银行等审查批准，且不能作为建设单位与施工单位结算工程价款的依据；而报价则可以根据投标单位对工程和招标文件的理解程度。在预算造价上下浮动，无须预先送建设单位审核。因此，报价比概预算更复杂，也比概预算更灵活。

报价与标底有极为密切的关系，标底同概预算的性质很相近，编制方式也相同，都有较为严格的要求。报价则比标底编制灵活，虽然两者有很明显的差别，但从不同角度来对同一工程的价值进行预测，计算结果很难相同，但又有极密切的相关关系。随着公路工程投资体制的进一步改革（如项目业主责任制的推行）、公路工程招投标制度的进一步完善和公路工程施工监理制度的完善，将会进一步加强和完善标底与报价这两种测算工作，也必然会使各方和更多的人认识这两种测算工作的重要性，从而把它们做得更好。

7. 工程结算

工程项目的建设是一个复杂的过程，涉及的单位多为相对独立的经济实体，有着各自的经济利益，在项目建设过程中承担着不同的工程内容。因此，无论公路工程项目采用何种方式进行建设，在建设过程中，各经济实体之间必然会发生货币收支行为。这种在项目建设过程中由于器材采购、劳务供应、施工单位已完工程移交、可行性研究及设计任务的完成等经济活动而引起的货币收支行为，称为项目结算。在社会主义商品经济条件下，公路建设项目的建设过程也是一种商品的生产过程，其间所发生的一系列工作和活动最终都要通过结算来做最后评价。因此，正确而及时地组织项目结算，全面做好项目结算的各项工作，对于加速资金周转，加强经济核算，促进建设任务的完成，保证项目建设的顺利进行以及加强对项目建设过程的财政信用监督等方面都有着十分重要的意义。

项目的结算过程，实际上也是组织基本建设活动，实行基本建设拨、贷款的投资过程，也是及时掌握项目投资的动态及其变化情况的过程。项目结算是国家组织的基本建设经济活动，及时掌握经济活动信息，实现固定资产再生产任务的重要手段。同时，通过结算，可以协助建设单位有计划地组织一切货币收支活动，使各企业、各单位的劳动耗能及时得到补偿。

项目结算的主要内容包括货物结算、劳务供应结算、工程（费用）结算及其他货币资金的结算等。货物结算是指建设单位同其他经济单位之间，由于物资的采购和转移而发生的结算；劳务供应结算是指建设单位同其他单位之间，由于互相提供劳务而发生的结算；工程费用结算指建设单位同施工单位之间，由于拨付各种预付款和支付已完工程等费用而发生的结算；其他货币资金结算是指基本建设各部门、各企业和各单位之间由于资金往来以及他们同建设银行之间，因存款、放款业务而发生的结算。

工程费用结算习惯上又称为工程价款结算，是项目结算中最重要和最关键的部分，是项目结算的主体内容，占整个项目结算额的 75%～80%。工程价款结算，一般以实际完成的工程量和有关合同单价以及施工过程中现场实际情况的变化资料（如工程变更通知、计日工使用记录等）计算当月应付的工程价款。施工单位将实际完成的工程量填入各种报表，按月送交驻地监理工程师验收签认，然后向建设单位提交当月工程价款结算单。根据结算应付的工作价款经总监理工程师签认的支付证书，财务部门才能转账。

8. 竣工决算

竣工决算是指在建设项目完工后竣工验收阶段，由建设单位编制的建设项目从筹建到建成投产或使用的全部实际成本的技术经济文件。它是公路建设投资管理的重要环节，是公路工程竣工验收及交付使用的重要依据，也是进行公路建设项目财务总结的必要手段。其内容由文字说明和结算报表两部分组成。文字说明主要包括：工程概况；设计概算和基本建设规划执行情况；各项技术经济指标完成情况；各项拨款（或贷款）使用情况；建设成本和投资效果的分析以及建设过程中的主要经验；存在的问题和解决意见等。

应当注意，施工单位往往也根据工程结算结果，编制单位工程竣工成本决算，核算单位工程的预算成本、实际成本和成本降低额。工程结算人员经企业内部成本分析，突出经营效果，总结经验，提高经营管理水平的手段。

估算、概算、预算、标底、报价、结算以及决算都是以价值形态贯穿整个投资过程。从申请建设项目，确定和控制基本建设投资额，进行基建经济管理和施工单位进行经济核算，到最后以决算形成企（事）业单位的固定资产，构成了一个有机的整体，缺一不可。因此在一定意义上说，它们是基本建设投资活动的血液，也是联系参与项目建设活动各经济实体的纽带。申报项目要编投资估算，设计要编概算和施工图预算，招标要编标底，投标要编报价，施工前要编施工预算，施工过程中要进行结算，施工完成要编制决算，并且一般还要求决算不能超过预算，预算不能超过概算，概算则不能超出估算所允许的幅度范围，结算不能突破合同价的允许范围，合同价不能偏离报价与标底太多，而报价（指中标价）则不能超出标底的规定幅度范围，并且标底不允许超概预算。总之，各种测算环环相扣，紧密联系，共同对投资额进行有效控制。

1.4 造价师制度

1.4.1 工程造价咨询单位资质管理

工程造价咨询单位系指面向社会接受委托，承担建设项目可行性研究投资估算、项目经济评价、工程概算、预算、工程结算、竣工结算、工程招标标底、投标报价的编制和审核、对工程造价进行监控以及提供有关工程造价信息资料等业务工作，取得《工程造价咨询单位资质证书》，具有独立法人资格的企业、事业单位。

根据《工程造价咨询企业管理办法》[2006]，工程造价咨询企业资质等级分为甲级、乙级，资质标准如下：

1. 甲级

(1) 已取得乙级工程造价咨询企业资质证书满 3 年；

(2) 企业出资人中，注册造价工程师人数不低于出资人总人数的 60%，且其出资额不低于企业注册资本总额的 60%；

(3) 技术负责人已取得造价工程师注册证书，并具有工程或工程经济类高级专业技术职称，且从事工程造价专业工作 15 年以上；

(4) 专职从事工程造价专业工作的人员（以下简称专职专业人员）不少于 20 人，其中，具有工程或者工程经济类中级以上专业技术职称的人员不少于 16 人；取得造价工程师注册证书的人员不少于 10 人，其他人员具有从事工程造价专业工作的经历；

(5) 企业与专职专业人员签订劳动合同，且专职专业人员符合国家规定的职业年龄（出资人除外）；

(6) 专职专业人员人事档案关系由国家认可的人事代理机构代为管理；

(7) 企业注册资本不少于人民币 100 万元；

(8) 企业近 3 年工程造价咨询营业收入累计不低于人民币 500 万元；

(9) 具有固定的办公场所，人均办公建筑面积不少于 10 平方米；

(10) 技术档案管理制度、质量控制制度、财务管理制度齐全；

(11) 企业为本单位专职专业人员办理的社会基本养老保险手续齐全；

(12) 在申请核定资质等级之日前 3 年内无本办法第二十七条禁止的行为。

2. 乙级

(1) 企业出资人中，注册造价工程师人数不低于出资人总人数的 60%，且其出资额不低于注册资本总额的 60%；

(2) 技术负责人已取得造价工程师注册证书，并具有工程或工程经济类高级专业技术职称，且从事工程造价专业工作 10 年以上；

(3) 专职专业人员不少于 12 人，其中，具有工程或者工程经济类中级以上专业技术职称的人员不少于 8 人；取得造价工程师注册证书的人员不少于 6 人，其他人员具有从事工程造价专业工作的经历；

(4) 企业与专职专业人员签订劳动合同，且专职专业人员符合国家规定的职业年龄（出资人除外）；

(5) 专职专业人员人事档案关系由国家认可的人事代理机构代为管理；

(6) 企业注册资本不少于人民币 50 万元；

(7) 具有固定的办公场所，人均办公建筑面积不少于 10 平方米；

(8) 技术档案管理制度、质量控制制度、财务管理制度齐全；

(9) 企业为本单位专职专业人员办理的社会基本养老保险手续齐全；

(10) 暂定期内工程造价咨询营业收入累计不低于人民币 50 万元；

(11) 申请核定资质等级之日前无本办法第二十七条禁止的行为。

1.4.2 造价工程师执业资格制度

1996 年 8 月，人事部、建设部联合发布了《造价工程师执业资格制度暂行规定》，明确国家在工程造价领域实施造价工程师执业资格制度。1997 年 3 月建设部和人事部联合发布了《造价工程师执业资格认定办法》。为了加强对造价工程师的注册管理，规范造价工程师的执业行为，2000 年 3 月建设部颁布了第 75 号部长令《造价工程师注册管理办法》，2002 年 7 月建设部制定了《〈造价工程师注册管理办法〉的实施意见》，2002 年 6 月中国工程造价管理协会制订了《造价工程师继续教育实施办法》和《造价工程师职业道德行为准则》，造价工程师执业资格制度逐步完善起来。

《注册造价工程师管理办法》（建设部第 150 号部长令）已于 2006 年 12 月 11 日发布，自 2007 年 3 月 1 日起施行。2000 年 1 月 21 日发布的《造价工程师注册管理办法》（建设部第 75 号部长令）已经废止。

人社部和住房城乡建设部共同负责全面执业造价工程师资格制度的政策指定、组织协调、资格考试、注册登记和监督管理工作。考试工作由人社部、住房城乡建设部共同负责，人社部负责审定考试大纲、考试科目和试题，组织或授权实施各项考务工作。会同住房城乡建设部对考试进行监督、检查、指导和确定合格标准。日常工作由住房城乡建设部标准定额司承担，具体考务工作委托人社部人事考试中心组织实施。

1. 我国造价工程师申请报考条件

凡中华人民共和国公民，遵纪守法并具备以下条件之一者，均可申请参加造价工程师执业资格考试：

(1) 工程造价专业大专毕业后，从事工程造价业务工作满 5 年；工程或工程经济类大专毕业后，从事工程造价业务工作满 6 年。

(2) 工程造价专业本科毕业后，从事工程造价业务工作满 4 年；工程或工程经济类本科毕业后，从事工程造价业务工作满 5 年。

(3) 获上述专业第二学士学位或研究生班毕业和获硕士学位后，从事工程造价业务工作满 3 年。

(4) 获上述专业博士学位后，从事工程造价业务工作满 2 年。

2. 造价工程师考试内容

造价工程师执业资格考试分四个科目：《建设工程造价管理》、《建设工程计价》、《建设工程技术与计量》、《建设工程造价案例分析》。其中《建设工程技术与计量》分为"土木建筑工程"与"安装工程"两个子专业，报考人员可根据工作实际选报其一。

3. 造价工程师执业资格注册制度

造价工程师执业资格实行注册登记制度，以加强对造价工程师的注册管理，规范造价工程师的执业行为，提高造价管理工作的质量，维护国家和社会公共利益。注册登记制度规定：

（1）从事工程造价业务活动的专业技术人员，只有在取得《造价工程师执业资格证》和《造价工程师注册证》以后，才具有造价工程师执业资格，才能以造价工程师名义从事建设工程造价业务，签署具有法律效力的工程造价文件。

（2）国务院建设主管部门对全国注册造价工程师的注册、执业活动实施统一监督管理；国务院铁路、交通、水利、信息产业等有关部门按照国务院规定的职责分工，对有关专业注册造价工程师的注册、执业活动实施监督管理。省、自治区、直辖市人民政府建设主管部门对本行政区域内注册造价工程师的注册、执业活动实施监督管理。

（3）经过考试合格，取得造价工程师执业资格证书的人员，可自资格证书签发之日起1年内申请初始注册。逾期未申请者，须符合继续教育的要求后方可申请初始注册。初始注册的有效期为4年。

4. 注册造价工程师的执业范围

注册造价工程师执业范围包括：

（1）建设项目建议书、可行性研究投资估算的编制和审核，项目经济评价，工程概算、预算、结算、竣工结（决）算的编制和审核；

（2）工程量清单、标底（或者控制价）、投标报价的编制和审核，工程合同价款的签订及变更、调整、工程款支付与工程索赔费用的计算；

（3）建设项目管理过程中设计方案的优化、限额设计等工程造价分析与控制，工程保险理赔的核查；

（4）工程经济纠纷的鉴定。

本 章 小 结

本章介绍了公路工程相关的基本概念；我国公路工程建筑的基本程序，及各阶段的相关工程造价的相关概念；我国造价工程师的相关制度。

习　　题

1-1　公路根据功能和适应的交通量分为哪几个等级？

1-2　路面按其力学特性如何分类？简述其特点。

1-3　基本建设工程可依次划分为哪几个阶段？

第2章　公路工程识图与工程量计算

教学目标

（1）熟悉公路工程绘图的常用图例；
（2）掌握公路工程工程量的计算方法。

教学要求

知识要点	能力要求	相关知识
公路工程识图	(1)熟悉公路工程绘图常用的图例； (2)熟悉公路工程的识图方法	(1)公路工程施工图常用图例； (2)公路工程识图
公路工程工程 量计算	掌握公路工程工程量的计算	(1)工程量计算的概念，原则和依据； (2)道路工程的工程量计算； (3)桥涵工程的工程量计算；

基本概念

公路工程施工图；工程量计算。

2.1　公路工程识图

2.1.1　公路工程常用图例

公路工程常用建筑材料图例见表2-1，公路工程常用构造物图例见表2-2。

公路工程常用建筑材料图例　　　　　　　　　　　　　　表 2-1

序号	名称	图例	序号	名称	图例
1	自然土壤		3	砂砾石、碎 砖三合土	
2	石灰土		4	天然砂砾	

17

序号	名称	图例	序号	名称	图例
5	干砌片石		18	夯实土壤	
6	填隙碎石		19	砂、灰土	
7	级配砂石		20	水泥稳定土或其他加固土	
8	泥结碎砾石		21	焦渣、矿渣	
9	泥灰结碎砾石		22	浆砌片石	
10	钢筋混凝土		23	浆砌块石	
11	细粒式沥青混凝土		24	水泥稳定土	
12	中粒式沥青混凝土		25	水泥稳定碎砾石	
13	粗粒式沥青混凝土		26	级配碎砾石	
14	沥青碎石		27	水泥混凝土	
15	矿渣		28	石灰粉煤灰土	
16	纤维材料		29	石灰粉煤灰砂砾	
17	塑料		30	石灰粉煤灰碎石	

18

序号	名称	图例	序号	名称	图例
31	沥青贯入碎砾石		33	多孔材料	
32	沥青表面处置		34	橡胶	

公路工程常用构筑物图例　　　　　　　　　　　　　　表 2-2

项目	序号	名称	图例
平面	1	涵洞	
	2	通道	
	3	分离式立交 主线上跨 主线下穿	
	4	桥梁 （大、中桥按实际长度绘）	
	5	互通式立交 （按采用形式绘）	
	6	隧道	
	7	养护机构	

项目	序号	名称	图例
平面	8	管理机构	
	9	防护网	
	10	防护栏	
	11	隔离墩	
纵断面	12	箱涵	
	13	管涵	
	14	盖板涵	
	15	拱涵	
	16	箱形通道	
	17	桥梁	
	18	分离式立交 主线上跨 主线下穿	
	19	互通式立交 a. 主线上跨 b. 主线下穿	

2.1.2 公路工程施工图的识图

1. 道路路线工程图的识图方法

1) 路线平面图识图

路线平面图主要包括路线（路线的走向和平面线形状况）和地形（沿线两侧一定范围内的地形地物等）两方面信息（图2-1）。

(1) 地形部分

① 比例：道路路线平面图所用比例为1∶1000、1∶2000或1∶5000，具体可视地形起伏采用相应的比例。

② 方向：在路线平面图上应画出指北针或大地坐标网（其 X 轴为南北方向，Y 轴为东西方向），用来指明道路在该地区的方位与走向。

③ 地形：路线平面图中地形起伏情况主要是用等高线及高程数字或系列点及高程数字表示。

④ 地貌地物：平面图中地形面上的地貌地物如河流、房屋、道路、桥梁、电力线和地面植被等，都是按规定图例绘制的。

⑤ 水准点：沿路线附近每隔一段距离，就在图中标有水准点的位置，用于路线的高程测量。

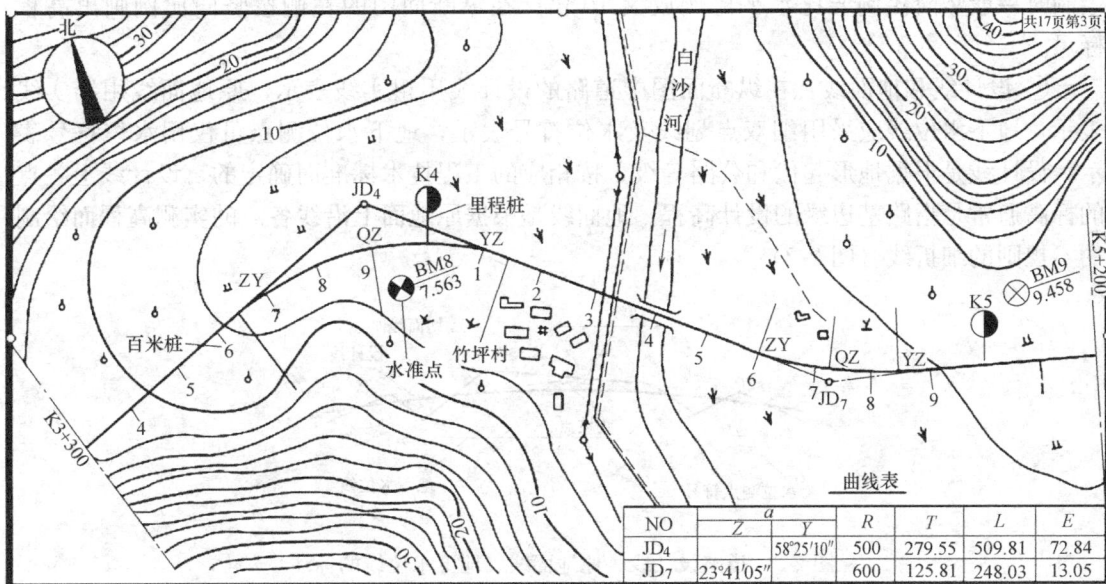

图 2-1　路线平面图

NO	α		R	T	L	E
	Z	Y				
JD$_4$	58°25′10″		500	279.55	509.81	72.84
JD$_7$	23°41′05″		600	125.81	248.03	13.05

(2) 路线部分

① 设计路线：由于道路的宽度相对于长度来说尺寸小很多，只有在较大比例的平面图中才能将路宽画清楚，在这种情况下道路采用三线画法，路中心用细点划线表示，两侧路基边缘线用粗实线表示。一般情况下平面图的比例较小，通常沿道路中心线画粗实线来表示道路的设计路线。

② 里程桩：里程桩号的标注应从起点到终点，按从小到大、从左到右的顺序排列。

21

公里桩宜标注在线路前进方向的左侧，用符号"◖"表示，公里数注写在符号的上方，如"K28"表示离起点28km；百米桩宜标在路线前进方向的右侧，用垂直于路线的细短线表示，数字注写在短线的端部，例如在K28公里桩的前方注写的"6"，表示桩号为K28＋600，即该点距路线起点为28.6km。

③平曲线：道路路线在平面上是由直线段和曲线段组成的，平面图的空余位置列有曲线表，注明平曲线的基本几何要素，如转折角α、曲线半径R、切线长T、曲线长L及外距E。对于路线上的特殊点，如第一缓和曲线起点（ZH）、圆曲线起点（HY）、圆曲线中点（QZ）、第二缓和曲线终点（YH）、第二缓和曲线起点（HZ），宜在曲线内侧用引出线的形式表示，并应标注点的名称和桩号。

④结构物和控制点：在路线平面图上表示道路沿线的结构物和控制点，如桥梁、涵洞、通道、立交、三角点、水准点和导线点等，采用相应图例表示。

2）路线纵断面图识图

路线纵断面图主要表达道路的纵向设计线以及沿线地面的高低起伏状况。路线纵断面图包括图样和资料表两部分，一般图样画在图纸的上部，资料表布置在图纸的下部。

（1）图样部分

①比例：纵断面图的水平方向表示路线的长度，竖直方向表示设计线和地面的高程。由于路线的高差比路线的长度尺寸小很多，为了清晰地显示高程的变化和设计上的处理，绘制时一般竖向比例要比水平比例放大10倍。在纵断面图的左侧按竖向比例画出高程标尺。

②设计线和地面线：在纵断面图中道路的设计线用粗实线表示，原地面线用细实线表示，地下水位线应采用细双点划线及水位符号表示，地下水位测点可仅用水位符号表示。设计线是根据地形起伏和公路等级，按相应的工程技术标准而确定的，设计线上各点的标高通常是指路基边缘的设计高程。地面线是根据原地面上沿线各点的实测高程而绘制的不规则的细折线（图2-2）。

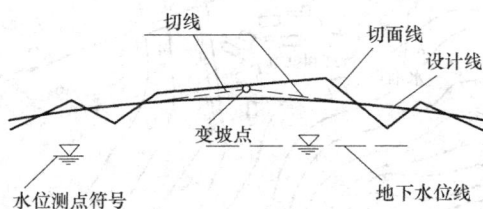

图2-2 道路设计线、原地面线、地下水位线的标注

③竖曲线：设计线是由直线和竖曲线组成的，在设计线的纵向坡度变更处，为了便于车辆行驶，按技术标准的规定应设置竖曲线。变坡点处的竖曲线分为凸形和凹形两种，在图中分别用相应符号表示。符号中部的竖线应对准变坡点，变坡点的里程桩号和竖曲线中点的高程标注在竖线两侧；符号的水平线两端对准竖曲线的始点和终点，竖曲线要素（半径R、切线长T及外距E）的相应数值标注在水平线上方，如图2-3（a）所示。竖曲线标注也可布置在测设数据表内，此时，变坡点的位置应在坡度、距离栏内示出，如图2-3（b）所示。

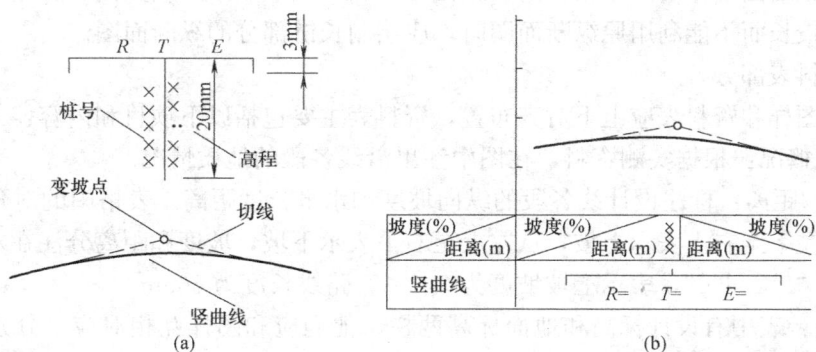

图 2-3 竖曲线的标注

④ 工程构造物：道路沿线的工程构造物，如桥梁、涵洞等，应在设计线的上方或下方用竖直引出线标准，数值引出线应对准构筑物的中心位置，并注出构筑物的名称、规格和里程桩号，如图 2-4 所示。

⑤ 水准点：沿线设置的测量水准点也应标注，竖直引出线应对准水准点桩号，线左侧标注桩号，水平线上方标注编号及高程；线下方标注水准点的位置。水准点宜按图 2-5 标注。

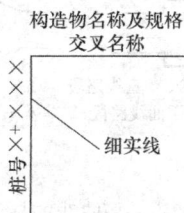

图 2-4　构造物及交叉口标注

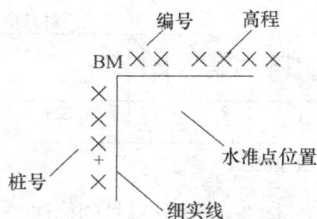

图 2-5　水准点的标注

在有些特殊情况下，一条路线的里程桩号因局部改线或分段测量等原因造成的桩号不相连接的现象，称为"断链"，桩号重叠的称长链，桩号间断的称短链。当路线短链时，道路设计线应在相应桩号处断开，按图 2-6（a）标注。路段局部改线而发生长链时，为利

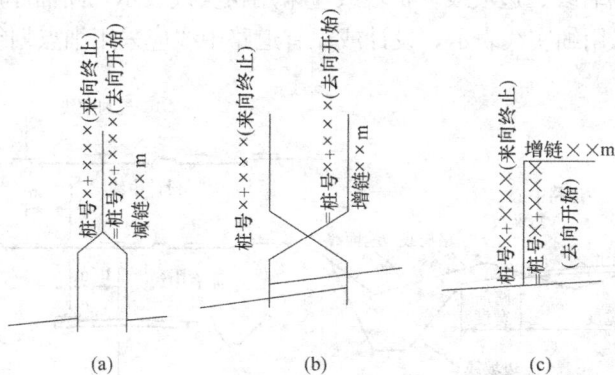

图 2-6　断链的标注

23

用已绘制的纵断面图，当高差较大时，按图 2-6（b）标注；当高差较小时，按图 2-6（c）标注。长链较长而不能利用原纵断面图时，应绘制长链部分的纵断面图。

（2）资料表部分

绘图时图样和资料表应上下对齐布置，资料表主要包括以下项目和内容：

① 地质概况：根据实测资料，在图中注出沿线各段的地质情况。

② 坡度/距离：标注设计线各段的纵向坡度和水平长度距离。表格中的对角线表示坡度方向，从左下至右上表示上坡，从左上至右下表示下坡，坡度和距离分注在对角线的上下两侧。如"3.2/660"，表示上坡坡度为 3.2％，路线长度为 660m。

③ 标高：表中有设计标高和地面标高两栏，他们应和图样互相对应，分别表示设计线和地面线上各桩号的高程。

④ 填挖高度：填或挖的高度值应是各桩号设计标高与地面标高之差的绝对值。

⑤ 里程桩号：沿线各点的桩号从左到右对应排列，将所有固定桩及加桩桩号标出。整公里桩应标注 K，其余桩号的公路数可省略，如图 2-7 所示。

⑥ 平曲线：为了表示该路段的平面线形，通常在表中画出平曲线的示意图。直线段用水平线表示，道路左、右转弯应分别用凹、凸折线表示。当不设缓和曲线段时，按图 2-8（a）标注；当设缓和曲线短时，按图 2-8（b）标注。在曲线的一侧标注交点编号、桩号、偏角、半径、曲线长。

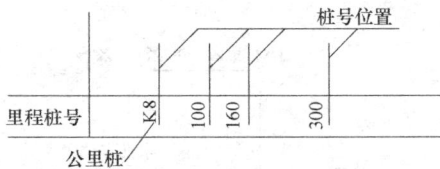

图 2-7　里程桩号的标注

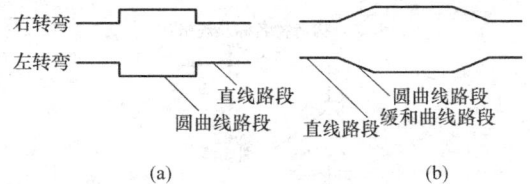

图 2-8　平曲线的标注

3）路线横断面图识读

路线横断面图是用假想的剖切平面，垂直于路中心线剖切而得的图形，主要是表达路基横断面的形状和地面高低起伏状况。横断面图的水平方向和高度方向宜采用相同比例，一般比例为 1：200、1：100 或 1：50。

（1）路面线、路肩线、边坡线、护坡线应采用粗实线表示；路面厚度应采用中粗实线表示；原有地面线应采用细实线表示，设计或原有道路中线应采用细点划线表示（图 2-9）。

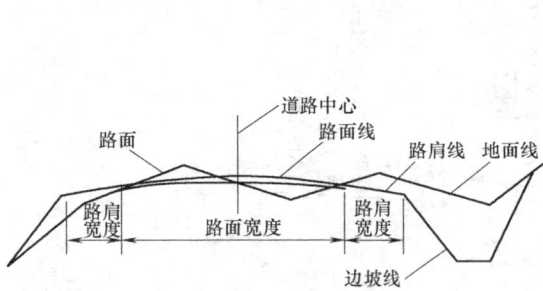

图 2-9　横断面图

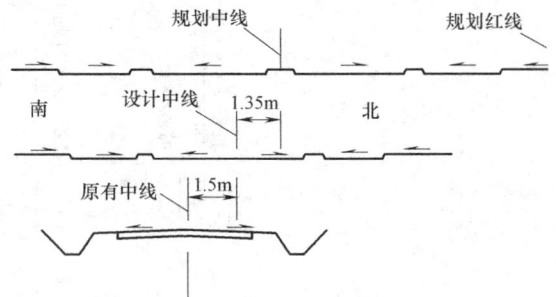

图 2-10　不同设计阶段横断面

24

（2）当道路分期修建、改建时，应在同一图纸中示出规划、设计、原有道路横断面，并标注各道路中线之间的位置关系。规划道路中线应采用细双点划线表示。规划红线应采用粗双点划线表示。在设计横断面图上，应注明路侧方向（图2-10）。

（3）横断面图中，管涵、管线的高程应根据设计要求标注。管涵、管线横断面应采用相应图例（图2-11）。

（4）道路的超高、加宽应在横断面图中示出（图2-12）。

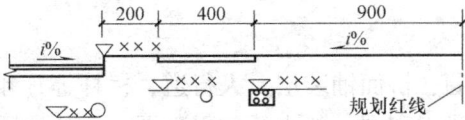

图 2-11　横断面图中管涵、管线的标注

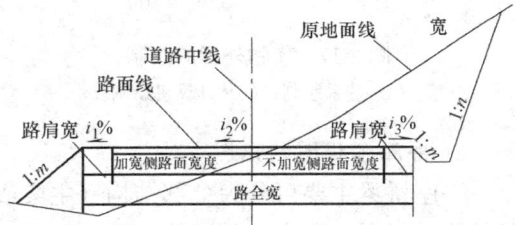

图 2-12　道路超高、加宽的标注

（5）用于施工放样及土方计算的横断面图应在图样下方标注桩号。图样右侧应标注填高、挖深、填方、挖方的面积，并采用中粗点划线表示出征地界线（图2-13）。

（6）当防护工程设施标注材料名称时，可不画材料图例，其断面阴影线可省略（图2-14）。

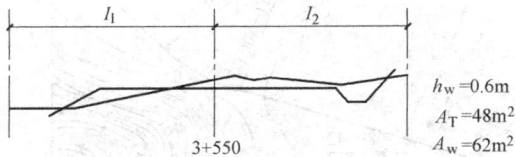

图 2-13　横断面图中填挖方的标注

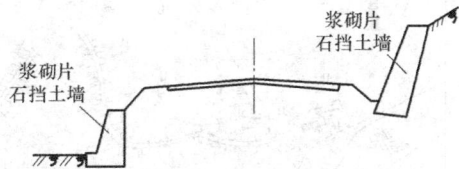

图 2-14　防护工程设施的标注

（7）路面结构图符合下列规定：当路面结构类型单一时，可在横断面图上，用竖直引出线标注材料层次及厚度，见图2-15（a）；当路面结构类型较多时，可按各路段不同的结构类型分别绘制，并标注材料图例及厚度，见图2-15（b）。

（8）在路拱曲线大样图的垂直和水平方向上，应按不同比例绘制，见图2-16。

（9）当采用徒手绘制实物外形时，其轮廓应与实物外形相近。当采用计算机绘制此类实物时，可用数条间距相等的细实线组成与实物外形相近的图样（图2-17）。

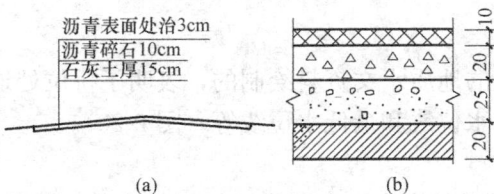

图 2-15　路面结构的标注

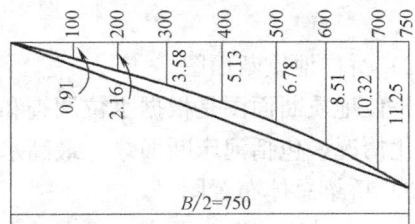

图 2-16　路拱曲线大样

（10）在同一张图纸上的路基横断面，应按桩号的顺序排列，并从图纸的左下方开始，先由下向上，在由左到右排列（图 2-18）。

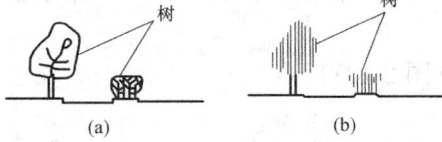

图 2-17 实物外形的绘制
（a）徒手绘制；（b）计算机绘制

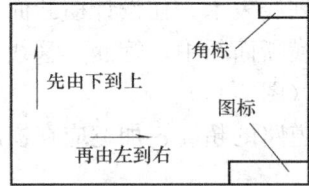

图 2-18 横断面的排列顺序

2. 桥涵工程图的识图方法

一座桥梁主要可分为上部结构（主梁或主拱圈、桥面铺装层、人行道、栏杆等）和下部结构（桥墩、桥台和基础等）两部分组成。桥梁工程图一般由桥位平面图、桥位地质断面图、桥梁总体布置图、构件结构图及详图等。

1）桥位平面图

桥位平面图主要表明桥梁和路线连接的平面位置。桥位平面图包含桥位处的公路、河流、水准点、地质钻孔位置及附近的地形和地物等信息（图 2-19）。

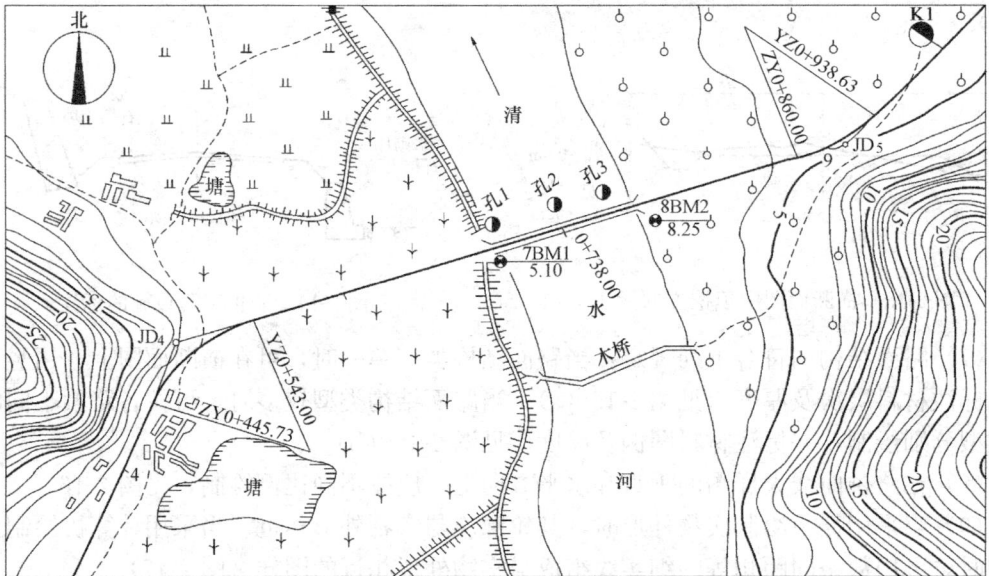

图 2-19 某桥桥位平面图

2）桥位地质断面图

桥位地质断面图是根据水位调查和钻探所得的地质水文资料绘制的，表明了桥位处地质变化情况，包括河床断面线、最高水位线、常水位线和最低水位线等（图 2-20）。

3）桥梁总体布置图

桥梁总体布置图主要由立面图、平面图和剖面图构成，主要表达桥梁的形式、跨径、孔数、总体尺寸和各主要构件的位置及相互关系等情况（图 2-21），作为施工时确定墩台

26

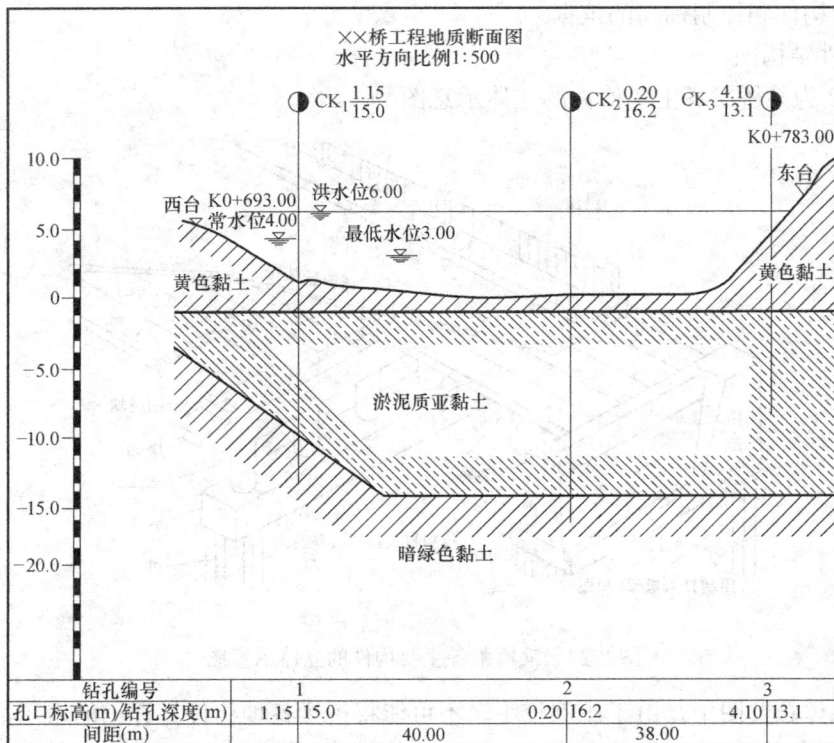

图 2-20 某桥桥位地质断面图

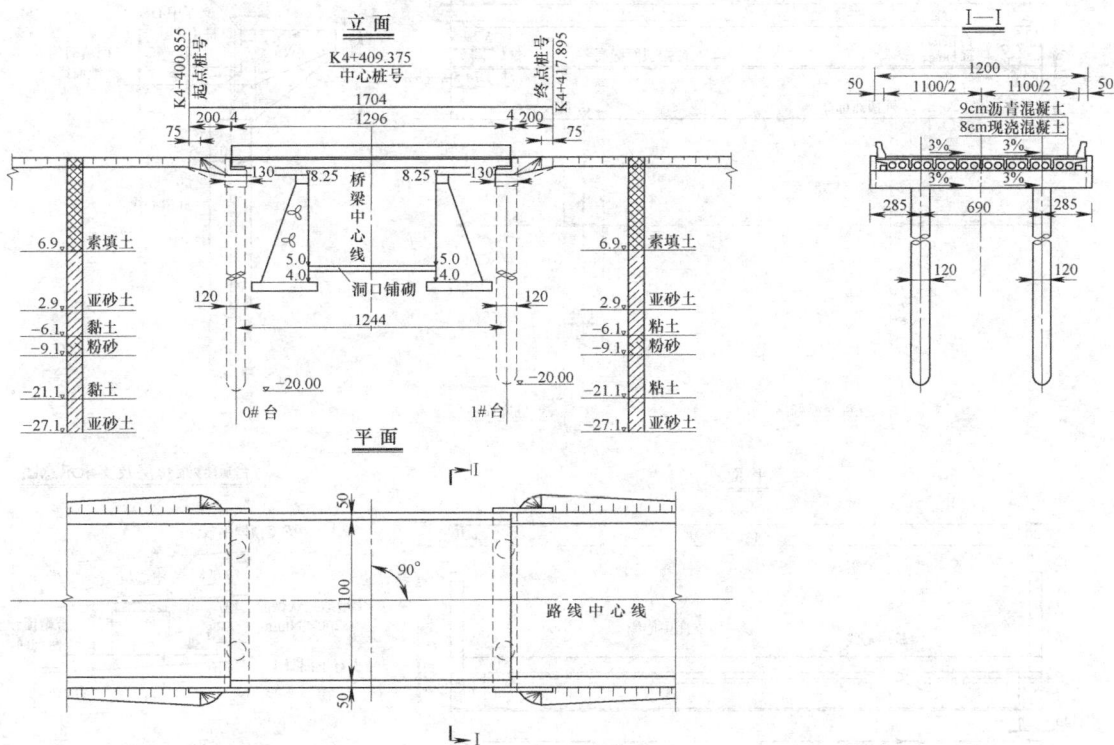

图 2-21 某桥总体布置图

位置、安装构件和控制标高的依据。

4）构件结构图

图 2-22 为某桥梁各主要构件的立体示意图。

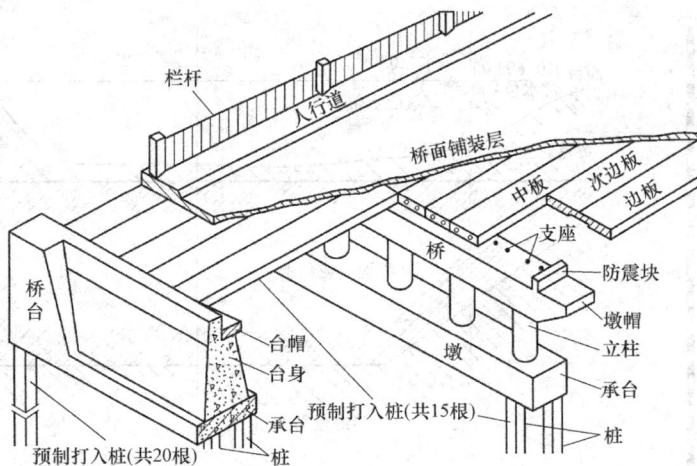

图 2-22　某桥梁各主要构件的立体示意图

桥梁总体布置图中，由于比例较小，不可能将桥梁各种构件都详细的表示清楚，为了

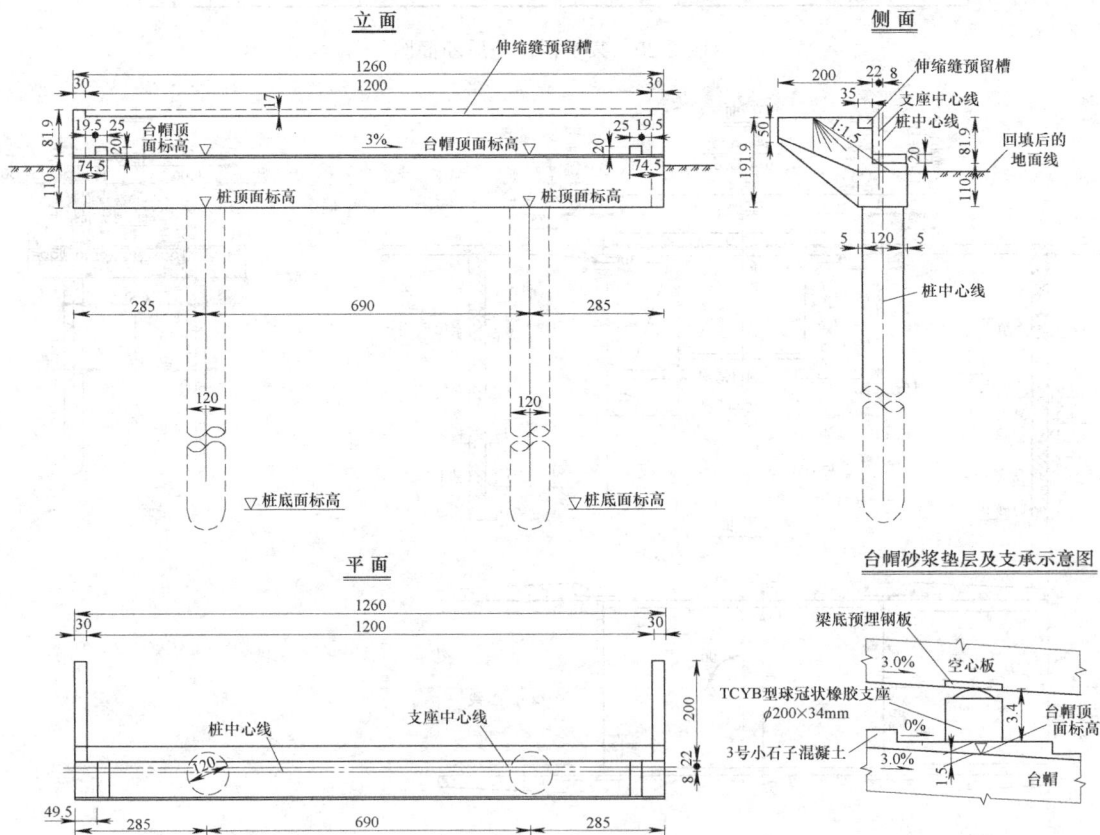

图 2-23　某桥桥台一般构造图

实际施工和制作的需要，还必须用较大的比例把构件的形状大小和钢筋构造完整表达出来，如有主梁结构图、桥台结构图（图2-23）、桥墩结构图、栏杆图等，构件图常用的比例为1：10～1：50，某些局部详图可采用1：2～1：10等更大的比例绘制。

（1）钢筋混凝土结构

钢筋混凝土是最常用的建筑材料，桥梁工程中的许多构件都是由它来制作的，如梁、板、桩、桥墩等，图2-24为钢筋混凝土梁配筋示意图。对于钢筋混凝土结构，若只画出构件的形状，不表示钢筋，一般为构件构造图，若主要是表示钢筋的布置情况，通常称为构件配筋图或钢筋构造图或钢筋布置图，如图2-25为某桥的台帽配筋图。钢筋构造图应置于一般构造之后；当结构外形简单时，两者可绘于同一视图中。在一般构造图中，外轮廓线应以粗实线表示；而绘制钢筋构造图时，可假想混凝土是透明的，能够看清楚构件内部的钢筋，图中构件的外形轮廓用细实线表示，钢筋用粗实线表示，若箍筋和分布筋数量较多，也可画为中实线，钢筋的断面用实心小圆点表示。通常在配筋图中不画出混凝土的材料图例。当钢筋间距和净距太小时，若严格按比例画则线条会重叠不清，这时可适当夸大绘制。

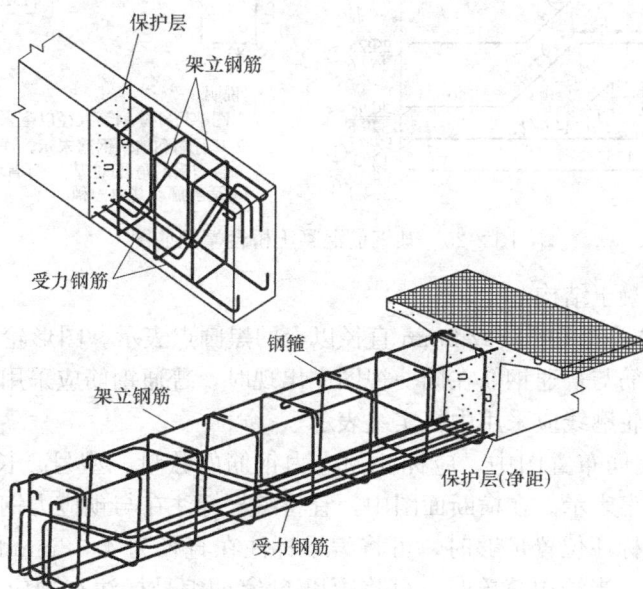

图 2-24　钢筋混凝土梁配筋示意图

钢筋构造图中，各种钢筋应标注数量、长度、间距、编号，其编号应采用阿拉伯数字表示，一般形式如图2-26所示。钢筋编号时宜先编主、次部位的主筋，后编主、次部位的构造筋。钢筋的编号和根数也可采用简略形式标注，根数注在N字之前，编号注在N字之后。如图2-25台帽配筋立面图中的"2N3"表示2根③号钢筋。钢筋大样应布置在钢筋构造图的同一张图纸上，当钢筋加工形状简单时，也可将钢筋大样绘制在钢筋表内。钢筋表的内容包括钢筋的编号、数量、等级、直径、长度、质量等详细资料，以满足备料、统计和预算的需要。

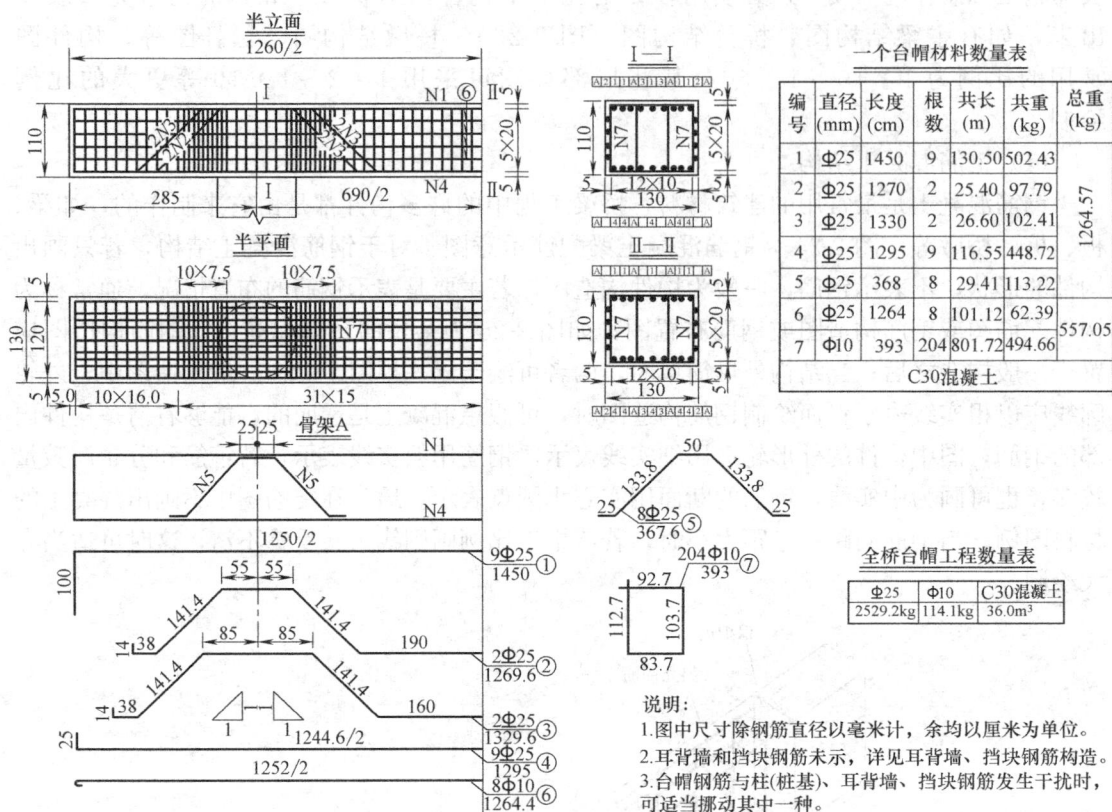

図中の図表（半立面、半平面、骨架A、断面図、材料数量表など）

一个台帽材料数量表

编号	直径(mm)	长度(cm)	根数	共长(m)	共重(kg)	总重(kg)
1	Φ25	1450	9	130.50	502.43	1264.57
2	Φ25	1270	2	25.40	97.79	
3	Φ25	1330	2	26.60	102.41	
4	Φ25	1295	9	116.55	448.72	
5	Φ25	368	8	29.41	113.22	557.05
6	Φ25	1264	8	101.12	62.39	
7	Φ10	393	204	801.72	494.66	

C30混凝土

全桥台帽工程数量表

Φ25	Φ10	C30混凝土
2529.2kg	114.1kg	36.0m³

说明:
1.图中尺寸除钢筋直径以毫米计,余均以厘米为单位。
2.耳背墙和挡块钢筋未示,详见耳背墙、挡块钢筋构造。
3.台帽钢筋与柱(桩基)、耳背墙、挡块钢筋发生干扰时,可适当挪动其中一种。

图 2-25　某钢筋混凝土桥台帽配筋图

（2）预应力混凝土结构

① 预应力钢筋采用粗实线或 2mm 直径以上的黑圆点表示。图形轮廓线应采用细实线表示。当预应力钢筋与普通钢筋在同一视图中出现时,普通钢筋应采用中粗实线表示。一般构造图中的图形轮廓线应采用中粗实线表示。

② 在预应力钢筋布置图中,应标注预应力钢筋的数量、型号、长度、间距、编号。编号应以阿拉伯数字表示。在横断面图中,宜将编号标注在与预应力钢筋断面对应的方格内（图 2-27a）,当标注位置足够时,可将编号标注在直径为 4～8mm 的圆圈内（图 2-27b）;在纵断面图中,当结构简单时,可将冠以 N 字的编号标注在预应力钢筋的上方。当预应力钢筋的根数大于 1 时,也可将数量标注在 N 字之前;当结构复杂时,可自拟代号,但应在图中说明。

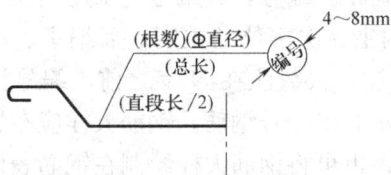

图 2-26　钢筋的标注

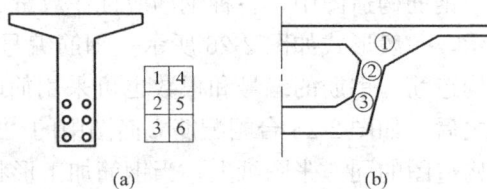

图 2-27　预应力钢筋的标注

③ 在预应力钢筋的纵断面图中，可采用表格的形式，以每隔 0.5～1mm 的间距，标出纵、横、竖三维坐标值。

④ 预应力钢筋在图中的几种表示方法应符合下列规定：a. 预应力钢筋的管道断面用"○"表示；b. 预应力钢筋的锚固断面用"⊕"表示；c. 预应力钢筋断面用"+"表示；d. 预应力钢筋的锚固侧面用"⊢——"表示；e. 预应力钢筋连接器的侧面用"⚌"，断面用"⊙"表示。

⑤ 对弯起的预应力钢筋，应列表或直接在预应力钢筋大样图中标出弯起角度、弯曲半径切点的坐标及预留的张拉长度（图 2-28）。

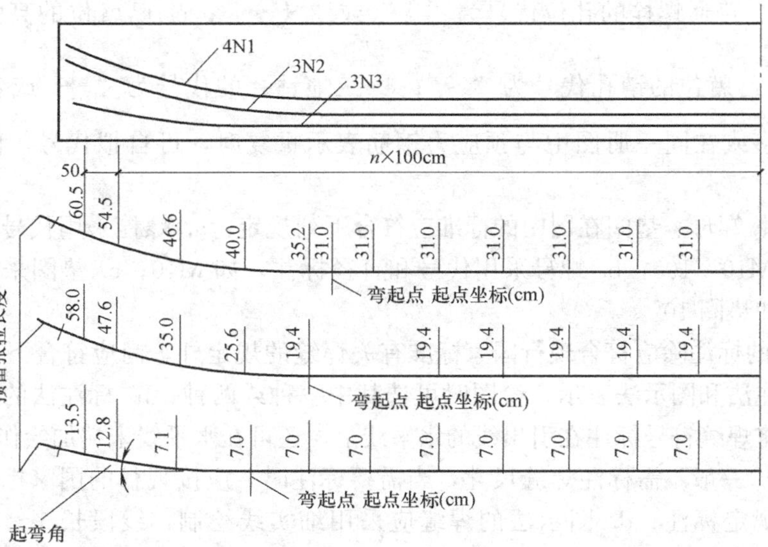

图 2-28　预应力钢筋大样

（3）钢结构

① 钢结构视图中的轮廓线应采用粗实线绘制，螺栓孔的孔线等应采用细实线绘制。

② 常用的钢材代号规格的标注应符合表 2-3 的规定。

常用型钢的代号规格标注　　　　　　　　　　　　表 2-3

序号	名称	代号规格
1	钢板、扁钢	宽×厚×长
2	角钢	宽×厚×长
3	槽钢	长边×短边×边厚×长
4	工字钢	高×翼缘宽×腹板厚×长
5	方钢	边宽×长
6	圆钢	直径×长
7	钢管	外径×壁厚×长
8	卷边角钢	边长×边长×卷边长×边厚×长

注：当采用薄壁型钢时，应在代号前标注 B。

③ 型钢各部位的名称应按图 2-29 规定采用。

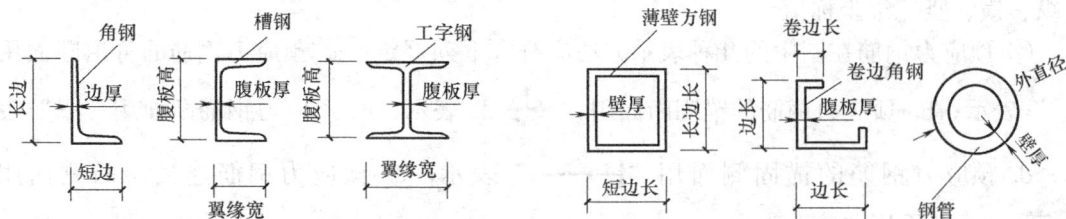

图 2-29　型钢各部位名称

④ 螺栓与螺栓孔代号的表示应符合下列规定：a. 已就位的普通螺栓代号为"●"；b. 高强螺栓、普通螺栓的孔位代号为"＋"或"⊕"；c. 已就位的高强螺栓代号为"◆"；d. 已就位的销孔代号为"◎"；e. 工地钻孔的代号为"✚"或者"⊕"；f. 当螺栓种类繁多或在同一册图中与预应力钢筋表示重复时，可自拟代号，但应在图纸中说明。

⑤ 螺栓、螺母、垫圈在图中的标准应符合下列规定：a. 螺栓采用代号和外直径乘长度标注，如 M10×100；b. 螺母采用代号和直径标注，如 M10；c. 垫圈采用汉字名称和直径标注，如垫圈 10。

⑥ 焊缝的标注除应符合现行国家标准有关焊缝的规定外，尚应符合下列规定：a. 焊缝可采用标注法和图示法表示，绘图时可选其中一种或两种；b. 标注法的焊缝应采用引出线的形式将焊缝符号标注在引出线的水平线上，还可在水平线末端加绘作说明用的尾部（图 2-30）；c. 一般不需标注焊缝尺寸，当需要标注时，应按现行的国家标准《焊缝符号表示法》的规定标注；d. 图示法的焊缝应采用细实线绘制，线段长 1～2mm，间距为 1mm（图 2-31）。

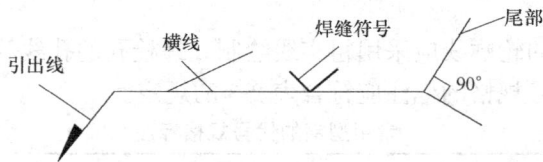

图 2-30　焊缝的标注法

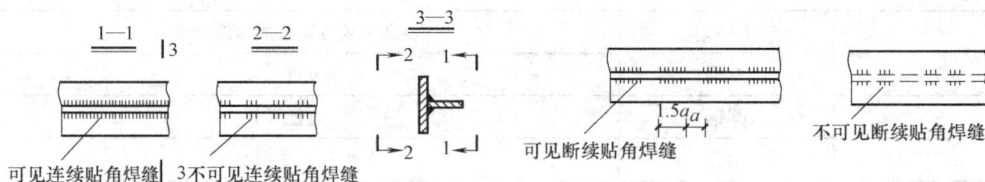

图 2-31　焊缝的图示法

⑦ 当组合断面的构件间相互密贴时，应采用双线条绘制。当构件组合断面过小时，可用单线条的加粗实线绘制（图 2-32）。

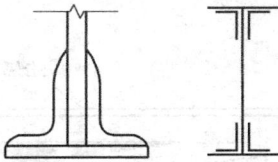

图 2-32　组合断面的绘制

图 2-33　构件编号的标注

⑧ 构件的编号应采用阿拉伯数字标注（图 2-33）。

⑨ 表明粗糙度常用的代号应符合下列规定：a. "⌀" 表示采用"不去除材料"的方法获得的表面，例如铸、煅、冲压变形、热轧、冷轧粉末冶金等，或用于保持原供应状况的表面；b. "Ra" 表示表面粗糙度的高度参数轮廓算术平均偏差值，单位为微米（μm）；c. "√" 表示采用任何方法获得的表面；d. "∇" 表示采用"去除材料"的方法获得的表面，如进行车、铣、钻、磨、剪切、抛光等加工获得；e. 粗糙度符号的尺寸，应按图 2-34 标注。H 等于 1.4 倍字体高。

⑩ 现行尺寸与角度公差的标注应符合下列规定：a. 当采用代号标注尺寸公差时，其代号应标注在尺寸数字的右边，见图 2-35（a）；b. 当采用极限偏差标注尺寸公差时，上偏差应标注在尺寸数字的右上方；下偏差应标注在尺寸数字的右下方，上、下偏差的数字位数必须对齐，见图 2-35（b）；c. 当同时标注公差代号及极限偏差时，则应将后者加注圆括号，见图 2-35（c）；d. 当上、下偏差相同时，偏差数值应仅标注一次，但应在偏差值前加注正、负符号，且偏差值的数字与尺寸数字字高相同；e. 角度公差的标注同线性尺寸公差，见图 2-35（d）。

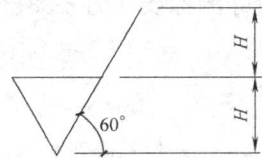

图 2-34　粗糙度符号的尺寸标注

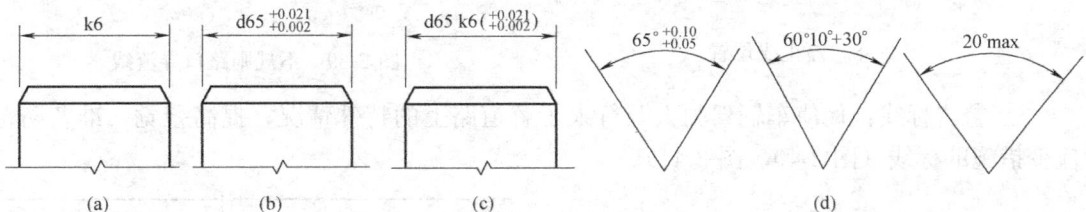

图 2-35　公差的标注

3. 交通工程施工图的识图方法

1）交通标线

道路交通标线是由各种路面标线、箭头、文字、立面标记、突起路标和道路边线轮廓标等构成的交通安全设施，其作用是管制和引导交通。它可以与道路交通标志配合使用，也可单独使用。

根据《道路交通标志和标线》GB 5768—2009 的规定，我国现行的道路交通标线按功

33

能可分为指示标线、禁止标线和警告标线 3 类。

① 指示标线：指示车行道、行车方向、路面边缘、人行道等设施的标线（图 2-36、图 2-37）。

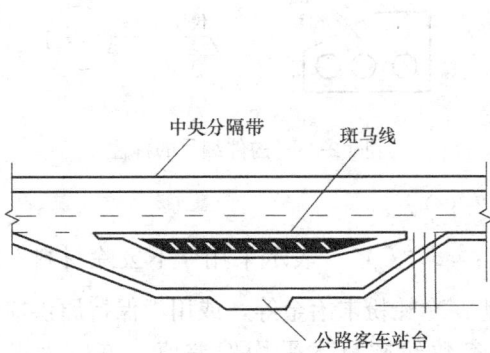

图 2-36　港式停靠站

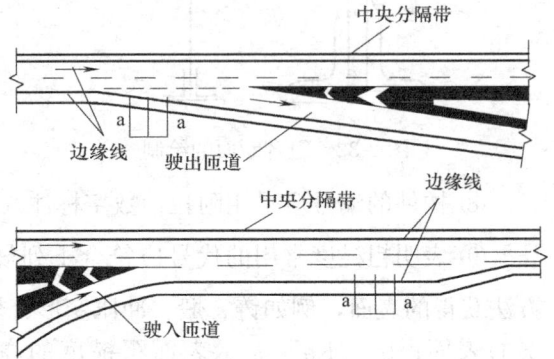

图 2-37　匝道出口、入口标线

② 禁止标线：告示道路交通的遵行、禁止、限制等特殊规定，车辆驾驶人及行人需严格遵守的标线（图 2-38、图 2-39）。

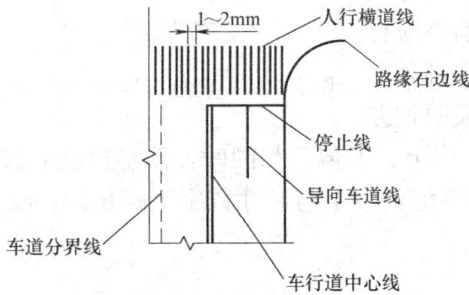

图 2-38　停止线位置

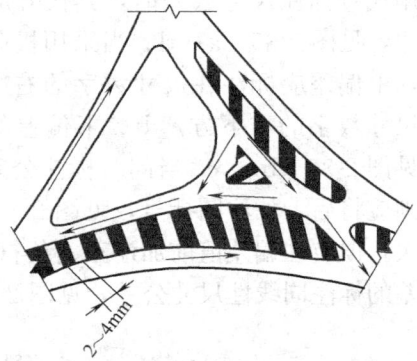

图 2-39　不规则路口导流线

③ 警告标线：促使车辆驾驶人及行人了解道路上的特殊情况，提高警觉，准备防范应变措施的标线（图 2-40、图 2-41）。

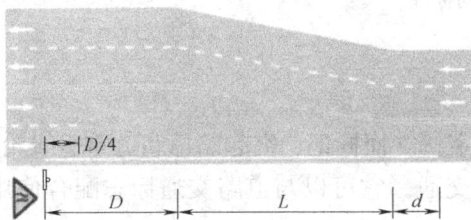

图 2-40　车行道宽度渐变段表现

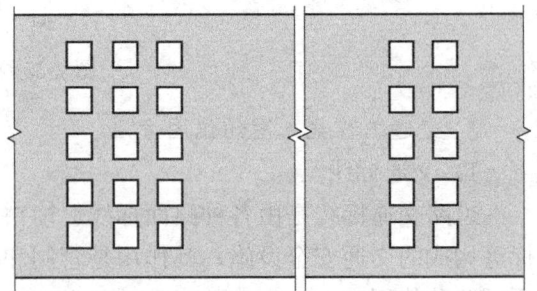

图 2-41　减速标线

根据《道路交通标志和标线》的规定，道路交通标线也可按形态分为以下 4 类：

①线条：施划于路面、缘石或立面上的实线或者虚线；

②字符：施划于路面上的文字、数字及各种图形、符号；

③突起路标：安装于路面上用于标示车道分界、边缘、分合流、弯道、危险路段、路宽变化、路面障碍物位置等的反光体或不反光体（图 2-42）；

④轮廓标：安装于道路两侧，用以指示道路边界轮廓、道路的前进方向的反光柱（或反光片）（图 2-43）。

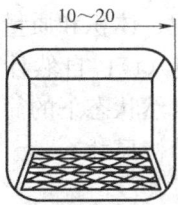

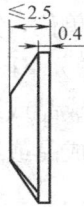

图 2-42　突起路标　　　　　　　图 2-43　固定于缆索护栏的轮廓标

2）交通标志

道路交通标志是用图形符号、颜色和文字向交通参与者传递特定信息，用于管理交通、保障安全的设施。

《道路交通标志和标线》规定的交通标志按其作用分类，可分为主标志和辅助标志，其中主标志包括：

①警告标志：警告车辆和行人注意危险地点的标志。

②禁令标志：禁止或限制车辆、行人交通行为的标志。

③指示标志：指示车辆、行人行进的标志。

④指路标志：传递道路方向、地点、距离的标志。

⑤旅游区标志：提供旅游景点方向、距离的标志。

⑥作业区标志：告知道路作业区通行的标志。

⑦告示标志：告知路外设施、安全行驶信息以及其他信息的标志。

辅助标志：是附设在主标志下，对其进行辅助说明的标志，辅助标志不能单独使用。

《道路交通标志和标线》中将交通标志按显示位置分类，分为路侧和车行道上方两种，支撑形式有单柱式、双柱式、单悬臂式、双悬臂式、门架式、附着式，如表 2-4 所示。

标志的支撑图式　　　　　　　　　　　　　　　　　　表 2-4

名称	单柱式	双柱式	悬臂式	门式	附着式
图式					将标志直接标注在结构物上

35

2.2 公路工程工程量计算

2.2.1 公路工程工程量计算原则和依据

1. 工程量计算的相关概念

1) 工程量的含义

工程量是以物理计量单位或自然计量单位所表示的公路工程各个分项工程或结构构件的实物数量。

物理计量单位是指需要量度的具有物理性质的单位，如长度、面积、体积和质量的计量单位分别是米（m）、平方米（m²）、立方米（m³）、千克（kg）、吨（t）；自然计量单位是指不需要量度的具有自然属性的单位，如建筑成品或结构构件在自然状态下的简单点数所表示的个、条、块、座等单位，但需要明确该成品或结构构件的结构尺寸。

2) 工程量计算的含义

工程量计算是根据施工图、预算定额划分的项目及工程量计算规则，列出分部分项工程名称和工程量计算式，然后计算出其结果的过程。

工程量计算在造价确定与控制中主要包括以下三种情况：

（1）在造价确定中根据设计图纸、拟订的施工方案、建筑安装工程计算规则、预算定额划分的项目计算出各实体工程和措施项目的分部分项工程数量，是确定施工数量和预算数量的依据。

（2）在单价合同条件下，根据设计图纸、工程量清单项目划分和工程量清单计量规则计算分部分项工程数量，是确定清单工程量或预期计量工程量的依据，其中的预期计量工程量是投标人分析计价工程细目综合单价的基础，而清单工程数量是计算该计价工程细目合价的基础，由于招标图纸设计不充分或工程量清单编制人工作疏漏，清单工程量和预期计量工程量可能并不一致。

（3）在工程施工过程中，根据现场"收方"的已完工程的内容，对照工程量清单项目划分和工程量清单计量规则，正式确定已完计量工程量的过程，是施工阶段计量支付工作的基础。

3) 工程量计算的意义

工程量计算是确定工程量清单、建筑安装工程直接工程费和编制标底或报价中清单计价项目综合单价及合价的重要依据，也是编制施工组织设计、安排施工进度、编制材料供应计划的重要依据，还是在施工阶段进行工程计量与支付、进行统计工作和实现经济核算的重要依据。

工程量计算工作是工程造价管理活动中的重要环节。一方面，工程量计算在整个工程造价的确定与控制过程中花费时间比较长，直接影响工程造价确定的及时性；另一方面，其准确与否直接影响到各个阶段工程造价计价的准确性。因此，要求工程造价人员具有高度的责任感，耐心细致地进行计算。

2. 工程量计算的原则

为了保证工程量计算方法的合理性，计算结果的准确性，计算工程量时必须遵循以下原则：

1）工程量计算所用原始数据必须和设计图纸相一致

工程量是按每一分项工程，根据设计图纸进行计算的，计算时所采用的原始数据都必须以施工图纸所表示的尺寸或视同图纸能读出的尺寸为准进行计算，不得任意加大或缩小各部位尺寸。

2）计算口径必须与预算定额相一致，避免重复列项

计算工程量时，根据施工图纸列出的工程子目的口径（指工程子目所包括的工作内容），必须与土建基础定额中相应的工程子目的口径相一致，不能将定额子目中已包含了的工作内容拿出来另列子目计算。如，定额中的某些工程子目包括了刷素水泥浆，计算工程量时就不应将其另列子目重复计算。

3）工程量的计量单位必须与现行定额的计量单位一致

按施工图样计算工程量时，所计算工程子目的工程量单位必须与土建基础定额中的相应的单位一致。如预算定额是以“m^2”为单位的，所计算工程量也必须以“m^2”为单位。

在土建预算定额中，工程量的计算单位规定为：①体积（m^3）；②面积（m^2）；③长度（m）；④质量（t 或 kg）；⑤工具班组等（件、个或组）。

基础定额中大多数用扩大定额（按计量单位的倍数）的方法来计量，如“10m”“100m²”“10m³”等。因此，在计算时应注意区分，务必使工程子项的计量单位与定额一致，不能随意决定工程量的单位，以免由于计量单位搞错而影响工程量的计算。比如，脚手架工程的计量单位就有扩大平方米（100m²）、延长米（100m）等，使用时不得混淆。

4）工程量计算规则必须与定额一致

工程量计算必须与定额中规定的工程量计算规则（或计算方法）相一致，才符合定额的要求。预算定额中对分项工程的工程量计算规则和计算方法都做了具体规定，计算时必须严格按规定执行。

5）工程量的计算精确度要统一

工程量的数字计算要准确，一般应精确到小数点后 3 位，汇总时，其准确度取值要达到：①立方米（m^3）、平方米（m^2）及米（m）以下取 2 位小数；②吨（t）以下取 3 位小数；③千克（kg）、件、建筑面积等取整数。

3. 工程量计算的依据

1）经审定的施工设计图纸及设计说明书、相关图集、图纸答疑交底及会审记录

施工设计图纸是计算工程量的基础资料，反映了工程实物的构造和各部位尺寸，是计算工程量的基本依据。在取得施工图纸和设计说明等资料后，必须全面、细致地熟悉和核对有关图纸和资料，检查图纸是否齐全、正确。如果发现设计图纸有错漏或相互有矛盾，应及时向有关部门提出修改意见，予以更正，经过审核，修正后的施工图才能作为计算工程量的依据。

2）与之相对应的“工程量计算规则”

交通运输部颁发的《公路工程概算定额》JTG/T B06-01—2007、《公路工程预算定额》JTG/T B06-02—2007、《公路工程标准施工招标文件》（2018 年版）以及省、直辖市、自治区颁发的地区性工程定额，其中包含的工程量计算规则等均是工程量计算的依

据。计算工程量必须严格按照规定的计量单位、计算规则和方法进行。

3）经审定的施工组织设计或施工技术措施方案

计算工程量时，除直接计算施工图纸中的实物工程量外，还必须参照施工组织设计或施工技术措施方案进行。例如定额工程量计算时，计算土方挖坑工程量仅仅依据施工图是不够的，因为施工图中未标明实际施工场地土壤的类别及施工中是否放坡开挖或者是否采用基坑支挡防护、围堰等方式。对这类问题就需要借助于施工组织设计或施工技术措施方案予以解决。

4）经确定的其他有关技术经济文件

如当地规定的征地拆迁费用、土地青苗补助、招标文件中的计量规定及计量方法等有关技术经济文件。

4. 工程量计算规则

在工程计量中所涉及的工程量计算规则主要有两种：一是定额工程量计算规则；二是清单工程量计量规则。

1）定额工程量计算规则

定额工程量计算规则是确定工程施工数量和预算工程数量的依据，考虑建造过程中的施工措施、损耗及辅助工程量。公路工程定额工程量没有专门的计算规则，而是分散在预算定额手册的章节说明中，是在套用定额时确定定额数量的工作依据。

2）清单工程量计量规则

清单工程量计量规则，是按照"净值、成品"的计算原则，根据设计图纸计量最终完成的工程数量的一种方法。该规则一般应统一，有一定强制性。如房屋建筑工程和市政工程的计量工程量应依据《建设工程工程量清单计价规范》GB 50500—2013 来计算。公路工程的清单工程量是依据现行《公路工程标准施工招标文件》（2018 年版）中"第八章工程量清单计量规则"进行计算编制，该计量规则由项目划分和编码、项目名称、项目特征、计量单位、工程量计算规则和各工程细目所包含的工程内容等构成。

3）两种工程量计算规则间的相互关系

定额工程量计算规则主要适用于定额计价模式下的工程估算、设计概算和施工图预算的编制，在清单计价模式中可作为分析工程量清单计价工程细目综合单价的参考。

清单工程量计量规则是在招投标阶段编制工程量清单，计算清单工程细目工程数量的依据，也是在标底或造价编制中分析工程量清单计价工程细目综合单价和施工阶段对已完工程量计量支付的依据。

在标底或报价编制中，要运用两种工程量计算规则分析综合单价。

清单工程量一般都是工程实体消耗的实际用量，如土方开挖的清单工程量是基础构件基底面积乘以土方开挖深度，实际仅考虑了基础施工的工作面，而定额工程量则还要根据基坑土质情况考虑土方开挖时需要放坡而增加的工程量（即在实体量的基础上加上措施方面的工程量）。在公路工程量清单计价中，实际是把基础外侧应考虑的施工工作面导致的工程量作为应计量工程量，而把保证基坑开挖稳定性的放坡或设置基坑支挡设施工程量作为措施工程量，分摊在计价工程细目"基础挖方"的综合单价中。

本章主要介绍定额工程量计算的相关内容，清单工程量计算的相关内容见第 7 章。

2.2.2 道路工程

1. 土石方工程

（1）土石方体积均以天然密实体积（自然方）计算，回填土按碾压后的体积（压实方）计算，余松土和堆积土按堆方乘以 0.8 系数折合为自然方执行一、二类土方定额。

（2）土方工程量按图纸尺寸计算，修建机械上下坡道土方并入工程量内。石方工程量按图纸尺寸加允许超挖量：松次坚石 20cm，普特坚石 15cm。

（3）挖土放坡和沟、槽底加宽应按图纸尺寸计算，如设计无明确规定，可按表 2-5 计算。

<table>
<tr><td colspan="5" align="right">放坡系数表　　　　　　　　　　　　表 2-5</td></tr>
<tr><td rowspan="2">土壤类别</td><td rowspan="2">人工开挖</td><td colspan="2">机械开挖</td><td rowspan="2">放坡起点深度(m)</td></tr>
<tr><td>在槽坑沟底挖土</td><td>在槽坑沟边上挖土</td></tr>
<tr><td>一、二类土</td><td>1：0.5</td><td>1：0.33</td><td>1：0.75</td><td>1.00</td></tr>
<tr><td>三类土</td><td>1：0.33</td><td>1：0.25</td><td>1：0.67</td><td>1.50</td></tr>
<tr><td>四类土</td><td>1：0.25</td><td>1：0.10</td><td>1：0.33</td><td>2.00</td></tr>
</table>

（4）放坡挖土交接处产生的重复工程量不扣除。如在同一断面内遇有数类土，其放坡系数可按各类土占全部深度的百分比加权计算。

（5）土石方运距应以挖土重心至填土或弃土重心最近距离计算。挖土、填土和弃土重心按施工组织设计确定。

（6）沟槽、基坑、平整场地和一般土石方的划分。底宽 7m 以内，底长大于底宽 3 倍以上按沟槽计算；底长小于底宽 3 倍以内按基坑计算，其中基坑底面积在 100m² 以内执行基坑定额，底面积在 150m² 以内执行沟槽定额；厚度在 30cm 以内就地挖、填土按平整场地计算。超过上述范围内的土、石方按挖土和一般石方开挖计算。

（7）平整场地、原土夯实（碾压）按设计图纸以"m²"为单位计算。

2. 路床（槽）整形

（1）路床（槽）整形系指平均厚度 10cm 以内的人工挖高填低平整路床，使之形成设计要求的纵横坡度，并经重型压路机碾压密实。工程量按设计尺寸以"m²"为单位计算。

（2）路基盲沟分规格按设计长度以延长米为单位计算。

（3）弹软土基处理。其方法如下：

① 掺干土、石灰。改换炉渣、片石均按设计尺寸以"m³"为单位计算。

② 石灰砂桩分规格按设计图纸以个为单位计算。

③ 水泥稳定土、机械翻晒按设计尺寸以"m²"为单位计算。

④ 砂底层分厚度按设计尺寸以"m²"为单位计算。

⑤ 铺筑垫层料分厚度按设计尺寸以"m²"为单位计算。

3. 道路基层、面层

（1）各类道路基层分厚度均按设计尺寸以"m²"为单位计算。

（2）各类道路底基层分厚度均按设计尺寸以"m²"为单位计算。

（3）顶层多合土养生按设计尺寸以"m²"为单位计算。

（4）沥青稳定碎石分厚度按设计尺寸以"m²"为单位计算。

（5）各类路面分厚度均按设计尺寸以"m²"为单位计算。

（6）沥青表面处理按设计尺寸以"m²"为单位计算。

（7）沥青混凝土加工按设计尺寸以"m³"为单位计算。沥青加工按设计以"t"为单位计算。

4. 其他

（1）人行道及侧缘石工程量计算方法如下：

① 各类人行道板安砌分规格按设计尺寸以"m²"为单位计算。

② 侧缘石垫层分材质均按设计尺寸以"m³"为单位计算。

③ 侧缘石安砌分材质均按设计尺寸以延长米为单位计算；侧平石安砌分规格均按设计尺寸以延长米为单位计算。

④ 砌筑树池分材质均按设计尺寸以延长米为单位计算。

（2）砌筑树池分材质均按设计尺寸以延长米为单位计算。

（3）其他直接费（包括冬、雨期施工增加费，夜间施工增加费，二次搬运费，仪器仪表使用费，生产工具用具使用费，检验、试验费，特殊工种培训费，工程定位复测、工程点交、场地清理费，特殊地区施工增加费）工程量，以直接费为基数按百分比计算。

（4）现场经费（包括临时设施费、现场管理费）工程量，以直接费为基数按百分比计算。

2.2.3 桥梁工程

1. 土石方工程

（1）土石方体积均以天然密实体积（自然方）计算，回填土按碾压后的体积（实方）计算，余松土和堆积土按堆积方乘以 0.8 系数折合为自然方计算。

（2）土方工程量按图纸尺寸计算，修建机械上下坡道土方量并入工程量内。

（3）挖土放坡和沟、槽加宽应按图纸尺寸计算。

（4）石方工程量按图纸尺寸加允许超挖量：松次坚石 20cm，普特坚石 15cm。

（5）放坡挖土交接处产生的重复工程量不扣除。如同一断面内遇有数类土，其放坡系数可按各类土占全部深度的百分比加权计算。

（6）土石方运距应以挖土重心至填土或弃土重心最近距离计算，挖土、填土、弃土重心按施工组织设计确定。

（7）挖沟槽、基坑需挡土板时，其宽度按图示沟槽、基坑底宽，单面加 10cm，双面加 20cm 计算。有支挡土板者，不再计算土方放坡。

（8）沟槽、基坑、平整场地和一般土石方的划分：底宽 7m 以内，底长大于底宽 3 倍以上按沟槽计算；底长小于底宽 3 倍以内按基坑计算；厚度在 30cm 以内就地挖、填土按平整场地计算。超过上述范围的土、石方按石方和一般石方开挖计算。

（9）平整场地、原土夯实（碾压），按设计图纸以"m²"为单位计算。

（10）各类挡土板工程量，均按槽、坑垂直支撑面积以"m²"为单位计算。

2. 围堰、井点降水

（1）土草围堰，土、石混合围堰，按围堰的施工断面乘以围堰中心线的长度以"m³"为单位计算。

（2）木板桩围堰、圆木桩围堰、钢板桩围堰、木（竹）笼围堰分高度（高度按施工期内最高临水面加 0.5m），按围堰中心线的长度以延长米为单位计算。

（3）筑岛填心均按设计尺寸以"m³"为单位计算。

3. 打桩工程

1）打桩

各种桩的打桩工程量，均按桩的设计长度（包括桩尖长度）乘以断面积以"m³"为单位计算。

2）送桩

（1）采用陆上打桩，按桩截面面积乘以送桩长度（设计中规定凿去桩头部分工程量应计算在内）以"m³"为单位计算。

（2）采用支架上打桩，其计算方法同"陆上打桩"。

（3）采用船上打桩，其计算方法同"陆上打桩"。

（4）接桩，各类接桩按设计接头以个为单位计算。

3）灌注桩成孔工程量

（1）埋设钢护筒、钢筋混凝土套管，均按设计筒（套管）长度以延长米为单位计算。

（2）人工、机械成孔，按设计桩长乘以设计桩断面面积以"m³"为单位计算。

（3）灌注桩混凝土，按设计规定桩长乘以设计桩断面面积以"m³"为单位计算。

（4）灌注桩钢筋笼，按设计规定以"t"为单位计算。

（5）泥浆制作，按设计用量以"m³"为单位计算。

（6）灌注桩接桩，按设计接桩的尺寸以"m³"为单位计算。

4. 砌筑工程

（1）各类垫层均按设计图示尺寸以"m³"为单位计算。

（2）砌块石、料石、混凝土预制块、机砖、圬工勾缝，均按设计图示尺寸以"m³"为单位计算。

5. 钢筋工程

（1）各种钢筋、高强钢丝、钢绞线，均按设计规定的尺寸乘以理论质量以"t"为单位计算。

（2）预埋铁件、连接板，按设计规定的尺寸乘以理论质量以"t"为单位计算。

（3）安装压浆管道和压浆，按设计图示长度以延长米为单位计算。

6. 现浇混凝土及钢筋混凝土工程

（1）现浇混凝土和钢筋混凝土，均按设计图示尺寸以"m³"为单位计算。不扣除钢筋、铁丝、软件、预留压浆孔道和螺栓所占体积。

（2）现浇钢筋混凝土构件中的墙、板，均不扣除面积在 0.3 m² 以内的孔、洞的混凝土体积，超过 0.3 m² 时应予扣除，对留孔所需工料不另计算。

（3）板梁底勾缝，按图示尺寸以延长米为单位计算。

（4）混凝土接头及灌缝，按图示尺寸以"m³"为单位计算。

（5）桥面混凝土铺装，按图示尺寸以"m³"为单位计算。

（6）前面沥青混凝土铺装，分厚度，按设计图示尺寸以"m²"为单位计算。

（7）桥面防水层，分材质，按设计图示尺寸以"m²"为单位计算。

7. 预制钢筋混凝土构件制作、运输、安装工程

1）预制混凝土、钢筋混凝土构件制作与运输

（1）预制混凝土及钢筋混凝土构件制作除另有规定外，均按设计图示以"m³"为单位计算。

（2）预制桩按桩的设计长度乘以断面面积以"m³"为单位计算。

（3）预制空心构件，按图示尺寸扣除其空心体积，以实体积计算。堵头板的体积计入工程量。

（4）预制构件运输，分不同运距，按构件单体质量以"t"为单位计算。

2）预制构件安装

（1）预制混凝土及钢筋混凝土构件安装除另有规定外，均按设计图示尺寸以"m³"为单位计算，构件有空心者，扣除其空心体积。

（2）柱式墩、台管节，分直径，按设计图示尺寸以延长米为单位计算。

（3）支座安装。钢支座，按设计图示尺寸乘以理论质量以"t"为单位计算；橡胶支座，按设计图示尺寸以"m³"为单位计算；油毡支座，按设计图示尺寸以"m²"为单位计算。

（4）泄水孔安装，分材质，均按只计算。

（5）伸缩缝安装，分材质，均按设计图示尺寸以延长米为单位计算。

（6）沉降缝安装，分材质，均按设计图示尺寸以"m²"为单位计算。

8. 装饰工程

装饰工程的工程量，按设计图示尺寸以"m²"为单位计算。

9. 其他

（1）脚手架工程量，按墙面垂直投影面积计算，高度按室外地面至墙顶面计算。

（2）其他直接费（包括冬、雨期施工增加费，夜间施工增加费，二次搬运费，仪器仪表使用费，生产工具用具使用费，检验、试验费，特殊工种培训费，工程定位复测、工程点交、场地清理费，特殊地区施工增加费）工程量，以直接费为基数按百分比计算。

（3）现场经费（包括临时设施费、现场管理费）工程量，以直接费为基数按百分比计算。

本 章 小 结

本章节主要介绍了公路工程识图的相关知识和工程量计算的依据、原则和要点。

习 题

2-1 平面图中常用的图线应符合哪些规定？

2-2 里程桩号的标注应从（   ）的顺序排列。

A. 起点到终点、按从小到大

B. 起点到终点、按从大到小

C. 起点到终点、按从小到大、从左到右

D. 起点到终点、按从大到小、从右到左

2-3 交叉口竖向设计高程的标注应符合哪些规定？

第3章 公路工程定额及应用

教学目标

(1) 了解公路工程定额的基本概念;

(2) 熟悉公路工程估算指标、概算定额、预算定额、施工定额和机械台班费用定额的主要内容;

(3) 掌握公路工程估算指标、概算定额、预算定额、施工定额和机械台班费用定额的应用方法。

教学要求

知识要点	能力要求	相关知识
定额概念	(1)了解公路工程定额的含义和制定; (2)熟悉公路工程定额的分类	(1)定额含义、分类; (2)定额分类
估算指标	(1)熟悉公路工程估算指标的主要内容; (2)掌握公路工程估算指标的应用方法	(1)估算指标主要内容; (2)估算指标应用方法
概算定额	(1)熟悉公路工程概算定额的主要内容; (2)掌握公路工程概算定额的应用方法	(1)概算定额主要内容; (2)概算定额应用方法
预算定额	(1)熟悉公路工程预算定额的主要内容; (2)掌握公路工程预算定额的应用方法	(1)预算定额主要内容; (2)预算定额应用方法
施工定额	(1)熟悉公路工程施工定额的主要内容; (2)掌握公路工程施工定额的应用方法	(1)施工定额主要内容; (2)施工定额应用方法
机械台班 费用定额	(1)熟悉公路工程机械台班费用定额的主要内容; (2)掌握公路工程机械台班费用定额的应用方法	(1)机械台班费用定额主要内容; (2)机械台班费用定额应用方法

基本概念

公路工程估算指标;公路工程概算指标;公路工程预算指标;公路工程施工指标;公路工程机械台班费用。

3.1 公路工程定额的概念及定额管理

3.1.1 定额的概念

1. 定额的含义

定额是指在正常的施工条件下,合理地组织施工、合理地使用材料和机械,完成单位合格产品所消耗的人工、材料、机械设备和资金的限额标准。定额是经过科学地测定、分析、计算后用数字加以规定的法定尺度，是组织施工的基础，也是计算工料机、资金消耗量的依据，还是工程计价的主要依据之一。定额反映了一定时期的社会生产力水平，随着生产技术的提高和生产管理的现代化，定额需要及时得到修改及补充，以提高劳动生产率、降低成本。

定额产生于19世纪末，由于传统的管理方法导致生产率低下，已不能满足生产力发展水平的要求。为了提高工人的劳动生产率，美国工程师泰罗通过记录工人劳动过程中的动作操作及时间消耗，以此制定了工时消耗标准，用来作为衡量工作效率的尺度，这就形成了最初的工时定额。随着新材料、新设备和新工艺的不断产生，继泰罗制以后，定额也有较大的发展，产生了许多各种不同种类的定额以适应各行各业的需要。

定额水平与当时的生产因素及生产力水平有着密切的关系，是一定时期社会生产力的反映。定额水平高反映生产力水平较高，完成单位合格产品消耗的资源较少，反之，则说明生产力水平较低，完成单位合格产品消耗的资源较多。

影响定额水平的因素有：①被视察人员的技术水平、心理因素、劳动态度等；②被视察对象的机械化程度；③新材料、新工艺、新技术的应用；④企业的组织管理水平；⑤劳动生产环境；⑥产品的质量及操作安全等要求。

2. 定额的特点

1）定额的科学性

工程建设定额是认真总结和研究生产规律的基础上，通过科学的方法对操作动作、现场布置、工具改革和工时消耗进行研究，并运用数理统计等各种科学方法制定出来的。它在一定程度上体现了生产力的发展水平，反映了工程建设中生产消耗的客观规律，可以作为公路基本建设计划、调节、组织、预测、控制的可靠依据。

2）定额的法令性

定额是经过国家和有关政府部门或授权机关编制和批准颁发的，任何单位必须严格执行，不得任意改动。定额的法令性体现在其具有权威性和强制性这两方面，而且在一定条件下具有经济法规的性质。工程建设定额的强制性不仅是定额作用得以发挥的有力保证，而且也有利于理顺工程建设有关各方面的经济关系和利益关系。

3）定额的系统性

一种专业定额是个完整独立的系统。公路工程定额从测定到使用，直至再修订都是为了全面反映公路工程所有的工程内容和项目，且与公路技术标准、规范配套，完全准确反映公路工程施工工艺流程中的每个环节。

公路定额是为公路建设这个庞大的实体系统服务的。公路项目可以分解出成千上万道工序，而其内部却层次分明，如项、目、节的划分。任何一个分部、分项工程在公路定额中都能确定。

4）定额的统一性

公路定额由初期借助于国家统一的技术标准、规范到现在依据交通工程的统一标准、规范，在交通运输部定额站的统一领导下，按照定额的制定、颁布和贯彻执行的统一行动，使定额工作及定额的管理工作有了统一的程序、统一的原则、统一的要求、统一的用途。

5）定额的群众性

定额是通过广泛的数据搜集、分析制定的，它的制定和执行要有许多部门和广大群众的直接参与。定额水平既要反映国家和集体的整体利益，也要反映群众的要求和愿望，这样群众才能乐于接受，定额才能顺利地得以贯彻执行。

6）定额的相对稳定性

工程建设定额是一定时期内社会生产力发展的反映，体现了当时的施工技术和先进工艺的水平，表现为具有一定的稳定性。如果定额经常处于修改变动之中，那么必然造成执行中的困难和混乱，不利于为政府决策和经济的宏观调控提供有力的保证。

7）定额的时效性

工程建设定额反映的是一定时期的生产力水平，当生产力向前发展了，定额就会与已经发展了的生产力不相适应，这时，它原有的作用就会逐步减弱以致消失，甚至产生负效应，因此定额具有时效性。当定额不再能起到促进生产发展的作用时，就需要对工程建设定额重新编制或修订。

3. 定额的作用

1）定额是节约社会劳动和提高生产效率的工具

施工定额可以促使建筑工人节约工作时间和材料，合理使用机械，提高劳动效率，加快工作进度。定额作为工程造价计算的依据可以促使企业加强管理，把社会劳动的消耗控制在合理的限度范围内。作为项目决策的定额指标，在更高层次上促使项目投资者合理、有效地利用和分配社会劳动。

2）定额是国家对工程建设项目进行宏观调控和管理的手段

国家有关部门可以利用定额管理和调控工程造价，预测和平衡资源配置和流向，对经济结构，包括企业结构和所有制结构进行合理地调控，也包括对技术结构和产品结构的调整。

3）定额是按劳分配及经济核算的依据

劳动定额是衡量劳动者在生产中支付劳动量和贡献大小的尺度。在评定职工工资时，除技术业务能力外，完成定额的程度是评定条件之一。有先进合理的劳动定额，就可以核算劳动者的劳动数量和质量，保证一定量的劳动领取一定量的报酬。劳动定额是核算和比较人们在生产中的劳动消耗和劳动成果的标准。贯彻劳动定额，提高定额的完成率，就意味着降低产品中活劳动的消耗，节省人力，增加生产。

4）定额有利于市场竞争和规范市场行为

定额是对市场信息的加工，又是对市场信息的传递。定额所提供的准确的信息，为市场需求主体和供给主体之间、供给主体相互之间的公平竞争，提供了有利条件。定额既是投资决策的依据，又是价格决策的依据，因此，定额有利于规范市场行为。

5）定额有利于推广先进的施工技术和工艺

定额水平中包含着某些已经成熟的先进施工技术和经验，工人要达到和超过定额，就必须掌握和应用这些先进技术。如果工人要大幅度超过定额水平，他的劳动就必须具有创造性，并在工作中注意改进工具和技术操作方法，注意原材料的节约，避免原材料和能源的浪费。企业为了获得更大的利润，必然会推广先进的施工工具和施工方法。企业或主管部门为了推行定额，往往要组织技术培训，这有利于新技术、新工艺、新材料、新经验推广，从而大大提高全社会的劳动生产效率。

3.1.2 定额的制定

1. 工时消耗

它包括定额时间和非定额时间两部分。通过科学研究，找出非定额时间产生的原因，以便采取措施，使非定额时间降低到最低限度，从而提高时间利用率。工时研究分工人工作时间研究和机械作业时间研究两种。进行工时研究时，必须对施工过程进行分解。

1）施工过程分解

施工过程一般可分解为工序、操作和动作。

工序是指一个或多个工人，在工作地利用工具、机械对同一劳动对象连续进行的生产活动。工作地即工人工作地点，也就是现场。当进行移动性产品（如加工零件）生产时，一件或一批相同的劳动对象需顺序经过许多工作地进行加工，每个工作地内进行的生产活动即为一道工序；当进行固定性产品（如砌筑）生产时，一个工人或一个班组对劳动对象顺序进行工作，则一个工人或一个班组所进行的组织上不可分开、技术上相同的工作即为一道工序。

工序由若干操作构成。操作是指工人为完成工序产品的组成部分所进行的生产活动，操作则是由若干个动作构成。动作是指工人参加劳动时一次完成的最基本的活动。

把施工过程分解为工序、操作和动作的目的，就是分析研究这些组成部分的必要性和合理性，测定每个部分的工时消耗，分析其相互关系和衔接时间，最后确定施工过程且工时定额。

2）工作时间研究

工作时间分"工人工作时间"和"机械工作时间"两种。

（1）工人工作时间由定额时间和非定额时间组成

定额时间是指为完成某一部分建筑产品所必须消耗的时间；非定额时间是指非生产必需的工作时间，也就是时间损失。

必需消耗的工作时间是工人在正常施工条件下，为完成一定合格产品（工作任务）所消耗掉的时间，是制定定额的主要依据，包括有效工作时间、辅助时间（休息时间）和不可避免中断时间的消耗。有效工作时间是从生产效果来看与产品生产直接有关的时间消耗，包括基本工作时间、辅助工作时间、准备与结束工作时间的消耗。休息时间是工人在工作过程中为恢复体力所必需的短暂休息和生理需要的时间消耗。不可避免的中断所消耗的时间是由于施工工艺特点引起的工作中断所必需的时间。与施工过程工艺特点有关的工作中断时间，应包括在定额时间内，但应尽量缩短此项时间消耗，如人工运土方的工人在装车时间内工作的中断等。

损失时间是与产品生产无关，而与施工组织和技术上的缺点有关，与工人在施工过程中的个人过失或某些偶然因素有关的时间消耗。损失时间中包括有多余和偶然工作、停工、违背劳动纪律所引起的工时损失。

（2）机械工作时间由定额时间和非定额时间组成

定额时间由有效工作时间、不可避免的空转和不可避免的中断时间组成。有效工作时间由正常负荷下的工作时间和非正常负荷下的工作时间组成。不可避免的中断时间由与操作有关的不可避免的中断和与操作无关的不可避免的中断组成。不可避免的空转由循环下不可避免的空转和定时不可避免的空转组成。非定额时间由多余或偶然工作时间、停工时间、违反劳动纪律时间组成。停工时间由施工本身造成的停工和非施工本身造成的停工时间组成。

2. 定额的测定

定额的测定是制定定额的前提，通过定额测定所得的资料，作为改善施工管理，合理组织施工，挖掘潜力及提高劳动生产率的依据。

定额测定的准备工作一般包括：正确选择测定对象、熟悉现行技术规程、分解施工过程、调查所测施工过程的主要因素等几项。

定额的测定方法一般采用三时估算法，即：$P=(a+4m+b)/6$。式中，P 为定额时间；a 为最小用时；b 为最大用时；m 为最可能用时。

其中时间测定一般可采用间隔测定法和连续测定法。间隔测定法适用于工序或动作的延伸时间较短的情况。连续测定法适用于测定各工序或动作的延续时间较长的情况。

3.1.3　工程建设定额的分类

工程建设定额从不同角度来说，有多种分类方式，如可按生产要素分类、按编制程序和用途分类、按编制单位和执行范围分类、按投资的费用性质分类、按不同专业分类，等等。对于公路工程定额分类，本书主要从生产因素和定额用途两种情况加以说明，如图3-1所示。

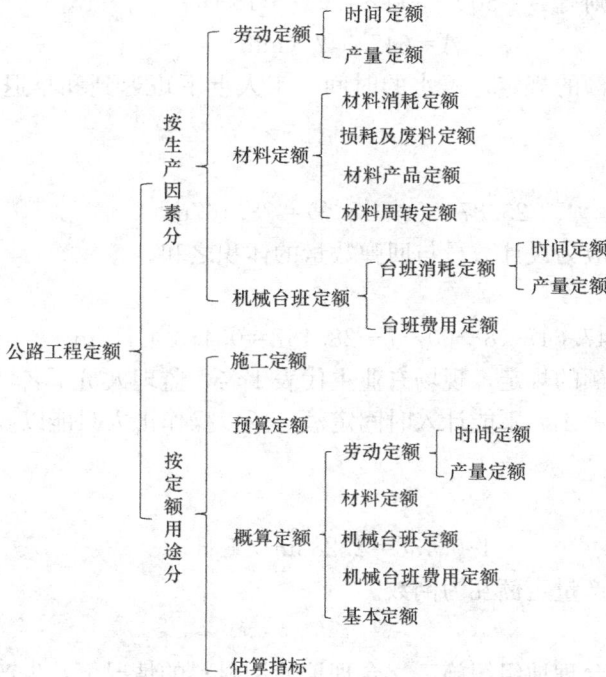

图 3-1　定额分类

1. 按生产因素分类

按生产要素来分有劳动定额、材料消耗定额和机械台班定额，这是最基本的分类法，它直接反映出生产某种单位合格产品所必须具备的因素。

1）劳动定额

劳动定额即人工定额，它反映了建筑工人劳动生产率水平的高低，表明在合理、正常施工条件下，单位时间内完成合格产品的数量或完成单位合格产品所需工时的多少。因此，劳动定额由于其表述形式不同，又分为时间定额与产量定额，前者为产量定额，后者为时间定额。

时间定额与产量定额都互为倒数，时间定额越低，产量定额就越高；反之，时间定额越高，产量定额就越低。

[例 3-1] 采用观察测时法测定某隧道洞内喷锚支护劳动定额，基础资料为：现场有业主代表 1 名，监理人员 1 名，现场技术管理人员 1 名，混凝土班组工人 8 名，混凝土喷射机操作手 1 名，符合正常的施工条件；整个设计喷锚支护的混凝土工程数量为 23.87m³，回弹率为 18%；基本工作时间 500min，因停水耽误时间 18min，辅助工作时间为基本工作时间的 1.5%，准备与结束时间为 15min，不可避免中断时间测时为 28min，休息时间占定额时间的 15%，工人上班迟到时间 6min，下班早退时间 3min。

问题：根据上述资料计算隧道喷锚支护的时间定额和产量定额。（计算时均取三位小数）

[解]

（1）必需消耗时间＝基本工作时间＋辅助工作时间＋不可避免中断时间＋准备与结束工作时间＋休息时间

设定额时间为 A，则有 $A=500+500\times1.5\%+15+28+A\times15\%$

$$A=647.647 \text{（min）}$$

说明：根据施工定额的规定，停水的时间、工人上下班迟到和早退不能计入定额时间内。

（2）混凝土数量计算

$$23.87\times(1+18\%)=28.167\text{m}^3$$

说明：混凝土数量应为设计数量与回弹数量的体积之和。

（3）时间定额计算

$$647.647\times8\div60\div7\div28.167=0.438 \text{ 工日}/\text{m}^3$$

说明：根据施工定额的规定，现场有业主代表 1 名，监理人员 1 名，现场技术管理人员，混凝土喷射机操作手 1 名不能计入时间定额，所以操作工人只能以 8 人计算。隧道洞内应按 7 小时计算。

（4）产量定额计算

$$1/0.438=2.283\text{m}^3/\text{工日}$$

说明：时间定额与产量定额互为倒数。

2）材料消耗定额

材料消耗定额指在合理地组织施工、合理地使用材料的情况下，生产单位合格产品所必须的消耗某一定规格的建筑材料、成品、半成品、水、电等资源的数量标准。它反映的是生产因素中第三个因素，即：劳动对象在生产活动中的变化情况。

定额材料消耗量，既包括构成产品实体净用的材料数量，又包括施工场内运输及操作过程不可避免的损耗量。即：

$$材料消耗量＝净用量＋损耗量 \qquad (3-1)$$
$$损耗率＝损耗量/净用量×100\% \qquad (3-2)$$
$$材料消耗量＝净用量×（1＋损耗率） \qquad (3-3)$$

所以，制定材料消耗定额，关键是确定净用量和损耗率。

3）机械台班定额

机械台班定额也称机械使用定额。它反映了在合理的劳动组织、生产组织条件下，由专职工人或工人小组管理或操作机械时，该机械在单位时间内的生产效率。按其表现的形式不同，也可分为机械时间定额和机械产量定额。

机械时间定额是指在合理劳动组织与合理使用机械的条件下，完成单位合格产品必须消耗的时间。机械产量定额是指在合理劳动组织和合理使用机械的条件下，某种机械在一个台班的时间内，所必须完成的合格产品的数量。机械时间定额和机械常量定额之间是互为倒数的关系。由于机械必须由人工小组配合，所以完成单位合格产品的时间定额应包括人工时间定额。即：

$$单位产品人工时间定额＝小组成员工日数总和/台班产量 \qquad (3-4)$$

[例 3-2]　用 6t 塔式起重机吊装某构件，由 1 名司机、7 名安装起重工、2 名电焊工组成的综合小组完成，已知机械台班产量定额为 40 块，求吊装一块构件的机械时间定额和人工时间定额。

[解]

$$机械时间定额＝\frac{1}{机械台班产量定额（台班）}＝\frac{1}{40}＝0.025\ 台班$$

$$人工时间定额＝\frac{1＋7＋2}{40}＝0.25\ 工日$$

2. 按定额用途分类

1）施工定额

施工定额指施工企业为组织生产和加强管理在企业内部使用的生产定额，它是以同一性质的施工过程为标定对象，规定某种建筑产品生产所需的人工、机械使用和材料消耗量标准的定额。施工定额是工程定额体系中的基础性定额，是编制预算定额和补充定额的基础，定额水平是社会平均先进水平。

2）预算定额

预算定额是指在正常施工条件和合理劳动组织下，完成单位数量的合格产品（分部分项工程或结构构件）所需消耗的人工、材料、施工机械台班的数量标准和费用标准。预算定额是以施工定额为基础编制的，它是施工定额的结合和扩大，是编制施工图预算，确定建筑工程预算造价的依据，也是编制概算定额和估算指标的基础，其反映的是社会平均生产力水平。

3）概算定额

概算定额概算定额是以预算定额为基础编制的，它是预算定额的组合和扩大，是编制设计概算、修正概算或进行方案技术经济比较的依据，也是编制主要材料计划的依据，也是编制估算指标的基础，其定额水平比预算定额水平要低。

4）估算指标

估算指标是比概算定额更为综合的指标，它是项目建议书和工程可行性研究阶段估算工程造价的依据、是进行技术经济分析、估算建设成本的标准。

[例 3-3]　桥梁墩台混凝土分项工程劳动定额如下：

（1）$1m^3$ 混凝土运输 20m，浇筑、养生需 1.50 工日；

（2）模板安拆 $1m^2$，需人工 0.5 工日；

（3）运输 $1m^3$ 混凝土 10m，需人工 0.1 工日；

（4）预算定额中每 $10m^3$（施工范围平均 50m），需模板 $4m^2$，施工定额与预算定额"两定"幅度差 4%；

（5）非泵送混凝土场内运输及操作损耗率 2.0%。

求桥梁墩台混凝土预算定额中的定额人工消耗量。

[解]

混凝土运输、浇筑及养生 $10\times1.02\times1.50+10\times1.02\times(50-20)\div10\times0.1=18.36$ 工日

模板的安拆 $4\times0.5=2.0$ 工日

根据施工定额计算预算定额 $(18.36+2.0)\times(1+4\%)=21.2$ 工日

因此，$10m^3$ 桥梁墩台混凝土预算定额中的定额人工消耗量为 21.2 工日。

3.1.4　工程建设定额的管理

定额管理就是利用定额来合理安排和使用人力、物力、财力和时间的所有管理活动的集合，是经济管理中的基础性工作的管理。我国工程定额管理，基本上属于政府职能。各省、自治区、直辖市和国务院行业主管部门均设有管理工程建设定额的机构，即工程定额站，在其管辖范围内各自行使自己的定额管理职能。一是执行管理定额和工程造价的行政职能，二是在规定范围内从事定额和工程造价业务活动的咨询、研究。

管理内容主要是编制修订各种定额和组织检查定额的执行情况，分析定额完成情况和存在问题，及时反馈信息。编制修订是贯彻和执行定额的前提条件，贯彻执行则是编制修订定额的直接导因和管理环节的继续。而信息反馈则是这两者之间的桥梁和纽带。定额管理的内容主要是信息的收集、加工、传递、反馈的过程。定额管理具体包括以下主要工作内容和程序：

（1）制定定额的编制计划和编制方案；

（2）积累、收集和分析、整理基础资料；

（3）编制修订定额；

（4）审批和发行；

（5）组织新编定额的征询意见；

（6）整理和分析意见、建议、诊断新编定额中存在的问题；

（7）对新编定额进行必要的调整和修改；

（8）组织新定额交底和一定范围内的宣传、解释和答疑；

（9）从各方面为新定额的贯彻执行创造条件、积极推行新定额；

（10）监督和检查定额的执行，主持定额纠纷的仲裁；

（11）收集、储存定额执行情况，反馈信息。

3.1.5　运用工程定额的基本方法

在公路建设生产过程中，每个阶段造价文件的编制都需要用到定额，因定额种类繁多，正确地使用定额是非常重要的，为了正确使用定额，必须全面了解定额、深刻理解定额、熟练掌握定额，本节将介绍定额运用方面的基本知识。

1. 运用概预算定额的步骤

在编制估算、概算、预算时，要正确地运用定额，也就是平时所说的"查定额、套定额"，是根据编制概预算的具体条件和目的，使用正确的定额的过程。为了正确地运用定额，首先必须反复学习定额，熟练地掌握定额。其次，必须收集并熟悉中央及地方交通主管部门有关定额运用方面的文件和规定。运用定额的基本步骤如下：

1）确定定额的种类

根据运用定额的目的，确定运用定额的种类（概算定额、预算定额或估算指标）。

2）查找所需定额表

根据概预算项目表，依次按目、节确定欲查定额的项目名称，再根据项目名称在定额目录中找到其所在的页码，并找到所需定额表。

3）查到定额表后，再进行如下步骤：

（1）检查定额表上的"工作内容"与设计要求、施工组织要求是否相符，若相符，则可在表中找到相应的细目，并进一步确定子目（栏号）。

（2）在表中找到相应细目和子目，检查定额表的计量单位与工程项目取定的计量单位是否一致、是否符合章节说明规定的工程量计算规则。

（3）看定额的总说明、章节说明以及表下的小注是否与所查子目的定额有关，若有关则采取相应措施。

（4）根据设计图纸和施工组织设计，检查子目中有无需要抽换的定额，若需抽换，则进行具体抽换计算。

4）套用定额

当已知工程量，并且确定了定额表值后，首先计算工程数量。"工程量"和"工程数量"是不同的概念。"工程量"是用某种计量单位表示工程的数量，"工程数量"是"工程量"折合为定额计量单位的数量。根据工程数量和定额表值，计算定额所包含的各种资源的数量和基价。

5）逐项查定其他项目的定额

该项目的细目定额查、套完后，再查、套该项目的其他细目，依次完成后，再查另一项目。

查用定额时，一定要仔细核查，防止重算和漏算。

2. 定额的编号

在编制估算、概算、预算时，在计算表格中均要列出所列引用的定额表号，以便复核、审查人员利用编号快速查找、核对所用定额的准确性。定额编号的常用方法有：

1）按［页号-章-节-表号-栏号］的编号方法

例如预算定额［40-1-1-18-3］，表示《预算定额》第14页，第1章路基工程第1节第18个表（1-1-18）的第3栏，即"10t及以内振动压路机碾压高等公路土方"。这种编号方法容易查找，不易出错，但是在该预算表中占距较宽。

2）按［章-节-表号-栏号］的编号方法

例如概算定额［4-1-4-2］，表示《概算定额》第4章第1节第4个表（4-1-4）的第2栏，即"干处基坑挡土墙"。

3）8位数编码法

目前一般情况下采用计算机编制造价文件，在编制概预算文件时，常采用8位数编码，即从左向右起，章占1位，节占2位，表占2位，栏占3位，如预算定额40405121表示《预算定额》第4章第4节第5个表121栏。

3. 运用定额的基本方法

1）定额的直接套用

定额的直接套用分为一般套用和复合套用。如果设计要求、施工组织要求的工作内容与相应定额的工作内容完全相符，可直接套用定额；当设计图纸与一个定额的工程内容不符，由几个定额共同作用才能完成。可适当采用两个或两个以上的定额根据工程内容增减人工、材料、机械台班的消耗量，属于定额的复合套用。

［例3-4］ 试确定"装载质量3t的自卸车配合斗容量1.0m³以内的挖掘机联合作业8km普通土"的预算定额。

［解］

（1）根据题意，可知需要套两个定额，查预算定额目录，编号为（15-1-1-11）的"自卸车运土、石方"和（12-1-1-9）"挖掘机挖桩土、石方"为所需定额表。

（2）自卸车配合挖掘机联合作业普通土的工序包含挖、装、运、卸，而"挖掘机挖桩土、石方"的工程内容含挖、装，"自卸车运土、石方"的工程内容含装、运、卸，联合两个定额表，相当于多"装"了一次，查看（12-1-1-9）表注"土方不需装车时，应乘以0.87系数。"

（3）套用定额计算：（12-1-1-9）×0.87 ＋（15-1-1-11）

每1000m³天然密实方：

人工：4.5×0.87 ＝ 3.92 工日

75kW内履带式推土机：0.46×0.87 ＝ 0.40 台班

1.0m³以内履带式单斗挖掘机：2.15×0.87 ＝ 1.87 台班

3t以内自卸汽车：19.47 ＋ 2.66×（8－1）÷2＝28.78 台班

基价：2279 ×0.87＋5745＋785×（8－1）÷2 ＝ 10475.5 元

2）定额的抽换与调整

由于定额是按一般正常合理的如果按设计的要求、工作内容及确定的工程项目不完全与相应定额的工程项目符合，则不能直接套用定额，而应对定额表值进行必要调整或抽换后，才能采用。

在下列几种情况时，可进行定额抽换：

（1）拱盔、支架等计算回收：就地浇灌钢筋混凝土梁用的支架及拱圈用的拱盔、支架。如确因施工安排达不到规定周转次数时，可根据具体情况进行抽换，并计算回收。

（2）水泥、混凝土强度等级不同：在使用定额时，混凝土、砂浆配合比的水泥用量，如因实际供应的水泥用量、强度等级与定额中水泥用量、强度等级不同时，水泥用量可按《公路工程预算定额》JTG/T B06-02—2007 附录二基本定额中的混凝土、砂浆配合比表进行抽换。

（3）钢筋工程中，当涉及用光圆钢筋和带肋钢筋的比例与定额比例不同时，可进行换算。

（4）工程使用特殊机械时，可按具体情况进行换算。

另外《公路工程预算定额》JTG/T B06-02—2007 第二章第一节的说明中明确规定"各类稳定土基层定额中的材料消耗系按一定配合比编制的，当设计配合比与定额标明的配合比不同时，有关材料可按下式进行换算：

$$C_i = [C_d + B_d \times (H - H_0)] \times \frac{L_i}{L_d} \tag{3-5}$$

式中　C_i——按设计配合比换算后的材料数量；

　　　C_d——定额中基本压实厚度的材料数量；

　　　B_d——定额中压实厚度每增减 1cm 的材料数量；

　　　H_0——定额的基本压实厚度；

　　　H——设计的压实厚度；

　　　L_d——定额中标明的材料百分率；

　　　L_i——设计配合比的材料百分率。

[例 3-5]　某孔径为 20m 的石拱桥，制备 1 孔木拱盔（满堂式），周转 2 次，试确定其实际周转次数的周转性材料预算定额。

[解]

（1）由预算定额目录可知定额在 631 页，表号为 4-9-2，确定定额号为 [631-4-9-2-2] 或 [40902002]。

材料消耗定额：原木 0.471m³，锯材 1.625m³，铁件 41.8kg，铁钉 1.1kg。

（2）查预算定额附录三知，木拱盔周转性材料的周转次数与定额规定不符，故需对达不到规定周转次数的材料定额进行抽换，具体计算如下：

$$实际周转次数的周转性材料定额：E' = E \times \frac{n}{n'} \tag{3-6}$$

式中　E——定额规定的周转性材料定额；

　　　n——定额规定的材料周转次数；

　　　n'——实际的材料周转次数。

满堂式木拱盔周转性材料定额值抽换计算表　　　　　　　　表 3-1

序号	材料规格名称	单位	定额值 E	n	n'	实际消耗值 E'
1	原木	m³	0.471	5	2	1.178
2	锯材	m³	1.625	5	2	4.063
3	铁件	kg	41.8	5	2	104.5
4	铁钉	kg	1.1	4	2	2.2

从表 3-1 中可知，实际材料消耗定额为：原木 1.178m³，锯材 4.063m³，铁件 104.5kg，铁钉 2.2kg。

[例 3-6] 某桥墩高 15m，采用浆砌混凝土预制块砌筑，设计砌筑用 M10 水泥砂浆，试问编制预算时定额值是否需要抽换？如何抽换？

（1）由预算定额目录可知"浆砌混凝土预制块"，定额在 445 页，表号为 4-5-5（如表 3-2），确定定额号为（445-4-5-5-2）或 ［40505002］。

根据节说明 1 可知，定额中的 M7.5 水泥砂浆为砌筑用砂浆，M10 水泥砂浆为勾缝砂浆，即 10m³ 砌体定额值。

M7.5 水泥砂浆 = 1.3m³（砌筑用）

M10 水泥砂浆 = 0.09m³（勾缝用）

32.5 级水泥 = 0.373t（M7.5 和 M10 水泥砂浆所用水泥的合计值）

中（粗）砂 = 1.51 m³

（2）本设计中采用 M10 水泥砂浆砌筑桥墩，与定额不符，故需抽换定额中的水泥砂浆材料。每 10 m³ 浆砌混凝土预制块材料定额值（查附录二，如表 3-2 所示）。

砂浆配合比表（单位：1m³ 砂浆及水泥浆）　　　　　　　　　　表 3-2

项序号	项　　目	单位	水泥砂浆									
			砂浆强度等级									
			M5	M7.5	M10	M2.5	M15	M20	M25	M30	M35	M40
			1	2	3	4	5	6	7	8	9	10
1	32.5 级水泥	kg	218	266	311	345	393	448	527	612	693	760
2	生石灰	kg	—	—	—	—	—	—	—	—	—	—
3	中(粗)砂	m³	1.12	1.09	1.07	1.07	1.07	1.06	1.02	0.99	0.98	0.95

用 M10 水泥砂浆时，32.5 级水泥 = 1.3 × 0.311 = 0.404t

中（粗）砂 = 1.3 × 1.07 = 1.39 m³

用 M7.5 水泥砂浆时，32.5 级水泥 = 1.3 × 0.266 = 0.346t

中（粗）砂 = 1.3 × 1.09 = 1.42m³

（3）抽换后 10 m³ 砌体定额值：

32.5 级水泥用量 = 0.373t - 0.346 + 0.404 = 0.431t（此值替换 0.373t）；

中（粗）砂用量 = 1.51 - 1.42 + 1.39 = 1.48m³（此值替换 1.51m³）

由于砂浆强度等级的改变只对水泥和中（粗）砂用量有影响，而其他消耗指标不变。

3）定额的补充

随着科学技术的快速发展，新工艺、新结构、新材料、新设备在公路工程中应用推广使用较快；而定额的制定必须有一定的周期，定额比实践要慢一些，为正确反应工程实际情况，必须对定额进行一定的补充。补充定额只能在指定的范围内使用，一般由施工企业提出测定资料，与建设单位或设计部门协商议定，只作为一次使用，并同时报主管部门备查，以后陆续遇到此种同类项目时，经过总结和分析，往往成为补充或修订正式统一定额的基本资料。

编制补充定额一般采用两种方法：一是按照预算定额编制方法，计算人工、各种材料及机械台班消耗指标，经有关人员讨论后确定；二是人工、机械及其他材料消耗量套用相近项目的定额计算，材料（主要材料）按施工图设计进行计算或测定。

3.2 公路工程估算指标及应用

《公路工程估算指标》JTG/T M21—2011（以下简称《估算指标》）和《公路工程基本建设项目投资估算编制方法》JTG M20—2011（以下简称《投资估算编制办法》）由中华人民共和国交通运输部颁发，于2012年1月1日施行。估算指标是以某项目或其单位工程或单项工程为对象，综合项目全过程投资和建设成本的技术性经济指标，具有和概预算定额不同的成本特点和作用：

（1）估算指标是项目建议书和可行性研究报告的编制基础；

（2）估算指标是建设项目经济性比较的基础，也可作为技术方案比较的参考；

（3）估算指标是建设项目造价确定和控制的依据。

3.2.1 公路工程估算指标的主要内容

现行《估算指标》由总说明、路基工程、路面工程、隧道工程、涵洞工程、桥梁工程、交叉工程、交通工程及沿线设施、临时工程共8章及附录组成。估算指标表由以下内容构成（例如表3-3所示）：

（1）表名：位于表是上端，指该项目名称。

（2）工程内容：位于表名下方，指项目所含的主要工作内容。

（3）单位：位于表右上方，指该项目所表示的单位。

（4）序号：位于表第1列，指项目所需的工料机等的先后顺序。

（5）项目：位于表第2列，指项目所需的工料机等的名称。

（6）单位：位于表第3列，指项目所需的工料机等的计量单位。

（7）代号：位于表第4列，指项目所需的工料机等的计算机识别代码。

（8）子目：表示该项目所含的子目名称，其数据代号称为栏号。

（9）指标基价：表示该项目所含的工料机价格和。

路面垫层估算指标表   表 3-3

2-1 路面垫层

工程内容 挖路槽、培路肩、铺筑、洒水、碾压成型等全部工作。

单位：1000m^2

顺序号	项 目	单位	代号	压实厚度 15cm	每增减 1cm
				1	2
1	人工	工日	1	6.3	2.1
2	水	m^3	866	—	1
3	砂砾	m^3	902	191.25	12.75

3.2.2 公路工程估算指标的应用

编制投资估算时，应按公路工程估算指标的说明及附注正确使用本指标，不得随意抽换指标内容，以免造成重算或漏算。对本指标中缺少的项目可以编制补充指标。补充指标应按照本指标的编制原则、方法进行编制，由各省、自治区、直辖市交通运输主管部门批准执行，抄送交通运输部公路局备案。当可行性研究报告的工作深度已达到初步设计的深度时，可采用现行《公路工程概算定额》JTG/T B06-01—2007（以下简称《概算定额》）编制可行性研究报告投资估算。绿化工程指标由各省、自治区、直辖市交通运输主管部门组织制定并发布。可视具体情况对特殊工程、特殊工艺的估算指标制定专项标准或补充规定。

1. 路基工程估算指标的应用

路基工程包括路基土方、路基石方、粉煤灰路堤、排水与防护、其他路基防护、软基处理等项目。

土方挖方按天然密实体积计算，填方按压（夯）实后的体积计算，开炸石方按天然密实体积计算。消除表土或零填方地段的基底压实和耕地填前夯（压）实后，回填至原地面高程所需的土、石方数量，路基沉陷需增加填筑石方数量，以及为保证路基边缘的压实度必须加宽填筑所需的土、石方数量由施工组织设计提出，并入路基填方数量内计算。填土方指标中不包括路基掺灰、掺灰应按公路工程概算定额另行计算

自卸汽车运输路基土、石方指标仅适用于平均运距在 15km 以内的土、石方运输；当平均运距超过 15km 时，应按社会运输的有关规定计算；当运距超过第一个指标运距单位时，其运距尾数不足一个增运指标单位的半数时不计，超过半数时按一个增运指标运距单位计算。自卸汽车运输路基土、石方指标为 1000m³ 自然方，指标已综合各种土质的压实系数及运输损耗，使用指标时不应再计算压实系数和运输损耗系数。远运利用、弃方运输工程量以天然密实体积计算，借方运输工程量以压（夯）实后的体积计算。

砌石、片石混凝土、混凝土圬工按实体数量计算。其他排水工程量按路基长度计算，本指标已包括路面排水工程。其他路基防护指标均已包括圬工，圬工不得另行计算。

软基处理时，估算指标工程内容不包括对溶洞、采空区的处理，需要时应根据设计所采用的处理形式采用相关定额计算。软基处理工程量按处治的面积进行计算。

（1）处治深度 3m 以内：指标 I 综合清淤和一般砂砾换填，指标 II 综合抛石挤淤和土工合成材料等处治方法。

（2）处治深度 3~12m：指标综合袋装砂井、塑料排水板、粉喷桩、堆载及真空预压等处治方法。

（3）处治深度 12~20 m：指标综合各类粒料桩、加固土桩、CFG 桩等处治方法。

（4）处治深度超过 20m 按公路工程概算定额计算。

2. 路面工程估算指标的应用

路面工程分路面垫层、稳定土基层、其他路面基层、沥青路面、水泥混凝土路面、其他路面、沥青路面镶边及路缘石等项目。

（1）各类稳定土基层、级配碎石、级配砾石基层的压实厚度在 15cm 以内，填隙碎石一层的压实厚度在 12cm 以内，垫层、其他种类的基层和底基层压实厚度在 20cm 以内，拖拉机、平地机和压路机的台班消耗按定额数量计算。如超过上述压实厚度进行分层拌合、碾压时，拖拉机、平地机和压路机的台班消耗按定额数量加倍计算，每 1000m² 增加 3 个工日。

（2）基层、垫层按顶层面积计算，沥青路面和水泥混凝土路面按路面实体计算。

（3）挖路槽，培路肩，稳定土拌合站安拆，稳定土拌合料的拌合及运输，沥青混合料拌合站安拆，沥青混合料的拌合及运输、铺筑、压实，透层、封层、磨耗层、保护层、水泥混凝土的拌合及运输，水泥混凝土搅拌站安拆，路肩加固等已综合在指标中。

（4）如设计为单车道路面宽度时，压路机台班可按指标用量乘以下列系数：两轮光轮压路机 1.14，三轮光轮压路机 1.33，轮胎式压路机和振动压路机 1.29。

（5）本指标沥青的油石比按《公路工程预算定额》JTG/T B06-02—2007（以下简称《预算定额》）附录二的油石比编制。当设计提出项目的油石比时，可按设计油石比调整指标中的沥青用量。换算公式如下：

$$S_i = S_d \times \frac{L_i}{L_d} \tag{3-7}$$

式中　S_i——按设计油石比换算后的沥青数量；

　　　　S_d——指标中的沥青数量；

　　　　L_d——《预算定额》中的油石比；

　　　　L_i——设计采用的油石比。

（6）沥青路面镶边和路缘石工程量以路基长度进行计算。

[例 3-7]　某高速公路有级配碎石垫层 3.2 万 m³，压实厚度 20cm，试确定其工、料、机消耗量。

[解]　（1）根据题意，查《估算指标》，确定指标表 [20-(2-1)-1] 和 [20-(2-1)-2]（表 3-1）；

（2）垫层面积为 32 000/0.20＝160000m²，根据指标单位为 1000m²，则工程数量为 160000/1000＝160（个指标单位）

（3）级配碎石垫层的工、料、机消耗量为：

人工：（6.3＋2.1×5）×160＝2688 工日

水：（0＋1×5）×160＝800m³

砂砾：（191.25＋12.75×5）×160＝40800m³

120kW 以内自行式平地机：0.28×160＝44.8 台班

6～8t 光轮压路机：0.26×160＝41.6 台班

12～15t 光轮压路机：0.53×160＝84.8 台班

0.6t 以内手扶式振动碾：（0.39＋0.02×5）×160＝78.4 台班

6000L 以内洒水汽车：0.43×160＝68.8 台班

1t 以内机动翻斗车：（0.20＋0.01×5）×160＝40 台班

指标基价：（7147＋530×5）×160＝1567520 元

3. 隧道工程估算指标的应用

隧道工程指标均指隧道洞内工程，即隧道进出口洞门端墙墙面之间的工程，包括洞身、明洞、洞门、斜井、竖井、管棚等项目。工程量计算时注意以下几点：

（1）洞身工程量按隧道正洞、人行横洞、车行横洞、紧急停车带面积之和计算。隧道正洞面积为隧道长度乘以隧道宽度。隧道长度不包括明洞和洞门的长度，隧道宽度指行车道加侧向宽度加人行道或检修道的宽度。分离式及小净距隧道工程量按单洞洞身长度计算；连拱隧道工程量按双洞洞身长度计算。分离式隧道是按 1000m 以内、3000m 以内、4000m 以内编制的。当隧道长度大于 4000m 时应以隧道长度 4000m 以内指标为基础，与隧道长度 4000m 以上每增加 1000m 指标叠加使用。若设计能提出隧道的围岩等级（Ⅰ～Ⅵ）时，可按表 3-4 对洞身指标进行调整。

洞身指标围岩等级调整系数   表 3-4

Ⅰ	Ⅱ	Ⅲ	Ⅳ	Ⅴ	Ⅵ
0.68	0.75	不调整	不调整	1.35	1.65

（2）洞门指标单位为每端洞门，高速、一级公路一座隧道的工程量按两端洞门计算；二级及以下公路一座隧道的工程量按一端洞门计算。

（3）明洞工程量按明洞长度与明洞设计宽度的乘积计算。明洞宽度指行车道加侧向宽度加人行道或检修道的宽度。

（4）斜井工程量按斜井长度与斜井设计宽度的乘积计算，指标中已综合联络道（风道）。

（5）竖井工程量按竖井深度计算。本指标适用于直径 8m 以内的竖井，指标中已综合联络道（风道）。

（6）管棚工程量按单排管棚的设计长度计算。

4. 涵洞工程估算指标的应用

涵洞工程估算指标包括盖板涵、圆管涵、拱涵和箱涵等项目。

（1）涵身按涵洞长度计算。洞口按道计算，一道涵洞按两座洞口计算，如涵洞只有一座洞口，则按 0.5 道计算。

（2）涵洞工程指标分为跨径 3m 以内和 5m 以内。跨径超过 5m 的涵洞按桥梁工程中标准跨径小于 16m 的桥梁指标进行计算。

（3）跨径小于 0.5m 的灌溉涵已综合在指标中，不得将灌溉涵作为工程量计算。

（4）指标中涵洞洞口按一般常用的标准洞口计算，如有特殊洞口，可根据实体均工量，套用公路工程概算定额计算。

（5）若有双孔涵洞时，可按单孔指标乘以下列双孔系数，双孔系数见表 3-5。

双孔涵洞的双孔系数   表 3-5

结构类型	盖板涵	钢筋混凝土圆管涵	拱涵
双孔系数	1.6	1.8	1.5

5. 桥梁工程估算指标的应用

桥梁工程估算指标分标准跨径小于 16m 的桥梁和标准跨径大于或等于 16m 的桥梁两项，其中标准跨径大于或等于 16m 的桥梁分为一般结构桥梁（如预应力空心板、预应力 T 形梁、预应力混凝土箱梁等）和技术复杂结构桥梁（如连续刚构、连续梁、斜拉桥、悬索桥、钢管拱等）两部分。该指标均包括基础、下部、上部、桥台锥坡、桥头搭板等工程，指标运用时需考虑以下工程量计算规则：

1）桥面面积为桥梁长度与桥面宽度的乘积。桥梁全长，有桥台的桥梁为两岸桥台侧墙或八字墙尾端间的距离；无桥台的桥梁为桥面系行车道的长度。桥梁宽度为行车道加人行道或安全带加桥梁护栏的宽度并计算至外缘。

2）标准跨径小于 16m 的桥梁指标已综合不同结构类型的桥梁，使用时不得调整指标。

3）标准跨径大于或等于 16m 的桥梁应按不同结构类型编制估算。标准跨径 100m 以内的箱形拱和钢管拱，指标综合了基础、下部和上部；标准跨径 100m 以上的箱形拱和钢管拱，其基础、下部和上部则应按技术复杂大桥相关指标进行计算。

4）技术复杂大桥：如工程可行性研究设计能提出技术复杂大桥上部构造用高强钢丝（钢绞线）和基础工程用的钢壳沉井或双壁钢围堰以及上部构造、下部构造、基础等各部位用的光圆钢筋、带肋钢筋的数量，可按设计提供的数量调整指标中相应的数量。

（1）各类基础工程量基本按设计混凝土的圬工实体计算。沉井基础仅适用于水深在 20m 以内的桥梁工程，水深超过 20m 时，应编制补充指标或采用公路工程概算定额计算。

（2）下部构造工程量按墩、台或索塔设计混凝土圬工实体计算。

（3）平行钢丝斜拉索、钢绞线斜拉索、主缆的工程量以平行钢丝、钢绞线的设计质量计算。技术复杂大桥上部构造指标中钢管拱是按标准跨径 240m 以内编制的，标准跨径大于 240m 时，可按以下规定进行计算：

① 标准跨径 240～400m 以内，指标乘以 1.15 的系数；

② 标准跨径 400～600m 以内，指标乘以 1.33 的系数。

6. 交叉工程估算指标的应用

交叉工程估算指标包括互通式立体交叉、分离式立体交叉、平面交叉、通道、人行天桥及渡槽等项目。

（1）互通式立体交叉：匝道工程量按设计长度计算。匝道指标包括路基、路面、构造物以及其他附属设施等全部工程内容。匝道指标是按注明的匝道路基宽度编制的，如设计匝道宽度与指标注明宽度值不同，可按如下系数调整指标：

$$K = \frac{(W_1 - W_0) \times 0.8}{W_0} + 1 \qquad (3-8)$$

式中　K——指标调整系数；

　　　W_1——设计匝道路基宽度（m）；

　　　W_0——匝道指标中所注明的匝道路基宽度（m）。

平原微丘区匝道若为借土填方，借方在 3km 以内时，指标不另外增加费用；借方运距在 3km 以上时，则需按路基工程中土石方运输指标另计借方运输费用。

匝道桥工程按桥面面积计算，桥面面积的计算方法同桥梁工程指标的规定。

被交道工程量按设计整修长度计算。本指标中路况差指被交道路面需全部重新修建或大部分路面需补强；路况好指被交道路面基本完好，只需进行小面积处理。本指标仅指被交道的整修工程，如被交道属改线或为规划路、等级提高（改建）等情况，应根据设计数量套用相应的指标另行计算。

（2）分离式立体交叉：分离式立体交叉的桥梁工程按前述桥梁估算指标进行计算。顶进箱涵的工程量为箱涵外缘宽度与箱涵长度的乘积，指标包括顶进设施、箱涵预制、顶进、铁路线加固、防护网等全部工程内容。

被交道工程量按设计整修长度计算，指标包括路基、路面、构造物以及其他附属设施等全部工程内容。本指标仅指被交道的整修工程，如被交道属改线或为规划路、等级提高（改建）等情况，应根据设计数量套用相应的指标另行计算。

（3）平面交叉：平面交叉工程量按需要设置的交叉处数计算。本指标包括路基、路面、构造物以及其他附属设施等全部工程内容。公路与机耕道、大车道平面交叉按被交道等级为四级的指标进行计算。

（4）通道：本指标仅适用于跨径为5m以内的涵式通道，桥式通道采用桥梁指标计算。通道洞身工程量按需要设置的总长度计算，洞口按需要设置的洞口数量计算。本指标包括通道本身、通道内路面等全部工程内容。指标中通道洞口按一般常用的标准洞口计算，如有特殊洞口，可根据实体圬工量，套用公路工程概算定额计算。若有双孔通道时，按照单孔指标乘以前述涵洞工程说明中盖板涵的双孔系数计算。

（5）人行天桥和渡槽：人行天桥和渡槽工程量按桥梁（渡槽）两端桥台台尾之间的水平距离（全桥长）乘以桥梁梁板或槽口外缘的宽度，以面积计算。人行天桥及渡槽仅适用于混凝土结构，不适用于钢结构。

7. 交通工程及沿线设施指标的应用

交通工程及沿线设施指标包括安全设施、监控系统、通信系统、收费系统、隧道工程机电设施、独立大桥工程机电设施、服务房屋等项目。

（1）安全设施和通信系统指标单位为公路公里，工程量按建设项目路线总长度计算。

（2）监控系统指标单位为公里，工程量按建设项目路线总长度扣除隧道（双洞）的长度计算。

（3）收费系统指标单位为每条收费车道，工程量按建设项目主线和匝道收费所需的收费车道（包括进与出）数目之和计算。

（4）隧道工程机电设施指标分为监控系统、通风系统、消防系统、供配电及照明、预留预埋件等项目。隧道工程机电设施指标单位为公里，工程量以隧道双洞长度计算；若隧道为单洞，则需将指标乘以0.5的系数。

（5）独立大桥工程机电设施指标仅适用于跨江、跨海的特大型桥梁工程，不适用于路线项目中一般桥梁工程。独立大桥工程机电设施指标单位为10桥长米，工程量按新建独立大桥长度进行计算。

（6）服务房屋指标单位为平方米，工程量按建设项目所需的服务区、停车工区、养护工区、养护管理所等房屋的建筑面积之和计算，但不包括收费天棚的建筑面积。

（7）交通工程及沿线设施指标均不包括外供电，若建设项目需外供电，则应另行计算。

8. 临时工程指标的应用

临时工程指标包括临时便道、临时便桥、临时码头等项目。

（1）临时便道分简易便道和复杂便道，指标单位为公里，工程量按便道的长度计算。

（2）临时便桥仅为一般性便桥，对特殊的便桥应按公路工程概算定额单独计算。

（3）临时码头指标单位为座，工程量按需要设置的座数进行计算。

（4）其他工程指标包括公路交工前养护、临时电力线路、临时通信线路、其他零星工程等，指标单位为公路公里，工程量按建设项目路线总长度计算。

3.3 公路工程概算定额及应用

现行公路工程概算定额由交通运输部颁发，并于 2008 年 1 月 1 日起施行。它在预算定额的基础上，考虑新技术、新工艺、新材料和新施工设备结合而成，能适应各等级公路概算编制的需要。当基本建设进入初步设计阶段或技术设计阶段时，必须编制设计概算或修正概算。概算定额是编制设计概算或修正概算的依据之一。

（1）概算定额是编制设计概算和修正概算的主要依据；

（2）概算定额是编制建设项目投资估算指标的基础；

（3）概算定额是进行设计方案和施工方案是讲比较的依据；

（4）概算定额是编制主要材料供应量的基础。

3.3.1 概算定额的主要内容

概算定额由总说明、路基工程、路面工程、隧道工程、涵洞工程、桥梁工程、交通工程及沿线设施、临时工程等部分组成。概算定额（表 3-6）表由以下内容构成：

1）表名：位于表最上方，是指概算定额中工程项目名称。

2）工程内容：位于表左上方，是指该工程项目的主要工作内容。

3）单位：位于表右上方，是指该工程项目的单位。

4）顺序号：位于表左边第一列，是指该项目所需工料机等的先后顺序。

5）项目：位于表左边第二列，是该项目工料机等的名称。

6）单位：位于表左边第三列，是该项目工料机等对应的单位。

7）代号：位于表左边第四列，是计算机对工料机等名称的识别代号。

8）子目录名：是该项目涉及子目录名称。

9）其他材料费：指该项目使用的未一一列入的小型材料费用。

10）材料总重量：指该项目使用材料的总重量，供施工安排之用。

11）小型机具使用费：指该项目未列入机械台班费用定额的小型机械、工具等使用费。

12）基价：指该项目涉及的工料机的定额基价，是用来计算其他费用的基数。

3.3.2 概算定额的应用

1. 总说明

（1）公路工程概算定额是以人工、材料、机械台班消耗量表现的工程概算定额。编制概算时，人工费、材料费、机械使用费应按《公路工程基本建设项目概算预算编制办法》JTG B06—2007 的规定计算。

（2）概算定额不包括材料采集加工、材料运输定额，如需使用，可采用《公路工程预算定额》JTG/T B06-02—2007 中有关项目。

（3）除定额中规定允许换算者外，均不得因具体工程的施工组织、操作方法和材料消耗与定额的规定不同而变更定额。

（4）本定额除潜水工作每工日 6h，隧道工作每工日 7h 外，其余均按每工日 8h 计算。

6-1-6 轮　廓　标

工程内容　柱式轮廓标：1）加工成型，油漆，剪贴反光膜；2）安设轮廓标的全部工序。
　　　　　栏式轮廓标：制作，贴反光膜，螺栓固定。

单位：表列单位

顺序号	项　　目	单位	代号	柱式轮廓标		栏式轮廓标
				钢板柱	玻璃钢柱	
				100 根		100 块
				1	2	3
1	人工	工日	1	21.5	13.8	1.1
2	C15 水泥混凝土	m³	17	(1.84)	(1.84)	—
3	光圆钢筋	t	111	0.050	0.050	—
4	镀锌钢板	t	208	—	—	0.008
5	型钢立柱	t	248	1.190		
6	镀锌铁件	kg	652	—	—	16.2
7	反光膜	m²	740	1.6	1.6	1.3
8	柱式轮廓标	根	744		100	
9	32.5 级水泥	t	832	0.516	0.516	
10	水	m³	866	2	2	
11	中(粗)砂	m³	899	0.92	0.92	
12	碎石(4cm)	m³	952	1.56	1.56	
13	其他材料费	元	996	4.8	4.8	3.6
14	2t 以内载货汽车	台班	1370	1.07	1.07	
15	基价	元	1999	8416	11530	503

注：栏式轮廓标如安装在波形护栏上时，应扣减定额中镀锌铁件的数量。

（5）本定额中所列的工程内容，除扼要说明了所综合的工程项目外，均包括各项目的全部施工过程的内容和辅助工日。

（6）建筑材料、成品、半成品从现场堆放地点或场内加工地点至操作或安装地点的场内水平或垂直运输所需的人工和机械消耗，已按一般正常合理的施工组织、设计计算在定额项目内，并考虑了材料发生二次倒运费用和场内运输超运距用工以及材料从工地仓库运至施工现场用工。除定额中另有说明者外，均不得另行增加。

（7）本定额中的材料消耗量系按现行材料标准的合格料和标准规格料计算的。定额内材料、成品、半成品均已包括运输及操作损耗。其场外运输损耗、仓库保管损耗应在材料预算价格内考虑。

（8）定额中周转性的材料、模板、支撑、脚手架、脚手板和挡土板等的数量，已考虑了材料的正常周转次数并计入定额内。其中就地浇筑钢筋混凝土梁用的支架及拱圈用的拱盔、支架，如确因施工安排达不到规定的周转次数时，可根据具体情况进行换算并按规定计算回收，其余工程一般不予抽换。

（9）定额中列有的混凝土、砂浆的强度等级和用量，其材料用量已按预算定额附录中配合比表规定的数量列入定额，不得重算。如设计采用的混凝土、砂浆强度等级或水泥强度等级与定额所列强度等级不同时，可按预算定额附录所列的配合比进行换算。但实际施工配合比材料用量与定额配合比表用量不同时，除配合比表说明中允许换算者外，均不得调整。

（10）本定额中各类混凝土均未考虑外掺剂的费用，如设计需要添加外掺剂时，可按设计要求另行计算外掺剂的费用并适当调整定额中的水泥用量。

（11）本定额中各类混凝土均按施工现场拌合进行编制，当采用商品混凝土时，可将相关定额中的水泥、中（粗）砂、碎石的消耗量扣除，并按定额中所列的混凝土消耗量增加商品混凝土的消耗。

（12）次要、零星材料和小型机具分别列入"其他材料费"及"小型机具使用费"，以元计。

（13）本定额中各项目的施工机械种类、规格是按一般合理的施工组织确定的，如施工中实际采用的机械种类、规格与定额规定的不同时，一律不得抽换。

（14）本定额中的施工机械的台班消耗，已考虑了工地合理的停置、空转和必要的备用量等因素。

（15）本定额未包括公路养护管理房屋等工程，如养路道班房、桥头看守房、收费站房等工程，这类工程应执行地区的建筑安装工程定额。

2. 路基工程概算定额的应用

路基工程概算定额包括伐树、挖根、除草、清除表土，土方工程，机械碾压路基，石方工程，洒水汽车洒水，路基零星工程，路基排水工程，软土地基处理，砌石防护工程，混凝土防护工程，抛石防护工程，各式挡土墙，铺草皮、编篱及铁丝（木、竹）笼填石护坡，防风固沙，防雪、防沙设施，抗滑桩等项目。

土壤岩石类别划分：路基工程概算定额按开挖的难易程度将土壤、岩石分为六类。

土壤分为三类：松土、普通土、硬土。

岩石分为三类：软石、次坚石、坚石。

本定额土、石分类与六级土、石分类和十六级土、石分类对照见表3-7。

土、石分类对照表　　　　　　　　表3-7

定额分类	松土	软土	硬土	软石	次坚石	坚石
六级分类	I	II	III	IV	V	VI
十六级分类	I～II	III	IV	V～VI	VII～IX	X～XVI

[例3-8]　某一级公路路基工程全长10km，按设计断面计算的填土数量为200万 m^3，平均填土高度6m，平均边坡长度9m，两边各宽填0.2m，路基宽40m，普通土，无利用方，路基占地及取土坑均为耕地。采用1 m^3 以内斗容单斗挖掘机挖装土方，平均挖探2m，填土前以12t光轮压路机压实耕地。设12t光轮压路机的有效作用力为6.6kg/ m^3，普通土的抗沉陷系数为0.35 kg/ m^3。试确定：路基宽填增加土方量为多少？填前压实增加土方量为多少？总计价土方量（压实方）为多少？挖掘机挖装借方作业所需工料机消耗量及基价为多少？

[**解**] （1）路基宽填增加土方量为：$10000 \times 9 \times 0.2 \times 2 = 36000 \text{m}^3$。

（2）按概算路基工程说明，当以填方压实体积为工程量，采用以天然密实方为计量单位时，普通土的换算系数为 1.16。则宽填所需借方（压实方）$= 36000/1.16 = 31034 \text{m}^3$。

（3）按概算路基工程说明：因路基沉陷需增加的填方应计入路基填方，天然土压实产生的沉降量为 $6.6/0.35 = 18.86 \text{cm}$，填前压实增加的土方量 $= 40 \times 10000 \times 0.1886 = 75440 \text{m}^3$。

（4）总计价方（压实方）$= 2000000 + 31034 + 75440 = 2106474 \text{m}^3$。

（5）挖掘机挖装土方（借方）工料机消耗量：查概算定额 1-1-6（挖掘机挖装土、石方），计算工料机消耗量为：

人工：$14.7 \times 2106474 \times 1.16/1000 = 35920$ 工日；

75kW 以内履带式推土机：$0.44 \times 2106474 \times 1.16/1000 = 1075$ 台班；

1m^3 以内单斗挖掘机：$2.06 \times 2106474 \times 1.16/1000 = 5034$ 台班。

（6）借方（压实方）总基价为：$2106474 \times 1.16 \times 2694/1000 = 6582815$ 元。

3. 路面工程概算定额的应用

（1）路面工程概算定额包括各种类型路面以及路槽、路肩、垫层、基层等，除沥青混合料路面、厂拌基层稳定土混合料运输以 1000m^3 路面实体为计算单位外，其他均以 1000m^2 为计算单位。

（2）路面项目中的厚度均为压实厚度，培路肩厚度为净培路肩的夯实厚度。

（3）定额中混合料系按最佳含水量编制，定额中已包括养生用水并适当扣除材料天然含水量，但山西、青海、甘肃、宁夏、内蒙古、新疆、西藏等省、自治区，由于湿度偏低，用水量可根据具体情况，在定额数量的基础上酌情增加。

（4）路面工程概算定额中凡列有洒水汽车的子目，均按 5km 范围内洒水汽车在水源处自吸水编制，不计水费。如工地附近无天然水源可利用，必须采用供水部门供水（如自来水）时，可根据定额子目中洒水汽车的台班数量，按每台班 35m^3 计算定额用水量，乘以供水部门规定的水价增列水费。洒水汽车取水的平均运距等于或超过 5km 时，可按路基工程的洒水汽车洒水定额中的增运定额增加洒水汽车的台班消耗，但增加的洒水汽车台班消耗量不得再计水费。

（5）定额中的水泥混凝土均已包括其拌合费用，使用定额时不得再另行计算。

（6）压路机台班按行驶速度：两轮光轮压路机为 2.0km/h、三轮光轮压路机为 2.5km/h、轮胎式压路机为 500km/h、振动压路机为 3.0km/h 进行编制。如设计为单车道路面宽度时，两轮光轮压路机乘以 1.14 的系数、三轮光轮压路机乘以 1.33 的系数、轮胎式压路机和振动压路机乘以 1.29 的系数。

（7）自卸汽车运输稳定土混合料、沥青混合料和水泥混凝土定额项目，仅适用于平均运距在 15km 以内的混合料运输，当平均运距超过 15km 时，应按社会运输的有关规定计算其运输费用。当运距超过第一个定额运距单位时，其运距尾数不足一个增运定额单位的半数时不计，等于或超过半数时按一个增运定额运距单位计算。

4. 隧道工程概算定额的应用

隧道工程概算定额包括开挖、支护、防排水、衬砌、装饰、照明、通风及消防设施、洞门及辅助坑道等项目。本定额是按照一般凿岩机钻爆法施工的开挖方法进行编制的，适用于新建隧道工程，改（扩）建及公路大中修工程可参照使用。

（1）本定额按现行隧道设计、施工技术规范将围岩分为六级即Ⅰ级～Ⅵ级。

（2）本定额中混凝土工程均未考虑拌合的费用，应按桥涵工程相关定额另行计算。

（3）本开挖定额中已综合考虑超挖及预留变形因素。

（4）洞内出渣运输定额已综合洞门外 500m 运距，当洞门外运距超过此运距时，可按照路基工程自卸汽车运输土石方的增运定额加计增运部分的费用。

（5）本定额均未包括混凝土及预制块的运输，需要时应按有关定额另行计算。

（6）本定额未考虑地震、坍塌、溶洞及大量地下水处理以及其他特殊情况所需的费用，需要时可根据设计另行计算。

（7）本定额未考虑施工时所需进行的监控量测以及超前地质预报的费用，监控量测的费用已在《公路工程基本建设项目概算预算编制办法》JTG B06—2007 的施工辅助费中综合考虑，使用定额时不得另行计算，超前地质预报的费用可根据需要另行计算。

（8）隧道工程项目采用其他章节定额的规定：

① 洞门挖基、仰坡及天沟开挖、明洞明挖土石方等，应使用其他章节有关定额计算；

② 洞内工程项目如需采用其他章节的有关项目时，所采用定额的人工工日、机械台班数量及小型机具使用费应乘 1.26 的系数。

5. 涵洞工程概算定额的应用

（1）本定额按常用的结构分为石盖板涵、石拱涵、钢筋混凝土圆管涵、钢筋混凝土盖板涵、钢筋混凝土箱涵五类，并适用于同类型的通道工程。如为其他类型，可参照有关定额进行编制。

（2）定额中均未包括混凝土的拌合和运输，应根据施工组织按桥涵工程的相关定额进行计算。

（3）为了满足不同情况的需要，定额中除按涵洞洞身、洞口编制分项定额外，还编制了扩大定额。一般公路应尽量使用分项定额编制，厂矿、林业道路不能提供具体工程数量时，可使用扩大定额编制。

（4）各类涵洞定额中均不包括涵洞顶上及台背填土、涵上路面等工程内容，这部分工程量应包括在路基、路面工程数量中。

（5）涵洞洞身定额中已按不同结构分别计入了拱盔、支架和安装设备以及其他附属设施等。为了计算方便，并已将涵洞基础开挖需要的全部水泵台班计入洞身定额中，洞口工程不得另行计算。

（6）定额中涵洞洞口按一般标准洞口计算，遇有特殊洞口时，可根据圬工实体数量，套用石砌洞口定额计算。

（7）定额中圆管涵的管径为外径。

（8）涵洞扩大定额按每道单孔和取定涵长计算，如涵长与定额中涵长不同时，可用每增减 1m 定额进行调整；如为双孔时，可按调整好的单孔定额乘以表 3-8 所列双孔系数。

双孔涵洞的双孔系数 表 3-8

结构类型	钢筋混凝土（或石）盖板涵	钢筋混凝土圆管涵	石拱涵
双孔系数	1.6	1.8	1.5

6. 桥梁工程概算定额的应用

(1) 桥梁工程概算定额包括围堰筑岛、基础工程、下部构造、上部构造等。

(2) 桥梁工程的混凝土工程中，除钢桁架桥、钢吊桥中的桥面系混凝土工程外，均不包括钢筋及预应力系统。

(3) 桥梁工程概算定额中除轨道铺设、电讯电力线路、场内临时便道、便桥未计入定额外，其余场内需要设置的各种安装设备以及构件运输、平整场地等均摊入定额中，悬拼箱梁还计入了栈桥码头，使用定额时均不得另行计算。

(4) 定额中除注明者外，均未包括混凝土的拌合和运输，应根据施工组织设计按上部构造的相关定额另行计算。

(5) 定额中混凝土均按露天养生考虑，如采用蒸汽养生时，应从各有关定额中每10m³实体减去人工1.5工日及其他材料费4元，另按蒸汽养生定额计算混凝土的养生费用。

(6) 定额中混凝土工程均已包括操作范围内的混凝土运输。现浇混凝土工程的混凝土平均运距超过50m时，可根据施工组织设计的混凝土平均运距，按混凝土运输定额增列混凝土运输。

(7) 大体积混凝土项目必须采用埋设冷却管来降低混凝土水化热时，可按冷却管定额另行计算。

(8) 定额中的模板均为常规模板，当设计或施工对混凝土结构的外观有特殊要求需要对模板进行特殊处理时，可根据定额中所列的混凝土模板接触面积增列相应的特殊模板材料的费用。

(9) 行车道部分的桥头搭板应根据设计数量按桥头搭板定额计算。人行道部分的桥头搭板已综合在人行道定额中，使用定额时不得另行计算。

(10) 桥梁工程概算定额仅为桥梁主体工程部分，至于导流工程、改河土石方工程、桥头引道工程均未包括在定额中，需要时按有关定额另行计算。

(11) 工程量计算一般规则：

① 现浇混凝土、预制混凝土的工程量为构筑物或预制构件的实际体积，不包括其中空心部分的体积，钢筋混凝土项目的工程量不扣除钢筋所占体积；

② 钢筋工程量为钢筋的设计质量，定额中已计入施工操作损耗；钢筋设计按施工现场接长考虑时，其钢筋所需的搭接长度的数量本定额中未计入，应在钢筋的设计质量内计算。

7. 交通工程及沿线设施概算定额的应用

(1) 本定额包括交通安全设施、服务设施和管理设施等项目。

(2) 本定额中只列工程所需的主要材料用量。次要、零星材料和小型施工机具均未一一列出，分别列入"其他材料费"和"小型机具使用费"内，以元计，编制概算即按此计算。

(3) 本定额中均已包括混凝土的拌合费用。

(4) 交通工程及沿线设施如有未包括的项目，可参照相关行业定额。

8. 临时工程概算定额的应用

(1) 临时工程概算定额包括汽车便道，临时便桥，临时码头，轨道铺设，架设输电、电信线路，人工夯打小圆木桩共 6 个项目。

（2）汽车便道按路基宽度为 7.0m 和 4.5m 分别编制，便道路面宽度按 6.0m 和 3.5m 分别编制，路基宽度 4.5m 的定额中已包括错车道的设置。汽车便道项目中未包括便道使用期内养护所需的工、料、机数量，如便道使用期内需要养护，使用定额时，可根据施工期按汽车便道宽度增加人工、材料、机械数量。

（3）临时汽车便桥按桥面净宽 4m、单孔跨径 21m 编制。

（4）重力式砌石码头定额中不包括拆除的工程内容，需要时可按"桥涵工程"项目的"拆除旧建筑物"定额另行计算。

（5）轨道铺设定额中轻轨（11kg/m，15kg/m）部分未考虑道砟，轨距为 75cm，枕距为 80cm，枕长为 1.2m；重轨（32kg/m）部分轨距为 1.435m，枕距为 80cm，枕长为 2.5m，岔枕长为 3.35m，并考虑了道砟铺筑。

（6）人工夯打小圆木桩的土质划分及桩入土深度的计算方法与打桩工程相同。圆木桩的体积，根据设计桩长和梢径（小头直径），按木材材积表计算。

（7）临时工程概算定额中便桥，输电、电信线路的木料、电线的材料消耗均按一次使用量计列，使用定额时应按规定计算回收；其他各项定额分别不同情况，按其周转次数摊入材料数量。

3.4　公路工程预算定额及应用

现行公路工程预算定额是 2008 年开始施行的全国公路专业统一定额，和其他工程定额一样，具有科学性、系统性、统一性、结合性、强制性、稳定性、时效性和群众性。在基本建设程序进入施工图设计阶段时，具有十分重要的作用。

（1）预算定额是编制施工图预算定额的基础，同时也是确定建设项目工程造价、控制基本建设项目投资的基础；

（2）预算定额是对设计方案进行经济技术比较、分析的依据；

（3）预算定额是编制施工组织设计的依据；

（4）预算定额是进行工程结算的依据；

（5）预算定额是施工企业进行经济分析的依据；

（6）预算定额是编制概算定额和估算指标的基础；

（7）预算定额是编制标底，进行投标报价的基础。

3.4.1　公路工程预算定额的主要内容

本定额有总说明、路基工程、路面工程、隧道工程、桥涵工程、防护工程、交通工程及沿线设施、临时工程、材料采集及加工和材料运输九章及附录等构成。定额表（表3-9）由以下内容组成：

（1）表名：位于表最上端，某项工程的项目名；

（2）工程内容：位于表的左上方，指该工程项目所设计的主要内容；

（3）单位：位于表的右上方，指本工程项目的计量单位，即定额概念中所指"一定量合格产品"的计量单位；

（4）顺序号：位于表的第 1 列，按工料机顺序排列；

（5）项目：位于表的第 2 列，指该工程项目涉及的工料机等内容；

（6）单位：位于表的第 3 列，指项目内容对应的单位；

（7）代号：位于表的第 4 列，指项目内容所具有的特定的计算机识别符，每个项目只有一个固定的代号；

（8）子目名：指本项涉及的不同子目录的名称；

（9）子目号：指本项涉及的不同子目录的数字代码；

（10）材料总重量：本项目在计价时一般不予计算，但供施工安排时使用；

（11）小型机具使用费：本项目中未列入机械台班费用定额但实际使用过的小型机具的费用；

（12）基价：指本项目的工料机定额基价。

浆砌混凝土预制块预算定额表　　　　　　　　　　　　　表 3-9

4-5-5 浆砌混凝土预制块

工程内容　1）搭、拆脚手架、踏步或井字架；2）配、拌、运砂浆；3）砌筑；4）勾缝；5）养生。

单位：10m³

顺序号	项　　目	单位	代号	墩、台、墙镶面		轻型墩台拱上横墙墩上横墙	拱圈		帽石、缘石	栏杆
				高度（m）			跨径（m）			
				10 以内	20 以内		20 以内	50 以内		
				1	2	3	4	5	6	7
1	人工	工日	1	18.2	20.1	19.1	17.8	20.1	22.4	29.0
2	混凝土预制块	m³	—	(9.20)	(9.20)	(9.20)	(9.20)	(9.20)	(9.20)	(9.20)
3	M7.5 水泥砂浆	m³	66	(1.30)	(1.30)	(1.30)	(1.30)	(1.30)	(1.30)	(1.30)
4	M10 水泥砂浆	m³	67	(0.09)	(0.09)	(0.07)	(0.07)	(0.05)	(0.14)	(0.32)
5	原木	m³	101	0.011	0.010	0.015	0.012	0.025	—	—
6	锯材	m³	102	0.049	0.009	0.040	0.016	0.019	—	—
7	钢管	t	191	0.011	0.010	0.006	—	—	—	—
8	铁钉	kg	653	0.3		0.2	0.1	0.1	—	—
9	8～12 号铁丝	kg	655	1.8	0.3	2.2	1.5	2.4	—	—
10	32.5 级水泥	t	832	0.373	0.373	0.367	0.368	0.361	0.389	0.444
11	水	m³	866	11	11	10	15	15	16	23
12	中（粗）砂	m³	899	1.51	1.51	1.49	1.49	1.47	1.57	1.75
13	其他材料费	元	996	5.6	7.0	4.2	4.5	4.5	11.2	11.2
14	30kN 以内单筒慢动卷扬机	台班	1499		1.29					
15	小型机具使用费	元	1998	2.8	2.8	2.8	2.8	2.8	2.8	3.3
16	基价	元	1999	1273	1409	1278	1143	1276	1343	1700

3.4.2　预算定额的应用

1. 预算定额总说明

（1）除定额中规定允许换算者外，均不得因具体工程的施工组织、操作方法和材料消耗与定额的规定不同而变更定额。

（2）本定额除潜水工作每工日 6h，隧道工作每工日 7h 外，其余均按每工日 8h 计算。

（3）定额中的工程内容，均包括定额项目的全部施工过程。定额内除扼要说明施工的主要操作工序外，均包括准备与结束、场内操作范围内的水平与垂直运输、材料工地小搬运、辅助和零星用工、工具及机械小修、场地清理等工程内容。

（4）本定额中的材料消耗量系按现行材料标准的合格料和标准规格料计算的。定额内材料、成品、半成品均已包括场内运输及操作损耗，编制预算时，不得另行增加。其场外运输损耗、仓库保管损耗应在材料预算价格内考虑。

（5）本定额中周转性的材料、模板、支撑、脚手架、脚手板和挡土板等的数量，已考虑了材料的正常周转次数并计入定额内。其中，就地浇筑钢筋混凝土梁用的支架及拱圈用的拱盔、支架，如确因施工安排达不到规定的周转次数时，可根据具体情况进行换算并按规定计算回收，其余工程一般不予抽换。

（6）定额中列有的混凝土、砂浆的强度等级和用量，其材料用量已按附录中配合比表规定的数量列入定额，不得重算。如设计采用的混凝土、砂浆强度等级或水泥强度等级与定额所列强度等级不同时，可按配合比表进行换算。但实际施工配合比材料用量与定额配合比表用量不同时，除配合比表说明中允许换算者外，均不得调整。

混凝土、砂浆配合比表的水泥用量，已综合考虑了采用不同品种水泥的因素，实际施工中不论采用何种水泥，均不得调整定额用量。

（7）本定额中各类混凝土均未考虑外掺剂的费用，如设计需要添加外掺剂时，可按设计要求另行计算外掺剂的费用并适当调整定额中的水泥用量。

（8）本定额中各类混凝土均按施工现场拌合进行编制，当采用商品混凝土时，可将相关定额中的水泥、中（粗）砂、碎石的消耗量扣除，并按定额中所列的混凝土消耗量增加商品混凝土的消耗。

（9）本定额中各项目的施工机械种类、规格是按一般合理的施工组织确定的，如施工中实际采用机械的种类、规格与定额规定的不同时，一律不得换算。

（10）本定额中的施工机械的台班消耗，已考虑了工地合理的停置、空转和必要的备用量等因素。编制预算的台班单价，应按《公路工程机械台班费用定额》JTG/T B06-03—2007 分析计算。

（11）次要、零星材料和小型施工机具分别列入"其他材料费"及"小型机具使用费"内，以元计，编制预算即按此计算。

（12）本定额未包括公路养护管理房屋，如养路道班房、桥头看守房、收费站房等工程，这类工程应执行地区的建筑安装工程预算定额。

2. 路基工程预算定额的应用

路基工程定额包括路基土、石方，排水和软基处理工程等项目。

1）土壤岩石类别划分：

本章定额按开挖的难易程度将土壤、岩石分为六类。

土壤分为三类：松土、普通土、硬土。

岩石分为三类：软石、次坚石、坚石。

本定额土、石分类与六级土、石分类和十六级土、石分类同概算定额。

2) 定额工程内容除注明者外，均包括：

（1）各种机械 1km 内由停车场至工作地点的往返空驶；

（2）工具小修；

（3）钢纤淬火。

3. 路面工程预算定额的应用

（1）路面预算定额包括各种类型路面以及路槽、路肩、垫层、基层等，除沥青混合料路面、厂拌基层稳定土混合料运输以 1000m³ 路面实体为计算单位外，其他均以 1000m² 为计算单位。

（2）路面项目中的厚度均为压实厚度，培路肩厚度为净培路肩的夯实厚度。

（3）路面预算定额中混合料系按最佳含水量编制，定额中已包括养生用水并适当扣除材料天然含水量，但山西、青海、甘肃、宁夏、内蒙古、新疆、西藏等省、自治区，由于湿度偏低，用水量可根据具体情况，在定额数量的基础上酌情增加。

（4）路面预算定额中凡列有洒水汽车的子目，均按 5km 范围内洒水汽车在水源处自吸水编制，不计水费。如工地附近无天然水源可利用，必须采用供水部门供水（如自来水）时，可根据定额子目中洒水汽车的台班数量，按每台班 35m³ 计算定额用水量，乘以供水部门规定的水价增列水费。洒水汽车取水的平均运距等于或超过 5km 时，可按路基工程的洒水汽车洒水定额中的增运定额增加洒水汽车的台班消耗，但增加的洒水汽车台班消耗量不得再计水费。

（5）路面预算定额中的水泥混凝土均已包括其拌合费用，使用定额时不得再另行计算。

（6）压路机台班按行驶速度：两轮光轮压路机为 2.0km/h、三轮光轮压路机为 2.5km/h、轮胎式压路机为 500km/h、振动压路机为 3.0km/h 进行编制。如设计为单车道路面宽度时，两轮光轮压路机乘以 1.14 的系数、三轮光轮压路机乘以 1.33 的系数、轮胎式压路机和振动压路机乘以 1.29 的系数。

（7）自卸汽车运输稳定土混合料、沥青混合料和水泥混凝土定额项目，仅适用于平均运距在 15km 以内的混合料运输，当平均运距超过 15km 时，应按社会运输的有关规定计算其运输费用。当运距超过第一个定额运距单位时，其运距尾数不足一个增运定额单位的半数时不计，等于或超过半数时按一个增运定额运距单位计算。

4. 隧道工程预算定额的应用

隧道工程定额包括开挖、支护、防排水、衬砌、装饰、照明、通风及消防设施、洞门及辅助坑道等项目，是按照一般凿岩机钻爆法施工的开挖方法进行编制的，适用于新建隧道工程，改（扩）建及公路大中修工程可参照使用。

（1）隧道工程预算定额按现行隧道设计、施工技术规范将围岩分为六级，即Ⅰ级～Ⅵ级。

（2）隧道工程定额中混凝土工程均未考虑拌合的费用，应按桥涵工程相关定额另行计算。

（3）隧道工程开挖定额中已综合考虑超挖及预留变形因素。

（4）洞内出渣运输定额已综合洞门外 500m 运距，当洞门外运距超过此运距时，可按照路基工程自卸汽车运输土石方的增运定额加计增运部分的费用。

（5）隧道工程定额均未包括混凝土及预制块的运输，需要时应按有关定额另行计算。

（6）隧道工程定额未考虑地震、坍塌、溶洞及大量地下水处理以及其他特殊情况所需的费用，需要时可根据设计另行计算。

（7）隧道工程定额未考虑施工时所需进行的监控量测以及超前地质预报的费用，监控量测的费用已在《公路工程基本建设项目概算预算编制办法》JIG B06—2007 的施工辅助费中综合考虑，使用定额时不得另行计算，超前地质预报的费用可根据需要另行计算。

（8）隧道工程项目采用其他章节定额的规定：

① 洞门挖基、仰坡及天沟开挖、明洞明挖土石方等，应使用其他章节有关定额计算；

② 洞内工程项目如需采用其他章节的有关项目时，所采用定额的人工工日、机械台班数量及小型机具使用费应乘 1.26 的系数。

[例 3-9]　某土质隧道内路面基层采用 15cm 的二灰碎石，路拌法施工，数量为 10000m²，试确定其工、抖、机消耗量及基价。

[解]　预算定额隧道工程中无洞内路面的相关定额，隧道工程说明规定"洞内工程项目如需采用其他章节的有关项目时，所采用定额的人工工日、机械台班数量及小型机具使用费应乘 1.26 的系数。"此时洞内的路面工程可以按此办理。

查定额 2-1-4，定额的单位为 1000m²，由此可得：

人工：16×10000÷1000×1.26＝201.6 工日；

生石灰：22.759×10000÷1000＝227.59t；

粉煤灰：85.24×10000÷1000＝852.4m³；

碎石：222×10000÷1000＝2220m³；

其他材料费：310×10000÷1000＝3100m³；

120kW 以内自行机械式平地机：0.42×10000÷1000×1.26＝5.29 台班；

12～15t 三光轮静碾压路机：0.37×10000÷1000×1.26＝4.66 台班；

18～21t 三光轮静碾压路机：0.8×10000÷1000×1.26＝10.08 台班；

235kW 自行式稳定土拌合机：0.26×10000÷1000×1.26＝3.28 台班；

10000L 以内洒水汽车：0.31×10000÷1000×1.26＝3.91 台班；

基价：36680×10000÷1000＝366800 元。

5. 桥涵工程预算定额的应用

桥涵工程定额包括开挖基坑、围堰、筑岛及沉井，打桩，灌注桩，砌筑，现浇混凝土及钢筋混凝土，预制、安装混凝土及钢筋混凝土构件，构件运输，拱盔、支架，钢结构和杂项工程等项目。

1）混凝土工程

（1）定额中混凝土强度等级均按一般图纸选用，其施工方法除小型构件采用人拌人捣外，其他均按机拌机捣计算。

（2）定额中混凝土工程除小型构件、大型预制构件底座、混凝土搅拌站安拆和钢桁架桥式码头项目中已考虑混凝土的拌合费用外，其他混凝土项目中均未考虑混凝土的拌合费用，应按有关定额另行计算。

（3）定额中混凝土均按露天养生考虑，如采用蒸汽养生时，应从各有关定额中扣减人工 1.5 个工日及其他材料 4 元，并按蒸汽养生有关定额计算。

（4）定额中混凝土工程均已包括操作范围内的混凝土运输。现浇混凝土工程的混凝土平均运距超过 50m 时，可根据施工组织设计的混凝土平均运距，按第 4 章杂项工程中混凝土运输定额增列混凝土运输。

（5）定额中采用泵送混凝土的项目均已包括水平和向上垂直泵送所消耗的人工、机械，当水平泵送距离超过定额综合范围时，可按表 3-10 增列人工及机械消耗量。向上垂直泵送不得调整。

水平泵送混凝土增列人工及机械消耗量　　　　　　　　表 3-10

项目		定额综合的水平泵送距离(m)	每 100m³ 混凝土每增加水平距离 50m 增列数量	
			人工(工日)	混凝土输送泵(台班)
基础	灌注桩	100	1.55	0.27
	其他	100	1.27	0.18
上、下部构造		50	2.82	0.36
桥面铺装		250	2.82	0.36

（6）凡预埋在混凝土中的钢板、型钢、钢管等预埋件，均作为附属材料列入混凝土定额内。至于连接用的钢板、型钢等则包括在安装定额内。

（7）大体积混凝土项目必须采用埋设冷却管来降低混凝土水化热时，可根据实际需要另行计算。

（8）除另有说明外，混凝土定额中均已综合脚手架、上下架、爬梯及安全围护等搭拆及摊销费用，使用定额时不得另行计算。

2）钢筋工程

（1）定额中凡钢筋直径在 10mm 以上的接头，除注明为钢套筒连接外，均采用电弧搭接焊或电阻对接焊。

（2）定额中的钢筋按选用图纸分为光圆钢筋、带肋钢筋，如设计图纸的钢筋比例与定额有出入时，可调整钢筋品种的比例关系。

（3）定额中的钢筋是按一般定尺长度计算的，如设计提供的钢筋连接用钢套筒数量与定额有出入时，可按设计数量调整定额中的钢套筒消耗，其他消耗不调整。

3）模板工程

（1）模板不单列项目。混凝土工程中所需的模板包括钢模板、组合钢模板、木模板，均按其周转摊销量计入混凝土定额中。

（2）定额中的模板均为常规模板，当设计或施工对混凝土结构的外观有特殊要求需要对模板进行特殊处理时，可根据定额中所列的混凝土模板接触面积增列相应的特殊模板材料的费用。

（3）定额中所列的钢模板材料指工厂加工的适用于某种构件的定型钢模板，其质量包括立模所需的钢支撑及有关配件；组合钢模板材料指市场供应的各种型号的组合钢模板，其质量仅为组合钢模板的质量，不包括立模所需的支撑、拉杆等配件，定额中已计入所需配件材料的摊销量；木模板按工地制作编制，定额中将制作所需工、料、机械台班消耗按周转摊销量计算。

（4）定额中均已包括各种模板的维修、保养所需的工、料及费用。

4）设备摊销费

定额中设备摊销费的设备指属于固定资产的金属设备，包括万能杆件、装配式钢桥桁架及有关配件拼装的金属架桥设备。设备摊销费按设备质量每吨每月 90 元计算（除设备本身折旧费用，还包括设备的维修、保养等费用）。各项目中凡注明允许调整的，可按计划使用时间调整。

5）工程量计算一般规则

（1）现浇混凝土、预制混凝土、构件安装的工程量为构筑物或预制构件的实际体积，不包括其中空心部分的体积，钢筋混凝土项目的工程量不扣除钢筋、钢丝、钢绞线、预埋件和预留孔道所占的体积。

（2）构件安装定额中在括号内所列的构件体积数量，表示安装时需要备制的构件数量。

（3）钢筋工程量为钢筋的设计质量，定额中已计入施工操作损耗，一般钢筋因接长所需增加的钢筋质量已包括在定额中，不得将这部分质量计入钢筋设计质量内。但对于某些特殊的工程，必须在施工现场分段施工采用搭接接长时，其搭接长度的钢筋质量未包括在定额中，应在钢筋的设计质量内计算。

6. 防护工程预算定额的应用

1）防护工程定额中未列出的其他结构形式的砌石防护工程，需要时按"桥涵工程"项目的有关定额计算。

2）防护工程定额中除注明者外，均不包括挖基，基础垫层的工程内容，需要时按"桥涵工程"项目的有关定额计算。

3）防护工程定额中除注明者外，均已包括按设计要求需要设置的伸缩缝、沉降缝的费用。

4）防护工程定额中除注明者外，均已包括水泥混凝土的拌合费用。

5）植草护坡定额中均已综合考虑胶粘剂、保水剂、营养土、肥料、覆盖薄膜等的费用，使用定额时不得另行计算。

6）预应力锚索护坡定额中的脚手架系按钢管脚手架编制的，脚手架宽度按 2.5m 考虑。

7）工程量计算规则：

（1）铺草皮工程量按所铺边坡的坡面面积计算。

（2）护坡定额中以 $100m^2$ 或 $1000m^2$ 为计量单位的子目的工程量按设计需要防护的边坡坡面面积计算。

（3）木笼、竹笼、铁丝笼填石护坡的工程量按填石体积计算。

（4）防护工程定额砌筑工程的工程量为砌体的实际体积，包括构成砌体的砂浆体积。

（5）防护工程定额预制混凝土构件的工程量为预制构件的实际体积，不包括预制构件中空心部分的体积。

（6）预应力锚索的工程量为锚索（钢绞线）长度与工作长度的重量之和。

（7）抗滑桩挖孔工程量按护壁外缘所包围的面积乘设计孔深计算。

7. 交通工程及沿线设施预算定额的应用

（1）交通工程及沿线设施预算定额包括交通安全设施、服务设施和管理设施等项目。

（2）定额中只列工程所需的主要材料用量。次要、零星材料和小型施工机具均未一一列出，分别列入"其他材料费"和"小型机具使用费"内，以元计，编制概算即按此计算。

（3）交通工程及沿线设施预算定额中均已包括混凝土的拌合费用。

（4）交通工程及沿线设施预算定额如有未包括的项目，可参照相关行业定额。

8. 临时工程预算定额的应用

（1）临时工程定额包括汽车便道，临时便桥，临时码头，轨道铺设，架设输电、电信线路，人工夯打小圆木桩共六个项目。

（2）汽车便道按路基宽度为7.0m和4.5m分别编制，便道路面宽度按6.0m和3.5m分别编制，路基宽度4.5m的定额中已包括错车道的设置。汽车便道项目中未包括便道使用期内养护所需的工、料、机数量，如便道使用期内需要养护，编制预算时，可根据施工期按相应定额计算。

（3）临时汽车便桥按桥面净宽4m、单孔跨径21m编制。

（4）重力式砌石码头定额中不包括拆除的工程内容，需要时可按"桥涵工程"项目的"拆除旧建筑物"定额另行计算。

（5）轨道铺设定额中轻轨（11kg/m，15kg/m）部分未考虑道砟，轨距为75cm，枕距为80cm，枕长为1.2m；重轨（32kg/m）部分轨距为1.435m，枕距为80cm，枕长为2.5m，岔枕长为3.35m，并考虑了道砟铺筑。

（6）人工夯打小圆木桩的土质划分及桩入土深度的计算方法与打桩工程相同。圆木桩的体积，根据设计桩长和梢径（小头直径），按木材材积表计算。

（7）临时工程定额中便桥，输电、电信线路的木料、电线的材料消耗均按一次使用量计列，使用定额时应按规定计算回收；其他各项定额分别不同情况，按其周转次数摊入材料数量。

9. 材料采集及加工预算定额的应用

（1）材料计量单位标准，除有特别说明者外，土、黏土、砂、石屑、碎（砾）石、碎（砾）石土、煤渣均按堆方计算；片石、块石、大卵石均按码方计算；料石、盖板石均按实方计算。

（2）开炸路基石方的片（块）石如需利用时，应按本章捡清片（块）石项目计算。

（3）材料采集及加工定额中，已包括采、筛、洗、堆及加工等操作损耗在内。

10. 材料运输预算定额的应用

（1）汽车运输项目中因路基不平、土路松软、泥泞、急弯、陡坡而增加的时间消耗，定额内已予考虑。

（2）人力装卸船舶可按手推车运输相应项目定额计算。

（3）所有材料的运输及装卸定额中，均未包括堆、码方工日。

（4）材料运输预算定额中未列名称材料，可按下列规定执行，其中不是以重量计量的应按单位重进行换算：

① 与碎石运输定额相同的材料有：天然级配、石渣、风化石。

② 定额中未列的其他材料，一律按水泥运输定额计算。

11.《公路工程预算定额》附录中含

(1) 路面材料计算基础数据（材料密度）；

(2) 基本定额（模板、吊运、配合比、脚手架施工等）；

(3) 材料周转及摊销（模板、支架、轨道、吊装设备等）；

(4) 定额基价人工、材料单位质量、单价表。

3.5 公路工程施工定额及应用

公路工程施工定额（简称施工定额）是建筑安装工人或工作小组在合理的施工组织和正常施工条件下，完成单位合格产品所消耗的劳动力、材料或机械台班的数量标准。它是根据专业施工的作业对象和工艺水平制定的，反映了企业的施工水平、装备水平和管理水平。它的作用范围仅限于施工企业内部的经营、组织、施工的管理，包括企业生产经营活动计划、组织、协调、控制和指挥等活动。施工定额和其他定额不同，是企业定额，它可以由企业根据自身的条件和市场行情，根据国家规定的法律法规自行编制，并自行决定定额水平，因而施工定额具有较为重要的作用：

(1) 施工定额是企业内部进行计划经营管理的依据；

(2) 施工定额是企业内部组织和指挥生产的依据；

(3) 施工定额是企业内部计算工人劳动报酬的依据；

(4) 施工定额是企业内部进行成本管理和经济核算的依据；

(5) 施工定额是企业内部衡量生产水平和技术先进性的依据。

3.5.1 公路工程施工定额的主要内容

施工定额是交通运输部公路管理司于 2009 年颁布施行的。它包括总说明、准备工作、路基工程、路面工程、隧道工程、基础工程、打桩工程、灌注桩造孔工程、砌筑工程、模板、架子及木作工程、钢筋及钢丝束工程、混凝土及钢筋混凝土、预制构件运输工程、安装工程、钢结构工程、杂项工程、临时工程、备料、材料运输和附录等部分内容。施工定额表由以下内容组成：

(1) 表名：位于表最上端；

(2) 工作内容：位于表名下方，说明本项工程的工作内容；

(3) 项目：位于表左，由时间定额和每工产量构成；

(4) 劳动定额：说明该工作的劳动力时间定额或每工产量；

(5) 机械定额：说明该工作需要的机械数量或台班产量；

(6) 每工产量：说明该工作每个工日的产量；

(7) 编号：位于表最下方，是每个细目的顺序号。

3.5.2 公路工程施工定额的应用

1. 施工定额有关规定、说明及计算方法

(1) 时间定额就是某种专业、某种技术等级工人班组或个人，在合理的劳动组织、生产组织与合理使用材料及某种机械配合的条件下（或某种机械在一定的生产组织条件下），完成单位合格产品所必须消耗的工作时间（包括准备与结束时间、基本生产时间、辅助生产时间、不可避免的中断时间及工人必须休息的时间）。时间定额以工日（台班）为单位，每一工日（台班）除潜水工作按 6h、隧道工作按 7h 外，其余均按 8h 计算。其计算方法如下：

$$单位产品时间定额（工日或台班）=\frac{1}{每工产量（台班产量）} \tag{3-9}$$

（2）产量定额就是在合理的劳动组织、生产组织与合理使用材料及某种机械配合的条件下，某种专业、某种技术等级的工人班组成个人（或某种机械）在单位工日（台班）所完成的合格产品数量。其计算方法如下：

$$每工（台班）产量=\frac{1}{单位产品时间定额（工日或台班）} \tag{3-10}$$

（3）综合定额就是完成同一产品的各项（或工序）定额的综合。定额表内时间定额的工序综合用"综合"其计算方法如下：

$$综合时间定额（工日）=各单项（或工序）时间定额总和$$

$$综合产量定额=\frac{1}{综合时间定额（工日）} \tag{3-11}$$

（4）复式表的时间定额、产量定额除少数项目外，均用下列形式表示：

$$\frac{时间定额（工日）}{每工产量} 或 \frac{时间定额（台班）}{每工产量} \tag{3-12}$$

（5）本定额各个项目内均包括正常施工条件下的场内搬运距离的运输，至于场外运输及在特殊情况下发生了超过定额运距的运输时，可根据材料运输相关定额中有关的项目计算和增加。

（6）同时使用两个或两个以上系数时，按连乘方法计算。

（7）本定额所指的构件体积均为实体体积。

2. 准备工作施工定额的应用

（1）本章定额工作内容除总说明及各节另有指定外，均包括场地清理及工具小修等。

（2）树木直径以离地面 20cm 处为准。直径等于或大于 10cm 的执行伐树挖根定额，直径小于 10cm 的执行砍挖灌木林定额，直径大于 100cm 的另行处理。

（3）人工挖土质台阶定额适用于地面横坡大于 1：5 的地段。计量单位按挖后的台阶水平面积计算。

3. 路基工程施工定额的应用

（1）路基土石方的开挖，根据施工方法的不同和开挖的难易程度，将开挖断面分为陡坡、槽外、槽内三个部位。

（2）路基土石方开挖定额中均已包括开挖边沟的人工消耗，采用定额时，应将边沟数量并入挖方数量内计算。本章中的开挖边沟定额仅供单列工程项目使用。

（3）除定额中另有说明者外，土方挖方按天然密实体积计，填方按压（夯）实后的体积计算，石方爆破按天然密实体积计算。

（4）路基土石方人工开挖定额计入第一个 20m 的装卸运输工日，越过 20m 时，按增运定额计。增运定额不分土、石类别。如运输道路有升降坡度时，按材料运输章节所折算规定计算运距。增运距离以定额单位四舍五入计算。

(5) 推土机推土、石上坡和铲运机重车上坡时，坡度为 10%～20% 时，乘以 1.5；21%～25% 时，乘以 2；26%～30% 时，乘以 2.5。

(6) 湿土系指潮湿而黏附工具的土壤，淤泥指池沼田塘中含水饱和呈流态或浆胶状的稀泥。定额中不包括排水。孤石指土方中体积在 0.3～3.0m³ 之间的整块岩石。

(7) 使用机械填挖路基的定额，未包括机械施工所需要的辅助工。对机械施工路段，机械开挖不到而需要辅以人力完成的工程量，采用人力施工定额，其劳动定额乘以 1.15 系数。

4. 路面工程施工定额的应用

(1) 路面工程定额的工作内容，除另有说明外，均包括每日工作中的工地转移、搭拆移动工作跳板、现场运料、修理便道、铺压后清理场地及工具小修理。

(2) 路面材料及水除另有说明外，定额中均按已运至路基两侧，平均远距不超过 20m 的情况制定。如需从远处运料或取水时，其超过 20m 以外的增运，按材料运输有关项目计算。

(3) 水泥混凝土路面项目中的钢模为型钢改制，改制用工及费用包括在钢模单价中。

(4) 材料如用汽车直接运至路槽上，不堆方、不装运时，按材料场内手推车运输定额减 20m 装运工。

(5) 路面工程应严格按照设计要求和施工技术规范施工，保持各工序的连续性，保证碾压压密度，厚度均匀，表面平整顺畅，无破浪坑凹，边线整齐，超高、加宽、路拱等符合设计要求。

5. 隧道工程施工定额的应用

1) 隧道工程定额按《公路隧道设计规范》JTG D70-2—2014 将围岩分为六级，即 Ⅰ 级～Ⅵ 级。

2) 人工开挖及机械开挖中的手推车运输或轻轨斗车运输定额按矿山法的施工方法和原则制定。

3) 机械开挖自卸汽车运输定额按"新奥法"的施工方法和原则制定。

(1) 开挖定额按围岩级别对开挖、出渣分别编制。

(2) 连拱隧道中导洞、侧导洞开挖按连拱隧道施工方法编制开挖定额。其他部位的开挖可套用隧道工程其他定额。

4) 衬砌项目不分工程部位均使用本定额。

5) 正洞内开挖、出渣运输、通风管线路等与隧长相关的项目，按隧长不大于 1000m、不大于 2000m、不大于 3000m、不大于 4000m 编制。当隧长大于 4000m 时：

(1) 正洞开挖，以隧长不大于 4000m 定额为基础，与隧长大于 4000m 增加定额叠加使用。

(2) 正洞出渣运输：

① 通过隧道进出口开挖正洞，以换算隧长套用相应的出渣定额。换算隧长计算公式为：

$$换算隧长＝全隧长度－通过辅助坑道开挖正洞的长度 \qquad (3-13)$$

② 正洞出渣运输按围岩级别编制，洞外出渣距离按 500m 以内编制，若超过时，超过部分可按路基工程中"自卸汽车配合装载机运土、石方"项目的增运定额计算。

换算隧长大于4000m时，以隧长不大于4000m定额为基础，与隧长大于4000m每增1000m定额叠加使用。

6. 基础工程施工定额的应用

(1) 基坑的土石分类与路基工程相同，即分为松土、普通土、硬土、软石、次坚石、坚石六类。另根据基坑的干湿程度，还分为干处和湿处两类。干处指在施工水位以上部分；湿处指在施工水位以下、经过抽水以后土壤仍处于潮湿状态，个别地方积水深度不超过10cm部分。

沉井下沉开挖土石分为砂（黏）土、砂砾、砾（卵）石、软质岩石（全风化和强风化）、硬质岩石（含弱风化和微风化）五类。

(2) 基坑深度是指原地面至基坑底部的平均深度。在同一基坑内，不论开挖哪一深度的土石方，均执行该基坑全深度的定额。

沉井下沉深度是指井刃脚底面入土的深度。沉井土石的开挖应按土质所在的不同深度分别采用不同下沉深度的定额。

(3) 在基坑开挖中，对0.03～0.30m³的孤石，采用撬挖的按软石计，采用爆破的按次坚石计。冻土开挖按路基工程人工挖冻土时间定额乘以1.1系数计算。在湿处开挖，若经抽水后仍有30cm以内的浅水时，则按该类土石的开挖定额乘以1.2系数计算。

(4) 挖方按自然方计，填方按压实方计。基坑开挖工程量按基坑容积计算。沉井下沉开挖土石工程量按井刃脚外缘所包的面积与沉井刃脚下沉入土深度的乘积计算。沉井下沉开挖土石定额中包括溢流（涌砂）及沉井底超挖（锅底）所用工日。

(5) 悬索桥重力式锚碇基坑开挖按路基工程中土石方施工定额执行。

7. 打桩工程施工定额的应用

(1) 打桩工程中的土质可根据钻探资料划分为Ⅰ组土（较易穿过的土壤）和Ⅱ组土（较难穿过的土壤）。

(2) 打桩工程量按实际入土深度计算。若桩长尚有多余时，则打桩所完成的工程量应将未入土部分的桩长计算在内，唯其长度不超过1m。

(3) 打桩均按在已搭好的支架平台上操作（搭、拆支架平台工时未包括在打桩定额内，应另行计列）。除注明者外，如在陆地上打桩时，时间定额乘以0.9系数；在船上打桩时，时间定额乘时1.45系数。

(4) 打桩定额均为打直桩，打斜桩时，其时间定额中机械乘以1.2系数、人工乘以1.08系数。

(5) 机械打钢筋混凝土双排架桩墩时，机械及人工的时间定额均乘以1.09系数。

(6) 打桩定额均包括本墩台范围内移动桩架及打桩机的时间，完成一座墩台后转移至下一座墩台的时间定额，应按打桩机架移动定额计算。

8. 灌注桩造孔工程定额的应用

(1) 灌注桩造孔根据造孔的难易程度，将土质分为八种，分别为砂土、黏土、砂砾、砾石、卵石、软石、次坚石和坚石。

(2) 灌注桩造孔所需扒杆的安、拆、移动的工时均包括在定额内。

(3) 造孔中发生塌孔回填仍在原位重钻时，回填部分按钻黏土定额计算。

(4) 除回旋钻机、潜水钻机造孔定额未包括清孔外，其他各种钻机造孔定额中均已包括清孔用工时消耗。

(5) 造孔入土深度按实际钻（挖）孔深度计算。定额中的孔深指护筒顶至桩底（设计标高）的深度。造孔定额中同一孔内的不同土质，不论其所在的深度如何，均采用总孔深定额。

(6) 造孔的钻机与钻架的架立、横移与纵移均未包括在造孔定额内，应按钻孔机具移动定额分别计算。木钻架及钢钻架的安、拆、移动均包括钻机的安、拆、移动。

(7) 灌注桩造孔的施工和质量要求，应符合设计文件和相关施工规范的规定。

9. 砌筑工程定额的应用

(1) 砌筑工程不分砂浆种类，均执行本定额。

(2) 砌体高度的计算：一般自基础顶面算起，回填后从回填后的地面算起。

(3) 填腹石定额只在配合不同石料镶面时使用，其镶面部分的定额按相应部位的时间定额乘以 1.1 系数。

(4) 定额项目中的墙指挡土墙、侧墙、翼墙，但不包括拱上侧墙、横墙。

(5) 砌筑工程定额不包括各种护坡和护底的垫层或反滤层，需要时按其他章节定额另计。

(6) 砌石定额中均未包括搭拆脚手架、井字架、配拌砂浆和勾缝用工。

(7) 砌筑工程有关配合垂直运输用工均包括在定额中。

10. 模板、架子及木作工程定额的应用

(1) 模板工程量按模板与混凝土接触面积计算，留孔洞在 0.1m² 以内时，不扣除工程量。

(2) 模板、架子及木作工程定额每 1m² 模板接触面积：木模板包括支撑、框架、垫楞、背水等；钢模板包括支撑、木夹条、压楞型钢、钢模板连接件等。箱形梁、箱形拱包括箱体内模及翼板支撑等。

(3) 拱涵拱盔、支架及板涵支架均包括底板，其工程量按水平投影面积（净跨×涵长）计算。桥梁木拱盔、支架均按竣工木料计算。

(4) 土模工作内容包括整平、夯实、整形、贴塑料薄膜、修正。

(5) 木桥墩台均不包括打桩工程。

(6) 模板、架子及木作工程定额中的木材系以下列第二类木材为准，如使用第一类或第三类木材时，时间定额应分别乘以 0.90 和 1.15 的系数：

① 第一类木材：杉木、红松。

② 第二类木材：白松、杉松、杨柳木、椴木、樟子木、云松。

③ 第三类木材：青松、黄花松、水曲柳、秋子木、马尾松、榆木、柏木、樟木、苦楝木、梓木、黄菠萝、槐木、椿木、楠木。

[例 3-10] 试计算预制混凝土护筒木模板的综合时间定额和综合产量定额。

[解] 查目录知本本项目在第九章第一节木模板（护筒），定额编号：[9-1（二）-34]。

每 1m² 各个工序的时间定额为：

制作：1.1.2 工日；

安装：0.108 工日；

拆除：0.046 工日；

则预制混凝土护筒木模板的综合时间定额为 $1.12+0.108+0.046=1.274$ 工日$/m^2$，预制混凝土护筒木模板的综合产量定额为：$1/1.274=0.785m^2/$工日。

11. 钢筋与钢丝束工程定额的应用

(1) 工程量除注明者外，均按设计图纸计算。

(2) 钢筋不分钢种、钢号、类别、等级均执行本定额。

(3) 定额中的主筋直径系指一个构件内质量最大的一种规格钢筋直径。

(4) 钢筋机械制作系指一个工地有调直机或卷扬机、切断机、弯曲机等全部机械设备者；只有部分机械时，如只有卷扬机和切断机，没有调直机和弯曲机，或只有卷扬机、弯曲机，没有调直机、切断机者，采用定额中的机械制作和人工制作的平均值计算。

(5) 钢筋制作与绑扎不分预制和现浇均执行同一定额。但如现场绑扎墩台、索塔、悬臂浇筑箱梁施工高度越过 10m 时，每增加 10m 其劳动定额乘以 1.1 系数，机械定额乘以 1.05 系数。

(6) 梁的分布钢筋和桥面钢筋采用点焊网片拼装时，应将手工绑扎的时间定额乘以 0.3 系数后，另加点焊网片用工。

(7) 拼焊钢筋骨架时，按焊缝长度采用搭接焊定额和人工配合电焊骨架定额计算。

(8) 构件钢筋为整体骨架入模时，除按钢筋绑扎定额计算外，还应另按骨架入模定额计算。

(9) 预应力钢筋、钢丝束、钢绞线不分桥梁结构形式均执行本定额。

(10) 钢筋与钢丝束工程定额未包括各种锚具的加工制作和有关金属设备的制作，需要时，另行计算。

12. 混凝土及钢筋混凝土工程定额的应用

(1) 钢筋混凝土计算工程量时，不扣除钢筋和铁件所占体积。

(2) 浇筑片石混凝土工程量按片石混凝土成品方数计算，其时间定额按现浇混凝土的时间定额乘以 1.01 系数。

(3) 混凝土拌合定额中未包括拌合机工作台的搭、拆用工。

(4) 定额中混凝土捣固除注明者外，均为机械捣固。如需人工捣固时，每立方米混凝土增加 0.1 个工日。

(5) 现浇混凝土和预制混凝土构件定额均未包括养生用工。

(6) 定额中已考虑了小体积混凝土的增加用工。

13. 预制构件运输工程定额的应用

1) 预制构件运输工程定额除缆索运输外，均分为装卸与运输两部分，使用时应注意：轨道平车运输，如构件需纵向集中堆放或横移堆放时，其卸车的时间定额按装车时间定额乘以 0.7 系数。各项机械运输定额中均未包括装载工具等待装卸的时间定额，采用定额时，除按实际运距计算运输定额外，还需根据不同的装卸方法增加等待装卸台班。

2) 各种运输距离以 10m、50m、1km 为计量单位，不足第一个 10m、50m、1km 者均按 10m、50m、1km 计算。超过第一个定额运距单位时，其运距尾数不足一个定额运距单位的半数时不计，超过半数时按一个定额运距单位计算。

3) 预制构件堆放设置储存堤的土方或降低运梁轨道的土方所需工日，可根据实际发生数量，接路基土石方定额计算。

4）运输便道、轨道的铺设，扒杆、龙门架、缆索的架设，以及轨道平车的拼装等用工及机械台班，均未包括在定额内，应按有相关定额计算。

5）汽车和平板拖车运输构件，如在便道上行驶时，可乘以1.12系数。

6）凡以手推车运输、垫滚子推运或垫滚子绞运运输的构件重载上坡时，第一个定额运距单位不增加人工，每增加定额运距单位按以下规定乘换算系数。

（1）手推车运输每增运10m定额的人工，按表3-11乘换算系数。

手推车运输每增运10m额的人工换算系数　　　　　　　表3-11

坡度（%）	1以内	5以内	10以内
系数	1.0	1.5	2.5

（2）垫滚子绞运每增运10m定额的人工，按表3-12乘换算系数。

垫滚子绞运每增运10m额的人工换算系数　　　　　　　表3-12

坡度（%）	0.4以内	0.7以内	1以内	1.5以内	2.0以内	2.5以内
系数	1.0	1.1	1.3	1.9	2.5	3.0

（3）轨道平车运输配电动卷扬机，每增运10m定额的人工及电动卷扬机台班，按表3-13乘换算系数。

轨道平车运输配电动卷扬机每增运10m额的人工换算系数　　　　　　　表3-13

坡度（%）	0.7以内	1以内	1.5以内	2.0以内	2.5以内
系数	1.00	1.05	1.10	1.15	1.25

14. 安装工程定额的应用

1）安装工程定额工作内容，除另有规定外，均包括：

（1）构件安装：自构件运到安装地点开始到安装就位止的全部操作。

（2）金属、木结构吊装设备的安装、拆除、移动，以及木结构吊装设备制作的全部操作。

2）配合构件安装的支座安装及构件接头连接均为单项工序定额，不包括在构件安装定额中，应根据设计要求选用。

吊装设备的地锚安拆均不包括锚坑的开挖及回填。顶圆管涵与箱涵定额亦不包括工作坑的开挖，后背砌筑，工作平台的制作、安装、拆除，顶进过程中挖出土方的坑外远运及排水系统等，需要时可按其他章节的有关定额计算。

3）用扒杆安装构件是以电动卷扬机配合编制的，如用人力拉倒链配合时，时间定额乘以1.3系数。圆管涵及箱涵的顶进定额系按一般施工方法编制，如采用气垫顶进或气垫顶拉的施工方法，应另编定额计算。

4）安装构件的位置应准确，焊接牢固，构件之间连成整体，砂浆、混凝土饱满密实，表面整齐洁净。吊装设备应联结牢固，具有超过构件质量的起重或承重能力。拆除时，不能损坏设备本身。

15. 钢结构工程定额的应用

1）钢索吊桥除注明者外，均包括100m的场内运输。

2）钢桁架桥及钢索吊桥的架设均不包括人行道栏杆、钢筋混凝土行车道板和桥面铺装，需要时可按其他章节有关定额计算。

3）钢桁架桥的拼装定额系按在路基滑道上进行拼装编制，如采用悬臂拼装的方法施工，应另编定额计算。

4）隧道锚开挖，可按隧道工程的开挖土石方定额乘以 1.35 系数计算。

5）斜拉桥钢梁试拼、定位工程建为钢箱梁、钢桥面板、横隔板、横肋、横梁等全部质量之和。

6）斜拉桥钢锚箱工程量为锚箱质量。

16. 杂项工程定额的应用

(1) 杂项工程定额包括不宜列入有关章内而又带有通用性的定额项目。

(2) 杂项工程定额的工程内容，除另有说明外，均包括施工准备工作、搭拆简易跳板、工具小修等，但不包括吊装设备的安拆及脚手架的搭拆。

(3) 质量要求：应符合设计及图纸的规定。

17. 临时工程定额的应用

临时工程定额包括生产和生活用的各种临时设施。由于全国各地气候、材料、习惯不同，地区差别较大，如实际采用的临时设施在结构形式、施工方法与本章差别较大时，不宜简单套用，应根据实际情况另编补充定额。

18. 备料定额的应用

1）备料定额中石料的分类及质量要求：

(1) 片石：由爆破直接得到的不规则石料，最小边不小于 15cm，质量不小于 25kg。

(2) 块石：由成层岩劈出或由片石略加修整具有两个较大的平行面、形状大致方正的石料，厚度不小于 20cm，宽度为厚度的 1~1.5 倍，长度为厚度的 1.5~3 倍。

(3) 粗料石：有五个以上相互垂直平面的石料，厚度不少于 20cm，宽度为厚度的 1~1.5 倍，长度为厚度的 2.5~4 倍，表面凹凸不得大于 1cm。开凿天然面镶面石，其外露面四周凿平成环形，中间保持天然面的亦按粗料石计。

(4) 细料石：石料经细琢加工表面凹凸不大于 0.5cm，形状尺寸应符合图纸要求。

(5) 盖板石：有六个相互垂直的面、两侧面及底面搭头部分应加以凿清，其他各面应平整，长度和厚度成符合设计要求。

(6) 拱圈料石、分水石、拱垫石应按样板修凿，拱片石、拱块石为具有两个大致成辐射状侧面的片、块石。

(7) 砌筑用卵石，每块质量应在 25kg 以上。

(8) 所有石料的极限抗压强度应符合设计要求。

(9) 混凝土用碎石中小于 0.5cm 的石渣不得多于 10%。

2）计量方法：料石、盖板石按实方计算；片石、块石、卵石按码方计算；砂、碎石、黏土等均按堆方计算。

3）开采料石的副产品块石、片石及开采块石的副产品片石，如利用时，按检清片、块石计算。

19. 材料运输定额的应用

(1) 材料运输定额除人力挑抬、手推车推运两种运输方式分场内、场外运输外，其他运输方式不分场内、场外，均执行同一定额。场外运输系指自料场或工地以外仓库至工地现场的短途运输，其人工、机械费计入材料单价内；场内运输系指工地范围内的运输，其人工、机械费计入工程直接费中人工、机械费内。

（2）各种运输方式的运距以 10m、50m、100m 或 1km 为计算单位，不足第一个单位的接一个单位计，超过的除折成各单位计外，尾数不足半个单位的不计，超过半个单位的按一个单位计。

（3）所有材料运输及装卸定额中均未包括堆、码方工序，若需堆、码方时，按堆、码方定额另计。

（4）运输道路遇有坡度时，人力挑抬及手推车运输按表 3-14 另加运距。

人力挑抬及手推车运输增运运距　　　　　　　　　　表 3-14

项目	升降坡度	每升高 1m	每降低 1m
人力挑抬运输	0～10%	7m	不增加
	11%～30%		4m
	30%以上	10m	7m
手推车运输	0～5%	15m	不增加
	6%～10%		5m
	10%以上	25m	8m

3.6　公路工程机械台班费用定额及应用

机械台班费用定额是由交通运输部 2007 年颁布施行的。机械台班费用定额是编制公路基本建设工程设计概算和施工图预算的依据，它在公路基本建设过程中具有很重要的作用：

（1）机械台班费用定额是计算机械台班单价的依据。

（2）机械台班费用定额是计算台班消耗的人工、燃料等实物量的依据。

（3）机械台班费用定额是编制施工组织设计，进行经济比较的依据。

3.6.1　机械台班费用定额的主要内容

现行定额包括总说明，土石方工程机械，路面工程机械，混凝土及灰浆机械，水平运输机械，起重及垂直运输机械，打桩、钻孔机械，泵类机械，金属、木、石料加工机械，动力机械，工程船舶，其他机械共 11 类 746 个子目。机械台班费用定额表由以下内容组成：

（1）类别：指机械所属的类别。

（2）代号：是计算机对机械名称和规格的识别代码。

（3）费用项目：由不变费用和可变费用构成。不变费用由折旧费、大修理费、经常修理费、安装拆卸及辅助设施费构成，直接采用定额小计值。可变费用由人工、动力燃料消耗量、养路费及车船使用税构成。

（4）定额基价：是不变费和可变费之和，仅供参考。

（5）序号：为定额表不同机械的顺序号。

3.6.2　机械台班费用定额的应用

（1）机械台班费用定额是《公路工程预算定额》JTG/T B06-02—2007、《公路工程概算定额》JTG/T B06-01—2007 的配套定额，是编制公路基本建设工程概算、预算的依据，公路养护大、中修工程，可参考使用。

（2）定额中各类机械（除潜水设备、变压器和配电设备外）每台（艘）班均按 8h 计算，潜水设备每台班按 6h 计算，变压器和配电设备每昼夜按一个台班计算。

（3）定额由折旧费、大修理费、经常修理费、安装拆卸及辅助设施费、人工费、动力燃料费、养路费和车船使用税 7 项费用组成。

（4）定额中折旧费、大修理费、经常修理费和安装拆卸及辅助设施费为不变费用，编制机械台班单价时，除青海、新疆、西藏等边远地区外，应直接采用。至于边远地区因维修工资、配件材料等价差较大而需调整不变费用时，可根据具体情况，由省、自治区交通厅制定系数并报交通运输部公路司备案后执行。

（5）本定额中人工费、动力燃料费和养路费及车船使用税为可变费用，编制机械台班单价时，随机操作人员数量及动力物资消耗量应以本定额中的数值为准。工资标准按《公路工程基本建设项目概算预算编制办法》JTG B06—2007 的规定执行，工程船舶和潜水设备的工日单价，按当地有关部门规定计算。动力燃料费按当地的动力物资的工地预算价格计算。养路费及车船使用税，如需缴纳时，应按各省、自治区、直辖市及国务院有关部门规定的标准，按机械的年工作台班（表 3-15）计入台班费中。

机械的年工作台班　　　　　　　　　　　表 3-15

机械项目	沥青洒布车、汽车式画线车	平板拖车组	液态沥青运输车、散装水泥运输车、混凝土搅拌运输车、混凝土输送泵车、自卸汽车、运油汽车、加油汽车、洒水汽车、拖拉机、汽车式起重机、轮胎式起重机、汽车式钻孔机、内燃拖轮、起重船	载货汽车、机动翻斗车	工程驳船、抛锚船、机动艇、泥浆船
年工作台班	150	160	200	220	230

（6）机械自管理部门至工地或自某一工地至另一工地的运杂费，不包括在本定额中。

（7）加油及油料过滤的损耗和由变电设备至机械之间的输电线路电力损失，均已包括在本定额中。

（8）本定额中凡注明"××以内"者，均含"××"数本身。定额子目步距起点均由前项开始，如"30 以内""60 以内""80 以内"等，其中"60 以内"指"30 以外至 60 以内"，"80 以内"指"60 以外至 80 以内"。

（9）本定额的计量单价均执行国家颁布的"中华人民共和国法定计量单位"。

（10）本定额的基价是不变费用和可变费用的合计数，仅供参考比较之用，不作为编制公路工程基本建设项目概预算的依据。不变费用是按定额规定编制的，可变费用中的人工费、动力燃料费按表 3-16 预算价格计算。

可变费用预算价格　　　　　　　　　　　表 3-16

项目	工资（工日）	汽油（kg）	柴油（kg）	重油（kg）	煤（kg）	电（kW·h）	水（m³）	木柴（kg）
预算价格（元）	49.2	5.20	4.90	2.80	0.265	0.55	0.5	0.49

（11）本定额按照公路工程中常用的施工机械的规格编制，规格与之相同或相似的，均应直接采用。本定额中未包括的机械项目，各省、自治区、直辖市交通厅（局、委）可根据本定额的编制原则和方法编制补充定额，并报交通运输部公路司备案。

本 章 小 结

本章节首先介绍了公路工程定额的基本概念；然后介绍了我国公路工程估算指标、概算定额、预算定额、施工定额和机械台班费用定额的主要内容和应用。

习　题

3-1　影响定额水平的因素有哪些？

3-2　简述定额的特点。

3-3　施工过程一般可分解为什么？工作时间分为什么？

3-4　对工程建设定额进行分类，并对其进行简述。

3-5　在什么情况下要进行定额抽换？

3-6　某石灰粉煤灰稳定碎石基层采用稳定土拌合机拌合，设计配合比为 4∶11∶85，设计厚度为 18cm，作为一层拌合、碾压。试按《预算定额》确定每 1000m² 资源消耗量。

3-7　某 3 孔现浇钢筋混凝土梁用满堂式桥梁木支架一套，墩台高 10m，试确定其实际周转次数的定额用量。

3-8　某桥梁的台帽工程设计为 C35 水泥混凝土，台帽钢筋设计为光圆钢筋 25t，带肋钢筋 30t，确定水泥混凝土及钢筋的预算定额值（采用钢模施工）。

第4章 公路工程投资估算

教学目标

（1）了解公路工程投资估算的编制方法；

（2）熟悉公路工程投资估算的费用标准；

（3）掌握公路工程投资估算的计算方法。

教学要求

知识要点	能力要求	相关知识
公路工程投资估算的编制方法	（1）了解投资估算文件的组成； （2）了解投资估算项目； （3）了解投资估算费用的组成	（1）投资估算文件； （2）投资估算项目； （3）投资估算费用
公路工程投资估算的费用标准和计算方法	（1）熟悉各项费用的费用标准和计算方法； （2）掌握各项费用的计算程序及计算方法	（1）费用标准； （2）费率取值

基本概念

公路工程投资估算项目；公路工程投资估算费用组成。

4.1 概　　述

4.1.1 公路工程投资估算的基本概念

公路工程投资估算是对拟建公路工程项目的全部投资费用进行的预测估算，是项目建议书和可行性报告的主要组成部分，是建设项目经济评价中支出费用的关键部分。公路建设项目的投资一般包括第一部分建筑安装工程费，第二部分设备工具器具购置费，第三部分工程建设其他费用以及预备费。

投资估算对建设项目具有重要的作用：

（1）投资估算是决定拟建项目是否继续进行的重要依据之一；

（2）投资估算是审批项目建议书和可行性研究报告的依据；

（3）投资估算是控制项目建设投资的依据。

4.1.2 公路工程投资估算的计算方法

公路工程投资估算按阶段分有项目建议书投资估算和可行性研究报告投资估算两种，即项目预可估算和项目工可估算。

我国公路工程投资估算的计算方法有：类比估算法与指标估算法。在工程规模、技术标准、地形、地貌、水文条件及施工条件相似或相同的情况下，可采用类比估算法进行投资估算，该方法可以大大加快投资估算速度，提高办事效益，具体方法为：

$$X = Y(C_2/C_1)^{0.6} \times CF \qquad (4-1)$$

式中　X——拟建项目投资估算值；

　　　Y——已建项目投资总额；

　　　C_2——新建项目平均生产能力；

　　　C_1——已建项目平均生产能力，如元/月·km，元/日·桥长 m；

　　　CF——价格调整系数。

类比估算法有其简便、快速的特点，但其误差大，可信度低。一般采用指标估算法。以下内容着重介绍指标估算法。

4.2　投资估算编制方法

公路工程基本建设项目投资估算应以现行《公路工程估算指标》JTG/T M21—2011为依据，根据《估算指标》规定的各工程项目的人工、材料、机械台班消耗量和投资估算编制时工程所在地的人工费标准、材料预算单价和机械台班单价计算出各工程项目的工、料、机费用，并按本办法的规定计算各项费用。投资估算的材料、机械台班单价及各项费用的计算都应通过规定的表格反映。各种表格的计算顺序和相互关系如图 4-1 所示。

4.2.1　投资估算编制依据

投资估算编制依据如下：

(1) 国家发布的有关法律、法规、规章、规程等；

(2) 现行《公路工程估算指标》JTG/T M21—2011、《公路工程概算定额》JTG/T B06-01—2007、《公路工程预算定额》JTG/T B06-02—2007、《公路工程机械台班费用定额》JTG/T B06-03—2007 及本办法；

(3) 工程所在地省级交通运输主管部门发布的补充计价依据；

(4) 批准的项目建议书等有关资料；

(5) 项目建议书或工程可行性研究图纸等设计文件；

(6) 工程所在地的人工、材料、机械及设备预算价格等；

(7) 工程所在地的自然、技术、经济条件等资料；

(8) 工程实施方案；

(9) 有关合同、协议等；

(10) 其他有关资料。

4.2.2　投资估算文件组成

投资估算文件由封面、扉页及目录，投资估算编制说明及全部投资估算计算表格组成。

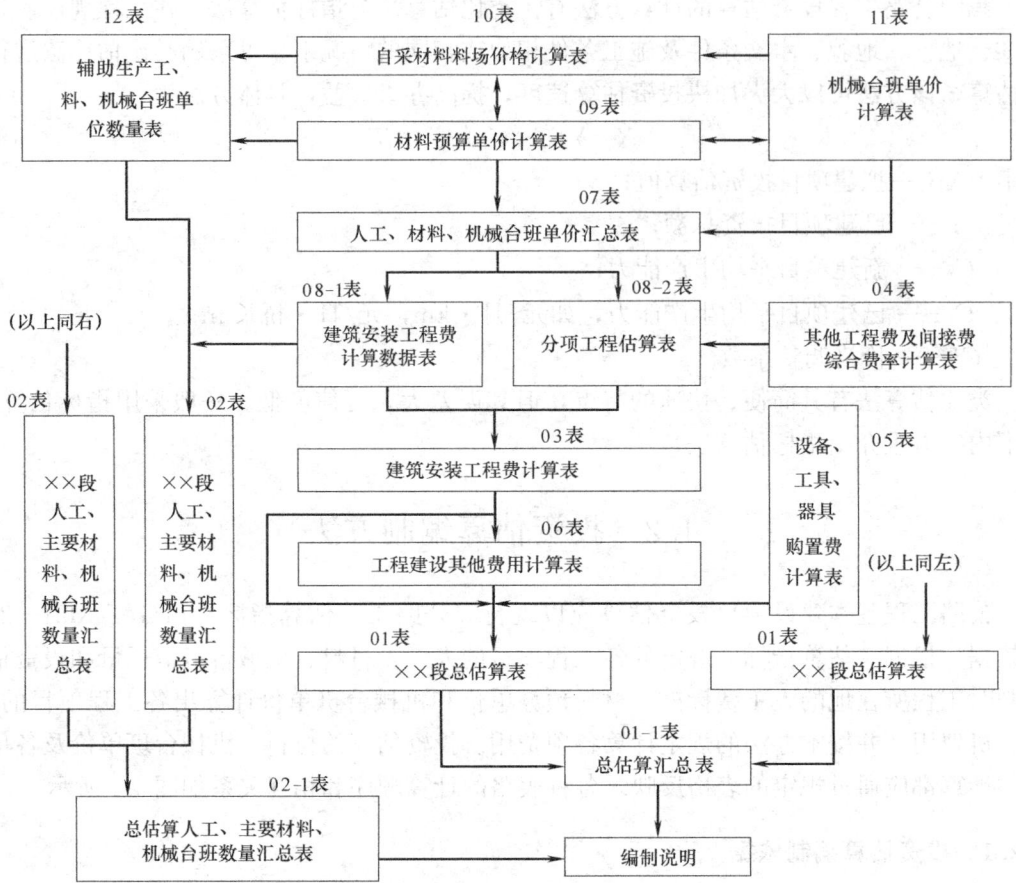

图 4-1 各种表格的计算顺序和相互关系

1. 封面、扉页及目录

投资估算文件的封面应按《公路建设项目可行性研究报告编制办法》的规定制作。扉页应有建设项目名称，编制单位，编制、复核人员姓名并加盖执业（从业）资格印章，编制日期及第几册、共几册等内容。目录应按投资结算表的表号顺序编排。

2. 投资估算编制说明

投资估算编制完成后，应编写编制说明，文字力求简明扼要。编制说明内容应包括：

（1）项目建议书或工程可行性研究报告的依据及有关文号、依据的资料及比选方案等；

（2）采用的估算指标、费用标准，人工费标准、材料预算单价、机械台班单价的依据或来源，补充指标及编制依据的详细说明；

（3）与投资估算有关的委托书、协议书，会议纪要的主要内容（或将抄件附后）；

（4）总投资估算金额，人工、钢材、水泥、沥青等总需要量情况，各建设方案的经济比较，以及编制中存在的问题；

（5）其他与投资估算有关但不能在表格中反映的事项。

3. 投资估算表格

公路工程投资估算应按统一的投资估算表格计算。

88

4. 甲组文件与乙组文件

投资估算文件按不同的需要分为两组，甲组文件为各项费用计算表，乙组文件为建筑安装工程费各项基础数据计算表（仅供审批使用）。甲、乙两组文件应按《公路建设项目可行性研究报告编制办法》关于文件报送份数的规定报送。报送乙组文件时，尚应提供"建筑安装工程费计算数据表"的电子文档和编制补充定额的详细资料。

乙组文件中的"建筑安装工程费计算数据表"和"分项工程估算表"应根据审批部门或建设项目业主单位的要求全部提供或仅提供其中的一种。

投资估算应按一个建设项目［如一条路线或一座独立大（中）桥、隧道］进行编制。当一个建设项目需要分段或分部编制时，应根据需要分别编制，但必须汇总编制"总结算汇总表"。

甲、乙两组文件应包括如图 4-2 所示。

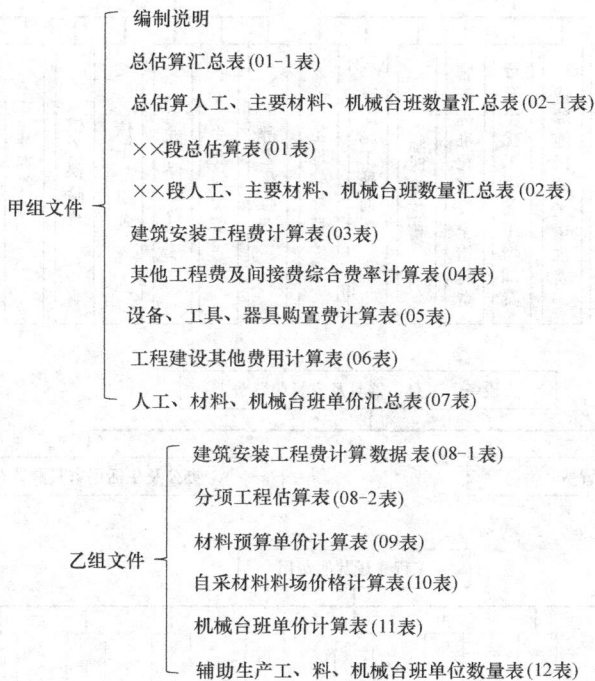

甲组文件
- 编制说明
- 总估算汇总表(01-1表)
- 总估算人工、主要材料、机械台班数量汇总表(02-1表)
- ××段总估算表(01表)
- ××段人工、主要材料、机械台班数量汇总表(02表)
- 建筑安装工程费计算表(03表)
- 其他工程费及间接费综合费率计算表(04表)
- 设备、工具、器具购置费计算表(05表)
- 工程建设其他费用计算表(06表)
- 人工、材料、机械台班单价汇总表(07表)

乙组文件
- 建筑安装工程费计算数据表(08-1表)
- 分项工程估算表(08-2表)
- 材料预算单价计算表(09表)
- 自采材料料场价格计算表(10表)
- 机械台班单价计算表(11表)
- 辅助生产工、料、机械台班单位数量表(12表)

图 4-2　甲乙两组文件的内容

4.2.3　投资估算项目

投资估算项目应按项目表的序列及内容编制，如实际出现的工程和费用项目与项目表的内容不完全相符时，第一至第二部分和"项"的序号应保留不变，"目""节""细目"可根据需要增减，并按项目表的顺序以实际出现的"目""节""细目"依次排列，不保留缺少的"目""节""细目"的序号。

当第二部分"设备及工具、器具购置费"在该项工程中不发生时，第三部分"工程建设其他费用"仍为第三部分。同样，路线工程第一部分第六项为隧道工程，第七项为公路设施及预埋管线工程，若路线中无隧道工程项目，其序号仍保留，公路设施及预埋管线工程仍为第七项。但如"目""节"或"细目"发生这样的情况时，可依次递补改变序号。

```
                                    ┌──────────────┐
                                    │   估算总金额   │
                                    └──────┬───────┘
              ┌────────────────┬──────────┴──────────┬────────────────┐
       ┌──────┴──────┐  ┌──────┴──────┐      ┌───────┴──────┐  ┌───────┴──────┐
       │ 建筑安装工程费 │  │ 设备、工具、器具│      │ 工程建设其他费用 │  │    预备费     │
       └─────────────┘  │ 及家具购置费  │      └──────────────┘  └──────────────┘
                        └─────────────┘
```

```
                              ┌──────────────┐
                              │  建筑安装工程费 │
                              └──────┬───────┘
        ┌──────────────────┬─────────┴──────────────┬──────┬──────┐
   ┌────┴────┐       ┌─────┴────┐              ┌─────┴───┐ ┌┴──┐ ┌┴──┐
   │  直接费  │       │  间接费   │              │ 利  润  │ │税金│
   └────┬────┘       └─────┬────┘              └─────────┘ └───┘
   ┌────┴────┐       ┌─────┴──────┐
   │ 直接工程费│  其他工程费 │ 规费 │     企业管理费
```

```
人工费 │ 材料费 │ 施工机械使用费 │ 冬期施工增加费 │ 雨期施工增加费 │ 夜间施工增加费 │ 特殊地区施工增加费 │ 行车干扰工程施工增加费 │ 施工标准化与安全措施费 │ 临时措施费 │ 施工辅助费 │ 工地转移费 │ 养老保险费 │ 失业保险费 │ 医疗保险费 │ 住房公积金 │ 工伤保险费 │ 基本费用 │ 主副食运输补贴 │ 职工探亲路费 │ 职工取暖补贴 │ 财务费用
```

```
                        ┌──────────────────────┐
                        │ 设备、工具、器具及家具购置费 │
                        └───────────┬──────────┘
                ┌───────────────────┴───────────────────┐
        ┌───────┴────────┐                    ┌──────────┴────────┐
        │ 设备、工具、器具购置费 │                    │ 办公及生活用家具购置费 │
        └────────────────┘                    └───────────────────┘
```

```
                        ┌──────────────┐
                        │ 工程建设其他费用 │
                        └──────┬───────┘
土地征用及拆迁补偿费 │ 建设项目管理费 │ 研究试验费 │ 前期工作费 │ 专项评价（估）费 │ 施工机构迁移费 │ 供电贴费 │ 联合试运转费 │ 生产人员培训费 │ 固定资产投资方向调节税 │ 建设期贷款利息
```

```
                        ┌──────────────┐
                        │    预备费      │
                        └──────┬───────┘
                ┌──────────────┴──────────────┐
        ┌───────┴────────┐          ┌──────────┴────────┐
        │   价差预备费     │          │     基本预备费      │
        └────────────────┘          └───────────────────┘
```

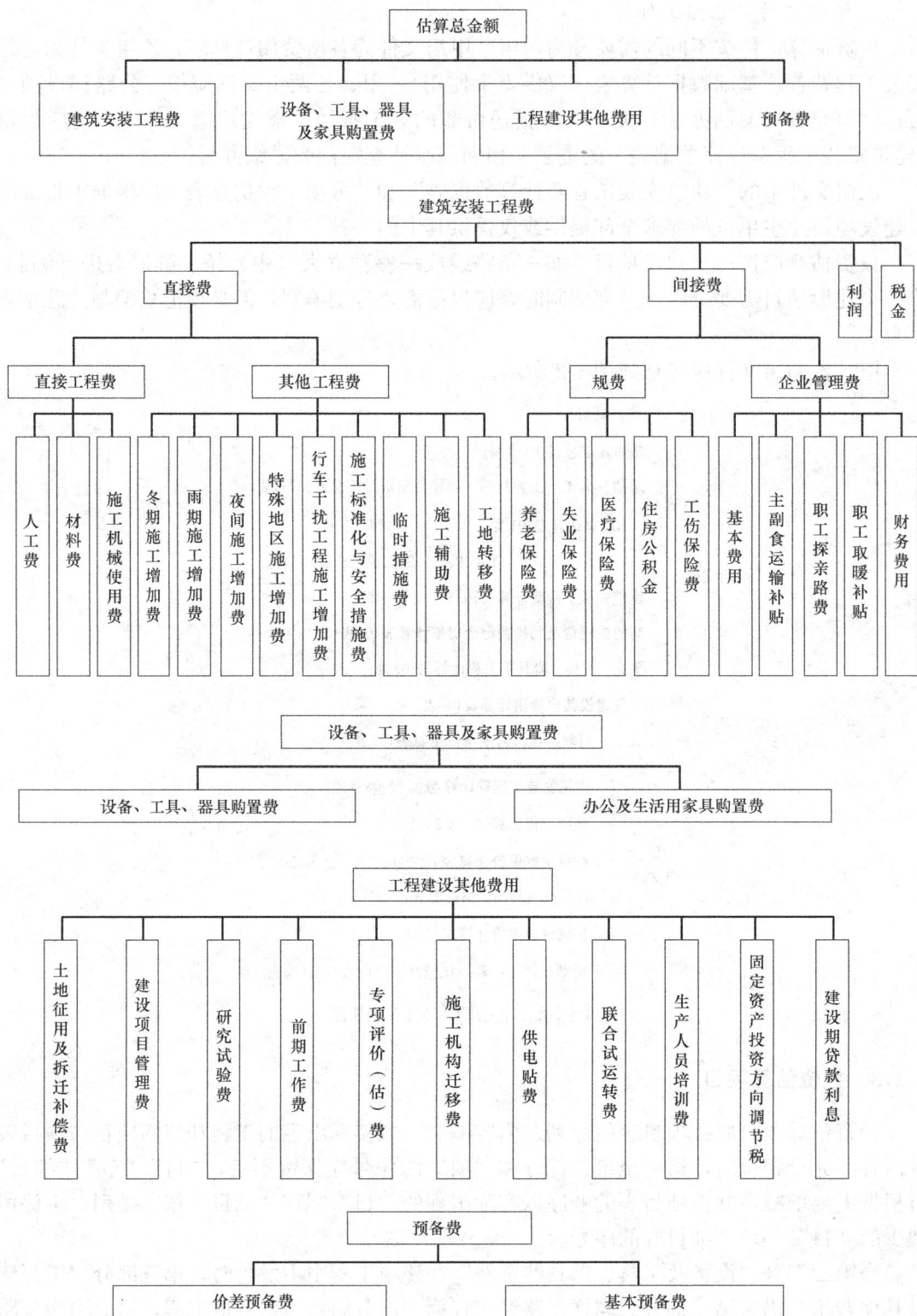

图 4-3 投资估算费用的组成

公路建设项目中的互通式立体交叉、辅道、支线，当工程规模较大时，也可按投资估算项目表单独编制建筑安装工程费，然后将其投资估算建筑安装工程总金额列入路线的总估算表中相应的项目内。

投资估算项目主要包括以下内容：

（1）第一部分　建筑安装工程费

① 第一项　临时工程

② 第二项　路基工程

③ 第三项　路面工程

④ 第四项　桥梁涵洞工程

⑤ 第五项　交叉工程

⑥ 第六项　隧道工程

⑦ 第七项　公路设施及预埋管线工程

⑧ 第八项　绿化及环境保护工程

⑨ 第九项　管理、养护及服务房屋

（2）第二部分　设备及工具、器具购置费

（3）第三部分　工程建设其他费用

4.2.4　投资估算费用组成

投资估算费用的组成如图 4-3 所示。

4.3　投资估算费用标准和计算方法

4.3.1　建筑安装工程费

建筑安装工程费包括直接费、间接费、利润及税金，其中直接费包括直接工程费和其他工程费，间接费包括规费和企业管理费。

其他工程费及间接费取费标准按工程类别划分为：人工土方、机械土方、汽车运输、人工石方、机械石方、高级路面、其他路面、构造物Ⅰ、构造物Ⅱ、构造物Ⅲ、技术复杂大桥、隧道和钢材及钢结构。购买路基填料的费用不作为其他工程费和间接费的计算基数。

1. 直接费

直接费由直接工程费和其他工程费组成。

1）直接工程费

直接工程费是指施工过程中耗费的构成工程实体和有助于工程形成的各项费用，人工费、材料费、施工机械使用费。

（1）人工费

人工费系指列入现有《公路工程估算指标》为直接从事建筑安装工程施工的生产工人开支的各项费用，包括基本工资、工资性补贴、生产工人辅助工资和职工福利费。

① 基本工资：系指发放生产工人的基本工资、流动施工津贴和生产工人劳动保护费，以及职工缴纳的养老、失业、医疗保险费和住房公积金等。

生产工人劳动保护费系指按国家有关部门规定标准发放的劳动保护用品的购置费及修理费、徒工服装补贴、防暑降温费、在有碍身体健康环境中施工的保健费用等。

② 工资性补贴：系指按规定标准发放的物价补贴，煤、燃气补贴，交通补贴，地区津贴等。

③ 生产工人辅助工资：系指生产工人年有效施工天数以外非作业天数的工资，包括开会和执行必要的社会义务时间的工资，职工学习、培训期间的工资，调动工作、探亲、休假期间的工资，因气候影响停工期间的工资，女工哺乳时间的工资，病假在六个月以内的工资及产、婚、丧假期的工资。

④ 职工福利费：系指按国家规定标准计提的职工福利费。

人工费以现行《公路工程估算指标》中人工工日数乘以人工费标准计算。

人工费标准按照本地区公路建设项目的人工工资统计情况并结合工种组成、定额消耗、最低工资标准以及公路建设劳务市场情况进行综合分析确定，由各省、自治区、直辖市交通运输厅（局、委）审批并公布。

人工费标准仅作为编制投资估算的依据，不作为施工企业实发工资的依据。

（2）材料费

材料费系指施工过程中耗用的构成工程实体的原材料、辅助材料、构（配）件、零件、半成品、成品的用量和周转材料的摊销量，按工程所在地的材料预算价格计算的费用。材料预算价格由材料原价、运杂费、场外运输损耗、采购及仓库保管费组成，按下式计算：

$$材料预算价格 = （材料原价 + 运杂费） \times （1 + 场外运输损耗率） \times$$
$$（1 + 采购及保管费率） - 包装品回收价值 \qquad (4-2)$$

① 材料原价。各种材料原价按以下规定计算：

外购材料：国家或地方的工业产品，按工业产品出厂价格或供销部门的供应价格计，并根据情况加计供销部门手续费和包装费。如供应情况、交货条件不明确时，可采用当地规定的价格计算。

地方性材料：地方性材料包括外购的砂、石材料等，按实际调查价格或当地主管部门规定的预算价格计算。

自采材料：自采的砂、石、黏土等自采材料，按现行《公路工程预算定额》中开采单价加辅助生产间接费和矿产资源税（如有）计算。

材料原价应按实计取。各省、自治区、直辖市公路（交通）工程定额（造价管理）站应通过调查，编制本地区的材料价格信息，供编制投资估算使用。

② 运杂费：指材料自供应地点至工地仓库的运杂费用，包括装卸费、运费，如果发生，还应计囤存费及其他杂费（如过磅、标签、支撑加固、路桥通行等费用）。

通过铁路、水路和公路运输的材料，按当地交通运输部门规定的运价计算运费。

施工单位自办的运输，单程远距 15km 以上的长途汽车运输按当地交通运输部门规定的统一运价计算运费；单程运距 5～15km 的汽车运输按当地交通运输部门规定的统一运价计算运费，当工程所在地交通不便、社会运输力量缺乏时，允许按当地交通运输部门规定的统一运费加 50% 计算运费；单程运距 5km 及以内的汽车运输以及人力场外运输，按现行《公路工程预算定额》计算运费，其中人力装卸和运输另按人工费加计辅助生产间接费。

一种材料如有两个以上的供应点时，应提据不同的运距、运量、运价采用加权平均的方法计算运费。

由于汽车运输台班已考虑工地便道特点，因此平均运距中汽车运输便道里程不得乘调整系数，也不得在工地仓库或堆料场之外再加场内运距或二次倒运的运距。

有容器或包装的材料及长大轻浮材料，应按编制办法规定的毛重计算。桶装沥青、汽油、柴油按每吨摊销一个旧汽油桶计算包装费（不计回收）。

③ 场外运输损耗：指有些材料在正常的运输过程中发生的损耗，这部分损耗应摊入材料单价内。

④ 采购及保管费：指材料供应部门（包括工地仓库以及各级材料管理部门）在组织采购、供应和保管材料过程中，所需的各项费用及工地仓库的材料储存损耗费用。

材料采购及保管费，以材料原价加运杂费及场外运输损耗的合计数为基数，乘以采购及保管费率计算。材料的采购及保管费率为 2.5%。

外购的构件、成品及半成品的预算价格，其计算方法与材料相同，但构件（如外购的钢桁梁、钢筋混凝土构件及加工钢材等半成品）的采购及保管费率为 1%。

商品混凝土预算价格的计算方法与材料相同，但其采购及保管费率为 0。

（3）施工机械使用费：指列入现行《公路工程估算指标》的施工机械台班数量，按相应的机械台班费用定额计算的施工机械使用费和小型机具使用费。

施工机械台班预算价格应按现行《公路工程机械台班费用定额》JTG/T B06-03—2007 计算，台班单价由不变费用和可变费用组成。不变费用包括折旧费、大修费、经常修理费、安装拆卸及辅助设施费等；可变费用包括机上人员人工费、动力燃料费及车船使用税。可变费用中的人工工日数及动力燃料消耗量，应以机械台班费用定额中的数值为准。台班人工费标准同生产工人人工费标准。动力燃料费用则按材料费的计算规定计算。

当工程用电为自行发电时，电动机械每千瓦时（度）电的单价按下式计算：

$$A = 0.24 \times \frac{K}{N} \tag{4-3}$$

式中　A——每千瓦时单价（元）；

　　　K——发电机组的台班单价（元）；

　　　N——发电机组的总功率（kW）。

[例 4-1]　重庆市铜梁区新建二级公路，其砌石圬工工程数量为 195670m³，试估算其所需人工费、材料费、其他材料费和机械使用费。

[解]　（1）人工费：根据重庆市交通委员会《重庆市交通委员会关于执行交通部〈公路工程基本建设项目概算预算编制办法〉JTG B06—2007 的通知》（渝交委路 [2008] 31 号），该地区为二类地区，人工工资单价为 43.15 元/工日。

人工费=195670m³×1277.1 工日/1000m³×43.15 元/工日=10782760.27 元

材料费：仅举一种材料为例，如水泥，《估算指标》中水泥强度等级为 32.5，数量是 80.929t/1000m³，根据当地近期市场价格，32.5 级水泥单价为 340 元/t。

水泥费=195670m³×80.929/1000m³×340 元/t=5384028.33 元

（2）其他材料费：在《估算指标》中查得是 341.1 元/1000m³。

其他材料费＝195670m³×341.1 元/1000m³＝66743.04 元。

（3）机械使用费：在《估算指标》中查得，12～15 光轮压路机为 0.02 台班/1000m³，机械台班费用定额为 411.77 元；蛙式夯土机为 3.79 台班/1000m³，机械台班费用定额为 18.62 元；ϕ150mm 电动单级离心水泵为 1.06 台班/1000m³，机械台班费用定额为246.54 元；

机械使用费 ＝ 195670m³ × 0.02 台班/1000m³ × 411.77 ＋ 195670m³ × 3.79 台班/1000m³×18.62＋195670m³×1.06 台班/1000m³×246.54＝66554.72 元。

2）其他工程费

其他工程费系指直接工程费以外施工过程中发生的直接用于工程的费用，内容包括冬期施工增加费、雨期施工增加费、夜间施工增加费、特殊地区施工增加费、行车干扰工程施工增加费、施工标准化与安全措施费、临时设施费、施工辅助费、工地转移费九项。公路工程中的水、电费及因场地狭小等特殊情况而发生的材料二次搬运等其他工程费已包含在现行《估算指标》中，不再另计。

（1）冬期施工增加费：指按照冬期施工时为保证工程质量和安全生产需采取的防寒保温设施、工效降低和机械作业率降低以及技术操作过程的改变等所增加的有关费用。

全国冬期施工气温区划分表见《投资估算编制办法》附录四。如果当地气温资料与附录四中划定的冬季气温区划分有较大出入时可按当地气温资料按该编制办法规定的划分标准确定工程所在地的冬期气温区。

冬期施工增加费的计算方法，是根据各类工程的特点，规定各气温区的取费标准。为了简化计算，采用全年平均摊销的方法，即不论是否在冬期施工，均按规定的取费标准计取冬期施工增加费。一条路线穿过两个以上的气温区时，可分段计算或按各区的工程量比例求得全线的平均增加率，计算冬期施工增加费。

冬期施工增加费以各类工程的直接工程费之和为基数，按工程所在地的气温区选用投资估算编制办法规定的费率计算。

（2）雨期施工增加费：指雨季期间施工时为保证工程质量和安全生产所需采取的防雨、排水、防潮和防护措施，工效降低和机械作业率降低以及施工作业过程改变等增加的有关费用。

雨量区和雨季期的划分根据气象部门提供的 15 年以上的降雨资料确定。凡月平均降雨天数在 10 天以上，月平均日降雨量在 3.5～5mm 之间者为Ⅰ区，月平均日降雨量在 5mm 以上者为Ⅱ区。全国雨期施工雨量区及雨季期划分表见《投资估算编制办法》附录五。若当地气象资料与《投资估算编制办法》附录五所划定的雨量区及雨季期出入较大时，可按当地气象资料及上述划分标准确定工程所在地的雨量区及雨季期。

雨期施工增加费的计算方法，是将全国划分为若干雨量区和雨季期，并根据各类工程的特点规定各雨量区和雨季期的取费标准，采用全年平均摊销的方法，即不论是否在雨期施工，均按规定的取费标准计取雨期施工增加费。

一条路线通过不同的雨量区和雨季期时，应分别计算雨期施工增加费或按工程量比例求得平均的增加率，计算全线雨期施工增加费。

雨期施工增加费以各类工程的直接工程费之和为基数，按工程所在地的雨量区、雨季期选用投资估算编制办法规定的费率计算。

（3）夜间施工增加费：指必须在夜间连续施工而发生的工效降低、夜班津贴以及有关照明设施（包括所需照明设施的安拆、摊铺、维修及油燃料、电）等增加的费用。

夜间施工增加费以夜间施工工程项目（如桥梁工程项目包括上、下部构造全部工程）的直接工程费之和为基数，乘以相应费率计算。其中，构造物Ⅱ、技术复杂大桥和钢材及钢结构的费率为 0.35；构造物Ⅲ的费率为 0.7。

设备安装工程及金属标志牌、防撞钢护栏、防眩板（网）、隔离栅、防护网等不计夜间施工增加费。

（4）特殊地区施工增加费：包括高原地区施工增加费、风沙地区施工增加费和沿海地区施工增加费三项。

① 高原地区施工增加费：指在海拔高度 1500m 以上地区施工，由于受气候、气压的影响，致使人工、机械效率降低所增加的费用。该费用以各类工程人工费和机械使用费之和为基数，按投资估算编制办法规定的费率计算。

一条路线通过两个以上（含两个）不同的海拔高度分区时，应分别计算高原地区施工增加费或按工程量比例求得平均的增加率，计算全线高原地区施工增加费。

② 风沙地区施工增加费：指在沙漠地区施工时，由于受风、沙影响为保证工程质量和安全生产所增加的费用，内容包括防风、防沙及气候影响的措施费，材料费，人工、机械效率降低增加的费用，以及因积沙及风蚀所需的清理修复等费用。

全国风沙地区公路施工区划见投资估算编制办法附录六。若当地气象资料及自然特征与附录六中的风沙地区划分有较大出入时，由项目所在省、自治区、直辖市公路（交通）工程定额站按当地气象资料和自然特征及上述划分标准确定工程所在地的风沙区划，并抄送交通运输部公路局备案。

一条路线穿过两个以上不同风沙区时，按路线经过不同风沙区的长度加权计算项目全线风沙地区施工增加费。

风沙地区施工增加费以各类工程的人工费和机械使用费之和为基数，根据工程所在地的风沙区划及类型，按投资估算编制办法规定的费率计算。

③ 沿海地区工程施工增加费：指工程项目在沿海地区施工受海风、海浪和潮汐的影响，致使人工、机械效率降能等所需增加的费用。本项费用，由沿海各省、自治区、直辖市交通运输主管部门制定具体的适用范围（地区），并抄送交通运输部公路局备案。

沿海地区工程施工增加费以各类工程的直接工程费之和为基数，按投资估算编制办法规定的费率计算。

（5）行车干扰工程施工增加费：指由于边施工边维持通车，受行车干扰的影响，致使人工、机械效率降低而增加的费用。该费用以受行车影响部分的工程项目的人工费和机械使用费之和为基数，按投资估算编制办法规定的费率计算。

（6）施工标准化与安全措施费：指工程施工期间为满足安全生产、施工标准化、规范化、精细化所发生的费用。该费用不包括施工期间为保证交通安全而设置的临时安全设施和标志、标牌的费用，需要时，应根据设计要求计算。该费用也不包括预制场、拌合站、临时便道、临时便桥的施工标准化费用，应根据施工组织标准化要求单独计算。施工标准化与安全措施费以各类工程的直接工程费之和为基数，按投资估算编制办法规定的费率计算。

（7）临时设施费：指施工企业为进行建筑安装工程施工所必需的生活和生产用的临时建筑物、构筑物和其他临时设施及其标准化的费用等，但不包括概预算定额中的临时工程在内。

临时设施费用内容包括：临时设施的搭设、维修、拆除费或摊销费。临时设施费以各类工程的直接工程费之和为基数，按投资估算编制办法规定的费率计算。

（8）施工辅助费：包括生产工具用具使用费、检验试验费和工程定位复测、工程点交、场地清理等费用。

生产工具用具使用费：指施工所需不属于固定资产的生产工具、检验、试验用具及仪器、仪表等的购置、摊销和维修费，以及支付给生产工人自备工具的补贴费。

检验试验费：指施工企业对建筑材料、构件和建筑安装工程进行一般鉴定、检查所发生的费用，包括自设试验室进行试验所耗用的材料和化学药品的费用，以及技术创新和研究试验费。但不包括新结构、新材料的试验费和建设单位要求对具有出厂合格证明的材料进行检验、对构件进行损坏性试验及其他特殊要求检验的费用。

施工辅助费以各类工程的直接工程费之和为基数，按投资估算编制办法规定的费率计算。

（9）工地转移费：指施工企业根据建设任务的需要，由已竣工的工地或后方基地迁至新工地的搬迁费用。土地转移费以各类工程的直接工程费之和为基数，按投资估算编制办法规定的费率计算。

转移距离以工程承包单位（如工程处、工程公司等）转移前后驻地距离或两路线中点的距离为准；编制投资估算时，如施工单位不明确，高速、一级公路及独立大桥、隧道按省会（自治区首府）至工地的里程，二级及以下公路按地区（市、盟）至工地的里程计算工地转移费，工地转移里程数在表列里程之间时，费率可内插计算。工地转移距离在50km以内的工程不计取本项费用。

2. 间接费

间接费由规费和企业管理费两项组成。

1）规费：指法律、法规、规章、规程规定施工企业必须缴纳的费用（简称规费）。规费包括：

（1）养老保险费：指施工企业按规定标准为职工缴纳的基本养老保险费。

（2）失业保险费：指施工企业按国家规定标准为职工缴纳的失业保险费。

（3）医疗保险费：指施工企业按规定标准为职工缴纳的基本医疗保险费和生育保险费。

（4）住房公积金：指施工企业按规定标准为职工缴纳的住房公积金。

（5）工伤保险费：指施工企业按规定标准为职工缴纳的工伤保险费。

各项规费以各类工程的人工费之和为基数，按国家或工程所在地相关部门规定的标准计算。

2）企业管理费：由基本费用、主副食运费补贴、职工探亲路费、职工取暖补贴和财务费用五项组成。

（1）基本费用：指施工企业为组织施工生产和经营管理所需的费用，包括管理人员工资、办公费、差旅交通费、固定资产使用费、工具用其使用费、劳动保险费、工会经费、职工教育经费、保险费、工程保修费、工程排污费、税金和其他。

基本费用以各类工程的直接费之和为基数，按投资估算编制办法规定的费率计算。

（2）主副食运费补贴：指施工企业在远离城镇及乡村的野外施工购买生活必需品所需增加的费用。该费用以各类工程的直接费之和为基数，按投资估算编制办法规定的费率计算。

粮食、燃料、蔬菜、水的运距均为全线年均运距。综合里程数在表列里程之间时，费率可内插。综合里程在 1km 以内的工程不计取本项费用。综合里程按下式计算：

综合里程＝粮食运距×0.06＋燃料运距×0.09＋蔬菜运距×0.05＋水运距×0.70

$$(4-4)$$

（3）职工探亲路费：指按照有关规定施工企业职工在探亲期间发生的往返车船费、市内交通费和途中住宿费等费用。该费用以各类工程的直接费之和为基数，按投资估算编制办法规定的费率计算。

（4）职工取暖补贴：指按规定发放给职工的冬季取暖费或在施工现场设置的临时取暖设施的费用。该费用以各类工程的直接费之和为基数，按工程所在地的气温区（见《估算指标》附录四）选用投资估算编制办法规定的费率计算。

（5）财务费用：指施工企业为筹集资金而发生的各项费用，包括企业经营期间发生的短期贷款利息净支出、汇兑净损失、调剂外汇手续费、金融机构手续费，以及企业筹集资金发生的其他财务费用。财务费用以各类工程的直接费之和为基数，按资估算编制办法规定的费率计算。

3）辅助生产间接费：指由施工单位自行开采加工的砂、石等自采材料及施工单位自办的人工装卸和运输的间接费。

辅助生产间接费按人工费的 5% 计。该项费用并入材料预算单价内构成材料费，不直接出现在投资估算中。

高原地区施工单位的辅助生产，可按其他工程费中高原地区施工增加费费率，以直接工程费为基数计算高原地区施工增加费（其中：人工采集、加工材料、人工装卸、运输材料按人工土方费率计算；机械采集、加工材料按机械石方费率计算；机械装、运输材料按汽车运输费率计算）。辅助生产高原地区施工增加费不作为辅助生产间接费的计算基数。

3. 利润

利润系指施工企业完成所承租工程应取得的盈利。利润按直接费与间接费之和扣除规费的 7% 计算。

4. 税金

税金系指按国家税法规定应计入建筑安装工程造价内的营业税、城市维护建设税及教育费附加等。税金为直接费、间接费和利润三项之和乘以综合税率，综合税率按 3.41% 计算。

4.3.2 设备、工具、器具及家具购置费

1. 设备购置费

设备购置费系指为满足公路的运营、管理、养护需要，购置的达到固定资产标准的设备和虽低于固定资产标准但属于设计明确列入设备清单的设备的费用，包括渡口设备，隧

道照明、消防、通风的动力设备，高等级公路的收费、监控、通信、供电设备，养护用的机械、设备和工具、器具等的购置费用。

设备购置费在由设计（咨询）单位列出计划购置的清单（包括设备的规格、型号、数量），以设备原价加综合业务费和运杂费，按下式计算：

设备购置费＝设备原价＋运杂费(运输费＋装卸费＋搬运费)＋运输保险费＋采购及保管费

$$(4-5)$$

需要安装的设备，应在第一部分建筑安装工程费的有关项目内另计设备的安装工程费。

1）国产设备原价的构成及计算

国产设备的原价一般是指设备制造厂的交货价，即出厂价或订货合同价，内容包括按专业标准规定的在运输过程中不受损失的一般包装费，及按产品设计规定配带的工具、附件和易损件的费用，按下式计算：

设备原价＝ 出厂价(或供货地点价)＋包装费＋手续费 $(4-6)$

2）进口设备原价的构成及计算

进口设备的原价是指进口设备的抵岸价，即抵达买方边境港口或边境车站，且交完关税为止形成的价格，按下式计算：

进口设备原价＝货价＋国际运费＋运输保险费＋银行财务费＋外贸手续费＋

关税＋增值税＋消费税＋商检费＋检疫费＋车辆购置附加税 $(4-7)$

（1）货价：一般指装运港船上交货价（FOB，习惯称离岸价）。设备货价分为原币货价和人民币货价，原市货价一律折算为美元表示，人民币货价按原币货价乘以外汇市场美元兑换人民币的中间费确定。进口设备货费按有关生产厂商询价、报价、订货合同价计算。

（2）国际运费：即从装运港（站）到达我国抵达港（站）的运费。按下式计算：

国际运费＝原币货价(FOB价)×运费费率 $(4-8)$

我国进口设备大多采用海洋运输，小部分采用铁路运输，个别采用航空运输。运费费率参照有关部门的规定执行，海运费率一般为 6%。

（3）运输保险费：对外贸易货物运输保险是由保险人（保险公司）与被保险人（出口人或进口人）订立保险契约，在被保险人交付议定的保险费后，保险人根据保险要约的规定对货物在运输过程中发生的承保责任范围内的损失给予经济上的补偿。这是一种财产保险，按下式计算：

运输保险费＝[原币货价(FOB 价)＋国际运费]÷(1－保险费费率)×保险费费率

$$(4-9)$$

保险费费率按保险公司规定的进口货物保险费费率计算，一般为 0.35%。

（4）银行财务费：一般指中国银行手续费。按下式计算：

银行财务费＝人民币货价(FOB 价)×银行财务费费率 $(4-10)$

银行财务费费率一般为 0.4%～0.5%。

（5）外贸手续费：指按规定计取的外贸手续费。按下式计算：

外贸手续费＝[人民币货价(FOB 价)＋国际运费＋运输保险费]×外贸手续费费率

$$(4-11)$$

外贸手续费费率一般为 1%～1.5%。

（6）关税：指海关对进出国境或关境的货物和物品征收的一种税。按下式计算：

$$关税＝[原币货价(FOB 价)＋国际运费＋运输保险税]×进口关税税率 \quad (4-12)$$

进口关税税率按我国海关总署发布的进口关税税率计算。

（7）增值税：是对从事进口贸易的单位和个人，在进口商品报关进口后征收的税种。按《中华人民共和国增值税条例》的规定，进口应税产品均按组成计税价格和增值税税率直接计算应纳税额，按下式计算：

$$增值税＝[人民币货价(FOB 价)＋国际运费＋运输保险费＋关税＋消费税]×增值税税率$$
$$(4-13)$$

增值税税率根据规定的税率计算，目前进口设备适用的税率为 16%。

（8）消费税：对部分进口设备（如轿车、摩托车等）征收的一种税。按下式计算：

$$消费税＝[人民币货价(FOB 价)＋国际运费＋运输保险费＋关税]÷$$
$$(1－消费税税率)×消费税税率 \quad (4-14)$$

消费税税率根据规定的税率计算。

（9）商检费：指进口设备按规定付给商品检查部门的进口设备检验鉴定费。按下式计算：

$$商检费＝[人民币货价(FOB 价)＋国际运费＋运输保险费]×商检费费率 \quad (4-15)$$

商检费费率一般为在 8%。

（10）检疫费：指进口设备按规定付给商品检疫部门的进口设备检验鉴定费。按下式计算：

$$检疫费＝[人民币货价(FOB 价)＋国际运费＋运输保险费]×检疫费费率 \quad (4-16)$$

检疫费费率一般为 0.17%。

（11）车辆购置附加税：指进口车辆需缴纳的进口车辆购置附加税。按下式计算：

$$车辆购置附加税＝[人民币货价(FOB 价)＋国际运费＋运输保险费＋关税＋$$
$$消费税＋增值税]×车辆购置附加税税率 \quad (4-17)$$

在计算进口设备原价时，应注意工程项目的性质，有无按照国家有关规定减免进口环节税的可能。

3）设备运杂费的构成及计算

国产设备运杂费指由设备制造厂交货地点起至工地仓库（或施工组织设计指定要安装设备的堆放地点）止所发生的运费和装卸费；进口设备运杂费指由我国到岸港口或边境车站起至工地仓库（或施工组织设计指定的需要安装设备的堆放地点）止所发生的运费和装卸费。按下式计算：

$$运杂费＝设备原价×运杂费费率 \quad (4-18)$$

4）设备运输保险费的构成及计算

设备运输保险费指国内运输保险费，设备运输保险费费率一般为 1%，按下式计算：

$$运输保险费＝设备原价×保险费费率 \quad (4-19)$$

5）设备采购及保管费的构成及计算

设备采购及保管费指采购、验收、保管和收发设备所发生的各种费用，包括设备采购人员、保管人员和管理人员的工资、工资附加费、办公费、差旅交通费，设备供应部门办公和仓库所占固定资产使用费、工具用具使用费、劳动保护费、检验试验费等，按下式计算：

$$采购及保管费＝设备原价×采购及保管费费率 \qquad (4-20)$$

需要安装的设备的采购及保管费费率为 2.4%，不需要安装的设备的采购及保管费费率为 1.2%。

2. **工器具及生产家具（简称工器具）购置费**

工器具购置费系指建设项目交付使用后为满足初期正常运营必须购置的第一套不构成固定资产的设备、仪器、仪表、工卡模具、器具、工作台（桩、架、柜）等的费用。不包括：构成固定资产的设备、工器具和备品、备件；已列入设备购置费中的专用工具和备品、备件。工器具购置应由设计（咨询）单位列出计划购置的清单（包括规格、型号、数量），购置费的计算方法同设备购置费。计算方法如下：

（1）项目建议书投资估算设备、工具、器具购置费可按《投资估算编制办法》附录八规定的费率，以第一部分建筑安装工程费总额为基数计算。

（2）工程可行性研究报告投资估算的设备及工具、器具购置费按现行《公路工程估算指标》JTG/T M21 附录一计算。

3. **办公和生活用家具购置费**

办公和生活用家具购置费系指为保证建设项目初期正常生产、使用和管理所必须购置的办公和生活用家具、用具的费用。范围包括：办公室、会议室、资料档案室、阅览室、宿舍及生活福利设施等的家具、用具。新建工程的办公和生活用家具购置费按投资估算编制办法规定标准计算，改建工程按规定标准的 80% 计列。

4.3.3 工程建设其他费用

1. **土地征用及拆迁补偿费**

土地征用及拆迁补偿费系指按照《中华人民共和国土地管理法》及《中华人民共和国土地管理法实施条例》、《中华人民共和国基本农田保护条例》等法律、法规的规定，为进行公路建设需征用土地所支持的土地征用及拆迁补偿费等费用。

1）费用内容

（1）土地补偿费：指被在用土地地上、地下附着物及青苗补偿费，征用城市郊区的菜地等缴纳的菜地开发建设基金、租用土地费、耕地占用税、用地图编制费及勘界费、征地管理费等。

（2）征用耕地安置补助费：指征用耕地需要安置农业人口的补助费。

（3）拆迁补助费：指被征用或占用土地上的房屋及附属构筑物、城市公共设施等拆除、迁建补偿费，拆迁管理费等。

（4）复耕费：指临时占用的耕地、鱼塘等，待工程竣工后将其恢复到原有标准所发生的费用。

（5）耕地开垦费：指公路建设项目占用耕地的，应由建设项目法人（业主）负责补充耕地所发生的费用。没有条件开垦或者开垦的耕地不符合要求的，按规定缴纳的耕地开垦费。

（6）森林植被恢复费：指公路建设项目需要占用、征用或者临时占用林地的，经县级以上林业主管部门审核同意或批准，建设项目法人（业主）单位按照有关规定向县级以上林业主管部门预缴的森林植被恢复费。

2）计算方法

（1）项目建议书投资估算阶段

土地征用费按《公路工程项目建设用地指标》中规定的数量乘以工程所在地的征地单价进行计算。

拆迁补偿费按投资估算编制办法附录八规定的费率，以第一部分建筑安装工程费总额为基数进行计算。

（2）工程可行性研究报告投资估算阶段

土地征用及拆迁补偿费应根据工程可行性研究报告编制的建设工程用地和临时用地面积及其附着物的情况，以及实际发生的费用项目，按国家有关规定及工程所在地的省（自治区、直辖市）人民政府颁发的有关规定和标准计算。

森林植被恢复费应根据工程可行性研究报告编制的建设工程占用林地的类型及面积，按国家有关规定及工程所在地的省（自治区、直辖市）人民政府颁发的有关规定和标准计算。

当与原有的电力电信设施、水利工程、铁路及铁路设施互相干扰时，应与有关部门联系，商定合理的解决方案和补偿金额，也可由这些部门按规定编制费用以确定补偿金额。

2. 建设项目管理费

建设项目管理费包括建设单位（业主）管理费、工程监理费、设计文件审查费和竣（交）工验收试验检测费。

（1）建设单位（业主）管理费：指建设单位（业主）为建设项目的立项、筹建、建设、竣（交）工验收、总结等工作所发生的费用，不包括应计入设备、材料预算价格的建设单位采购及保管设备、材料所需的费用。

建设单位（业主）管理费以建筑安装工程费总额为基数，按投资估算编制办法规定的费率，以累进办法计算。

水深大于 15m、跨度大于或等于 400m 的斜拉桥和跨度大于或等于 800m 的悬索桥等独立特大型桥梁工程的建设单位（业主）管理费按表 3-21 中的费率乘以 1.0～1.2 的系数计算；海上工程［指由于风浪影响，工程施工期（不包括封冻期）全年月平均工作日少于15 天的工程］的建设单位（业主）管理费按标准费率乘以 1.0～1.3 的系数计算。

（2）工程监理费：指建设单位（业主）委托具有公路工程监理资质的单位，按施工监理规范进行全面的监督和管理所发生的费用。

工程监理费以建筑安装工程费总额为基数，按投资估算编制办法规定的费率计算。规定中的桥梁指水深大于 15m、斜拉桥和悬索桥等独立特大型桥梁工程；隧道指水下隧道工程。

建设单位（业主）管理费和工程监理费均为实施建设项目管理的费用，执行时可根据建设单位（业主）和施工监理单位所实际承担的工作内容和工作量统筹使用。

（3）设计文件审查费：指国家和省级交通主管部门在项目审批前，为保证勘察设计工作的质量，组织有关专家或委托有资质的单位，对设计单位提交的建设项目可行性研究报告和勘察设计文件以及对设计变更、调整概算进行审查所需要的相关费用。

设计文件审查费以建筑安装工程费总额为基数，按 0.1% 计算。

（4）竣（交）工验收试验检测费：指在公路建设项目交工验收和竣工验收前，由建设单位（业主）或工程质量监督机构委托有资质的公路工程质量检测单位按照有关规定对建设项目的工程质量进行检测，并出具检测意见所需要的相关费用。

竣（交）工验收试验检测费按投资估算编制办法的规定计算。

关于竣（交）工验收试验检测费，高速公路、一级公路按四车道计算，二级及以下等级公路按双车道计算，每增加一条车道，按标准费用增加 10%。

3. 研究试验费

研究试验费系指为本建设项目提供或验证设计数据、资料进行必要的研究试验和按照设计规定在施工过程中必须进行试验、验证所需的费用，以及支付科技成果、先进技术的一次性技术转让费，不包括：应由科技三项费用（即新产品试制费、中间试验费和重要科学研究补助费）开支的项目；应由施工辅助费开支的施工企业对建筑材料、构件和建筑物进行一般鉴定、检查所发生的费用及技术革新研究试验费；应由勘察设计费或建筑安装工程费用中开支的项目。

项目建议书投资估算的研究试验费可按《投资估算编制办法》附录八规定的费率，以第一部分建筑安装工程费总额为基数计算。

工程可行性研究报告投资估算的研究试验费按设计提出的研究试验内容和要求进行编制，不需要验证设计基础资料的不计本项费用。

4. 建设项目前期工作费

建设项目前期工作费系指委托勘察设计、咨询单位对建设项目进行可行性研究、工程勘察设计，以及设计、监理、施工招标文件及招标标底或造价控制值文件编制时，按规定应支付的费用，包括编制项目建设书（或预可行性研究报告）、可行性研究报告、投资估算，以及相应的勘察、设计、专题研究等所需的费用；初步设计和施工图设计的勘察费（包括测量、水文调查、地质勘探等）、设计费、概算及调整概算编制费等；设计、监理、施工招标文件及招标标底（或造价控制值或清单预算）文件编制费等。

项目建议书投资估算前期工作费可按《投资估算编制办法》附录八规定的费率，以第一部分建筑安装工程费总额为基数计算。

工程可行性研究报告投资估算前期工作费依据委托合同计列，或按国家颁发的收费标准和有关规定进行编制。

5. 专项评价（估）费

专项评价（估）费系指依据国家法律、法规规定须进行评价（评估）、咨询，按规定应支付的费用，包括环境影响评价费、水土保持评估费、地震安全性评价费、地质灾害危险性评价费、压覆重要矿床评估费、文物勘察费、通航论证费、行洪论证（评估）费、使用林地可行性研究报告编制费、用地预审报告编制费等费用。

项目建议书投资估算的专项评价（估）费可按《投资估算编制办法》附录八规定的费率，以第一部分建筑安装工程费总额为基数计算。

工程可行性研究报告投资估算的专项评价（估）费按依据委托合同计列，或按国家颁发的收费标准和有关规定进行编制。

6. 施工机构迁移费

施工机构迁移费系指施工机构根据建设任务的需要，经有关部门决定或建制地（指工程处等）由原驻地迁移到另一地区所发生的一次性搬迁费用，不包括应由施工企业自行负担的，在规定距离范围内调动施工力量以及内部平衡施工力量所发生的迁移费用；由于违反基建程序，盲目调迁队伍所发生的迁移费；因中标而引起施工机构迁移所发生的迁移费。

费用内容包括职工及随同家属的差旅费，调迁期间的工资，施工机械、设备、工具、用具和周转性材料的搬运费。

施工机械迁移费应经建设项目的主管部门同意按实计算。但计算施工机构迁移费后，如迁移地点即新工地地点（如独立大桥），则其他工程费内的工地转移费应不再计算；如施工机构迁移地点至新工地地点尚有部分距离，则工地转移费的距离，应以施工机构新地点为计算起点。

7. 供电贴费（目前停止征收）

供电贴费系指按照国家规定，建设项目应交付的供电工程贴费、施工临时用电贴费。按国家有关规定计列。

8. 联合试运转费

联合试运转费系指新建、改建工程项目，在竣工验收前按照设计规定的工程质量标准，进行动（静）载荷载试验所需的费用，或进行整套设备带负荷联合试运转期间所需的全部费用抵扣试车期间收入的差额，不包括应由设备安装工程项下开支的调试费的费用。

费用内容包括联合试运转期间所需的材料、油燃料和动力的消耗，机械和检测设备使用费，工具用具和低值易耗品费，参加联合试运转人员工资及其他费用等。

联合试运转费以建筑安装工程费总额为基数，独立特大型桥梁按 0.075%、其他工程按 0.05%计算。

9. 生产人员培训费

生产人员培训费系指新建、改（扩）建公路工程项目，为保证生产的正常运行，在工程竣工验收交付使用前对运营部门生产人员和管理人员进行培训所必需的费用。

费用内容包括培训人员的工资、工资性补贴、职工福利费、差旅交通费、劳动保护费、培训及教学实习费等。

生产人员培训费按设计定员和 2000 元/人的标准计算。

10. 固定资产投资方向调节税（目前暂停征收）

固定资产投资方向调节税系指为了贯彻国家产业政策，控制投资规模，引导投资方向，调整投资结构，加强重点建设，促进国民经济持续稳定协调发展，依照《中华人民共和国固定资产投资方向调节税暂行条例》规定，公路建设项目应缴纳的固定资产投资方向调节税。按国家有关规定计算。

11. 建设期贷款利息

建设期贷款利息系指建设项目中分年度使用国内贷款或国外贷款部分，在建设期内应归还的贷款利息。费用内容包括各种金融机构贷款、企业集资、建设债券和外汇贷款等利息。根据不同的资金来源按需付息的分年度投资计算。

建设期贷款利息＝Σ（上年未付贷款本息累计＋本年度付息贷款额÷2）×年利率

$$S = \sum_{n=1}^{N} (F_{n-1} + b_n \div 2) \times i \tag{4-21}$$

式中 S——建设期贷款利息（元）；

$\quad\quad N$——项目建设期（年）；

$\quad\quad n$——施工年度；

$\quad\quad F_{n-1}$——建设期第（$n-1$）年末需付息贷款本息累计（元）；

$\quad\quad b_n$——建设期第 n 年度付息贷款额（元）；

$\quad\quad i$——建设期贷款年利率（%）。

[例 4-2] 某高速公路配套设施，建设期为 3 年，分年均衡进行贷款，第一年贷款 300 万元，第二年 600 万元，第三年 400 万元，年利率为 12%，建设期内只计息不支付，试计算建设期贷款利息。

[解] 在建设期内，各年的利息计算如下：

$$q_1 = \frac{1}{2} A_i \times i = \frac{1}{2} \times 300 \times 12\% = 18 \text{ 万元}$$

$$q_2 = \left(P_1 + \frac{1}{2} A_2\right) \times i = \left(300 + 18 + \frac{1}{2} \times 600\right) \times 12\% = 74.16 \text{ 万元}$$

$$q_3 = \left(P_2 + \frac{1}{2} A_3\right) \times i = \left(300 + 18 + 600 + 74.16 + \frac{1}{2} \times 400\right) \times 12\% = 143.0592 \text{ 万元}$$

建设期贷款利息 $= q_1 + q_2 + q_3 = 18 + 74.16 + 143.0592 = 235.2192$ 万元

4.3.4 预备费

预备费由价差预备费及基本预备费两部分组成。在公路工程建设期限内，凡需动用预备费时，属于交通运输部门投资的项目，需经建设单位提出，按建设项目隶属关系，报交通运输部或交通运输厅（局）基建主管部门核定批准。属于其他部门投资的建设项目，按其隶属关系报有关部门核定批准。

1. 价差预备费

价差预备费系指项目建议书和可有性研究报告编制年至工程竣工年期间，第一部分费用的人工费、材料费、机械使用费、其他工程费、间接费等以及第二、三部分费用由于政策、价格变化可能发生上浮而预留的费用及外资贷款汇率变动部分的费用。

价差预备费以投资估算第一部分建筑安装工程费总额为基数，按项目建议书和可行性研究报告编制年始至建设项目工程竣工的年数和年工程造价增长率计算。按下式计算：

$$价差预备费 = P \times [(1+i)^{n-1} - 1] \tag{4-22}$$

式中 P——建筑安装工程费总额（元）；

$\quad\quad i$——年工程造价增长率（%）；

$\quad\quad n$——项目建议书和可行性研究报告编制年至建设项目开工年＋建设项目建设期限（年）。

年工程造价增长率按有关部门公布的工程投资价格指数计算，或由设计（咨询）单位会同建设单位报据该工程人工费、材料费、施工机械使用费、其他工程费、间接费以及第二、三部分费用可能发生的上浮等因素，以第一部分建安费为基数进行综合分析预测。

项目建议书和可行性研究报告编制至工程完工在一年以内的工程，不列此项费用。

[例 4-3] 某三级公路建设项目，建设期为 3 年，各年投资计划额如下：第一年投资7200 万元，第二年投资 10800 万元，第三年投资 3600 万元，年均价格上涨率为 6%，求项目建设期间价差预备费。

[解]

第一年价差预备费为：$PF = I_1[(1+f)-1] = 7200 \times 0.06 = 432$ 万元

第二年价差预备费为：

$$PF = I_2[(1+f)^2-1] = 10800 \times (1.06^2-1) = 1334.88 \text{ 万元}$$

第三年价差预备费为：

$$PF = I_3[(1+f)^3-1] = 3600 \times (1.06^3-1) = 687.6576 \text{ 万元}$$

建设期的价差预备费为：

$$PF = 432 + 1334.88 + 687.6576 = 2454.5376 \text{ 万元}$$

2. 基本预备费

基本预备费系指在项目建议书和可行性研究报告及估算中难以预料的工程和费用，其用途如下：

（1）在进行初步设计（技术设计）、施工图设计和施工过程中，在批准的可行性研究报告和估算范围内所增加的工程费用；

（2）在设备订货时，由于规格、型号改变的价差；材料货源变更、运输距离或方式的改变以及因规格不同而代换使用等原因发生的价差；

（3）由于一般自然灾害所造成的损失和预防自然灾害所采取的措施费用；

（4）在项目主管部门组织竣（交）工验收时，验收委员会（或小组）为鉴定工程质量必须开挖和修复隐蔽工程的费用；

（5）投保的工程根据工程特点和保险合同发生的工程保险费用。

计算方法：以第一、二、三部分费用之和（扣除固定资产投资方向调节税和建设期贷款利息两项费用）为基数，项目建议书投资估算按费率 11% 计到，可行性研究报告投资估算按费率 9% 计列。

4.3.5 回收金额

投资估算指标所列材料一般不计回收，只对按全部材料计价的一些临时工程项目和由于工程规模或工期限制达不到规定周转次数的拱盔、支架及施工金属设备的材料计算回收金额，回收率见表 4-1。

回收项目的回收率 表 4-1

回收项目	使用年限或周转次数				计算基数
	一年或一次	两年或两次	三年或三次	四年或四次	
临时电力、电信项目	50%	30%	10%	—	材料原价
拱盔、支架	60%	45%	30%	15%	
施工金属设备	65%	65%	50%	30%	

4.3.6 公路工程建设各项费用的计算程序及计算方式

公路工程建设各项费用的计算程序及计算方式见表 4-2。

代号	项　　目	说明及计算式
(一)	直接工程费(即工、料、机械)	按编制年工程所在地的预算价格计算
(二)	其他工程费	(一)×其他工程费综合费率或各类工程人工费和机械费之和×其他工程费综合费率
(三)	直接费	(一)+(二)
(四)	间接费	各类工程人工费×规费综合费率+(三)×企业管理费综合费率
(五)	利润	[(三)+(四)-规费]×利润率
(六)	税金	[(三)+(四)-(五)]×综合税率
(七)	建筑安装工程费	(三)+(四)+(五)+(六)
(八)	设备、工具、器具购置费(包括备品、备件)办公和生活家具购置费	Σ(设备、工具、器具购置数量×单价+运杂费)×(1+采购保管费)按有关规定计算
(九)	工程建设其他费	
	土地征用及拆迁补偿费	按有关规定计算
	建设单位(业主)管理费	(七)×费率
	工程监理费	(七)×费率
	设计文件审查费	(七)×费率
	竣(交)工验收试验检测费	按有关规定计算
	研究试验费	按有关规定计算
	建设项目前期工作费	按有关规定计算
	专项评价(估)费	按有关规定计算
	施工机构迁移费	按实计算
	供电贴费(停止征收)	按有关规定计算
	联合试运转费	(七)×费率
	生产人员培训费	按有关规定计算
	固定资产投资方向调节税(暂停征收)	按有关规定计算
	建设期贷款利息	按资金筹措方案贷款数及利率计算
(十)	预备费	包括价差预备费和基本预备费两项
	价差预备费	按规定的公式计算
	基本预备费	[(七)+(八)+(九)-固定资产方向调节税-建设期贷款利息]×费率
(十一)	建设项目估算总费用	(七)+(八)+(九)+(十)

本 章 小 结

　　本章节省先介绍了公路工程估算文件、项目和费用组成；然后介绍了投资估算费用标准和各项费用的计算程序和计算方法。

习　题

4-1　简述投资估算对建设项目的重要作用。

4-2　企业管理费由哪几部分组成。

4-3　简述基本预备费系指在项目建议书和可行性研究报告及估算中难以预料的工程
和费用的用途。

第 5 章　公路工程概预算费用构成

教学目标

（1）了解公路工程类别的划分；

（2）掌握公路基本建设工程概预算费用构成；

（3）掌握建筑安装工程费，设备、工具、器具及家具购置费，工程建设其他费用和预备费四大部分费用的计算方法。

教学要求

知识要点	能力要求	相关知识
建筑安装工程费	（1）了解公路工程类别的划分； （2）掌握直接费的组成和计算方法； （3）掌握人工费、材料费和机械使用费的含义	（1）公路工程类别的划分； （2）直接费、间接费、利润及税金的含义； （3）"营改增"后建筑安装工程费的计算方法
设备、工具、器具及家具购置费	（1）掌握设备购置费的计算方法； （2）熟悉工器具购置费的相关知识； （3）熟悉办公和生活用家具购置费的含义	（1）设备购置费的概念、含义； （2）工器具购置费的概念、含义及计算方法； （3）办公和生活用家具购置费的概念、含义及标准
工程建设其他费用	（1）熟悉工程建设其他费用的组成及计算； （2）掌握建设期贷款利息的计算方法	（1）各项费用的含义及计算方法； （2）建设期贷款利息的计算
预备费	熟悉预备费的组成和计算方法	（1）价差预备费的含义和计算方法； （2）基本预备费的含义和计算注意事项

基本概念

直接费；间接费；利润；税金；设备、工具、器具及家具购置费；工程建设其他费用；价差预备费；基本预备费。

根据《公路工程基本建设项目概算预算编制办法》JTG B06—2007（以下简称《概预算编制办法》）交通运输部 2007 年公告第 33 号、《关于公布公路工程基本建设项目概算预算编制办法局部修订的公告》（交通运输部公告 2011 年第 83 号）（以下统称《概预算办法》)的规定，结合交通运输部 2016 年 5 月 1 日执行的关于《公路工程营业税改征增值税计价依据调整方案》(以下简称"营改增")的通知，公路工程基本建设工程概预算费用由建筑安装工程费，设备、工具、器具及家具购置费，工程建设其他费用和预备费四大部分费用组成。

5.1 建筑安装工程费

建筑安装工程费包括直接费、间接费、利润及税金。

其他工程费及间接费取费标准的工程类别划分如下：

(1) 人工土方：系指人工施工的路基、改河等土方工程，以及人工施工的砍树、挖根、除草、平整场地、挖盖山土等工程项目，并适用于无路面的便道工程。

(2) 机械土方：系指机械施工的路基、改河等土方工程，以及机械施工的砍树、挖根、除草等工程项目。

(3) 汽车运输：系指汽车、拖拉机、机动翻斗车等运送的路基、改河土（石）方、路面基层和面层混合料、水泥混凝土及预制构件、绿化苗木等。

(4) 人工石方：系指人工施工的路基、改河等石方工程，以及人工施工的挖盖山石项目。

(5) 机械石方：系指机械施工的路基、改河等石方工程（机械打眼即属机械施工）。

(6) 高级路面：系指沥青混凝土路面、厂拌沥青碎石路面和水泥混凝土路面的面层。

(7) 其他路面：系指除高级路面以外的其他路面面层，各等级路面的基层、底基层、垫层、透层、粘层、封层，采用结合料稳定的路基和软土等特殊路基处理等工程，以及有路面的便道工程。

(8) 构造物Ⅰ：系指无夜间施工的桥梁、涵洞、防护（包括绿化）及其他工程、交通工程及沿线设施工程、设备安装及金属标志牌、防撞钢护栏、防眩板（M）、隔离栅、防护网，以及临时工程中的便桥、电力电信线路、轨道铺设等工程项目。

(9) 构造物Ⅱ：系指有夜间施工的桥梁工程。

(10) 构造物Ⅲ：系指商品混凝土（包括沥青混凝土和水泥混凝土）的浇筑和外购构件及设备的安装工程。商品混凝土和外购构件及设备的费用不作为其他工程费和间接费的计算基数。

(11) 技术复杂大桥：系指单孔跨径在 120m 以上（含 120m）和基础水深在 10m 以上（含 10 m）的大桥主桥部分的基础、下部和上部工程。

(12) 隧道：系指隧道工程的洞门及洞内土建工程。

(13) 钢材及钢结构：系指钢桥及钢索吊桥的上部构造，钢沉井、钢围堰、钢套箱及钢护筒等基础工程，钢索塔，钢锚扣，钢筋及预应力钢材，模数式及橡胶板式伸缩缝，钢盆式橡胶支座，四氟板式橡胶支座，金属标志牌，防撞钢护栏，防眩板（网），隔离栅，防护网等工程项目。

购买路基填料的费用不作为其他工程费和间接费的计算基数。

5.1.1 直接费

直接费由直接工程费和其他工程费组成。

1. 直接工程费

直接工程费是指施工过程中耗费的构成工程实体和有助于工程形成的各项费用，包括人工费、材料费、施工机械使用费。

1) 人工费

人工费系指列入概预算定额的直接从事建筑安装工程施工的生产工人开支的各项费用。内容包括：

(1) 基本工资：系指发放给生产工人的基本工资、流动施工津贴和生产工人劳动保护费，以及为职工缴纳的养老、失业、医疗保险费和住房公积金等。

生产工人劳动保护费：系指按国家有关部门规定标准发放的劳动保护用品的购置费及修理费、徒工服装补贴、防暑降温费、在有碍身体健康环境中施工的保健费用等。

(2) 工资性补贴：系指按规定标准发放的物价补贴，煤、燃气补贴，交通费补贴，地区津贴等。

(3) 生产工人辅助工资：系指生产工人年有效施工天数以外非作业天数的工资，包括开会和执行必要的社会义务时间的工资，职工学习、培训期间的工资，调动工作、探亲、休假期间的工资，因气候影响停工期间的工资，女工哺乳期间的工资，病假在六个月以内的工资及产、婚、丧假期的工资。

(4) 职工福利费：系指按国家规定标准计提的职工福利费。

人工费以概预算定额人工工日数乘以每工日人工费计算。

人工费标准按照本地区公路建设项目的人工工资统计情况并结合工种组成、定额消耗、最低工资标准以及公路建设劳务市场情况进行综合分析确定，由各省、自治区、直辖市交通运输厅（局、委）审批并公布。

人工费单价仅作为编制概预算的依据，不作为施工企业实发工资的依据。

2) 材料费

材料费系指施工过程中耗用的构成工程实体的原材料、辅助材料、构（配）件、零件、半成品、成品的用量和周转材料的摊销量，按工程所在地的材料预算价格计算的费用。

材料预算价格由材料原价、运杂费、场外运输损耗、采购及仓库保管费组成。具体计算如式（5-1）所示：

$$材料预算价格=（材料原价+运杂费）×（1+场外运输损耗率）$$
$$（1+采购及保管费率）-包装品回收价值 \quad\quad (5-1)$$

(1) 材料原价

各种材料原价按以下规定计算。

外购材料：国家或地方的工业产品，按工业产品出厂价格或供销部门的供应价格计算，并根据情况加计供销部门手续费和包装费。如供应情况、交货条件不明确时，可采用当地规定的价格计算。

地方性材料：地方性材料包括外购的砂、石材料等，按实际调查价格或当地主管部门规定的预算价格计算。

自采材料：自采的砂、石、黏土等材料，按定额中开采单价加辅助生产间接费和矿产资源税（如有）计算。

材料原价应按实以不含增值税（可抵扣进项税额）的价格计取。

各省、自治区、直辖市公路（交通）工程造价（定额）管理站应通过调查，编制本地区的材料价格信息，供编制概预算使用。

（2）运杂费

运杂费系指材料自供应地点至工地仓库（施工地点存放材料的地方）的运杂费用，包括装卸费、运费，如果发生，还应计囤存费及其他杂费（如过磅、标签、支撑加固、路桥通行等费用），按不含增值税（可抵扣进项税额）的价格计取。

通过铁路、水路和公路运输部门运输的材料，按铁路、航运和当地交通运输部门规定的运价计算运费。

施工单位自办的运输，单程运距 15km 以上的长途汽车运输按当地交通运输部门规定的统一运价计算运费；单程运距 5～15km 的汽车运输按当地交通运输部门规定的统一运价计算运费，当工程所在地交通不便、社会运输力量缺乏时，如边远地区和某些山岭区，允许按当地交通运输部门规定的统一运价加 50% 计算运费；单程运距 5km 及以内的汽车运输以及人力场外运输，按预算定额计算运费，其中人力装卸和运输另按人工费加计辅助生产间接费。

一种材料如有两个以上的供应点时，都应根据不同的运距、运量、运价采用加权平均的方法计算运费。

由于预算定额中汽车运输台班已考虑工地便道特点，以及定额中已计入了"工地小搬运"项目，因此平均运距中汽车运输便道里程不得乘调整系数，也不得在工地仓库或堆料场之外再加场内运距或二次倒运的运距。

有容器或包装的材料及长大轻浮材料，应按表 5-1 规定的毛重计算。桶装沥青、汽油、柴油按每吨摊销一个旧汽油桶计算包装费（不计回收）。

材料毛重系数及单位毛重表   表 5-1

材料名称	单位	毛重系数	单位毛重
爆破材料	t	1.35	—
水泥、块状沥青	t	1.01	—
铁钉、铁件、焊条	t	1.10	—
液体沥青、液体燃料、水	t	桶装 1.17、油罐车装 1.00	—
木料	m³	—	1.000t
草袋	个	—	0.004t

[例 5-1]　某桥需运输钢材 650.00t，汽车运输，运距 25km，运价率 0.50 元/(t·km)，吨次费 2.0 元（20～30km，每千米减 0.2 元），囤存费 3.0 元/t，装卸费 5.00 元/t。试计算钢材的单位运杂费和总运杂费。

[解]

单位运杂费＝[0.5×25.0＋5.00＋2.0－(25－20)×0.2＋3.00]×1.00×1.00＝21.5 元/t

总运杂费＝21.50×650 ＝ 13975 元

（3）场外运输损耗

场外运输损耗系指有些材料在正常的运输过程中发生的损耗，这部分损耗应摊入材料单价内。材料场外运输操作损耗率见表 5-2。

材料场外运输操作耗损率表（%）　　　　　　　　　　　　　　　　　表 5-2

材料名称		场外运输(包括一次装卸)	每增加一次装卸
块状沥青		0.5	0.2
石屑、碎砾石、砂砾、煤渣、工业废渣、煤		1.0	0.4
砖、瓦、桶装沥青、石灰、黏土		3.0	1.0
草皮		7.0	3.0
水泥(袋装、散装)		1.0	0.4
砂	一般地区	2.5	1.0
	多风地区	5.0	2.0

注：汽车运水泥，如运距超过 500km 时，增加损耗率，袋装 0.5%。

（4）采购及保管费

材料采购及保管费系指材料供应部门（包括工地仓库以及各级材料管理部门）在组织采购、供应和保管材料过程中，所需的各项费用及工地仓库的材料储存损耗。

材料采购及保管费，以材料的原价加运杂费及场外运输损耗的合计数为基数，乘以采购及保管费费率计算。材料的采购及保管费费率为 2.67%。

外购的构件、成品及半成品的预算价格，其计算方法与材料相同，但构件（如外购的钢桁梁、钢筋混凝土构件及加工钢材等半成品）的采购及保管费率为 1.07%。

商品混凝土预算价格的计算方法与材料相同，但其采购保管费率为 0。

3）施工机械使用费

施工机械使用费系指列入概预算定额的施工机械台班数量，按相应的机械台班费用定额计算的施工机械使用费和小型机具使用费。

施工机械台班预算价格应按《公路工程机械台班费用定额》JTG/T B06-03—2007 中数值乘以表 5-3 对应的调整系数计算，结果取 2 位小数。台班单价由不变费用和可变费用组成。不变费用包括折旧费、大修理费、经常修理费、安装拆卸及辅助设施费等；可变费用包括机上人员人工费、动力燃料费、养路费及车船使用税。可变费用中的人工工日数及动力燃料消耗量，应以机械台班费用定额中的数值为准。台班人工费工日单价同生产工人人工费单价。动力燃料费用则按材料费的计算规定计算。

营改增施工机械台班费用定额调整系数　　　　　　　　　　　　　　表 5-3

序号	费用构成项目	系数	备注
1	不变费用		
(1)	折旧费	0.855	
(2)	大修理费	0.884	
(3)	经常修理费	0.898	
(4)	安装拆卸及辅助设施费	—	不作调整
2	可变费用		
(1)	人工	—	不作调整
(2)	动力燃料费		以不含进项税额的动力燃料预算价格进行计算
(3)	车船使用税	—	不作调整

当工程用电为自行发电时，电动机械每千瓦时（度）电的单价时由下述近似公式（5-2）计算：

$$A=0.24\frac{K}{N} \tag{5-2}$$

式中　A——每千瓦时电单价（元）；

K——发电机组的台班单价（元）；

N——发电机组的总功率（kW）。

2．其他工程费

其他工程费系指直接工程费以外施工过程中发生的直接用于工程的费用，内容包括：冬期施工增加费、雨期施工增加费、夜间施工增加费、特殊地区施工增加费、行车干扰工程施工增加费、施工标准化与安全措施费、临时设施费、施工辅助费、工地转移费共九项。公路工程中的水、电费及因场地狭小等特殊情况而发生的材料二次搬运等其他工程费已包括在概预算定额中，不再另计。

1）冬期施工增加费

冬期施工增加费系指按照公路工程施工及验收规范所规定的冬期施工要求，为保证工程质量和安全生产所需采取的防寒保温设施、工效降低和机械作业率降低以及技术操作过程的改变等所增加的有关费用。

冬期施工增加费的内容包括：

(1) 因冬期施工所需增加的人工、机械与材料的支出。

(2) 施工机具所需修建的暖棚（包括拆、移），增加油脂及其他保温设备费用。

(3) 因施工组织设计确定，需增加的一切保温、加温及照明等有关支出。

(4) 与冬期施工有关的其他各项费用，如清除工作地点的冰雪等费用。

冬季气温区的划分是根据气象部门提供的满 15 年以上的气温资料确定的。每年秋冬第一次连续 5 天出现室外日平均温度在 5℃以下、日最低温度在−3℃以下的第一天算起，至第二年春夏最后一次连续 5 天出现同样温度的最末一天为冬季期。冬季期内平均气温在−1℃以上者为冬一区，−4～−1℃者为冬二区，−7～−4℃者为冬三区，−10～−7℃者为冬四区，−14～−10℃者为冬五区，−14℃以下者为冬六区。冬一区内平均气温低于0℃的连续天数在 70 天以内的为Ⅰ副区，70 天以上的为Ⅱ副区；冬二区内平均气温低于0℃的连续天数在 100 天以内的为Ⅰ副区，100 天以上的为Ⅱ副区。

气温高于冬一区，但砖石、混凝土工程施工须采取一定措施的地区为准冬季区。准冬季区分两个副区，简称准一区和准二区。凡一年内日最低气温在 0℃以下的天数多于 20天，日平均气温在 0℃以下的天数少于 15 天的为准一区，多于 15 天的为准二区。

全国冬期施工气温区划分见详见《概预算编制办法》附录七。若当地气温资料与全国冬期施工气温区划分中划定的冬期气温区划分存较大出入时，可按当地气温资料及上述划分标准确定工程所在地的冬季气温区。

冬期施工增加费的计算方法，是根据各类工程的特点，规定各气温区的取费标准。为了简化计算手续，采用全年平均摊销的方法，即不论是否在冬期施工，均按规定的取费标准计取冬期施工增加费。一条路线穿过两个以上的气温区时，可分段计算或按各区的工程量比例求得全线的平均增加率，计算冬期施工增加费。

冬期施工增加费以各类工程的直接工程费之和为基数，按工程所在地的气温区选用表5-4 的费率计算。

冬期施工增加费费率表（%）

表 5-4

气温区 \ 工程类别	冬期平均气温								准一区	准二区
	−1℃以上		−4～−1℃		−7～−4℃	−10～−7℃	−14～−10℃	−14℃以下		
	冬一区		冬二区		冬三区	冬四区	冬五区	冬六区		
	l	n	l	n						
人工土方	0.28	0.44	0.59	0.76	1.44	2.05	3.07	4.61	—	—
机械土方	0.43	0.67	0.93	1.17	2.21	3.14	4.71	7.07	—	—
汽车运输	0.08	0.12	0.17	0.21	0.40	0.56	0.84	1.27	—	—
人工石方	0.06	0.10	0.13	0.15	0.30	0.44	0.65	0.98	—	—
机械石方	0.08	0.13	0.18	0.21	0.42	0.61	0.91	1.37	—	—
高级路面	0.37	0.52	0.72	0.81	1.48	2.00	3.00	4.50	0.06	0.16
其他路面	0.11	0.20	0.29	0.37	0.62	0.80	1.20	1.80		
构造物Ⅰ	0.34	0.49	0.66	0.75	1.36	1.84	2.76	4.14	0.06	0.15
构造物Ⅱ	0.42	0.60	0.81	0.92	1.67	2.27	3.40	5.10	0.08	0.19
构造物Ⅲ	0.83	1.18	1.60	1.81	3.29	4.46	6.69	10.03	0.15	0.37
技术复杂大桥	0.48	0.68	0.93	1.05	1.91	2.58	3.87	5.81	0.08	0.21
隧道	0.10	0.19	0.27	0.35	0.58	0.75	1.12	1.69	—	—
钢材及钢结构	0.02	0.05	0.07	0.09	0.15	0.19	0.29	0.43	—	

2）雨期施工增加费

雨期施工增加费系指雨季期间施工为保证工程质量和安全生产所需采取的防雨、排水、防潮和防护措施，工效降低和机械作业率降低以及技术作业过程的改变等，所需增加的有关费用。

雨期施工增加费的内容包括：

（1）因雨期施工所需增加的工、料、机费用的支出，包括工作效率的降低及易被雨水冲毁的工程所增加的工作内容等（如基坑坍塌和排水沟等堵塞的清理、路基边坡冲沟的填补等）。

（2）路基土方工程的开挖和运输，因雨期施工（非土壤中水影响）而引起的粘附工具，降低工效所增加的费用。

（3）因防止雨水必须采取的防护措施的费用，如挖临时排水沟，防止基坑坍塌所需的支撑、挡板等费用。

（4）材料因受潮、受湿的耗损费用。

（5）增加防雨、防潮设备的费用。

（6）其他有关雨期施工所增加的费用，如因河水高涨致使工作困难而增加的费用等。

雨量区和雨季期的划分，是根据气象部门提供的满 15 年以上的降雨资料确定的。凡月平均降雨天数在 10 天以上，月平均日降雨量在 3.5～5mm 之间者为Ⅰ区，月平均日降雨量在 5mm 以上者为Ⅱ区。全国雨期施工雨量区及雨季期的划分详见《概预算编制办法》附录八。若当地气象资料与所划定的雨量区及雨季期出入较大时，可按当地气象资料及上述划分标准确定工程所在地的雨量区及雨季期。

雨期施工增加费的计算方法，是将全国划分为若干雨量区和雨季期，并根据各类工程的特点规定各雨量区和雨季期的取费标准，采用全年平均摊销的方法，即不论是否在雨期施工，均按规定的取费标准计取雨期施工增加费。

一条路线通过不同的雨量区和雨季期时，应分别计算雨期施工增加费或按工程量比例求得平均的增加率，计算全线雨期施工增加费。雨期施工增加费以各类工程的直接工程费之和为基数，按工程所在地的雨量区、雨季期选用表5-5的费率计算。

室内管道及设备安装工程不计雨期施工增加费。

雨期施工增加费费率表（%） 表 5-5

工程类别 \ 雨季期(月)	1	1.5	2		2.5		3		3.5		4		4.5		5		6		7	8
雨量区	I	I	I	II	I	II	I	II	I	II	I	II	I	II	I	II	I	II	II	II
人工土方	0.04	0.05	0.07	0.11	0.09	0.13	0.11	0.15	0.13	0.17	0.15	0.20	0.17	0.23	0.19	0.26	0.21	0.31	0.36	0.42
机械土方	0.04	0.05	0.07	0.11	0.09	0.13	0.11	0.15	0.13	0.17	0.15	0.20	0.17	0.23	0.19	0.27	0.22	0.32	0.37	0.43
汽车运输	0.04	0.05	0.07	0.11	0.09	0.13	0.11	0.16	0.13	0.19	0.15	0.22	0.17	0.25	0.19	0.27	0.22	0.32	0.37	0.43
人工石方	0.02	0.03	0.05	0.07	0.06	0.09	0.07	0.11	0.08	0.13	0.09	0.15	0.10	0.17	0.12	0.19	0.13	0.23	0.27	0.32
机械石方	0.03	0.04	0.06	0.10	0.08	0.12	0.10	0.14	0.12	0.16	0.14	0.19	0.16	0.25	0.18	0.25	0.20	0.29	0.34	0.39
高级路面	0.03	0.04	0.06	0.10	0.08	0.12	0.10	0.15	0.12	0.16	0.14	0.19	0.16	0.25	0.18	0.25	0.20	0.29	0.34	0.39
其他路面	0.03	0.04	0.06	0.08	0.08	0.12	0.10	0.14	0.12	0.16	0.14	0.18	0.16	0.21	0.16	0.24	0.19	0.28	0.32	0.37
构造物Ⅰ	0.03	0.04	0.05	0.08	0.06	0.09	0.07	0.11	0.08	0.12	0.09	0.15	0.12	0.17	0.14	0.19	0.14	0.23	0.27	0.31
构造物Ⅱ	0.03	0.04	0.02	0.07	0.05	0.08	0.08	0.12	0.10	0.14	0.11	0.16	0.12	0.18	0.15	0.21	0.17	0.25	0.30	0.34
构造物Ⅲ	0.06	0.08	0.00	0.17	0.14	0.21	0.17	0.25	0.20	0.30	0.23	0.35	0.27	0.40	0.31	0.45	0.35	0.52	0.60	0.69
技术复杂大桥	0.03	0.05	0.07	0.10	0.08	0.12	0.10	0.14	0.12	0.16	0.14	0.19	0.16	0.22	0.18	0.25	0.20	0.29	0.34	0.39

3）夜间施工增加费

夜间施工增加费系指根据设计、施工的技术要求和合理的施工进度要求，必须在夜间连续施工时发生的工效降低、夜班津贴以及有关照明设施（包括所需照明设施的安拆、摊销、维修及油燃料、电）等增加的费用。

夜间施工增加费按夜间施工工程项目（如桥梁工程项目包括上、下部构造全部工程）的直接工程费之和为基数，按表5-6的费率计算。

夜间施工增加费费率表（%） 表 5-6

工程类别	费率	工程类别	费率
构造物Ⅱ	0.35	技术复杂大桥	0.35
构造物Ⅲ	0.70	钢材及钢结构	0.35

注：设备安装工程及金属标志牌、防撞钢护栏、防眩板（网）、隔离栅、防护网等不计夜间施工增加费。

4）特殊地区施工增加费

特殊地区施工增加费包括高原地区施工增加费、风沙地区施工增加费和沿海地区施工增加费三项。

（1）高原地区施工增加费

高原地区施工增加费系指在海拔高度1500m以上地区施工，由于受气候、气压的影响，致使人工、机械效率降低而增加的费用。该费用以各类工程人工费和机械使用费之和为基数，按表 5-7 的费率计算。

一条路线通过两个以上（含两个）不同的海拔高度分区时，应分别计算高原地区施工增加费或按工程量比例求得平均的增加率，计算全线高原地区施工增加费。

高原地区施工增加费费率表（%） 表 5-7

工程类别	海拔高度(m)							
	1501~2000	2001~2500	2501~3000	3001~3500	3501~4000	4001~4500	4501~5000	5000 以上
人工土方	7.00	13.25	19.75	29.75	43.25	60.00	80.00	110.00
机械土方	6.56	12.60	18.66	25.60	26.05	49.08	64.72	83.80
汽车运输	6.50	12.50	18.50	25.00	35.00	47.50	62.50	80.00
人工石方	7.00	13.25	19.75	29.75	43.25	60.00	80.00	110.00
机械石方	6.71	12.82	19.03	27.01	38.50	52.80	69.92	92.72
高级路面	6.58	12.61	18.69	25.72	36.26	49.41	65.17	84.58
其他路面	6.73	12.84	19.07	27.15	38.74	53.17	70.44	93.60
构造物Ⅰ	6.87	13.06	19.44	28.56	41.18	56.86	75.61	102.47
构造物Ⅱ	6.77	12.90	19.17	27.54	39.41	54.18	71.85	96.03
构造物Ⅲ	6.73	12.85	19.08	27.19	38.81	53.27	70.57	93.84
技术复杂大桥	6.70	12.81	19.01	26.94	38.37	52.61	69.65	92.27
隧道	6.76	12.90	19.16	27.50	39.35	54.09	71.72	95.81
钢材及钢结构	6.78	12.92	19.20	27.66	39.62	54.50	72.30	96.80

（2）风沙地区施工增加费

风沙地区施工增加费系指在沙漠地区施工时，由于受风沙影响，按照施工及验收规范的要求，为保证工程质量和安全生产而增加的有关费用。内容包括防风、防沙及气候影响的措施费，材料费，人工、机械效率降低增加的费用，以及积沙、风蚀的清理修复等费用。

风沙地区的划分，根据《公路自然区划标准》、"沙漠地区公路建设成套技术研究报告"的公路自然区划和沙漠公路区划，结合风沙地区的气候状况将风沙地区分为三区九类：半干旱、半湿润沙地为风沙一区，干旱、极干旱寒冷沙漠地区为风沙二区，极干旱炎热沙漠地区为风沙三区；根据覆盖度（沙漠中植被、戈壁等覆盖程度）又将每区分为固定沙漠（覆盖度＞50%）、半固定沙漠（覆盖度 10%~50%）、流动沙漠（覆盖度＜10%）三类，覆盖度由工程勘察设计人员在公路工程勘察设计时确定。

全国风沙地区公路施工区划分详见《概预算编制办法》附录九。若当地气象资料及自然特征与风沙地区划分有较大出入时，由工程所在省、自治区、直辖市公路（交通）工程造价（定额）管理站按当地气象资料和自然特征及上述划分标准确定工程所在地的风沙区划，并抄送交通运输部公路司备案。

一条路线穿过两个以上（含两个）不同风沙区时，按路线长度经过不同的风沙区加权计算项目全线风沙地区施工增加费。

风沙地区施工增加费以各类工程的人工费和机械使用费之和为基数，根据工程所在地的风沙区划及类别，按表 5-8 的费率计算。

风沙地区施工增加费费率表（%）   表 5-8

风沙区划 工程类别	风沙一区			风沙二区			风沙三区		
	沙漠类型								
	固定	干固定	流动	固定	干固定	流动	固定	干固定	流动
人工土方	6.00	11.00	18.00	7.00	17.00	26.00	11.00	24.00	37.00
机械土方	4.00	7.00	12.00	5.00	11.00	17.00	7.00	15.00	24.00
汽车运输	4.00	8.00	13.00	5.00	12.00	18.00	8.00	17.00	26.00
高级路面	0.50	1.00	2.00	1.00	2.00	3.00	2.00	3.00	5.00
其他路面	2.00	4.00	7.00	3.00	7.00	10.00	4.00	10.00	15.00
构造物 I	4.00	7.00	12.00	5.00	11.00	17.00	7.00	16.00	24.00
钢材及钢结构	1.00	2.00	4.00	1.00	3.00	5.00	2.00	5.00	7.00

（3）沿海地区工程施工增加费

沿海地区工程施工增加费系指工程项目在沿海地区施工受海风、海浪和潮汐的影响，致使人工、机械效率降低等所需增加的费用。本项费用由沿海各省、自治区、直辖市交通厅（局）制定具体的适用范围（地区），并抄送交通运输部公路司备案。

沿海地区工程施工增加费以各类工程的直接工程费之和为基数，按表 5-9 的费率计算。

沿海地区工程施工增加费费率表（%）   表 5-9

工程类别	费率	工程类别	费率
构造物 II	0.15	技术复杂大桥	0.15
构造物 III	0.15	钢材及钢结构	0.15

5）行车干扰工程施工增加费

行车干扰工程施工增加费系指由于边施工边维持通车，受行车干扰的影响，致使人工、机械效率降低而增加的费用。该费用以受行车影响部分的工程项目的人工费和机械使用费之和为基数，按表 5-10 的费率计算。

行车干扰工程施工增加费费率表（%）   表 5-10

工程类别	施工期间平均每昼夜双向行车次数（汽车、畜力车合计）							
	51~100	101~500	501~1000	1001~2000	2001~3000	3001~4000	4001~5000	5001~6000
人工土方	1.64	2.46	3.28	4.10	4.76	5.29	5.86	6.44
机械土方	1.39	2.19	3.00	3.89	4.51	5.02	5.56	6.11
汽车运输	1.36	2.09	2.85	3.75	4.35	4.84	5.36	5.89
人工石方	1.66	2.40	3.33	4.06	4.71	5.24	5.81	6.37
机械石方	1.16	1.71	2.38	3.19	3.70	4.12	4.56	5.01
高级路面	1.24	1.87	2.50	3.11	3.61	4.01	4.45	4.88
其他路面	1.17	1.77	2.36	2.94	3.41	3.79	4.20	4.62
构造物 I	0.94	1.41	1.89	2.36	2.74	3.04	3.37	3.71
构造物 II	0.95	1.43	1.90	2.37	2.75	3.06	3.39	3.72
构造物 III	0.95	1.42	1.90	2.37	2.75	3.06	3.38	3.71

6）施工标准化与安全措施费

施工标准化与安全措施费系指工程施工期间为满足安全生产、施工标准化、规范化、精细化所发生的费用。该费用不包括施工期间为保证交通安全而设置的临时安全设施和标志、标牌的费用，需要时，应根据设计要求计算。该费用也不包括预制场、拌合站、临时便道、临时便桥的施工标准化费用，应根据施工组织标准化要求单独计算。施工标准化与安全措施费以各类工程的直接工程费之和为基数，按表 5-11 的费率计算。

施工标准化与安全措施费费率表（%） 表 5-11

工程类别	费率	工程类别	费率
人工土方	0.70	构造物Ⅰ	0.85
机械土方	0.70	构造物Ⅱ	0.92
汽车运输	0.25	构造物Ⅲ	1.85
人工石方	0.70	技术复杂大桥	1.01
机械石方	0.70	隧道	0.86
高级路面	1.18	钢材及钢结构	0.63
其他路面	1.20	—	—

7）临时设施费

临时设施费系指施工企业为进行建筑安装工程施工所必需的生活和生产用的临时建筑物、构筑物和其他临时设施及其标准化的费用等，但不包括概预算定额中的临时工程在内。

临时生活及居住房屋（包括职工家属房屋及探亲房屋）、文化福利及公用房屋（如广播室、文体活动室等）和生产、办公房屋（如原材料、半成品、成品存放场及库房、加工厂、钢筋加工场、发电站、变电站、空压机站、停机棚等），工地范围内的各种临时的工作便道（包括汽车、畜力车、人力车道）、人行便道，工地临时用水、用电的水管支线和电线支线，临时构筑物（如水井、水塔等）以及其他小型临时设施。

临时设施费用内容包括：临时设施的搭设、维修、拆除费或摊销费。

临时设施费以各类工程的直接工程费之和为基数，按表 5-12 的费率计算。

临时设施费费率表（%） 表 5-12

工程类别	费率	工程类别	费率
人工土方	1.73	构造物Ⅰ	2.92
机械土方	1.56	构造物Ⅱ	3.45
汽车运输	1.01	构造物Ⅲ	6.39
人工石方	1.76	技术复杂大桥	3.21
机械石方	2.17	隧道	2.83
高级路面	2.11	钢材及钢结构	2.73
其他路面	2.06		

8）施工辅助费

施工辅助费包括生产工具用具使用费、检验试验费和工程定位复测、工程点交、场地清理等费用。

生产工具用具使用费系指施工所需不属于固定资产的生产工具、检验用具、试验用具及仪器、仪表等的购置、摊销和维修费，以及支付给生产工人自备工具的补贴费。

检验试验费系指施工企业对建筑材料、构件和建筑安装工程进行一般鉴定、检查所发生的费用，包括自设试验室进行试验所耗用的材料和化学药品的费用，以及技术革新和研究试验费，但不包括新结构、新材料的试验费和建设单位要求对具有出厂合格证明的材料进行检验、对构件进行破坏性试验及其他特殊要求检验的费用。

施工辅助费以各类工程的直接工程费之和为基数，按表 5-13 的费率计算。

施工辅助费费率表（%）　　　　　　　　　　　　　　　　**表 5-13**

工程类别	费率	工程类别	费率
人工土方	0.89	构造物 I	1.30
机械土方	0.49	构造物 II	1.56
汽车运输	0.16	构造物 III	3.03
人工石方	0.85	技术复杂大桥	1.68
机械石方	0.46	隧道	1.23
高级路面	0.80	钢材及钢结构	0.56
其他路面	0.74	—	—

9）工地转移费

工地转移费系指施工企业根据建设任务的需要，由已竣工的工地或后方基地迁至新工地的搬迁费用。其内容包括：

① 施工单位全体职工及随职工迁移的家属向新工地转移的车费、家具行李运费、途中住宿费、行程补助费、杂费及工资与工资附加费等。

② 公物、工具、施工设备器材、施工机械的运杂费，以及外租机械的往返费及本工程内部各工地之间施工机械、设备、公物、工具的转移费等。

③ 非固定工人进退场及一条路线中各工地转移的费用。

工地转移费以各类工程的直接工程费之和为基数，按表 5-14 的费率计算。

工地转移费费用表（%）　　　　　　　　　　　　　　　　**表 5-14**

工程类别	工地转移距离(km)					
	50	100	300	500	1000	每增加 100
人工土方	0.15	0.21	0.32	0.43	0.56	0.03
机械土方	0.50	0.67	1.05	1.37	1.82	0.08
汽车运输	0.31	0.40	0.62	0.82	1.07	0.05
人工石方	0.16	0.22	0.33	0.45	0.58	0.03
机械石方	0.36	0.43	0.74	0.97	1.28	0.06
高级路面	0.61	0.83	1.30	1.70	2.27	0.12
其他路面	0.56	0.75	1.18	1.54	2.06	0.10
构造物 I	0.56	0.75	1.18	1.54	2.06	0.11
构造物 II	0.66	0.89	1.40	1.83	2.45	0.13
构造物 III	1.31	1.77	2.77	3.62	4.85	0.25
技术复杂大桥	0.75	1.01	1.58	2.06	2.76	0.14
隧道	0.52	0.71	1.11	1.45	1.94	0.10
钢材及钢结构	0.72	0.97	1.51	1.97	2.64	0.13

转移距离以工程承包单位（如工程处、工程公司等）转移前后驻地距离或两路线中点的距离为准；编制概预算时，如施工单位不明确时，高速、一级公路及独立大桥、隧道按省会（自治区首府）至工地的里程，二级及以下公路按地区（市、盟）至工地的里程计算工地转移费；工地转移里程数在表列里程之间时，费率可内插计算。工地转移距离在50km以内的工程不计取本项费用。

"营改增"后其他工程费的各项费率按《概预算办法》中数值乘以表 5-15 对应的调整系数计算，结果取 2 位小数。

"营改增"其他工程费费率调整系数   表 5-15

| 工程类别 | 冬期施工 | 雨期施工 | 夜间施工 | 特殊地区施工增加费 | | | 行车干扰工程施工 | 施工标准化与安全措施费 | 临时设施费 | 施工辅助费 | 工地转移费 |
				高原	风沙	沿海					
人工土方	1.074	1.082	—	1.068	1.081	—	1.077	1.158	1.045	1.051	1.020
机械土方	1.197	1.207	—	1.192	1.207	—	1.202	1.180	1.165	1.172	1.137
汽车运输	1.214	1.224	—	1.208	1.223	—	1.218	1.197	1.181	1.188	1.153
人工石方	1.074	1.082	—	1.068	—	—	1.077	1.058	1.045	1.051	1.020
机械石方	1.191	1.201	—	1.177	—	—	1.187	1.175	1.159	1.166	1.132
高级路面	1.220	1.230	—	1.177	1.191	—	1.187	1.202	1.188	1.193	1.159
其他路面	1.148	1.158	—	1.158	1.173	—	1.168	1.132	1.118	1.124	1.091
构造物Ⅰ	1.144	1.153	—	1.080	1.093	—	1.089	1.128	1.113	1.119	1.086
构造物Ⅱ	1.177	1.187	1.194	1.133	—	1.179	1.143	1.161	1.146	1.152	1.119
构造物Ⅲ	1.189	1.199	1.205	1.181	—	1.190	1.191	1.172	1.157	1.164	1.130
技术复杂大桥	1.195	1.205	1.211	1.155	—	1.196	—	1.178	1.163	1.169	1.135
隧道	1.172	—	—	1.126	—	—	—	1.155	1.141	1.146	1.113
钢材及钢结构	1.235	—	1.252	1.097	1.110	1.236	—	1.218	1.202	1.209	1.174

[例 5-2] 假定某公路桥梁工程的桩基础工程，其他工程费中的 11 项费用除沿海地区和风沙地区施工增加费外都需要计算，经预算计算结果得知该项目的人工费为 560.0 万元，材料费为 1080.0 万元，机械使用费为 680.0 万元，该桥位于青海省西宁市，该地区海拔高度为 2800m，施工期金平均每昼夜双向行车次数 168，主副食综合运距 9km，工地转移距离 350km。试计算该工程细目的直接工程费，其他工程费和直接费。

[解]

（1）直接工程费

直接工程费＝人工费＋材料费＋机械使用费＝560＋1080＋680＝2320.0 万元

（2）其他工程费费率取用

其他工程费费率取用如表 5-16 所示。

综合费用Ⅰ＝直接工程费×综合费率Ⅰ＝2320.0×9.50％＝220.400 万元

综合费用Ⅱ＝（人工费＋机械费）×综合费率Ⅱ＝（560＋680）×20.6％＝255.44 万元

该项目的其他工程费＝220.400＋255.44 万元＝475.840 万元

（3）直接费

直接费＝直接工程费＋间接工程费＝2795.840万元

其他工程费费率（%）
表 5-16

序号	工程类别		构造物	
1	冬期施工增加费		1.67×1.144	
2	雨期施工增加费		0.04×1.153	
3	夜间施工增加费		0.35	
4	高原地区施工增加费		19.17×1.080	
5	风沙地区施工增加费			
6	沿海地区施工增加费			
7	行车干扰施工增加费		1.43×1.089	
8	施工标准化与安全措施费		0.92×1.128	
9	临时设施费		3.45×1.13	
10	施工辅助费		1.56×1.19	
11	工地转移费		1.51×1.086	
12	综合费率	Ⅰ	9.50	
		Ⅱ		20.6

5.1.2 间接费

间接费由规费和企业管理费两项组成。

1. 规费

规费系指法律、法规、规章、规程规定施工企业必须缴纳的费用（简称规费），包括：

（1）养老保险费：系指施工企业按规定标准为职工缴纳的基本养老保险费。

（2）失业保险费：系指施工企业按国家规定标准为职工缴纳的失业保险费。

（3）医疗保险费：系指施工企业按规定标准为职工缴纳的基本医疗保险费和生育保险费。

（4）住房公积金：系指施工企业按规定标准为职工缴纳的住房公积金。

（5）工伤保险费：系指施工企业按规定标准为职工缴纳的工伤保险费。

各项规费以各类工程的人工费之和为基数，按国家或工程所在地法律、法规、规章、规程规定的标准计算。

2. 企业管理费

企业管理费由基本费用、主副食运费补贴、职工探亲路费、职工取暖补贴和财务费用五项组成。

1）基本费用

企业管理费基本费用系指施工企业为组织施工生产和经营管理所需的费用，内容包括：

（1）管理人员工资：系指管理人员的基本工资、工资性补贴、职工福利费、劳动保护费以及缴纳的养老、失业、医疗、生育、工伤保险费和住房公积金等。

（2）办公费：系指企业办公用的文具、纸张、账表、印刷、邮电、书报、会议、水、电、烧水和集体取暖（包括现场临时宿舍取暖）用煤（气）等费用。

（3）差旅交通费：系指职工因公出差和工作调动（包括随行家属的旅费）的差旅费、住勤补助费，市内交通费和误餐补助费，职工探亲路费，劳动力招募费，职工离退休、退职一次性路费，工伤人员就医路费，以及管理部门使用的交通工具的油料、燃料、养路费及牌照费。

（4）固定资产使用费：系指管理和试验部门及附属生产单位使用的属于固定资产的房屋、设备、仪器等的折旧、大修、维修或租赁费等。

（5）工具用具使用费：系指管理使用的不属于固定资产的生产工具、器具、家具、交通工具和检验、试验、测绘、消防用具等的购置、维修和摊销费。

（6）劳动保险费：系指企业支付离退休职工的易地安家补助费、职工退职金、六个月以上的病假人员工资、职工死亡丧葬补助费、抚恤费、按规定支付给离休干部的各项经费。

（7）工会经费：系指企业按职工工资总额计提的工会经费。

（8）职工教育经费：系指企业为职工学习先进技术和提高文化水平，按职工工资总额计提的费用。

（9）保险费：系指企业财产保险、管理用车辆等保险费用。

（10）工程保修费：系指工程竣工交付使用后，在规定保修期以内的修理费用。

（11）工程排污费：系指施工现场按规定缴纳的排污费用。

（12）税金：系指企业按规定缴纳的房产税、车船使用税、土地使用税、印花税、城市维护建设税及教育费附加等。（城市维护建设税及教育费附加已含在调整后的企业管理费基本费用费率中，不另行计算）

（13）其他：系指上述项目以外的其他必要的费用支出，包括技术转让费、技术开发费、业务招待费、绿化费、广告费、投标费、公证费、定额测定费、法律顾问费、审计费、咨询费等。

基本费用以各类工程的直接费之和为基数，按表5-17的费率计算。

基本费用费率表（%） 表5-17

工程类别	费率	工程类别	费率
人工土方	3.36	构造物Ⅰ	4.44
机械土方	3.26	构造物Ⅱ	5.53
汽车运输	1.44	构造物Ⅲ	9.79
人工石方	3.45	技术复杂大桥	4.72
机械石方	3.28	隧道	4.22
高级路面	1.91	钢材及钢结构	2.42
其他路面	3.28	—	—

2）主副食运费补贴

主副食运费补贴系指施工企业在远离城镇及乡村的野外施工购买生活必需品所需增加的费用。该费用以各类工程的直接费之和为基数，按表5-18的费率计算。

基本费用费率表（%） 表 5-18

工程类别	费率	工程类别	费率
人工土方	3.36	构造物Ⅰ	4.44
机械土方	3.26	构造物Ⅱ	5.53
汽车运输	1.44	构造物Ⅲ	9.79
人工石方	3.45	技术复杂大桥	4.72
机械石方	3.28	隧道	4.22
高级路面	1.91	钢材及钢结构	2.42
其他路面	3.28	—	—

主副食运费的综合里程按式（5-3）计算：

综合里程＝粮食运距×0.06＋燃料运距×0.09＋蔬菜运距×0.15＋水运距×0.70

（5-3）

粮食、燃料、蔬菜、水的运距均为全线平均运距；综合里程数在表列里程之间时，费率可内插；综合里程在 1km 以内的工程不计取本项费用。

3）职工探亲路费

职工探亲路费系指按照有关规定施工企业职工在探亲期间发生的往返车船费、市内交通费和途中住宿费等费用。该费用以各类工程的直接费之和为基数，按表 5-19 的费率计算。

职工探亲路费费率表 表 5-19

工程类别	费率	工程类别	费率
人工土方	0.10	构造物Ⅰ	0.29
机械土方	0.22	构造物Ⅱ	0.34
汽车运输	0.14	构造物Ⅲ	0.55
人工石方	0.10	技术复杂大桥	0.20
机械石方	0.22	隧道	0.27
高级路面	0.14	钢材及钢结构	0.16
其他路面	0.16		

4）职工取暖补贴

职工取暖补贴系指按规定发放给职工的冬季取暖费或在施工现场设置的临时取暖设施的费用。该费用以各类工程的直接费之和为基数，按工程所在地的气温区选用表 5-20 的费率计算。

职工取暖补贴费率表 表 5-20

工程类别	气温区						
	准二区	冬一区	冬二区	冬三区	冬四区	冬五区	冬六区
人工土方	0.03	0.06	0.10	0.15	0.17	0.26	0.31
机械土方	0.06	0.13	0.22	0.33	0.44	0.55	0.66
汽车运输	0.06	0.12	0.21	0.31	0.41	0.51	0.62

续表

工程类别	气温区						
	准二区	冬一区	冬二区	冬三区	冬四区	冬五区	冬六区
人工石方	0.03	0.06	0.10	0.15	0.17	0.25	0.31
机械石方	0.05	0.11	0.17	0.26	0.35	0.44	0.53
高级路面	0.04	0.07	0.13	0.19	0.25	0.31	0.38
其他路面	0.04	0.07	0.12	0.18	0.24	0.30	0.36
构造物Ⅰ	0.06	0.12	0.19	0.28	0.36	0.46	0.56
构造物Ⅱ	0.06	0.13	0.20	0.30	0.41	0.51	0.62
构造物Ⅲ	0.11	0.23	0.37	0.56	0.71	0.93	1.13
技术复杂大桥	0.05	0.10	0.17	0.26	0.34	0.42	0.51
隧道	0.04	0.08	0.14	0.22	0.28	0.36	0.43
钢材及钢结构	0.04	0.07	0.12	0.19	0.25	0.31	0.37

5）财务费用

财务费用系指施工企业为筹集资金而发生的各项费用，包括企业经营期间发生的短期贷款利息净支出、汇兑净损失、调剂外汇手续费、金融机构手续费，以及企业筹集资金发生的其他财务费用。

财务费用以各类工程的直接费之和为基数，按表5-21的费率计算。

财务费用费率表　　　　表5-21

工程类别	费率	工程类别	费率
人工土方	0.23	构造物Ⅰ	0.37
机械土方	0.21	构造物Ⅱ	0.40
汽车运输	0.21	构造物Ⅲ	0.82
人工石方	0.22	技术复杂大桥	0.46
机械石方	0.20	隧道	0.39
高级路面	0.27	钢材及钢结构	0.48
其他路面	0.30		

3. 辅助生产间接费

辅助生产间接费系指由施工单位自行开采加工的砂、石等材料及施工单位自办的人工装卸和运输的间接费。

辅助生产间接费按人工费的5%计。该项费用并入材料预算单价内构成材料费，不直接出现在概预算中。

高原地区施工单位的辅助生产，可按其他工程费中高原地区施工增加费费率，以直接工程费为基数计算高原地区施工增加费（其中：人工采集、加工材料、人工装卸、运输材料按人工土方费率计算；机械采集、加工材料按机械石方费率计算；机械装、运输材料按汽车运输费率计算）。辅助生产高原地区施工增加费不作为辅助生产间接费的计算基数。

"营改增"后企业管理费的费率按《概预算办法》中数值乘以表5-22对应的调整系数

124

计算，结果取 2 位小数。

"营改增"企业管理费费率调整系数　　　　　　　　　　　表 5-22

工程类别	企业管理表				
	基本费用	主副食运费补贴	职工探亲路费	职工取暖补贴	财务费用
人工土方	1.113	1.013	1.087	1.068	1.075
机械土方	1.236	1.124	1.207	1.186	1.194
汽车运输	1.259	1.146	1.229	1.208	1.216
人工石方	1.113	1.013	1.087	1.068	1.075
机械石方	1.233	1.122	1.203	1.183	1.190
高级路面	1.259	1.146	1.230	1.209	1.217
其他路面	1.189	1.082	1.161	1.141	1.148
构造物Ⅰ	1.185	1.078	1.156	1.136	1.144
构造物Ⅱ	1.218	1.109	1.189	1.168	1.176
构造物Ⅲ	1.231	1.120	1.201	1.180	1.188
技术复杂大桥	1.235	1.124	1.207	1.186	1.192
隧道	1.212	1.103	1.184	1.163	1.170
钢材及钢结构	1.274	1.159	1.244	1.223	1.231

5.1.3 利润

利润系指施工企业完成所承包工程应取得的盈利。利润按直接费与间接费之和扣除规费的 7.42% 计算。

$$利润 = (直接费 + 间接费 - 规费) × 7.42\% \tag{5-4}$$

5.1.4 税金

税金系指按国家税法规定应计入建筑安装工程造价的增值税销项税额。

$$税金 = (直接费 + 间接费 + 利润) × 11\% \tag{5-5}$$

5.1.5 建筑安装工程费的计算

"营改增"后，公路工程建筑安装工程费按"价税分离"计价规则计算，具体要素价格适用增值税税率执行财税部门的相关规定。建筑安装工程费按以下公式计算：

$$建筑安装工程费 = 税前工程造价 × (1 + 建筑业增值税税率) \tag{5-6}$$

式中　税前工程造价 = 直接费 + 间接费 + 利润；

直接费 = 直接工程费(含人工费、材料费、施工机械使用费) + 其他工程费；

间接费 = 规费 + 企业管理费；

建筑业增值税税率为 11%；

以上各项费用均以不含增值税（可抵扣进项税额）的价格（费率）进行计算。

另：其他材料费、设备摊销费、小型机具使用费消耗量按《定额》中数值乘以表 5-23 对应的调整系数计算，结果取 1 位小数。

营改增工、料、机消耗量调整系数 表 5-23

序号	代号	名称	单位	系数	备注
1	996	其他材料费	元	0.971	
2	997	设备摊销费	元	0.855	金属设备摊销标准由原90元/t·月调整为76.95元/t·月
3	1998	小型机具使用费	元	0.890	

本 章 小 结

本章节首先介绍了我国公路工程类别的划分，公路基本建设工程概预算的费用组成；然后分别介绍建筑安装费、设备、工具、器具及家具购置费，工程建设其他费用和预备费四大部分费用的含义、组成及计量方式。

习 题

一、单选题

5-1 按我国现行规定，公路工程各项费用中的规费取费基数为（　　）。

A. 人工费之和　　　B. 直接工程费　　　C. 建筑安装工程费　　　D. 其他工程费

5-2 不包括在工程造价范围内的费用是（　　）

A. 土地使用费　　　　　　　　　　　B. 预备费

C. 固定资本投资方向调节税　　　　　D. 铺底流动资金

5-3 不用计入人工工资单价的费用是（　　）。

A. 劳动保险费　　　B. 职工福利费　　　C. 劳保费　　　D. 工资性补贴

5-4 不属于机械台班费用定额可变费用的是（　　）。

A. 经常修理费　　　　　　　　　　　B. 养路费及车船使用税

C. 动力燃料费　　　　　　　　　　　D. 机上作业人员工资

5-5 不属于材料费的内容有（　　）。

A. 材料原价　　　B. 燃料动力费　　　C. 材料运杂费　　　D. 运输损耗费

5-6 材料预算价格是指材料由其交货地运到（　　）后的价格。

A. 指定地点　　　　　　　　　　　　B. 施工工地

C. 施工工地仓库　　　　　　　　　　D. 施工工地仓库出库

5-7 材料预算价格计算公式是（　　）。

A.（材料原价＋进货费）×（1＋供销部门经营费率）

B.（市场供应价＋运杂费）×（1＋采包费率）

C.（市场供应价＋运杂费）×（1＋供销部门经营费率）×（1＋采包费率）

D.（材料原价＋进货费）×（1＋场外运输损耗率）×（1＋采包费率）—包装品回收价值

5-8 公路工程建筑安装工程费由（　　）组成。

A. 直接工程费、间接费、利润和税金

B. 直接费、间接费、利润和税金

C. 直接工程费、间接费、施工技术装备费、利润和税金

D. 直接费、间接费、施工技术装备费、利润和税金

5-9 某工程项目，建设期 4 年分年均衡进行贷款，第一年贷款 1000 万元，以后各年贷款均为 500 万元，年贷款利率为 6%，建设其内利息只计息不支付，该项目建设其贷款利息为（　　）万元。

A. 76.80 　　　　　　B. 106.80 　　　　　　C. 366.30 　　　　　　D. 389.35

5-10 一项目建设期总投资为 1500 万元，建设期 2 年，第一年计划投资 40%，年价格上涨为 3%，则第二年的涨价预备费是（　　）万元。

A. 20.00 　　　　　　B. 36.54 　　　　　　C. 63.54 　　　　　　D. 66.54

二、多选题

5-11 采用装运港船上交货的方式，进口设备的抵岸价的构成包括（　　）。

A. FOB　　　　　　B. 国际运费　　　　　　C. 国内运费

D. 外贸手续费　　　　　　E. 关税

5-12 工程建设其他费用包括下列（　　）费用。

A. 土地征用及拆迁补偿费　　　　　　B. 建设项目管理费

C. 研究试验费　　　　　　D. 建设项目前期工作费

E. 专项评价（估）费

5-13 建筑安装工程间接费由（　　）组成。

A. 施工技术措施费　　B. 施工组织措施费　　C. 规费

D. 企业管理费　　　　E. 建设单位管理费

5-14 下列费用中，属于土地征用及迁移补偿费的是（　　）。

A. 土地使用权出让金　　B. 安置补偿费　　C. 土地补偿费

D. 征用管理费　　　　　E. 土地契税

5-15 参与某桥梁施工的下列人员的工资应该计入人工费的有（　　）。

A. 混凝土工人　　　　　　B. 绑扎钢筋的工人

C. 驾驶施工机械、运输机具的司机　　　　D. 项目经理

E. 材料采购、保管人员

三、简答题

5-16 公路工程概预算项目包括哪些内容？

第6章 设计概算和施工图预算的编制

教学目标

（1）了解路桥工程概预算的概念和作用；

（2）熟悉路桥工程概预算的编制依据、编制步骤；

（3）能熟练地编制公路工程概预算的各个表格。

教学要求

知识要点	能力要求	相关知识
概预算的编制原则和编制依据	（1）了解公路工程概预算的概念； （2）熟悉公路工程概预算的编制原则； （3）掌握公路工程概预算的编制依据	（1）设计概算、修正概算、施工图预算的概念、特点及作用； （2）概预算的编制原则； （3）概预算的编制依据
概预算文件的组成和编制步骤	（1）熟悉概预算项目组成及概预算文件的组成； （2）掌握公路工程概预算编制的步骤，各表格的关系及填写方法	（1）概预算文件由封面、目录，编制说明及概预算计算表格组成； （2）概预算各表格的内容、相互关系及计算方法； （3）公路工程概预算编制的步骤

基本概念

设计概算；修正概算；施工图预算；甲组文件；乙组文件；设备、工具、器具及家具购置费；工程建设其他费用；价差预备费；基本预备费。

6.1 公路工程设计概预算的编制原则和依据

6.1.1 设计概预算的基本概念

设计概算是初步设计文件或技术设计文件的重要组成部分。概算应控制在批准的建设项目可行性研究报告投资估算允许幅度范围内，概算经批准后是基本建设项目投资的最高限额，是编制建设项目计划、签订建设项目总包合同、实行建设项目包干、控制预算、考核设计经济合理性和建设成本的依据。设计单位应按不同的设计阶段编制概算和修正概算。编制概算或修正概算，应全面了解工程所在地的建设条件，掌握各项基础资料，正确引用规定的定额、取费标准、工资单价和材料设备价格，按本办法的规定进行编制，使概算能完整、准确地反映设计内容。熟悉掌握设计概算编制的原则、方法及国家有关规定，对提高设计概算编制质量，节约建设资金，适应市场经济的要求，加强宏观调控，充分发挥投资效益，具有十分重要的现实意义。

施工图预算是施工图设计文件的重要组成部分，是指在施工图设计完成后，工程开工前，施工方案已经确定的前提下，设计单位根据国家和地区现行的统一预算定额、预算计价、施工图纸和设计说明等有关规定，进行逐项计算和汇总单位工程及单项工程造价，用于控制其投资额度在设计概算和修正概算范围之类的计算工程项目全部建设费用的造价文件。

6.1.2 设计概预算的编制原则

公路工程设计概预算均由设计单位负责编制，并对其编制质量负责。当一个建设项目由几个设计单位共同承担设计时，各设计单位应负责编制所承担设计的单项或单位工程的概预算，主管部门应指定主体设计单位负责统一概预算编制原则和依据，汇编总概预算，并对全部概预算的编制质量负责。

1. 编制设计概算修正概算的原则

（1）应全面了解工程所在地的建设条件，掌握各项基础资料。

（2）正确引用规定的定额、收取标准、工资单价和材料设备价格。

（3）按《编制办法》的各项规定进行编制。

（4）设计概算或修正概算能完整、准确地反映设计内容。

（5）以批准的初步设计进行施工招标的工程，其标底应在批准的总概算范围内。

2. 编制施工图预算的原则

（1）应根据施工图设计的工程量和施工方法编制。

（2）按照规定的定额、取费标准、工资单价、材料设备预算价格编制。

（3）按照《编制办法》的规定．在开工前编制并报请批准。

（4）以施工图设计进行施工招标的工程，施工图预算经审定后是编制工程标底的依据。

（5）施工图预算的编制必须正确，以使其成为考核施工图设计经济合理性的依据。

（6）施工图设计及施工图预算应控制在批准的初步设计及其概算范围之内。如单位工程预算超出相应概算时，应分析原因，对施工图中的不合理部分进行修改，对其合理部分应在总概算投资范围内调整解决。

6.1.3 设计概预算的编制依据

1. 编制设计概算、修正概算的编制依据

（1）国家发布的有关法律、法规、规章、规程等。

（2）现行的《公路工程概算定额》JTG/T B06-01、《公路工程预算定额》JTG/T B06-02、《公路工程机械台班费用定额》JTG/T B06-03 及《公路工程基本建设项目设计文件编制办法》。

（3）工程所在地省级交通主管部门发布的补充计价依据。

（4）批准的可行性研究报告（修正概算时为初步设计文件）等有关资料。

（5）初步设计（或技术设计）图纸等设计文件。

（6）工程所在地的人工、材料、机械及设备预算价格等。

（7）工程所在地的自然、技术、经济条件等资料。

（8）工程施工方案。

（9）有关合同、协议等。

（10）其他有关资料。

2. 预算编制依据

（1）国家发布的有关法律、法规、规章、规程等。

（2）现行的《公路工程预算定额》JTG/T B06-02、《公路工程机械台班费用定额》JTG/T B06-03 及《公路工程基本建设项目设计文件编制办法》。

（3）工程所在地省级交通主管部门发布的补充计价依据。

（4）批准的初步设计文件（或技术设计文件，若有）等有关资料。

（5）施工图纸等设计文件。

（6）工程所在地的人工、材料、机械及设备预算价格等。

（7）工程所在地的自然、技术、经济条件等资料。

（8）工程施工组织设计或施工方案。

（9）有关合同、协议等。

（10）其他有关资料。

6.2 公路工程设计概预算文件的组成及编制方法

6.2.1 设计概预算的项目组成

概预算项目应按项目表的序列及内容编制，如实际出现的工程和费用项目与项目表的内容不完全相符时，一、二、三部分和"项"的序号应保留不变，"目""节""细目"可随需要增减，并按项目表的顺序以实际出现的"目""节""细目"依次排列，不保留缺少的"目""节""细目"序号。如第二部分，设备、工具、器具购置费在该项工程中不发生时，第三部分工程建设其他费用仍为第三部分。同样，路线工程第一部分第六项为隧道工程，第七项为公路设施及预埋管线工程，若路线中无隧道工程项目，但其序号仍保留，公路设施及预埋管线工程仍为第七项。但如"目"或"节"或"细目"发生这种情况时，可依次递补改变序号。路线建设项目中的互通式立体交叉、辅道、支线，如工程规模较大时，也可按概预算项目表单独编制建筑安装工程，然后将其概预算建安工程总金额列入路线的总概预算表中相应的项目内。

概预算项目主要包括以下内容：

（1）第一部分 建筑安装工程

① 第一项 临时工程

② 第二项 路基工程

③ 第三项 路面工程

④ 第四项 桥梁涵洞工程

⑤ 第五项 交叉工程

⑥ 第六项　隧道工程

⑦ 第七项　公路设施及预埋管线工程

⑧ 第八项　绿化及环境保护工程

⑨ 第九项　管理、养护及服务房屋

（2）第二部分　设备及工具、器具购置费

（3）第三部分　工程建设其他费用

6.2.2　设计概预算文件的组成

概预算文件由封面及目录，概预算编制说明及全部概预算计算表格组成。

1. 封面及目录

概预算文件的封面和扉页应按《公路工程基本建设项目设计文件编制办法》中的规定制作，扉页的次页应有建设项目名称，编制单位，编制、复核人员姓名并加盖执业（从业）资格印章，编制日期及第几册、共几册等内容。目录应按概预算表的表号顺序编排。

2. 概预算编制说明

概预算编制完成后，应写出编制说明，文字力求简明扼要。应叙述的内容一般有：

（1）建设项目设计资料的依据及有关文号，如建设项目可行性研究报告批准文号、初步设计和概算批准文号（编修正概算及预算时），以及根据何时的测设资料及比选方案进行编制的等。

（2）采用的定额、费用标准、人工、材料、机械台班单价的依据或来源，补充定额及编制依据的详细说明。

（3）与概预算有关的委托书、协议书、会议纪要的主要内容（或将抄件附后）。

（4）总概预算金额，人工、钢材、水泥、木料、沥青的总需要量情况，各设计方案的经济比较，以及编制中存在的问题。

（5）其他与概预算有关但不能在表格中反映的事项。

3. 概预算表格

公路工程概预算应按统一的概预算表格计算，其中概预算相同的表式，在印制表格时，应将概算表与预算表分别印制。

4. 甲组文件与乙组文件

概预算文件是设计文件的组成部分，按不同的需要分为两组，甲组文件为各项费用计算表，乙组文件为建筑安装工程费各项基础数据计算表（只供审批使用）。甲、乙组文件应按《公路工程基本建设项目设计文件编制办法》关于设计文件报送份数的要求，随设计文件一并报送。报送乙组文件时，还应提供"建筑安装工程费各项基础数据计算表"的电子文档和编制补充定额的详细资料，并随同概预算文件一并报送。

乙组文件中的"建筑安装工程费计算数据表"（08-1 表）和"分项工程概（预）算表"（08-2 表）应根据审批部门或建设项目业主单位的要求全部提供或仅提供其中的一种。概预算应按一个建设项目［如一条路线或一座独立大（中）桥、隧道］进行编制。当一个建设项目需要分段或分部编制时，应根据需要分别编制，但必须汇总编制"总概预算汇总表"。

甲、乙组文件包括的内容如下：

（1）甲组文件

① 编制说明

② 总概预算汇总表（01-1 表）

③ 总概预算人工、主要材料、机械台班数量汇总表（02-1 表）

④ 总概预算（01 表）

⑤ 人工、主要材料、机械台班数量汇总表（02 表）

⑥ 建筑安装工程费计算表（03 表）

⑦ 其他工程费及间接综合费率计算表（04 表）

⑧ 设备、工具、器具购置费计算表（05 表）

⑨ 工程建设其他费用及回收金额计算表（06 表）

⑩ 人工、材料、机械台班单价汇总表（07 表）

（2）乙组文件

① 建筑安装工程费计算数据表（08-1 表）

② 分项工程概预算表（08-2 表）

③ 材料预算单价计算表（09 表）

④ 自采材料料场价格计算表（10 表）

⑤ 机械台班单价计算表（11 表）

⑥ 辅助生产工、料、机械台班单位数量表（12 表）

6.2.3　设计概预算文件的编制步骤

公路工程基本建设项目概算、预算应分别以《公路工程概算定额》《公路工程预算定额》为依据。编制概预算时应根据概预算定额规定的各工程项目的人工、材料、机械台班消耗量和按概预算编制时根据工程所在地的人工费工日单价、材料预算单价和机械台班单价计算出各工程项目的工、料、机费用，并按本办法的规定计算各项费用。概预算的材料、机械台班单价及各项费用的计算都应通过规定的表格反映。各种表格的计算顺序和相互关系与估算相似，详见图 6-1。

1. 编制步骤

1）熟悉设计图纸和资料

编制概预算文件之前，应认真阅读和理解设计图纸、施工组织设计等资料，熟悉设计任务的要求，若图纸与文字说明存在相互矛盾或含糊不清的情况，凡影响到计价的都要仔细核对工程造价影响较大的关键部位或量大价高的工程量，应重新进行复核计算，以验证是否正确。

2）准备概预算资料，熟悉设计图集

概预算资料包括概预算表格、定额、有关文件及现场调查数据等。在编制概预算前，应将部颁《编制办法》《公路工程概算定额》《公路工程预算定额》及补充定额等资料及各省发布的概算预算编制办法补充规定等资料准备好。对图纸中参见的设计图集，也要进行必要的熟悉。因为标准图集设计图纸中不一定全部表示出来，但往往又是计价的依据。

3）分析外业调查资料及施工方案

（1）概预算调查资料分析

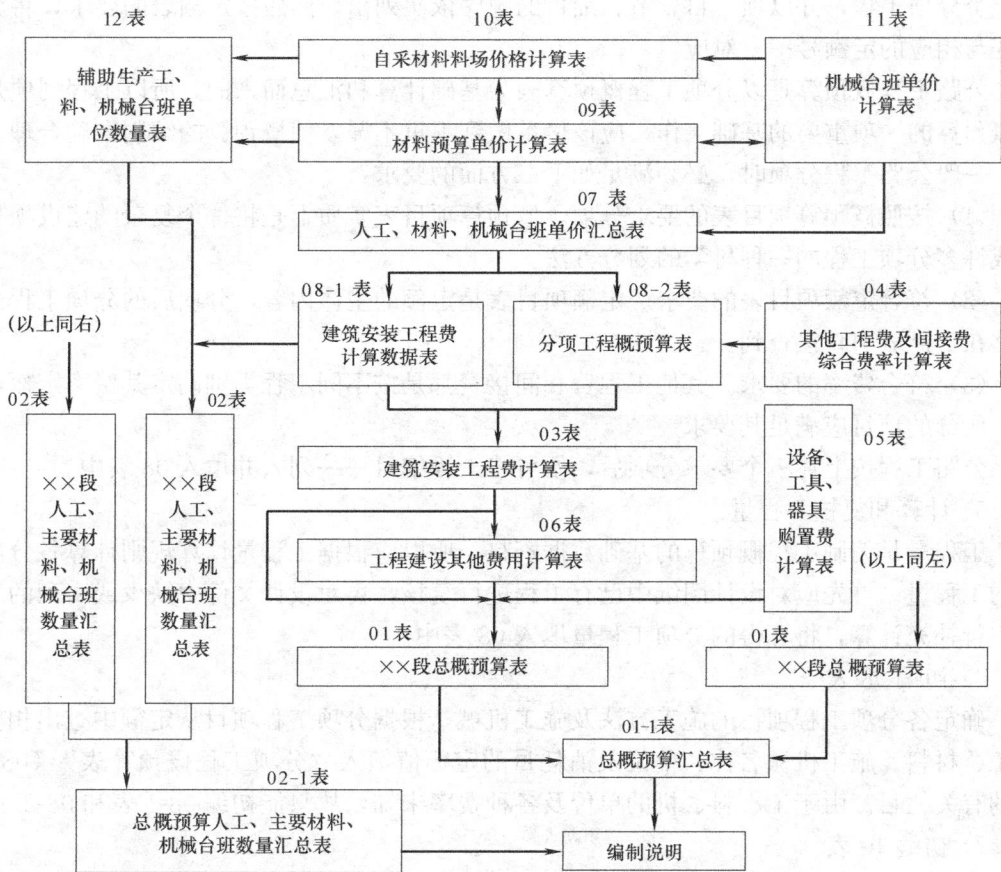

各表格内容（图 6-1 各种表格的计算顺序与相互关系）：

- 12表：辅助生产工、料、机械台班单位数量表
- 10表：自采材料料场价格计算表
- 11表：机械台班单价计算表
- 09表：材料预算单价计算表
- 07表：人工、材料、机械台班单价汇总表
- 08-1表：建筑安装工程费计算数据表
- 08-2表：分项工程概预算表
- 04表：其他工程费及间接费综合费率计算表
- （以上同右）
- 02表：××段人工、主要材料、机械台班数量汇总表
- 02表：××段人工、主要材料、机械台班数量汇总表
- 03表：建筑安装工程费计算表
- 05表：设备、工具、器具购置费计算表
- 06表：工程建设其他费用计算表
- （以上同左）
- 01表：××段总概预算表
- 01表：××段总概预算表
- 01-1表：总概预算汇总表
- 02-1表：总概预算人工、主要材料、机械台班数量汇总表
- 编制说明

图 6-1 各种表格的计算顺序与相互关系

在编制概预算文件之前，应对工程所在地的社会条件、自然条件及技术经济条件做必要的现场调查。凡对施工方法及计价有影响的因素都必须进行仔细分析，以保证该预算编制的准确与合理。

（2）施工方案分析

施工方案将直接影响定额的选用和工程造价的高低，因此编制概预算时，应重点对施工方案进行认真分析。

① 施工方法。根据设计图纸的意图和要求选择经济、合理、可行的施工方法。

② 施工机械。施工机械的选择也将直接影响工程造价，因此应根据施工方法选配相应的施工机械。如土石方工程既可以采用铲运机又可以采用挖掘机配合自卸汽车；混凝土预制构件安装可以采用各种机械施工等。

③ 工期。同一工程项目如果施工工期不同，则工程造价有很大差别。如工期不同，施工方法的选择将不同，建设期贷款利息、价差预备费等也不同。

④ 辅助工程与临时工程。辅助工程及临时工程的数量、位置（或运距）都将直接影响工程造价。

4）列项

列项是根据工程设计的内容，按概预算项目表的要求，将一个复杂的建设项目分解成

若干个分项工程，并以项、目、节、细目的顺序依次列出，然后按定额表的要求，将分项工程与相应的定额号一一对应。

公路工程概预算是以分项工程概预算表为基础计算和汇总而来的，所以工程列项是编制概预算的一项重要的基础工作。应该尽量做到不重不漏，使概预算的编制准确合理。

一般公路工程分项时，必须满足如下三方面的要求：

（1）按照概预算项目表的要求分项。概预算项目表实质上是将一个复杂的建设项目分解成许多分项工程的一种科学的划分方法。

（2）符合定额项目表的要求。定额项目表是定额的主体内容，分项后的分项工程必须能够在定额表中直接查到。

（3）符合费率的要求。其他工程费和间接费都是按不同工程类别确定其费率定额，因此，所分的项目应满足其要求。

公路工程按上述三个要求分项后，便可将工程细目一一列入并填入 08 表中。

5）计算和复核工程量

工程量是编制工程概预算的基础数据资料，所以应根据工程量计算规则计算各分项工程的工程量。首先应对设计图纸中已有工程进行复核，再对设计文件中缺少或未列的工程量进行补充计算，将算得的分项工程量填入 08 表中。

6）初编 08 表

确定各分项工程项目的施工方法及施工机械，根据分项工程项目从定额中查出相应的人工、材料、施工机械名称、单位及消耗量的定额值填入"分项工程概预算表"（08 表）中的有关栏目。由于工、料、机的单价及各种费率未知，故只能初编 08-1 表和 08-2 表。

7）初编 10 表

根据初编 08 表中所发生的自采材料的规格名称、相应的定额表号及所消耗的外购材料名称、定额值等填入"自采材料料场价格计算表"（10 表）进行计算，并将计算结果汇总填入 09 表中的材料原价栏中。

10 表主要用于分析计算自采材料料场价格，应将选用的定额人工、材料、机械台班数量，包括相应的工、料、机单价全都列出。

材料规格、用途相同而生产方式不同的（如人工捶碎石、机械轧碎石），应分别计算单价，再以各种生产方式所占比重根据合计价格加权平均计算料场价格。

8）编制 09 表

09 表是"材料预算单价计算表"。根据初编的 08-2 表中所出现的各种材料名称及其来源，先在 09 表上按调拨、外购、自采加工顺序并考虑其材料代号依次进行记录、填表计算，然后随着 08-2 表编制的需要不断记录、计算，最后在前面工作的基础上正式编制材料预算单价计算表（09 表）。该表要与 08-2 表交叉编制。

9）编制 11 表

11 表是"机械台班单价计算表"。编制时应根据 08-2 表中出现的机械名称，按《机械台班费用定额》的内容将 09 表中的人工、动力燃料单价填入相应栏内，并按代号的顺序依次登记、计算机械台班单价，将其值分别转入 08 表、10 表相应的机械台班单价栏中。不变费用如有调整系数，应填入调整值。

10）编制 07 表

07 表是"人工、材料、机械台班单价汇总表"。将人工单价及 09 表中的材料预算单价、11 表中的机械台班单价，按人工、材料、机械的代号顺序依次汇总于 07 表中。

11）编制 04 表

04 表是"其他工程费及间接费综合费率计算表"。编制时应根据工程的自然条件、施工条件、工程分类等具体情况，将其他工程费、间接费所包含的分项内容，按各自相应的费率填入此表中，计算其综合费率。注意：其他工程费率共 11 项内容，其计算基数不完全相同，表中的 6、7、9 这三项的计算基数是人工费和机械费之和，其余 8 项内容的计算基数是直接工程费，所以其综合费率有Ⅰ、Ⅱ之分。

12）编制 05 表

05 表是"设备、工具、器具购置费计算表"。编制时，应根据工程的实际需要按《编制办法》的规定及设备购置清单进行计算，各种设备的规格、数量、单位、单价以及需说明的有关问题都应在表中有所反映。

13）详细编制 08 表

根据工程项目表、08-1 表、07 表、09 表、10 表、11 表、04 表、05 表，在初编 08-1 表的过程中经过各表间的相互补充、交叉，最后完成 08-2 表的编制。

14）编制 03 表

03 表是"建筑安装工程费计算表"根据 08-2 表、04 表的计算结果，按分项工程内容把直接工程费、其他工程费（Ⅰ、Ⅱ）、间接费（规费、企业管理费）、利润、税金等各项费用填入相应栏内并作计算即可编制此表。

15）编制 06 表

06 表是"工程建设其他费用及回收金额计算表"根据施工组织设计和外业调查资料（包括协议书）以及有关政策性文件的规定编制此表。本表按具体发生的工程建设其他费用项目填写，需要说明和具体计算的费用项目依次在说明及计算式栏内填写或计算。此外，预备费及回收金额的计算也在该表内进行。

16）编制 01 表及 01-1 表

01 表是"总概预算表"。根据经过复核的 03 表、05 表、06 表、08 表即可汇编此表。该表反映一个单项或单位工程的各项费用组成、概预算金额、技术经济指标等。

01-1 表为"总概预算汇总表"。此表是根据建设项目的要求，当一个建设项目分段或分部编制 01 表时，应将各分段（或分部）01 表汇总到 01-1 表中。

至此，概预算总费用金额已得出结果，计算完毕。

17）编制 12 表

12 表为"辅助生产工、料、机械台班单位数量表"。将 10 表所列的自采材料规格和名称及其他辅助生产项目列入"规格名称"栏内，以供 02 表计算辅助生产工、料、机数量使用。

18）编制 02 表及 02-1 表

02 表是"人工、主要材料、机械台班数量汇总表"。将工程项目中所消耗的人工、主要材料、机械台班等规格名称按代号的顺序列入"规格名称"栏内，然后以"项"为单位，分别统计各实物的消耗量及总数量。发生的冬、雨期及夜间施工增工及临时设施用工，按照有关规定计算后列入本表有关项目内。

02-1 表为"总概预算人工、主要材料、机械台班数量汇总表"。当一个建设项目按若干单项工程编制概预算时，应通过本表汇总全部建设项目的人工、主要材料、机械台班数量。该表各栏数据均由各单项或单位工程概预算中的 02 表得来。02-1 表中的"编制范围"是指单项或单位工程。

19）编写"编制说明"

在编完概预算全部计算表格后，应根据编制的全过程阐述概预算的编制内容、编制依据和编制成果，即工程总造价、各实物量消耗指标等。对编制中存在的问题以及与概预算有关但又不能在表格中反映的事项均应在"编制说明"中以文字的形式表述清楚。

20）复核、印制、装订、报批

当概预算各表及"编制说明"全部完成后，应再进行一次全面的复核，确认无误并签字后，即可按规定对甲、乙组文件的印制规定份数，并将甲、乙组文件分别装订成册，上报待批。

上述步骤并非一成不变，有些表可以按规定不编，各表的编制次序也是可以变换的。为了正确地编制概预算，最根本的还是要掌握《编制办法》中的各项规定，明确各表的作用和相互关系，精通表中各栏的填写方法。具体的填写和计算可认真阅读各表附注的填写说明和图 6-1 所示的计算程序。

2. 预算表格

1）总概预算汇总表

（1）表格样式（表 6-1）

总概预算汇总表　　　　　　　　　　　　表 6-1

建设项目名称：

编制范围：　　　　　　　　　　　　　　　　　　　　　第　页　共　页　　01-1 表

项次	工程或费用名称	单位	总数量	概预算金额(元)		技术经济指标	各项费用比例（%）	备注
					合计			

编制：　　　　　　　　　　　　　　　　　　　　　　　复核：

（2）填表说明

① 一个建设项目分若干单项工程编制概预算时，应通过本表汇总全部建设项目的概预算金额。

② 本表反映一个建设项目的各项费用组成、概预算总值和技术经济指标。

③ 本表中"项次""工程或费用名称""单位""总数量""概预算金额"应由各单项或单位工程总概预算表（01 表）转来，"目""节"可视需要增减，"项"应保留。

④ "技术经济指标"以各项概预算金额汇总合计除以相应总数量计算，"各项费用比例"以汇总的各项目概预算金额合计除以总概预算金额合计计算。

2) 总概预算人工、主要材料、机械台班数量汇总表

（1）表格样式（表6-2）

总概预算人工、主要材料、机械台班数量汇总表

表 6-2

建设项目名称：

编制范围：　　　　　　　　　　　　　　　　　　　　　第 页 共 页　　　02-1表

序号	规格名称	单位	总数量	编制范围				

编制：　　　　　　　　　　　　　　　　　　　　　　　　复核：

（2）填表说明：

① 一个建设项目分若干单项工程编制概预算时，应通过本表汇总全部建设项目的人工、主要材料、机械台班的数量。

② 本表各栏数据均由各单项或单位工程中的概预算中的人工、主要材料、机械台班数量汇总表（02表）转来。

③"编制范围"指单项工程或单位工程。

3) 总概预算表

（1）表格样式：

总概预算表

表 6-3

建设项目名称：

编制范围：　　　　　　　　　　　　　　　　　　　　　第 页 共 页　　　01表

项	目	节	细目	工程或费用名称	单位	数量	概预算金额（元）	技术经济指标	各项费用比例（%）	备注
1	2	3	4	5	6	7	8	9	10	11

编制：　　　　　　　　　　　　　　　　　　　　　　　　复核：

（2）填表说明

① 本表反映一个单项或单位工程的各项费用组成、概预算金额、技术经济指标等。

② 本表的1、2、3、4、5、6栏严格按概预算项目表的序列及内容填写，2、3、4栏可视需要增减，但1栏应保留。

③ 7、8栏来自于03表、05表、06表。

④ 9、10栏计算同01-1表。

4) 人工、主要材料、机械台班数量汇总表

（1）表格样式（表6-4）

137

建设项目名称：

编制范围：　　　　　　　　　　　　　　　　　第 页　共 页　　02 表

序号	规格名称	单位	总数量	分项统计					场外运输损耗		
								合计	合计	%	数量

编制：　　　　　　　　　　　　　　　　　　　　复核：

（2）填表说明

① 本表各栏数据由 08 表、12 表经分析计算后统计而来。

② 发生的冬、雨期及夜间施工增工及临时设施用工，根据有关规定计算后列入本表有关项目中。

5）建筑安装工程费计算表

（1）表格样式（表 6-5）

建筑安装工程费计算表　　　　　　　　　　　　表 6-5

建设项目名称：

编制范围：　　　　　　　　　　　　　　　　　第 页　共 页　　03 表

序号	工程名称	单位	工程数量	直接费(元)						间接费(元)	利润(元)费率%	税金(元)综合税率%	建筑安装费	
				直接工程费				其他工程费	合计				合计(元)	单价(元)
				人工费	材料费	机械使用费	合计							
1	2	3	4	5	6	7	8	9	10	11	12	13	14	15

编制：　　　　　　　　　　　　　　　　　　　　复核：

（2）填表说明

① 本表各栏数据之间的关系：5、6、7 均由 08 表经计算转来。

② 8 栏＝5 栏＋6 栏＋7 栏；9 栏＝8 栏×9 栏的费率；10 栏＝8 栏＋9 栏；

11 栏＝5 栏×规费综合费率＋10 栏×企业管理费综合费率；

12 栏＝（10＋11－规费）×12 的费率；

13 栏＝（10 栏＋11 栏＋12 栏）×综合税率；

14 栏＝10 栏＋11 栏＋12 栏＋13 栏；

15 栏＝14 栏÷4 栏。

6）其他工程费及间接费综合费率计算表

（1）表格样式（表 6-6）

表 6-6

其他工程费及间接费综合费率计算表

建设项目名称：

编制范围： 第 页 共 页 04表

序号	工程类别	其他直接费(%)											综合费率		间接费(%)												
																规费						企业管理费					
		冬期施工增加费	雨期施工增加费	夜间施工增加费	高原地区施工增加费	风沙地区施工增加费	沿海地区施工增加费	行车干扰工程施工增加费	安全及文明施工措施费	临时设施费	施工辅助费	工地转移费	Ⅰ	Ⅱ	养老保险费	失业保险费	医疗保险费	住房公积金	工伤保险费	综合费率	基本费用	主副食运费补贴	职工探亲路费	职工取暖补贴	财务费用	综合费率
1	2	3	4	5	6	7	8	9	10	11	12	13	14	15	16	17	18	19	20	21	22	23	24	25	26	27

编制： 复核：

（2）填表说明：

① 本表应根据建设工程项目的具体情况，按照《编制办法》及有关规定取费。

② 14栏＝3栏＋4栏＋5栏＋8栏＋10栏＋11栏＋12栏＋13栏；

15栏＝6栏＋7栏＋9栏；

21栏＝16栏＋17栏＋18栏＋19栏＋20栏；

27栏＝22栏＋23栏＋24栏＋25栏＋26栏。

7）设备、工具、器具购置费计算表

（1）表格样式（表6-7）

设备、工具、器具购置费计算表

表 6-7

设项目名称：

编制范围： 第 页 共 页 05表

序号	设备、工具、器具规格名称	单位	数量	单价(元)	金额(元)	说明

编制： 复核：

（2）填表说明

① 本表应根据具体的设备、工具、器具购置费按具体的购置清单计算。

② 包括设备规格、单位、数量、单价及需要说明的有关。

8）工程建设其他费用及回收金额计算表

（1）表格样式（表6-8）

建设项目名称：

编制范围：　　　　　　　　　　　　　　　　　　　第　页　共　页　　06 表

序号	费用名称及回收金额项目	说明及计算式	金额(元)	备注

编制：　　　　　　　　　　　　　　　　　　　　　　复核：

（2）填表说明

① 土地征用及拆迁补偿费应填写土地补偿单价、数量和安置补助费标准、数量等，列式计算所需费用，填入金额栏。

土地补偿费＝数量×单价；安置补助费＝补助标准×数量

② 建设项目管理费包括建设单位（业主）管理费、工程质量监督费、工程监理费、工程定额测定费、设计文件审查费、竣（交）工验收试验检测费，按"建筑安装工程费×费率"或有关定额列式计算。

③ 研究试验费应根据设计需要进行研究试验的项目分别填写项目名称和金额，或列式计算或进行说明。

④ 建设项目前期工作费按国家有关规定填入本表，列式计算。

9）人工、材料、机械台班单价汇总表

（1）表格样式（表 6-9）

人工、材料、机械台班单价汇总表　　　　　　　　　　表 6-9

建设项目名称：

编制范围：　　　　　　　　　　　　　　　　　　　第　页　共　页　　07 表

序号	名称	单位	代号	预算单价(元)	备注	序号	名称	单位	代号	预算单价(元)	备注

编制：　　　　　　　　　　　　　　　　　　　　　　复核：

（2）填表说明

本表预算单价主要由 09 表、11 表转来。

10）建筑安装工程费计算数据表

（1）表格样式（表 6-10）

建筑安装工程费计算数据表　　　　　　　　　　表 6-10

建设项目名称：　　　　　　编制范围：　　　　　　数据文件编号：　　　　公路等级：

路线或桥梁的长度（km）：　　路基或桥梁宽度（m）：　　第　页　共　页　　08-1 表

项的代号	本项目数	目的代号	本目节数	节的代号	本节细目数	细目的代号	费率编号	定额个数	定额代号	项或目或节或细目或定额的名称	单位	数量	定额调整情况

编制：　　　　　　　　　　　　　　　　　　　　　　复核：

（2）填表说明

① 本表应逐行从左向右横向跨栏隔行填写。

② "项""目""节""细目""定额"等的代号应根据实际需要按"概预算项目表"和公路工程概预算定额的序列及内容填写。

③ 本表主要是为利用计算机软件编制概预算提供基础数据，具体填表规则由软件用户手册详细制定。

11）分项工程概预算表

（1）表格样式（表 6-11）

分项工程概预算表

设项目名称：

编制范围：　　　　　　　　　　　　　　　　第 页　共 页　　　　08-2 表

表 6-11

序号	工程项目												合计
	工程细目												
	定额单位												
	工程数量												
	定额代号												
	工料机名称	单位	单价（元）	定额	数量	金额（元）	定额	数量	金额（元）	定额	数量	金额（元）	数量	金额（元）
1	人工	工日												
2	……													
	定额基价	元												
	直接工程费	元												
	其他工程费 Ⅰ	元												
	其他工程费 Ⅱ	元												
间接费	规费 Ⅰ	元												
	企业管理费 Ⅱ	元												
	利润及税金	元												
	建筑安装工程费	元												

编制：　　　　　　　　　　　　　　　　　　复核：

（2）填表说明

① 本表按具体分项工程数量、对应概预算定额子目填写，单价由 07 表转来。

② 金额＝工料机各项的单价×定额×数量。

③ 其他直接费按相应项目的直接工程费或人工费与机械使用费之和×规定费率计算。

④ 规费按相应项目的人工费×规定费率计算；企业管理费按相应项目的直接费×规定费率计算。

⑤ 利润按相应项目的（直接费＋间接费－规费）×利润率计算；税金按按相应项目的（直接费＋间接费＋利润）×税率计算。

12）材料预算单价计算表

（1）表格样式（表6-12）

材料预算单价计算表　　　　　　　　　　　　　　　表6-12

设项目名称：

编制范围：　　　　　　　　　　　　　　　　　第　页　共　页　　　09表

序号	规格名称	单位	原价（元）	运杂费					原价运费合计（元）	场外运输损耗		采购及保管费		预算单价（元）
				供应地点	运输方式、比重及运距	毛重系数或单位	运杂费构成说明或计算式	单位运费（元）		费率%	金额（元）	费率%	金额（元）	
1	2	3	4	5	6	7	8	9	10	11	12	13	14	15

编制：　　　　　　　　　　　　　　　　　　　　　　复核：

（2）填表说明

① 本表计算各种材料自供应地点活料场到工地的全部运杂费与材料原价及其他费用组成的材料预算单价。

② 运输方式按火车、汽车、船舶等及其所占比重分别填写。

③ 毛重系数、场外运输损耗、采购与保管费按规定填写。

④ 根据材料的供应地点、运输方式、运输单价、毛重系数等通过运杂费计算公式得出材料的单位运费。

⑤ 材料原价与单位运费、场外运输损耗、材料的运输保管费组成材料预算单价。

13）自采材料料场价格计算表

（1）表格样式（表6-13）

自采材料料场价格计算表　　　　　　　　　　　　表6-13

设项目名称：

编制范围：　　　　　　　　　　　　　　　　　第　页　共　页　　　10表

序号	定额号	材料规格名称	单位	料场价格（元）	人工（工日）		间接费（元）（占人工费%）	（　）单价（元）		（　）单价（元）		（　）单价（元）	
					定额	金额		定额	金额	定额	金额	定额	金额
1	2	3	4	5	6	7	8	9	10	11	12	13	14

编制：　　　　　　　　　　　　　　　　　　　　　　复核：

（2）填表说明

① 本表主要用于分析计算自采材料料场价格，应将选用的定额人工、材料、机械台班数量全部列出，包括相应的工料机单价。

② 材料规格用途相同而生产方式（如人工捶碎石、机械轧碎石）不同时，应分别计算单价，再以各种生产方式所占比重根据合计价格加权平均计算料场价格。

③ 定额中机械台班有调整系数时，应在本表中计算。

142

14）机械台班单价计算表

（1）表格样式（表6-14）

机械台班单价计算表　　　　　　　　　　　　　　　　表6-14

设项目名称：

编制范围：　　　　　　　　　　　　　　　第　页　共　页　　11表

序号	定额号	机械规格名称	台班单价	不变费用		可变费用							合计
				调整系数：		人工（元/工日）		汽油（元/kg）		……			
				定额	调整值	定额	金额	定额	金额	定额	金额		
1	2	3	4	5	6	7	8	9	10	11	12		14

编制：　　　　　　　　　　　　　　　　　　　　　复核：

（2）填表说明

① 本表应根据公路工程机械台班费用定额进行计算。不变费用如有调整系数，应填入调整值；可变费用各栏填入定额数量。

② 人工、动力燃料的单价由09表转来。

15）辅助生产工、料、机械台班数量计算表

（1）表格样式（表6-15）

辅助生产工、料、机械台班数量计算表　　　　　　表6-15

设项目名称：

编制范围：　　　　　　　　　　　　　　　第　页　共　页　　12表

序号	规格名称	单位	人工(工日)			

编制：　　　　　　　　　　　　　　　　　　　　　复核：

（2）填表说明

① 本表各栏数据由10表统计而来。

② 为保证02表计算全面正确，必须先完成12表的数量，但完成12表又要以02表的一部分总数量为依据计算。

③ "（　）"中填写除人工以外的其他材料、机械，是09、10、11表中相应定额所必须的。

3. 概预算编制的注意事项

为提高概预算的编制质量，除掌握上述编制程序外，还必须注意如下问题：

1）正确引用定额值

在引用定额值时，必须前后兼顾，注意章、节说明和表下注解。在每次编制之前都要查询是否有新的定额或文件下达，切不可墨守成规。

143

2）正确计算工程量

正确计算工程量是编制好概预算至关重要的一个环节。在设计文件中，设计人员提供的工程数量与概预算中的工程数量含义往往不尽相同。如路基填方的工程量，概算的填方量应该是"填方的设计断面方＋预计的沉降方＋表土清除和耕地填前压实后的回填量＋路基填方两边加宽以保证路肩压实的增加方"。而设计人员提供的填方数量通常只是设计断面方，即按照设计的几何尺寸计算的填方量，而漏计了后面三项，即为保证"设计断面方"的质量而附加的填方数量。这种例子很多，因此在计算分部或分项工程量时，应与设计人员密切配合，理顺并计算一遍适于概预算的工程量，使其与定额分项的口径一致。

3）准确统计实物量

在编制02表时，不要忘记汇总那些按费率或指标计算的增工、增料数量，如自办运输、人工装卸用工，公路交工前养护用工，冬期、雨期、夜间施工增工，临时设施用工及辅助生产所需工、料、机数量等。为了汇总统计这些工、料、机数量，最主要的是不要忘记在02表的"分项"中列项，特别是对12表中单位数量的统计更应全面具体。

4）加强复核工作

编制概预算时有环环相扣的特点，即一步算错步步错。因此，在编制时应加强复核工作，每张表格应由"编制"与"复核"两人分步完成，每步复核无误后再进行下一步，切勿单人自编自核。

6.3 公路工程预算编制实例

6.3.1 项目概况

江苏省某一级公路，长度2.88km，具体工程指标如下：

（1）设计速度：100km/h；

（2）桥涵设计荷载：公路Ⅰ级；

（3）路基宽度：28m；

（4）设计洪水频率：路基、小桥、涵洞为1/50，大、中桥为1/100；

（5）地震动峰值加速度：0.05g。

6.3.2 项目编制依据

（1）交通运输部颁《公路基本建设工程概算、预算编制办法》JTG B06—2007；

（2）交通运输部颁《公路工程概算定额》JTG/T B06-01—2007；

（3）交通运输部颁《公路工程预算定额》JTG/T B06-02—2007；

（4）交通运输部颁《公路工程机械台班费用定额》JTG/T B06-03—2007；

（5）交通运输部［2011］第83号《关于公路工程基本建设项目概算预算编制办法局部修订的公告》；

（6）江苏省交通厅苏交质［2008］29号《关于执行交通运输部〈公路工程基本建设项目概算预算编制办法〉有关补充规定的通知》；

（7）江苏省交通厅苏交质〔2009〕21号《关于我省取消公路工程机械台班费用定额中养路费及调整车船税的通知》；

（8）江苏省交通厅苏交质〔2012〕40号《省交通运输厅关于调整我省交通建设工程人工费单价的通知》；

（9）江苏省人民政府苏政发〔2011〕40号《省政府关于调整征地补偿标准的通知》；

（10）江苏省人民政府第93号令《江苏省征地补偿和被征地农民社会保障办法》；

（11）江苏省人民政府苏政办发〔2005〕125号《省政府办公厅转发省国土资源厅省交通厅关于省交通重点工程建设项目征地补偿安置实施意见的通知》；

（12）江苏省人民政府苏政办发〔2011〕117号《省政府办公厅转发省交通运输厅省国土资源厅关于调整省高速公路建设项目征地补偿安置标准的通知》；

（13）江苏省财政厅苏价服〔2015〕361号《省物价局省财政厅关于调整耕地开垦费标准的通知》；

（14）江苏省人民政府苏政办发〔2016〕81号《省政府办公厅转发省交通运输厅省国土资源厅关于省交通重点工程建设项目征地补偿安置实施意见的通知》；

（15）江苏省人民政府苏政发〔2008〕78号《省政府关于取消和停止征收部分行政事业收费和政府性基金项目的通知》；

（16）交通运输部办公厅交办公路〔2016〕66号文关于印发《公路工程营业税改增值税计价依据调整方案》的通知。

6.3.3 费用采用情况

1. 直接工程费

1）人工费

按照江苏省交通厅苏交质〔2012〕40号文规定为：人工费单价73.1元/工日，机械人工费单价87.07元/工日。

2）材料费

主材、地方材料价格根据近期对沿线城市的调查资料，结合江苏省交通厅工程定额站（2017年一季度和2017年6月份）编制的"江苏省交通工程材料价格信息"、江苏省价格监测中心编印的"江苏工程建设材料价格信息"及交办公路〔2016〕66号文件规定综合取定材料原价，加运至工地的运杂费。

2. 其他工程费

（1）冬期施工增加费：按"准二"区计。

（2）雨期施工增加费：按雨量区"Ⅱ，4"计。

（3）夜间施工增加费：按编制办法计。

（4）高原地区施工增加费：不计。

（5）风沙地区施工增加费：不计。

（6）沿海地区施工增加费：不计。

（7）行车干扰工程施工增加费：不计。

（8）施工标准化与安全措施费：按交通运输部公告2011年第83号文件计取。

（9）临时设施费：按交通运输部公告 2011 年第 83 号文件计取。

（10）施工辅助费：按编制办法计。

（11）工地转移费：按 10 公里计。

3. 间接费

1）规费

（1）养老保险费：按 21% 计。

（2）失业保险费：按 2% 计。

（3）医疗保险费：按 9.8% 计。

（4）住房公积金：按 8% 计。

（5）工商保险费：按 0.5% 计。

2）企业管理费

（1）基本费用：按编制办法计。

（2）主副食运费补贴：按 5km 计。

（3）职工探亲路费：按编制办法计。

（4）职工取暖补贴：不计。

（5）财务费用：按编制办法计。

4. 利润

按 7.42% 计。

5. 税金

按 11% 计。

6. 办公及家具购置费

按 1.46 万元/km 计。

7. 工程建设其他费用

（1）研究试验费：研究试验费暂按 2 万元/km 计列。

（2）建设项目前期工作费中：勘察设计费按建安费 2.33% 计列；项目建议书、工程可行性研究报告编制费按建安费 0.15% 计列；招标文件标底编制费按建安费 0.02% 计列。建设项目前期费合计按建安费 2.5% 计列。

（3）建设期贷款利息：本项目为不收费公路，固不考虑银行贷款。

8. 预备费

（1）价差预备费：按计投资 [1999] 1340 号文规定不计列。

（2）基本预备费：按编制办法规定以第一、二、三部分费用之和（扣除固定资产方向调节税和建设期贷款利息）的 3% 计列。

6.3.4 预算表格

由于篇幅有限，以下只列出此案例总预算（01 表），人工、主要材料、机械台班数量汇总表（02 表），建筑安装工程费计算表（03 表），其他工程费及间接综合费率计算表（04 表），设备、工具、器具购置费计算表（05 表），工程建设其他费用及回收金额计算表（06 表），人工、材料、机械台班单价汇总表（07 表），建筑安装工程费计算数据表（08-1 表），分项工程概预算表（08-2 表）等表格中的部分表格，其他的预算表格不一一列出。

表 6-16

第1页 共3页 01表

总预算表

建设项目名称：江苏省某一级公路建设项目

编制范围：K0+000～K2+880

项目	节	细目	工程或费用名称	单位	数量	预算金额（元）	技术经济指标	各项费用比例（%）	备注
一			第一部分 建筑安装工程费	公路公里	2.880	37,952,460	13,177,937.50	90.58	
	10		临时工程	公路公里	2.880	3,658,193	1,270,205.90	8.73	
		10	临时道路	km	2.880	2,757,887	957,599.65	6.58	
	20		临时道路	km	2.880	2,757,887	957,599.65	6.58	
	40		临时便桥	m/座	120.000	501,335	4,177.79	1.20	
	50		临时电力线路	km	3.000	374,605	124,868.33	0.89	
			临时电讯线路	km	3.000	24,366	8,122.00	0.06	
二			路基工程	km		33,411,877		79.74	
	10		场地清理	km		1,333,471		3.18	
		10	清理与掘除	m²		1,333,471		3.18	
		20	清理现场	m³	201194.000	1,296,605	6.44	3.09	
			挖除树根	棵	3877.000	36,866	9.51	0.09	
	20		挖方	m³		9,517,125		22.71	
		10	挖土方	m³	333661.000	3,817,570	11.44	9.11	
		20	挖石方	m³	212339.000	5,525,001	26.02	13.19	
		30	挖非适用材料（淤泥）	m³	9490.000	174,554	18.39	0.42	
	30		填方	m³	300815.000	10,114,481		24.14	
		10	路基填方	m³	300815.000	10,114,481		24.14	
		20	利用土方填筑	m³	246066.000	2,044,909	6.80	4.88	
		30	借土方填筑	m³	230777.000	4,395,416	17.86	10.49	
		40	利用石方填筑	m³		3,674,156	15.92	8.77	
	50		排水工程	km		6,531,516		15.59	
		10	边沟	m³/m		1,278,347	546.30	3.05	
		30	浆砌片石边沟	m³	2340.000	1,278,347		3.05	

编制：　　　　　　　　　　　　　　　　　　　　复核：

总预算表

建设项目名称：江苏省某一级公路建设项目

编制范围：K0+000～K2+880　　　　第 2 页　共 3 页

项	目	节	细目	工程或费用名称	单 位	数 量	预算金额（元）	技术经济指标	各项费用比例（%）	备 注
		20		排水沟	处		4,467,465		10.66	
			30	浆砌片石排水沟	m³	8199.000	4,467,465	544.88	10.66	
		60		碎石料修沟	m³	1552.000	785,704	506.25	1.88	
	60			防护与加固工程	km		5,915,284		14.12	
		10		坡面植物防护	m²	68079.000	2,077,989		4.96	
			60	喷播植草	m²	68079.000	1,040,466	15.28	2.48	
			80	三维植被网护坡	m²	19771.000	1,037,523	52.48	2.48	
		20		坡面污工防护	m³/m²		3,743,558		8.93	
			30	实体式浆砌片石护坡	m³	599.000	299,999	500.83	0.72	
			35	人字形浆砌片石护坡	m³	5259.000	2,846,183	541.20	6.79	
			45	预制六棱砖护坡	m³	207.000	242,289	1,170.48	0.58	
			55	拦水块	m³	322.000	355,087	1,102.75	0.85	
		80		其他工程（路基零星工程）	km		93,737		0.22	
			10	整修路拱	km	2.000	7,595	3,797.50	0.02	
			20	整修边坡	km	2.000	86,142	43,071.00	0.21	
四				桥梁涵洞工程	km		882,390		2.11	
	20			涵洞工程	m/道		882,390		2.11	
		20		盖板涵	m/道		882,390		2.11	
			20	2.0m×2.0m钢筋混凝土盖板涵	m/道	107.000	882,390	8,246.64	2.11	
			10	改河,改路挖方	m³	560.000	9,361	16.72	0.02	
			20	涵基开挖	m³	910.500	52,659	57.84	0.13	
			30	基础垫层	m³	990.000	154,430	155.99	0.37	
			40	洞口基础片石混凝土	m³	28.100	15,060	535.94	0.04	
			50	洞身墙身混凝土	m³	44.700	34,456	770.83	0.08	

编制：　　　　　　　　　　　　　　　　　　　　　　　　　　复核：

总预算表

建设项目名称：江苏省某一级公路建设项目

编制范围：K0＋000～K2＋880

第 3 页　共 3 页

项	目	节	细目	工程或费用名称	单 位	数 量	预算金额（元）	技术经济指标	各项费用比例（%）	备 注
			60	洞口浆砌片石铺砌及截水墙	m³	36.500	14.531	398.11	0.03	
			70	混凝土涵身	m³	489.000	453,619	927.65	1.08	
			80	混凝土盖板	m³	70.200	147,088	2,095.27	0.35	
			90	基础混凝土	m³	1.200	1,186	988.33	0.10	
三				第二部分　设备及工具、器具购置费	公路公里	2.880	42,048	14,600.00	0.10	
				办公及生活用家具购置	公路公里	2.880	42,048	14,600.00	0.10	2.88×14600
三				第三部分　工程建设其他费用	公路公里	2.880	2,685,325	932,404.51	6.41	
二	10			建设项目管理费	公路公里	2.880	1,678,913	582,955.90	4.01	
				建设单位（业主）管理费	公路公里	2.880	919,864	319,397.22	2.20	919864
	30			工程监理费	公路公里	3.000	759,049	253,016.33	1.81	37952460×2%
三				研究试验费	公路公里	2.880	57,600		0.14	2.88×20000
四				建设项目前期工作费	公路公里	2.880	948,812		2.26	37952460×2.5%
				第一、二、三部分　费用合计	公路公里	2.880	40,679,833	14,124,942.01	97.09	37952460＋42048＋2685325
				预备费	元		1,220,395		2.91	
				2.基本预备费	元	1.000	1,220,395	1,220,395.00	2.91	(40679833-0)×3%
				概（预）算总金额	元	1.000	41,900,228	41,900,228.00	100.00	40679833＋1220395＋0
				其中：回收金额	元					
				公路基本造价	公路公里	2.880	41,900,228	14,548,690.28	100.00	41900228-0

编制：　　　　　　　　　　　　　　　　　　　　　　　　　　　　　　　　　　　　　　复核：

149

表 6-17

第 1 页 共 5 页 02 表

建设项目名称：江苏省某一级公路建设项目

人工、主要材料、机械台班数量汇总表

编制范围：K0＋000～K2＋880

序号	规格名称	单位	代号	总数量	分项统计					场外运输损耗	
					临时工程	路基工程	桥梁涵洞工程	辅助生产	其他	%	数量
1	人工	工日	1	93043.246	7024.372	75543.609	2433.141		8042.12		
2	机械工	工日	2	22127.512	818.386	21197.106	112.020				
3	原木	m³	101	71.657	66.687		4.970				
4	锯材	m³	102	79.804	73.843	1.143	4.818				
5	光圆钢筋	t	111	3.870			3.870				
6	带肋钢筋	t	112	13.926			13.926				
7	型钢	t	182	3.545	1.992	0.635	0.918				
8	钢板	t	183	0.240	0.240						
9	钢管	t	191	0.427			0.427				
10	钢轩	kg	211	12.485			12.485				
11	空心钢轩	kg	212	2317.059		2315.043	2.016				
12	φ50mm以内合金钻头	个	213	3972.675		3968.867	3.808				
13	电焊条	kg	231	66.210	22.800	10.580	32.830				
14	钢管桩	t	262	5.112	5.112						
15	钢模板	t	271	0.068	0.068						
16	组合钢模板	t	272	1.991			1.991				
17	铁件	kg	651	2283.681	1112.130	58.190	1113.361				
18	铁钉	kg	653	76.029		65.355	10.674				
19	8～12号铁丝	kg	655	459.111	443.100		16.011				
20	20～22号铁丝	kg	656	64.482			64.482				
21	橡皮线	m	713	9450.000	9450.000						
22	皮线	m	714	9600.000	9600.000						

编制：　　　　　　　　　　　　　　　　　　复核：

建筑安装工程费计算表

表 6-18

建设项目名称:江苏省某一级公路建设项目

编制范围:K0+000～K2+880

序号	工程名称	单位	工程量	直 接 费 (元)					合计	间接费(元)	利润(元)费率 7.42%	税金(元)综合税率 11%	建筑安装工程费	
				直 接 工 程 费				其他工程费					合计(元)	单价(元)
				人工费	材料费	机械使用费	合计							
1	临时道路	km	2.880	430695	1177970	341656	1950321	94002	2044323	280924	159336	273304	2757887	957599.65
2	临时便桥	m/座	120.000	53444	285805	15529	354778	21287	376065	45915	29673	49682	501335	4177.79
3	临时电力线路	km	3.000	26097	243718		269815	16189	286004	28911	22567	37123	374605	124868.33
4	临时电讯线路	km	3.000	3246	13775		17021	1021	18042	2485	1424	2415	24366	8122.00
5	清理现场	m³	201194.000	240172		694423	934595	25273	959868	134410	73835	128492	1296605	6.44
6	挖除树根	棵	3877.000			28192	28192	986	29478	1441	2294	3653	36866	9.51
7	挖土方	m³	333661.000	130171		2848991	2979162	71742	3050904	154497	233852	378317	3817570	11.44
8	挖石方	m³	212339.000	606770	462408	3014600	4083778	140621	4224399	426571	326508	547523	5525001	26.02
9	挖非适用材料(淤泥)	m³	9490.000	12083	13461	109450	134994	3565	138559	9918	9847	16230	174554	18.39
10	利用土方填筑	m³	300815.000	114149		1431723	1545872	51117	1596989	121274	123997	202649	2044909	6.80
11	借土方填筑	m³	246066.000	150673		3256555	3407228	91256	3498484	192125	269225	435582	4395416	17.86
12	利用石方填筑	m³	230777.000	1361393		981963	2343356	96312	2439668	680579	189803	364106	3674156	15.92
13	浆砌片石边沟	m³	2340.000	332870	506536		839406	49300	888706	192903	70055	126683	1278347	546.30
14	浆砌片石排水沟	m³	8199.000	1161348	1772712		2934060	172377	3106437	673429	244877	442722	4467465	544.88
15	碎石料渗沟	m³	1552.000	147018	392020		539038	30114	569152	93990	44699	78863	785704	506.25
16	喷播植草	m²	68079.000	97043	530751	113242	741036	44462	785498	89880	61979	103109	1040466	15.28
17	三维植被网护坡	m²	19771.000	127767	567713	32887	728367	43702	772069	101717	60920	102817	1037523	52.48
18	实体式浆砌片石护坡	m³	599.000	68062	129680	2251	199993	12000	211993	41550	16727	29729	299999	500.83
19	人字形浆砌片石护坡	m³	5259.000	745904	1103514	20816	1870234	108107	1978341	429951	155837	282054	2846183	541.20

编制:　　　　　　　　　　　　　　　　　复核:

其他工程费及间接费综合费率计算表

表 6-19

建设项目名称：江苏省某一级公路建设项目

编制范围：K0+000～K2+880

第 1 页　共 1 页　04 表

序号	工程类别	冬季施工增加费	雨季施工增加费	夜间施工增加费	高原地区施工增加费	风沙地区施工增加费	沿海地区工程施工增加费	行车干扰工程施工增加费	施工标准化与安全设施费	临时施工辅助费	施工辅助费	工地转移费	综合费率 I	综合费率 II	养老保险费	失业保险费	医疗保险费	住房公积金	工伤保险费	综合费率(规费)	基本费用	主副食运费补贴	职工探亲路费	职工取暖补贴	财务费用	综合费率(间接费)
1	人工土方	0.220							0.740	1.810	0.940		3.710		21.000	2.000	9.800	8.000	0.500	41.300	3.740	0.310	0.110	0.030	0.250	4.440
2	机械土方	0.240							0.830	1.820	0.570		3.460		21.000	2.000	9.800	8.000	0.500	41.300	4.030	0.270	0.270	0.070	0.250	4.890
3	汽车运输	0.270							0.300	1.190	0.190		1.950		21.000	2.000	9.800	8.000	0.500	41.300	1.810	0.290	0.170	0.070	0.260	2.600
4	人工石方	0.160							0.740	1.840	0.890		3.630		21.000	2.000	9.800	8.000	0.500	41.300	3.840	0.240	0.110	0.030	0.240	4.460
5	机械石方	0.230							0.820	2.520	0.540		4.110		21.000	2.000	9.800	8.000	0.500	41.300	4.040	0.250	0.260	0.060	0.240	4.850
6	高级路面	0.200	0.230						1.420	2.510	0.960		5.320		21.000	2.000	9.800	8.000	0.500	41.300	2.400	0.170	0.170	0.050	0.330	3.120
7	其他路面	0.210							1.360	2.300	0.830		4.700		21.000	2.000	9.800	8.000	0.500	41.300	3.900	0.160	0.190	0.050	0.340	4.640
8	构造物 I	0.170	0.170						0.960	3.250	1.450		6.000		21.000	2.000	9.800	8.000	0.500	41.300	5.260	0.250	0.340	0.070	0.420	6.340
9	构造物 II	0.190	0.420						1.070	3.950	1.800		7.650		21.000	2.000	9.800	8.000	0.500	41.300	6.740	0.280	0.400	0.070	0.470	7.960
10	构造物 III	0.440	0.420	0.840					2.170	7.390	3.530		14.790		21.000	2.000	9.800	8.000	0.500	41.300	12.050	0.500	0.660	0.130	0.970	14.310
11	技术复杂特大桥	0.250	0.230	0.420					1.190	3.730	1.960		7.780		21.000	2.000	9.800	8.000	0.500	41.300	5.830	0.220	0.240	0.060	0.550	6.900
12	隧道								0.990	3.230	1.410		5.630		21.000	2.000	9.800	8.000	0.500	41.300	5.110	0.210	0.320	0.050	0.460	6.150
13	钢材及钢结构			0.440					0.770	3.280	0.680		5.170		21.000	2.000	9.800	8.000	0.500	41.300	3.080	0.230	0.200	0.050	0.590	4.150
14	设备安装工程	0.440							1.080	7.390	3.530		12.440		21.000	2.000	9.800	8.000	0.500	41.300	12.050	0.500	0.660	0.130	0.970	14.310
15	金属标志牌安装								0.770	3.280	0.680		4.730		21.000	2.000	9.800	8.000	0.500	41.300	3.080	0.230	0.200	0.050	0.590	4.150
16	费率为 0																									

编制：　　　　　　　　　　　　　　　　　　复核：

设备、工具、器具购置费计算表

表 6-20

建设项目名称: 江苏省某一级公路建设项目

编制范围: K0+000～K2+880

序号	设备、工具、器具规格名称	单位	数量	单价(元)	金额(元)	说明
三	办公及生活用家具购置	公路公里	2.880	14600.00	42048.00	2.88×14600

工程建设其他费用及回收金额计算表

表 6-21

第 1 页 共 1 页 06 表

建设项目名称：江苏省某一级公路建设项目

编制范围：K0+000～K2+880

序号	费用名称及回收金额项目	说明及计算式	金额（元）	备注
	第三部分 工程建设其他费用		2685325	
二	建设项目管理费		1678913	
10	建设单位（业主）管理费	（累进办法建管费）	919864	919864.00
30	工程监理费	（建安费）×2%	759049	3795246O×2%
三	研究试验费	2.88×20000	57600	2.88×20000
四	建设项目前期工作费	（建安费）×2.5%	948812	3795246O×2.5%
	预备费		1220395	
	2. 基本预备费	((一二三部分合计)－建设期贷款利息 34)×3%	1220395	(40679833－0)×3%
	新增加费用项目（不作预备费基数）			
	＊请在此编入费用项目	(一二三部分合计)＋(预备费)＋ (新增加费用项目（不作预备费基数）)		
	概（预）算总金额		41900228	40679833＋1220395＋0
	其中：回收金额			
	＊请在此编入项目			
	公路基本造价	（概（预）算总金额）－（其中：回收金额）	41900228	41900228-0

表 6-22

人工、材料、机械台班单价汇总表

建设项目名称：江苏省某一级公路建设项目
编制范围：K0+000～K2+880

序号	名　　　称	单位	代号	预算单价(元)	备注	序号	名　　　称	单位	代号	预算单价(元)	备注
1	人工	工日	1	73.10		25	U形锚钉	kg	775	4.67	
2	机械工	工日	2	87.07		26	PVC塑料管(φ100mm)	m	780	13.00	
3	原木	m³	101	1592.92		27	麻袋	个	818	2.60	
4	锯材	m³	102	1637.17		28	草籽	kg	821	80.00	
5	光圆钢筋	t	111	4350.00		29	油毛毡	m²	825	2.29	
6	带肋钢筋	t	112	4350.00		30	32.5级水泥	t	832	380.00	
7	型钢	t	182	4470.00		31	42.5级水泥	t	833	450.00	
8	钢板	t	183	4770.00		32	硝铵炸药	kg	841	6.00	
9	钢管	t	191	6500.00		33	导火线	m	842	0.80	
10	钢钎	kg	211	5.62		34	普通雷管	个	845	0.70	
11	空心钢钎	kg	212	7.00		35	石油沥青	t	851	5000.00	
12	φ50mm以内合金钻头	个	213	40.00		36	汽油	kg	862	6.53	
13	电焊条	kg	231	4.90		37	柴油	kg	863	5.30	
14	钢管桩	t	262	5000.00		38	煤	t	864	265.00	
15	钢模板	t	271	6480.00		39	电	kW·h	865	0.55	
16	组合钢模板	t	272	6320.00		40	水	m³	866	0.50	
17	铁件	kg	651	4.40		41	中(粗)砂	m³	899	80.00	
18	铁钉	kg	653	6.97		42	砂砾	m³	902	31.00	
19	8～12号铁丝	kg	655	6.10		43	天然级配	m³	908	40.00	
20	20～22号铁丝	kg	656	6.40		44	黏土	m³	911	8.21	
21	橡皮线	m	713	6.80		45	碎石土	m³	915	19.50	
22	皮线	m	714	5.40		46	片石	m³	931	118.41	
23	土工布	m²	770	9.71		47	碎石(2cm)	m³	951	131.07	
24	三维植被网	m²	774	15.00		48	碎石(4cm)	m³	952	131.00	

编制：　　　　　　　　　　　　　　　　复核：

建筑安装工程费计算数据表

表 6-23

建设项目名称：江苏省某一级公路建设项目　　编制范围：K0+000～K2+880　　公路等级：一级公路

路线或桥梁长度（km）：2.880　　路基或桥梁宽度（m）：28.000　　数据文件编号：　　第 1 页　共 7 页　08-1 表

项目的代号	本项目代号数	本节的节代号数	本节细目数	细目代号	费率编号	定额个数	定额代号	项或目或细目节定额的名称	单位	数量	定额调整情况
一	4							临时工程	公路公里	2.880	
	10	1						临时道路	km	2.880	
		10				10		临时道路	km	2.880	
					2		1-1-12-18	165kW内推土机20m普通土	1000m³	52.887	
					2		1-1-9-8	2.0m³内挖掘机装土方普通土	1000m³	52.887	
					2		1-1-18-32	三、四级路压路机碾压	1000m²	35.190	
					7		2-2-1-5改	机械铺面层厚度15cm	1000m²	35.190	+7×7
					8		4-1-3-3	基坑≤1500m³·1.0m³内挖掘机挖土	1000m³	6.062	
					8		4-7-4-1	预制φ1m内混凝土	10m³	0.577	
					8		4-7-5-3	起重机安装φ1.0m内圆管涵	10m³	0.577	
					3		4-8-4-6	重15t内起重机装车1km	100m³	0.058	
					7		7-1-1-8	便道养护路基宽4.5m	1km·月	187.680	
					8		4-2-2-10	麻袋围堰围堰高1.0m	10m	312.960	
			20		8			临时便桥	m/座	120.000	997 量8236，定额×1.125
					8		7-1-2-1改	汽车钢便桥	10m	12.000	
					8		7-1-2-3	汽车便桥墩桩长20m以内	1座	12.000	
			40		8			临时电力线路	km	3.000	
					8		7-1-5-2	干线三线橡皮线输电线路	100m	30.000	
					8		7-1-5-3	支线三线橡皮线输电线路	100m	30.000	
			50		8			临时电讯线路	km	3.000	
			1		8		7-1-5-4	双线通讯线路	1000m²	3.000	
二	5	10	1					路基工程	km		
								场地清理	km		

编制：　　　　　　　　　　　　　　　　　　　　　　　　　　　　复核：

表 6-24　　　第 26 页　共 65 页　08-2 表

分项工程预算表

编　制
范　围: K0+000～K2+880
分项工程名称: 浆砌片石边沟

编号	工料机名称	单位	单价(元)	石砌边沟、排水沟、截水沟、急流槽 浆砌片石边沟 排水沟 截水沟 10m³ 234.000 1~2~3~1改			人工挖截水沟、排水沟 人工挖沟普通土 1000m³ 2.717 1~2~1~2			基础垫层 填砂砾(砂)垫层 10m³ 37.400 4~11~5~1			合计	
	工程项目 工程细目 定额单位 工程数量 定额表号			定额	数量	金额(元)	定额	数量	金额(元)	定额	数量	金额(元)	数量	金额(元)
1	人工	工日	73.10	15.800	3697.200	270265	234.000	635.778	46475	5.900	220.660	16130	4553.638	332871
2	32.5 级水泥	t	380.00	1.037	242.658	92210							242.658	92210
3	水	m³	0.50	18.000	4212.000	2106							4212.000	2106
4	中(粗)砂	m³	80.00	4.165	974.610	77969							974.610	77969
5	砂砾	m³	31.00							13.000	486.200	15072	486.200	15072
6	片石	m³	118.41	11.500	2691.000	318641							2691.000	318641
7	其他材料费	元	1.00	2.300	538.200	538							538.200	538
8	基价	元	1.00	1762.000	412308.000	412308	11513.000	31280.821	31281	693.000	25918.200	25918	469507.021	469507
	直接工程费	元				761729			31281			25918		839406
	其他工程费 Ⅰ	元		6.000%		45704	3.710%		1724	6.000%		1872		49300
	其他工程费 Ⅱ	元												
	间接费 规费	元		41.300%		111619	41.300%		19194	41.300%		6662		137475
	间接费 企业管理费	元		6.340%		51191	4.440%		2140	6.340%		2097		55428
	利润及税金	元		7.42%/11%		177445	7.42%/11%		11794	7.42%/11%		7499		196738
	建筑安装工程费	元				1147688			81327			-49332		1278347

157

本 章 小 结

　　本章首先介绍了公路工程概预算的含义、作用、编制原则及编制依据，概预算文件是由封面、目录、编制说明及概预算计算表格几部分共同组成，然后详细叙述了公路工程概预算各项费用01～12表格的计算顺序和表格编制的注意事项，最后列出了一个公路工程项目的预算实例。

习　　题

　　6-1　概预算的编制依据有哪些？

　　6-2　编制概预算文件时注意哪些事项？

　　6-3　请叙述施工图预算文件的组成及内容。

第7章 公路工程工程量清单

教学目标

（1）熟悉公路工程工程量清单的内容及编制办法，工程量清单各子目的工程内容及计量规则；

（2）掌握工程量清单的作用，相关概念及工程量清单各章主要内容。

教学要求

知识要点	能力要求	相关知识
公路工程工程量清单的编制	(1)掌握工程量清单的作用 (2)掌握工程量清单的相关概念 (3)熟悉工程量清单的内容及编制办法	(1)工程量清单的作用 (2)工程量清单的相关概念 (3)工程量清单的内容、各表格之间关系及工程量清单编制要求
公路工程工程量清单计量规则	(1)掌握工程量清单各章主要内容 (2)熟悉工程量清单各子目的工程内容及计量规则	(1)工程量清单各章主要内容 (2)工程量清单各子目的工程内容及计量规则

基本概念

工程量清单；计日工；暂列金额；暂估价；工程量清单计算规则。

7.1 公路工程工程量清单的编制

7.1.1 工程量清单概述

1. 工程量清单的概念

工程量清单是按照招标要求和施工图要求，将拟建招标工程的全部项目和内容，由招标单位（业主）按统一的工程量计算规则、统一的项目名称、统一的项目编码、统一的工程量计量单位进行编制，计算拟建招标工程数量的表格。工程量清单是业主编制标底的依据，也是投标人编制投标报价的依据。

2. 工程量清单的作用

1）为投标人提供一个公开、公平、公正的竞争环境

工程量清单由招标人统一提供，投标人则以工程量清单为依据，对工程量清单中所列各项内容分别计算综合单价，从而完成整个工程的报价。统一的工程量避免了由于计算不

准确和项目不一致等人为因素造成的不公正影响，为投标人创造了一个公平的竞争环境。

2）为实施工程计量、支付工程进度款、办理竣工结算及工程索赔等提供依据

工程量清单描述了工程项目的名称、内容及数量，在工程实施期间对工程实体的计量与工程款支付必须以工程量清单为依据；当发生工程变更及费用索赔时，也是监理工程师确定新单价的重要参考依据。因此，工程量清单的编写必须清楚明了、工作内容不重不漏。

3）促使投标人提高技术水平及管理水平

由于是在同一个基础上进行报价，为了中标，投标人必须不断提高项目管理和技术水平，从而降低投标报价。这样有利于促进施工单位不断改进施工方法、优化施工方案、加强项目管理，积极采用先进的施工技术，最大限度地提高劳动生产率，降低生产成本。

4）有利于业主对投资的控制

工程量清单的表现形式更加简明，在欲进行设计变更时，能马上知道它对工程造价的影响，有利于业主根据投资情况来决定是否变更或进行方案比选，以决定最恰当的处理方法。

3. 相关概念

1）暂列金额

招标人在工程量清单中暂定并包括在合同价款中的一笔款项，用于施工合同签订时尚未确定或者不能确定的所需材料、设备、服务的采购，施工中可能发生的工程变更、合同约定调整因素出现时的工程价款调整，以及发生的索赔、现场签证确认等费用。

2）暂估价

招标人在工程量清单中提供的用于支付必然发生但暂时不能确定的材料的单价以及专业工程的金额。

3）计日工

在施工过程中，业主可能有一些临时性的或新增加的项目（即施工图以外的零星项目或工作），但这种项目的工程量在招投标阶段很难估计，希望通过招投标阶段事先定综合单价，避免开工后可能出现的争端，因此需要以计日工明细表的方式在工程量清单中予以明确。

4）投标价

投标人投标时依据招标工程量清单进行估算报出的工程造价。

5）合同价

发、承包人在施工合同中共同约定的工程造价。

6）竣工结算价

发、承包双方依据国家有关法律、法规和标准的规定，按照合同约定内容进行计算的最终工程价格。

7）索赔

在合同履行过程中，对于非己方的过错而应由对方承担责任的情况造成的损失，向对方提出补偿的要求。

7.1.2 工程量清单的内容与要求

1. 公路工程工程量清单的内容

按照交通运输部 2018 年 3 月 1 日施行的《公路工程标准施工招标文件》（2018 年版）的规定，招标人编制的工程量清单包括工程量清单说明、投标报价说明、计日工说明、其他说明及工程量清单各项表格这五部分内容组成。

1）工程量清单说明

（1）工程量清单是根据招标文件中包括的有合同约束力的工程量清单计量规则、图纸以及有关工程量清单的国家标准、行业标准、合同条款中约定的其他规则编制。约定计量规则中没有的子目，其工程量按照有合同约束力的图纸所标示尺寸的理论净量计算。

（2）工程量清单应与招标文件中的投标人须知、通用合同条款、专用合同条款、工程量清单计量规则、技术规范及图纸等一起阅读和理解。

（3）工程量清单中所列工程数量是估算的或设计的预计数量，仅作为投标报价的共同基础，不能作为最终结算与支付的依据。实际支付应按实际完成的工程量，由承包人按工程量清单计量规则规定的计量方法，以监理人认可的尺寸、断面计量，按本工程量清单的单价和总额价计算支付金额；或根据具体情况，按监理人确定的单价或总额价计算支付额。

（4）工程量清单各章是按第八章"工程量清单计量规则"、第七章"技术规范"的相应章次编号的，因此，工程量清单中各章的工程子目的范围与计量等应与"工程量清单计量规则""技术规范"相应章节的范围、计量与支付条款结合起来理解或解释。

（5）对作业和材料的一般说明或规定，未重复写入工程量清单内，在给工程量清单各子目标价前，应参阅第七章"技术规范"的有关内容。

（6）工程量清单中所列工程量的变动，丝毫不会降低或影响合同条款的效力，也不免除承包人按规定的标准进行施工和修复缺陷的责任。

（7）图纸中所列的工程数量表及数量汇总表仅是提供资料，不是工程量清单的外延。当图纸与工程量清单所列数量不一致时，以工程量清单所列数量作为报价的依据。

2）投标报价说明

（1）工程量清单中的每一子目须填入单价或价格，且只允许有一个报价。

（2）除非合同另有规定，工程量清单中有标价的单价和总额价均已包括了为实施和完成合同工程所需的劳务、材料、机械、质检（自检）、安装、缺陷修复、管理、保险、税费、利润等费用，以及合同明示或暗示的所有责任、义务和一般风险。

（3）工程量清单中投标人没有填入单价或价格的子目，其费用视为已分摊在工程量清单中其他相关子目的单价或价格之中。承包人必须按监理人指令完成工程量清单中未填入单价或价格的子目，但不能得到结算与支付。

（4）符合合同条款规定的全部费用应认为已被计入有标价的工程量清单所列各子目之中，未列子目不予计量的工作，其费用应视为已分摊在本合同工程的有关子目的单价或总额价之中。

（5）承包人用于本合同工程的各类装备的提供、运输、维护、拆卸、拼装等支付的费用，已包括在工程量清单的单价与总额价之中。

（6）工程量清单中各项金额均以人民币（元）结算。

（7）暂列金额（不含计日工总额）的数量及拟用子目的说明：_____。

（8）暂估价的数量及拟用子目的说明：_____。

3）计日工说明

计日工明细表包括总则、计日工劳务、计日工材料，计日工施工机械等内容。

（1）总则

① 未经监理人书面指令，任何工程不得按计日工施工；接到监理人按计日工施工的书面指令，承包人也不得拒绝。

② 投标人应在计日工单价表中填列计日工子目的基本单价或租价，该基本单价或租价适用于监理人指令的任何数量的计日工的结算与支付。计日工的劳务、材料和施工机械由招标人（或发包人）列出正常的估计数量，投标人报出单价，计算出计日工总额后列入工程量清单汇总表中并进入评标价。

③ 计日工不调价。

（2）计日工劳务

① 在计算应付给承包人的计日工工资时，工时应从工人到达施工现场，并开始从事指定的工作算起，到返回原出发地点为止，扣去用餐和休息的时间。只有直接从事指定的工作，且能胜任该工作的工人才能计工，随同工人一起做工的班长应计算在内，但不包括领工（工长）和其他质检管理人员。

② 承包人可以得到用于计日工劳务的全部工时的支付，此支付按承包人填报的"计日工劳务单价表"所列单价计算，该单价应包括基本单价及承包人的管理费、税费、利润等所有附加费，说明如下：

劳务基本单价包括：承包人劳务的全部直接费用，如：工资、加班费、津贴、福利费及劳动保护费等。

承包人的利润、管理、质检、保险、税费；易耗品的使用、水电及照明费，工作台、脚手架、临时设施费，手动机具与工具的使用及维修，以及上述各项伴随而来的费用。

（3）计日工材料

承包人可以得到计日工使用的材料费用的支付，此费用按承包人"计日工材料单价表"中所填报的单价计算，该单价应包括基本单价及承包人的管理费、税费、利润等所有附加费，说明如下：

① 材料基本单价按供货价加运杂费（到达承包人现场仓库）、保险费、仓库管理费以及运输损耗等计算。

② 承包人的利润、管理、质检、保险、税费及其他附加费。

③ 从现场运至使用地点的人工费和施工机械使用费不包括在上述基本单价内。

（4）计日工施工机械

① 承包人可以得到用于计日工作业的施工机械费用的支付，该费用按承包人填报的"计日工施工机械单价表"中的租价计算。该租价应包括施工机械的折旧、利息、维修、保养、零配件、油燃料、保险和其他消耗品的费用以及全部有关使用这些机械的管理费、税费、利润和司机与助手的劳务费等费用。

② 在计日工作业中，承包人计算所用的施工机械费用时，应按实际工作小时支付。

除非经监理人的同意，计算的工作小时才能将施工机械从现场某处运到监理人指令的计日工作业的另一现场往返运送时间包括在内。

4) 其他说明

根据具体的工程项目特点进行填写。

5) 工程量清单

(1) 工程量清单表

工程量清单表是按《公路工程标准施工招标文件》中"工程量清单计量规则"的章节顺序编写的，每一个工程子目包括子目号、子目名称、单位、工程数、单价及合价，其中单价及合价由投标人在投标时填写，其余各栏由招标人在编写工程量清单时确定。子目号的编写分别按项、目、节、子目表达，如：

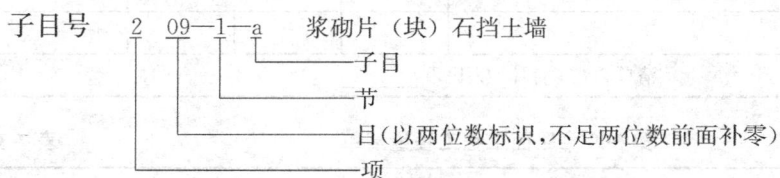

子目号　　2　09—1—a　　浆砌片（块）石挡土墙
　　　　　　　　　　　　└─── 子目
　　　　　　　　　　└─── 节
　　　　　　　└─── 目(以两位数标识,不足两位数前面补零)
　　　　└─── 项

第100章总则清单　　　　　　　　　　　　表 7-1

清单　第100章　总则

子目号	子 目 名 称	单位	数量	单价	合价
101	通则				
101-1	保险费				
-a	按合同条款规定,提供建筑工程一切险	总额			
-b	按合同条款规定,提供第三者责任险	总额			
102	工程管理				
102-1	竣工文件	总额			
102-2	施工环保费	总额			
102-3	安全生产费	总额			
102-4	信息化系统(暂估价)	总额			
103	临时工程与设施				
103-1	临时道路修建、养护与拆除(包括原道路的养护)	总额			
	......				

清单第100章合计　人民币＿＿＿＿＿

第200章 路基工程工程量清单　　　　　　　　　　表 7-2

清单　第200章　路基

子目号	子 目 名 称	单位	数量	单价	合价
202	场地清理				
202-1	清理与掘除				
-a	清理现场	m^2			

清单　第200章　路基

子目号	子 目 名 称	单位	数量	单价	合价
-b	砍伐树木	棵			
-c	挖除树根	棵			
202-2	挖除旧路面	m³			
202-3	拆除结构物				
-a	钢筋混凝土结构	m³			
-b	混凝土结构	m³			
-c	砖、石及其他砌体结构	m³			
	……				

清单200章合计　人民币_____

第300章路面工程工程量清单　　　　　　表7-3

清单　第300章　路面

子目号	子 目 名 称	单位	数量	单价	合价
302	垫层				
302-1	碎石垫层	m²			
302-2	砂砾垫层	m²			
302-3	水泥稳定土垫层	m²			
302-4	石灰稳定土垫层	m²			
303	石灰稳定土底基层、基层				
303-1	石灰稳定土底基层	m²			
303-2	搭板、埋板下石灰稳定土底基层	m³			
303-3	石灰稳定土基层	m²			
304	水泥稳定土底基层、基层				
304-1	水泥稳定土底基层	m²			
	……				

清单300章合计　人民币_____

第400章桥梁、涵洞工程工程量清单　　　　　表7-4

清单　第400章　桥梁、涵洞

子目号	子 目 名 称	单位	数量	单价	合价
401	通则				
401-1	桥梁荷载试验(暂估价)	总额			
401-2	桥梁施工监控(暂估价)	总额			
401-3	地质钻探及取样试验(暂定工程量)	m			
403	钢筋				

164

清单　第 400 章　桥梁、涵洞

子目号	子目名称	单位	数量	单价	合价
403-1	基础钢筋(含灌注桩、承台、桩系梁、沉桩、沉井等)	kg			
403-2	下部结构钢筋	kg			
403-3	上部结构钢筋	kg			
403-4	附属结构钢筋	kg			
404	基坑开挖及回填				
404-1	干处挖土方	m³			
404-2	水下挖土方	m³			
	......				

清单 400 章合计　人民币＿＿＿＿＿＿

第 500 章隧道工程工程量清单　　　　　　　　　　　　　　表 7-5

清单　第 500 章　隧道

子目号	子目名称	单位	数量	单价	合价
501	通则				
502	洞口与明洞工程				
502-1	洞口、明洞开挖	m³			
502-2	防水与排水				
-a	石砌截水沟、排水沟	m³			
-b	现浇混凝土沟槽	m³			
-c	预制安装混凝土沟槽	m³			
-d	预制安装混凝土沟槽盖板	m³			
-e	土工合成材料	m²			
-f	渗沟	m³			
-g	钢筋	kg			
502-3	洞口坡面防护				
-a	浆砌片石护坡	m³			
	......				

清单 500 章合计　人民币＿＿＿＿＿＿

第 600 章安全设施及预埋管线工程工程量清单　　　　　表 7-6

清单　第 600 章　安全设施及预埋管线

子目号	子目名称	单位	数量	单价	合价
602	护栏				
602-1	混凝土护栏(护墙、立柱)				
-a	现浇混凝土护栏	m³			
-b	预制安装混凝土护栏	m³			

清单 第600章 安全设施及预埋管线

子目号	子目名称	单位	数量	单价	合价
-c	现浇混凝土基础	m³			
-d	钢筋	kg			
602-2	石砌护墙	m³			
602-3	波形梁钢护栏				
-a	路侧波形梁钢护栏	m			
-b	中央分隔带波形梁钢护栏	m			
	······				

清单600章合计 人民币＿＿＿＿＿＿＿

第700章绿化及环保清单 表7-7

清单 第700章 绿化及环境保护设施

子目号	子目名称	单位	数量	单价	合价
702	铺设表土				
702-1	开挖并铺设表土	m³			
702-2	铺设利用的表土	m³			
703	撒播草种和铺植草皮				
703-1	撒播草种(含喷播)	m²			
703-2	撒播草种及花卉、灌木籽(含喷播)	m²			
703-3	先点播灌木后喷播草种	m²			
703-4	铺植草皮	m²			
703-5	三维土工网植草	m²			
	······				

清单700章合计 人民币＿＿＿＿＿＿＿

(2) 计日工表

计日工表包括劳务计日工表、材料计日工表、施工机械计日工表和计日工汇总表，其格式如表7-8所示。

计日工明细表 表7-8

编号	子目名称	单位	暂定数量	单价	合价
101	班长	h			
102	普通工	h			
103	焊工	h			
104	电工	h			
105	混凝土工	h			
106	木工	h			
107	钢筋工	h			

编号	子目名称	单位	暂定数量	单价	合价
201	水泥	t			
202	钢筋	t			
203	钢绞线	t			
204	沥青	t			
301	装载机				
302	推土机				
	……				

计日工总计：

（计入"投标报价汇总表"）

（3）暂估价表

暂估价表包括材料暂估价表（表 7-9）、工程设备暂估价表（表 7-10）和专业工程暂估价表（表 7-11）。

材料暂估价表

表 7-9

序号	名称	单位	数量	单价	合价	备注

工程设备暂估价表

表 7-10

序号	名称	单位	数量	单价	合价	备注

专业工程暂估价表

表 7-11

序号	专业工程名称	工程内容	金额

小计：

（4）投标报价汇总表

投标汇总表是将各章的工程子目表、计日工明细表及暂列金额进行汇总而得到的项目总报价，如表 7-12 所示。

工程量清单汇总表

表 7-12

序号	章次	科目名称	金额（元）
1	100	总则	
2	200	路基工程	
3	300	路面工程	

序号	章次	科目名称	金额(元)
4	400	桥梁、涵洞工程	
5	500	隧道工程	
6	600	安全设施及预埋管线工程	
7	700	绿化及环境保护设施	
8		第100章~700章清单合计	
9		已包含在清单合计中的材料、工程设备、专业工程暂估价合计	
10		清单合计减去材料、工程设备、专业工程暂估价 合计(即 8 - 9 = 10)	
11		计日工合计	
12		暂列金额(不含计日工总额)	
13		投标报价(8 + 11 + 12)= 13	

注：材料、工程设备、专业工程暂估价已包括在清单合计中，不应重复计入投标报价。

（5）工程量清单单价分析表

工程量清单单价分析表如表 7-13 所示。

工程量清单单价分析表 表 7-13

序号	编码	子目名称	人工费			材料费						机械使用费	其他	管理费	税费	利润	综合单价
						主 材				辅材费	金额						
			工日	单价	金额	主材耗量	单位	单价	主材费								

2. 编写工程量清单的要求

1）将开办项目作为独立的工程子目单列出来

第100章总则所列项目通常是开工前就要发生的内容，如工程保险、担保、临时工程、承包人的驻地建设等。如果将上述各种款项包含在其他项目的单价中，会造成承包人在开工时不能及时得到已支出的款项，从而影响承包人的资金周转。

2）合理划分工程项目

应根据工程不同等级、性质、部位划分工程项目，使投标报价更加具体。

3）合理划分工程子目

工程子目的划分既要简单明了、高度概括，又不能漏掉项目和应计价的内容，要结合工程实际，灵活掌握。工程子目划分过大，可减少计算工程量，但难以发挥单价合同的优势，不便于工程变更的管理。同时，也会使支付周期延长，影响承包人的资金周转和合同的正常履行；工程子目划分较小，有利于处理工程变更和合同管理，但会增加计算工程量。

4）工程量计算要细致准确

应根据设计图纸和技术规范，准确计算工程量，做到不重、不漏，更不能发生计算错误。

7.2 公路工程工程量清单计量规则

以下是根据《公路工程标准施工招标文件》（2018 年版）中的"第八章 工程量清单计量规则"的相关规定，对公路工程工程量清单各章计量规则的要点摘录（限于篇幅，略去了"第 500 章 隧道工程"相关内容）。在实际工作中应将《公路工程标准施工招标文件》（2018 版）中的"第八章 工程量清单计量规则"和"第七章 技术规范"结合起来理解与使用。

7.2.1 总说明

1. 一般要求

（1）计量规则各章节是按第七章"技术规范"的相应章节编号的，因此，各章节工程子目的工程量计量规则应与"技术规范"相应章节的施工规范结合起来理解、解释和应用。

（2）规则所有工程项目，除个别注明者外，均采用我国法定的计量单位，即国际单位及国际单位制导出的辅助单位进行计量。

（3）规则的计量与支付，应与合同条款、工程量清单以及图纸同时阅读，工程量清单中的支付项目号和本规则的章节编号是一致的。

（4）任何工程项目的计量，均应按本规则规定或监理人书面指示进行。

（5）按合同提供的材料数量和完成的工程数量所采用的测量与计算方法，应符合本规则规定。所有这些方法，应经监理人批准或指示。承包人应提供一切计量设备和条件，并保证其设备精度符合要求。

（6）除非监理人另有准许，一切计量工作都应在监理人在场情况下，由承包人测量、记录。有承包人签名的计量记录原本，应提交给监理人审查和保存。

（7）工程量应由承包人计算，由监理人审核。工程量计算的副本应提交给监理人并由监理人保存。

（8）除合同特殊约定单独计量之外，全部必需的模板、脚手架、装备、机具、螺栓、垫圈和钢制件等其他材料，应包括在工程量清单中所列的有关支付项目中，均不单独计量。

（9）除监理人另有批准外，凡超过图纸所示的面积或体积，都不予计量与支付。

（10）承包人应严格标准计量基础工作和材料采购检验工作。沥青混凝土、沥青碎石、水泥混凝土、高强度等级水泥砂浆的施工现场必须使用电子计量设备称重。因不符合计量规定引发质量问题，所发生的费用由承包人承担。

（11）第 104 节"承包人驻地建设"与第 105 节"施工标准化"属选择性工程子目，由发包人根据工程项目管理实际情况选择使用或同时使用。

2. 质量

（1）凡以质量计量或以质量作为配合比设计的材料，都应在精确与批准的磅秤上，由称职合格的人员在监理人指定或批准的地点进行称重。

（2）称重计量时应满足以下条件：监理人在场；称重记录；载明包装材料、装置、垫块、捆束物等质量的说明书在称重前提交给监理人作为依据。

（3）钢筋、钢板或型钢计量时，应按图纸或其他资料标示的尺寸和净长计算。搭接、接头套筒、焊接材料、下脚料和固定、定位架立钢筋等，则不予另行计量。钢筋、钢板或型钢应以千克计量，四舍五入，不计小数。钢筋、钢板或型钢由于理论单位质量与实际单位质量的差异而引起材料质量与数量不相匹配的情况，计量时不予考虑。

（4）金属材料的质量不得包括施工需要加放或使用的灰浆、楔块、填缝料、垫衬物、油料、接缝料、焊条、涂敷料等质量。

（5）承运按质量计量的材料的货车，应每天在监理人指定的时间和地点称出空车质量，每辆货车还应标示清晰易辨的标记。

（6）对有规定标准的项目，例如钢筋、金属线、钢板、型钢、管材等，均有规定的规格、质量、截面尺寸等指标，这类指标应视为通常的质量或尺寸；除非引用规范中的允许偏差值加以控制，否则可用制造商的允许偏差。

3. 面积

除非另有规定，计算面积时，其长、宽应按图纸所示尺寸线或按监理人指示计量。对于面积在 $1m^2$ 以下的固定物（如检查井等）不予扣除。

4. 结构物

（1）结构物应按图纸所示净尺寸线，或根据监理人指示修改的尺寸线计量。

（2）水泥混凝土的计量应按监理人认可的并已完工工程的净尺寸计算，钢筋的体积不扣除，倒角不超过 $0.15m \times 0.15m$ 时不扣除，体积不超过 $0.03m^3$ 的开孔及开口不扣除，面积不超过 $0.15m \times 0.15m$ 的填角部分也不增加。

（3）所有以米计量的结构物（如管涵等），除非图纸另有表示，应按平行于该结构物位置的基面或基础的中心方向计量。

5. 土方

（1）土方体积可采用平均断面积法计算，但与似棱体公式计算结果比较，如果误差超过 $\pm5\%$ 时，监理人可指示采用似棱体公式。

（2）各种不同类别的挖方与填方计量，应以图纸所示界线为限，而且应在批准的横断面图上标明。

（3）用于填方的土方量，应按压实后的纵断面高程和路床面为准来计量。承包人报价时，应考虑在挖方或运输过程中引起的体积差。

（4）在现场钉桩后56d内，承包人应将设计和进场复测的土方横断面图连同土方的面积与体积计算表一并提交监理人批准。所有横断面图都应标有图题框，其大小由监理人指定。一旦横断面图得到最后批准，承包人应交给监理人原版图及三份复制图。

6. 运输车辆体积

（1）用体积计量的材料，应以经监理人批准的车辆装运，并在运到地点进行计量。

（2）用于体积运输的车辆，其车厢的形状和尺寸应使其容量能够容易而准确地测定并应保证精确度。每辆车都应有明显标记。每车所运材料的体积应于事前由监理人与承包人相互达成书面协议。

（3）所有车辆都应装载成水平容积高度，车辆到达送货点时，监理人可以要求将其装载物重新整平，对超过定量运送的材料将不支付。运量达不到定量的车辆，应被拒绝或按监理人确定减少的体积接收。根据监理人的指示，承包人应在货物交付点，随机将一车材料刮平，在刮平后如发现货车运送的材料少于定量时，从前一车起所有运到的材料的计量都按同样比率减为目前的车载量。

7. 质量与体积换算

（1）如承包人提出要求并得到监理人的书面批准，已规定要用立方米计量的材料可以称重，并将此质量换算为立方米计量。

（2）将质量计量换算为体积计量的换算系数应由监理人确定，并应在此种计量方法使用之前征得承包人的同意。

8. 沥青和水泥

（1）沥青和水泥应以千克为单位计量。

（2）如用货车或其他运输工具装运沥青材料，可以按经过检定的质量或体积计算沥青材料的数量，但要对漏失量或泡沫进行校正。

（3）水泥可以以袋作为计量的依据，但一袋的标准应为 50kg。散装水泥应称重计量。

9. 成套的结构单元

如规定的计量单位是一成套的结构物或结构单元（实际上就是按"总额"或称"一次支付"计的工程子目），该单元应包括了所有必需的设备、配件和附属物及相关作业。

10. 标准制品项目

（1）如规定采用标准制品（如护栏、钢丝、钢板、轧制型材、管子等），而这类项目又是以标准规格（单位重、截面尺寸等）标识的，则这种标识可以作为计量的标准。

（2）除非所采用标准制品的允许误差比规范的允许误差要求更严格，否则，生产厂确立的制造允许误差不予认可。

7.2.2 工程量清单计量规则

计量规则由子目号、子目名称、单位、工程量计量、工程内容组成。每个子目号与工程量清单的子目号一一对应，是承包人报价、发包人支付的依据。

1. 开办项目计量规则

"第 100 章 总则"属于开办项目，主要包括"第 101 节 通则""第 102 节 工程管理""第 103 节 临时工程与设施""第 104 节 承包人驻地建设""第 105 节 施工标准化"共 5 节内容，各子目具体说明及要求按招标文件"技术规范"中"第 100 章 总则"及合同条款规定内容和要求执行，相应计量规则在清单中按照项目报价，大部分是按总额价项目计算，即费用包干项目。

开办项目的计量规则见表 7-14。

工程量清单计量总则 表 7-14

子目号	子目名称	单位	工程量计量规则	工程内容
101	通则			
101-1	保险费			

子目号	子目名称	单位	工程量计量规则	工程内容
-a	按合同条款规定，提供建筑工程一切险	总额	1. 承包人按照合同条款约定的保险费率及保费计算方法办理建筑工程一切险，根据保险公司的保单金额以总额为单位计量； 2. 保险期为合同约定的施工期及缺陷责任期； 3. 承包人施工机械设备保险和雇用人员工伤事故保险费、人身意外伤害保险费由承包人承担	根据合同条款办理建筑工程一切险
-b	按合同条款规定，提供第三者责任险	总额	1. 承包人按照合同条款约定的保险费率及保费计算方法办理第三者责任险，根据保险公司的保单金额以总额为单位计量 2. 保险期为合同约定的施工期及缺陷责任期	根据合同条款办理第三者责任险
102	工程管理			
102-1	竣工文件	总额	以总额为单位计量	按《公路工程竣(交)工验收办法》、《公路工程竣(交)工验收办法实施细则》及合同条款规定进行编制
102-2	施工环保费	总额	以总额为单位计量	按规定落实环境保护
102-3	安全生产费	总额	按投标价的 1.5%(若招标人公布了最高投标限价时，按最高投标限价的 1.5%)以总额为单位计量	按规定落实安全生产
102-4	信息化系统(暂估价)	总额	以暂估价的形式按总额计量	1. 工程信息化系统的配置、维护、备份管理及网络构筑； 2. 系统操作人员培训、劳务
103	临时工程与设施			
103-1	临时道路修建、养护与拆除(包括原道路的养护)	总额	以总额为单位计量	按规定完成临时道路的修建、养护与拆除
103-2	临时占地	总额	1. 以总额为单位计量； 2. 取、弃土(渣)场的绿化、结构防护及排水在相应章节计量	1. 按规定办理及使用临时占地，并进行复垦； 2. 临时占地范围包括承包人驻地的办公室、食堂、宿舍、道路和机械设备停放场、材料堆放场地、弃土(渣)场、预制场、拌合场、仓库、进场临时道路、临时便道、便桥等
103-3	临时供电设施架设、维护与拆除	总额	以总额为单位计量	按规定完成临时供电设施架设、维护与拆除
103-4	电信设施的提供、维修与拆除	总额	以总额为单位计量	按规定完成电信设施的提供、维修与拆除
103-5	临时供水与排污设施	总额	以总额为单位计量	按规定完成临时供水与排污设施的修建、维修与拆除

子目号	子目名称	单位	工程量计量规则	工程内容
104	承包人驻地建设			
104-1	承包人驻地建设	总额	以总额为单位计量	1. 承包人驻地建设包括：施工与管理所需的办公室、住房、工地试验室、车间、工作场地、预制场地、仓库与储料场、拌合场、医疗卫生与消防设施等； 2. 驻地的建设、管理与维护； 3. 工程交工时，按照合同或协议要求将驻地移走、清除、恢复原貌
105	施工标准化			
105-1	施工驻地	总额	以总额为单位计量	按招标文件技术规范第105节施工标准化的内容和要求执行
105-2	工地试验室	总额		
105-3	拌合站	总额		
105-4	钢筋加工场	总额		
105-5	预制场	总额		
105-6	仓储存放地	总额		
105-7	各场(厂)区、作业区连接道路及施工主便道	总额		

2. 路基工程计量规则

"第 200 章　路基"包括："第 201 节 通则""第 202 节 场地清理""第 203 节 挖方路基""第 204 节 填方路基""第 205 节 特殊地区路基处理""第 206 节 路基整修""第 207 节 坡面排水""第 208 节 护坡、护面墙""第 209 节 挡土墙""第 210 节 锚杆、锚定板挡土墙""第 211 节 加筋土挡土墙""第 212 节 喷射混凝土和喷浆边坡防护""第 213 节 预应力锚索边坡加固""第 214 节 抗滑桩""第 215 节 河道防护"共 15 节内容。其中"第 201 节 通则"包括材料标准、路基施工的一般要求，工作内容均不作计量，其所涉及的作业应包含在与其相关工程子目之中。"第 206 节 路基整修"包括路堤整修和路堑边坡的修整，达到符合图纸所示的线性、纵坡、边坡、边沟和路基断面的作业，本节工作内容均不作计量。

路基工程各子目具体说明及要求按招标文件"技术规范"中"第 200 章 路基"及合同条款规定内容和要求执行。路基工程工程量清单计算规则见表 7-15。

路基工程工程量清单计量规则

表 7-15

子目号	子目名称	单位	工程量计量规则	工程内容
202	场地清理			
202-1	清理与掘除			
-a	清理现场	m²	依据图纸所示位置及范围(路基范围以外临时工程用地清场等除外)，按路基开挖线或填筑边线之间的水平投影面积以平方米为单位计量	1. 灌木、竹林、胸径小于 10cm 树木的砍伐及挖根； 2. 清除场地表面 0~30cm 范围内的垃圾、废料、表土(腐殖土)、石头、草皮； 3. 与清理现场有关的一切挖方、坑穴的回填、整平、压实； 4. 适用材料的装卸、移运、堆放及非适用材料的移运处理； 5. 现场清理

了目号	了目名称	单位	工程量计量规则	工程内容
-b	砍伐树木	棵	依据图纸所示路基范围内胸径10cm以上(含10cm)的树木,按实际砍伐数量以棵为单位计量	1. 砍伐; 2. 截锯; 3. 装卸、移运至指定地点堆放 4. 现场清理
-c	挖除树根	棵	依据图纸所示路基范围内胸径10cm以上(含10cm)树木的树根,按实际挖除数量以棵为单位计量	1. 挖除树根; 2. 装卸、移运至指定地点堆放; 3. 现场清理
202-2	挖除旧路面	m³	依据图纸所示位置,挖除路基范围内原有的旧路面,按不同的路面结构类型以体积计量	1. 挖除; 2. 装卸、移运处理; 3. 场地清理、平整
202-3	拆除结构物			
-a	钢筋混凝土结构	m³	1. 依据图纸所示位置,拆除路基范围内原有的钢筋混凝土结构、混凝土结构、砖、石及其他砌体结构,以体积计量;拆除路基范围内原有的金属结构,以千克计量; 2. 金属回收按合同有关规定办理	1. 挖除; 2. 装卸、移运处理; 3. 场地清理、平整
-b	混凝土结构	m³		
-c	砖、石及其他砌体结构	m³		
-d	金属结构	kg		
202-4	植物移栽			
-a	移栽乔(灌)木	棵	依据图纸所示位置,起挖路基范围内原有的乔灌木并移栽,按成活的各类乔(灌)木数量,以棵为单位计量	1. 起挖; 2. 植物保护、装卸、运输; 3. 坑(穴)开挖; 4. 种植; 5. 支撑、养护; 6. 场地清理
-b	移栽草皮	m²	依据图纸所示位置,起挖路基范围内原有的草皮并移栽,按成活的草皮面积,以平方米为单位计量	1. 起挖; 2. 植物保护、装卸、运输; 3. 坑(穴)开挖; 4. 种植; 5. 养护; 6. 场地清理
203	挖方路基			
203-1	路基挖方			
-a	挖土方	m³	1. 依据图纸所示地面线、路基设计横断面图、路基土石比例,采用平均断面面积法计算,包括边沟、排水沟、截水沟的土方,按照天然密实体积以立方米为单位计量; 2. 路床顶面以下挖松深300mm再压实作为挖土方的附属工作,不另行计量; 3. 取弃土场的绿化、防护工程、排水设施在相应章节内计量	1. 挖、装、运输、卸车; 2. 填料分离、弃土整形、压实; 3. 施工排水处理; 4. 边坡整修、路床顶面以下挖松深300mm再压实、路床清理

子目号	子目名称	单位	工程量计量规则	工程内容
-b	挖石方	m³	1. 依据图纸所示地面线、路基设计横断面图、路基土石比例,按平均断面积法计算,包括边沟、排水沟、截水沟的石方,按照天然体积以立方米为单位计量; 2. 弃土场绿化、防护工程、排水设施在相应章节内计量	1. 石方爆破; 2. 挖、装、运输、卸车; 3. 填料分理、弃土整形、压实; 4. 施工排水处理; 5. 边坡整修、路床顶面凿平或填平压实、路床清理
-c	挖除非适用材料(不含淤泥、岩盐、冻土)	m³	1. 依据图纸所示位置,挖除路基范围内非适用材料(不含淤泥、岩盐、冻土)以立方米为单位计量;挖除路基范围内淤泥以立方米为单位计量; 2. 弃土场绿化、防护工程、排水设施在相应章节内计量	1. 施工排水处理; 2. 挖除、装载、运输、卸车、堆放; 3. 现场清理
-d	挖淤泥	m³		
-e	挖岩盐	m³	1. 依据图纸所示地面线、路基设计横断面图、路基土石比例,按平均断面积法计算,按照天然体积以立方米为单位计量; 2. 弃土场绿化、防护工程、排水设施在相应章节内计量	1. 石方爆破或机械开挖; 2. 挖、装、运输、卸车; 3. 填料分理; 4. 施工排水处理; 5. 路床顶面岩盐破碎、润洒饱和卤水、碾压整平、路床清理
-f	挖冻土	m³		
203-2	改河、改渠、改路挖方			
-a	挖土方	m³	1. 依据图纸所示地面线、设计横断面图、土石比例,按平均断面面积法计算,以立方米为单位计量; 2. 路床顶面以下挖松深300mm再压实作为挖土方的附属工作,不另行计量; 3. 取弃土场的绿化、防护工程、排水设施在相应章节内计量	1. 挖、装、运输、卸车; 2. 填料分理、弃土整形、压实; 3. 施工排水处理; 4. 边坡整修、路床顶面以下挖松深300mm再压实、路床清理
-b	挖石方	m³	1. 依据图纸所示地面线、设计横断面图、土石比例,按平均断面面积法计算,以立方米为单位计量; 2. 弃土场绿化、防护工程、排水设施在相应章节内计量	1. 石方爆破; 2. 挖、装、运输、卸车; 3. 填料分理、弃土整形、压实; 4. 施工排水处理; 5. 边坡整修、路床顶面凿平或填平压实、路床清理
-c	挖除非适用材料(不含淤泥、岩盐、冻土)	m³	1. 依据图纸所示位置,挖除非适用材料(不含淤泥、岩盐、冻土)以立方米为单位计量;挖除淤泥以立方米为单位计量; 2. 弃土场绿化、防护工程、排水设施在相应章节内计量	1. 施工排水处理; 2. 挖除、装载、运输、卸车、堆放; 3. 现场清理
-d	挖淤泥	m³		

子目号	子目名称	单位	工程量计量规则	工程内容
-e	挖岩盐	m³	1. 依据图纸所示位置,挖岩盐以立方米为单位计量; 2. 路床顶面岩盐破碎、润洒卤水、碾压整平等作为挖岩盐的附属工作,不另行计量	1. 石方爆破或机械开挖; 2. 挖、装、运输、卸车; 3. 填料分理; 4. 施工排水处理; 5. 路床顶面岩盐破碎、润洒饱和卤水、碾压整平、路床清理
-f	挖冻土	m³	1. 依据图纸所示位置,挖冻土以立方米为单位计量; 2. 弃土场绿化、防护工程、排水设施在相应章节内计量	1. 爆破或机械开挖; 2. 挖除、装载、运输、卸车、堆放; 3. 施工排水处理; 4. 现场清理
204	填方路基			
204-1	路基填筑(包括填前压实)			
-a	利用土方	m³	1. 依据图纸所示地面线、路基设计横断面图,按平均断面面积法计算压实的体积,以立方米为单位计量; 2. 当填料中石料含量小于30%时,适用于本条; 3. 满足施工需要,预留路基宽度宽填的填方量作为路基填筑的附属工作,不另行计量; 4. 填前压实、地面下沉增加的填方量按填料来源参照本条计量	1. 基底翻松、压实、挖台阶; 2. 临时排水、翻晒; 3. 分层摊铺; 4. 洒水、压实、刷坡; 5. 整形
-b	利用石方	m³	1. 依据图纸所示地面线、路基设计横断面图,按平均断面面积法计算压实的体积,以立方米为单位计量; 2. 当填料中石料含量大于70%时,适用于本条; 3. 地面下沉增加的填方量按填料来源参照本条计量	1. 基底翻松、压实、挖台阶; 2. 临时排水、翻晒; 3. 边坡码砌; 4. 分层摊铺; 5. 小石块(或石屑)填缝、找补; 6. 洒水、压实; 7. 整形
-c	利用土石混填	m³	1. 同204-1-a中第1条内容; 2. 当填料中石料含量大于30%而小于70%时,适用于本条; 3. 满足施工需要,预留路基宽度宽填的填方量作为路基填筑的附属工作,不另行计量; 4. 地面下沉增加的填方量按填料来源参照本条计量	1. 基底翻松、压实、挖台阶; 2. 临时排水、翻晒; 3. 边坡码砌; 4. 分层摊铺; 5. 洒水、压实、刷坡; 6. 整形
-d	借土填方	m³	1. 同204-1-a中第1条内容; 2. 借土场绿化、防护工程、排水设施、临时用地在相应章节内计量; 3. 同204-1-c中第3条内容; 4. 同204-1-b中第1条内容	1. 借土场场地清理、清除不适用材料; 2. 简易便道、基底翻松、压实、挖台阶; 3. 挖、装、运输、卸车; 4. 分层摊铺; 5. 洒水、压实、刷坡; 6. 施工排水处理; 7. 整形

子目号	子目名称	单位	工程量计量规则	工程内容
-e	粉煤灰及矿渣路堤	m³	1. 同 204-1-b 中第 1 条内容; 2. 同 204-1-c 中第 3 条内容; 3. 地面下沉增加的填方量按填料来源参照本条计量	1. 材料选择; 2. 基底翻松、压实、挖台阶; 3. 挖、装、运输、卸车; 4. 分层摊铺; 5. 洒水、压实、土质护坡; 6. 施工排水处理; 7. 整形
-f	吹填砂路堤	m³	1. 同 204-1-b 中第 1 条内容; 2. 满足施工需要,预留路基宽度宽填的填方量作为路基填筑的附属工作,不另行计量; 3. 地面下沉增加的填方量按填料来源参照本条计量	1. 吹砂设备安设; 2. 吹填; 3. 施工排水处理(排水沟、反滤层设置); 4. 封闭及整形
-g	EPS 路堤	m³	依据图纸所示,按铺筑的 EPS 体积以立方米为单位计量	1. 下承层处理; 2. 铺设垫层; 3. EPS 块加工及铺装
-h	结构物台背回填	m³	1. 依据图纸所示结构物台背回填数量,按照压实的体积计量; 2. 挡土墙墙背回填不另行计量	1. 基底翻松、压实、挖台阶; 2. 填料的选择; 3. 临时排水; 4. 分层摊铺; 5. 洒水、压实; 6. 整形
-i	锥坡及台前溜坡填土	m³	依据图纸所示锥坡及台前溜坡填土数量,按照压实的体积以立方米为单位计量	
204-2	改河、改渠、改路填筑			
-a	利用土方	m³	1. 依据图纸所示地面线、设计横断面图,按平均断面面积法计算压实的体积,以立方米为单位计量; 2. 当填料中石料含量小于 30% 时,适用于本条; 3. 满足施工需要,预留路基宽度宽填的填方量作为路基填筑的附属工作,不另行计量	1. 基底翻松、压实、挖台阶; 2. 临时排水; 3. 分层摊铺; 4. 洒水、压实、刷坡; 5. 整形
-b	利用石方	m³	1. 同 204-2-a 中的第 1 条; 2. 当填料中石料含量大于 70% 时,适用于本条; 3. 同 204-2-a 中的第 3 条	1. 基底翻松、压实,挖台阶; 2. 临时排水; 3. 边坡码砌; 4. 分层摊铺; 5. 小石块或石屑填缝、找补; 6. 洒水、压实; 7. 整形
-c	利用土石混填	m³	1. 同 204-2-a 中的第 1 条; 2. 当填料中石料含量大于 30% 时,小于 70% 时,适用于本条; 3. 同 204-2-a 中的第 3 条	1. 基底翻松、压实、挖台阶; 2. 临时排水; 3. 分层摊铺; 4. 洒水、压实、刷坡; 5. 整形

子目号	子目名称	单位	工程量计量规则	工程内容
-d	借土填方	m³	1. 依据图纸所示借方填筑数量,按照压实的体积以立方米为单位计量; 2. 借土场绿化、防护工程、排水设施、临时用地在相应章节内计量; 3. 同 204-2-a 中的第 3 条	1. 借土场场地清理; 2. 基底翻松、压实、挖台阶; 3. 挖、装、运输、卸车; 4. 分层摊铺; 5. 洒水、压实、刷坡; 6. 施工排水处理; 7. 整形
205	特殊地区路基处理			
205-1	软土路基处理			
-a	抛石挤淤	m³	依据图纸所示位置和范围,按照抛石体积的片石数量,以立方米为单位计量	1. 临时排水; 2. 抛填片石; 3. 小石块、石屑填塞垫平; 4. 重型压路机压实
-b	爆炸挤淤	m³	依据图纸所示位置和范围,按照设计的爆炸挤淤的淤泥体积,以立方米为单位计量	1. 超高填石; 2. 爆炸设计; 3. 布置炸药; 4. 爆破; 5. 填石; 6. 钻探(或物探)检查
-c	垫层			
-c-1	砂垫层	m³	1. 依据图纸所示位置和断面尺寸,按图示砂垫层、砂砾垫层、碎石垫层、碎石土垫层、石灰土垫层密实体积以立方米为单位计量; 2. 因换填而挖除的非适用材料列入 203-1 相关子目计量	1. 基底清理; 2. 临时排水; 3. 分层铺筑; 4. 分层碾压
-c-2	砂砾垫层	m³		
-c-3	碎石垫层	m³		1. 基底清理; 2. 临时排水; 3. 分层铺筑; 4. 路基边部片石砌护; 5. 分层碾压
-c-4	碎石土垫层	m³		1. 基底清理; 2. 临时排水; 3. 分层铺筑; 4. 分层碾压
-c-5	灰土垫层	m³		1. 基底清理; 2. 临时排水; 3. 石灰购置、运输、消解、拌合; 4. 分层铺筑; 5. 分层碾压
-d	土工合成材料			
-d-1	反滤土工布	m²	1. 依据图纸所示位置和规格,按土层中分层铺设反滤土工布、防渗土工膜、土工格栅、土工格室的累计净面积以平方米为单位计量; 2. 接缝的重叠面积和边缘的包裹面积不予计量	1. 清理下承层; 2. 铺设及固定; 3. 接缝处理(搭接、缝接、粘接); 4. 边缘处理
-d-2	防渗土工膜	m²		
-d-3	土工格栅	m²		
-d-4	土工格室	m²		

子目号	子目名称	单位	工程量计量规则	工程内容
-e	预压与超载预压			
-e-1	真空预压	m²	1. 依据图纸所示的沿密封沟内缘线密封膜覆盖的路基面积以平方米为单位计量; 2. 真空联合堆载预压的堆载土方在205-1-e-2子目计量; 3. 砂垫层作为真空预压的附属工作不另行计量	1. 场地清理及埋设沉降观测设施; 2. 铺设砂垫层及密封薄膜; 3. 施工密封沟; 4. 安装真空设备; 5. 抽真空、沉降观测; 6. 拆除、清理场地; 7. 围堰与临时排水
-e-2	超载预压	m³	依据图纸所示预压范围(宽度、高度、长度)预压后体积以立方米为单位计量	1. 场地清理及埋设沉降观测设施; 2. 指标试验; 3. 围堰及临时排水; 4. 挖运、堆载、整形及碾压; 5. 沉降观测; 6. 卸载
-f	袋装砂井	m	依据图纸所示位置和断面尺寸,按不同直径袋装砂井的长度以米为单位计量	1. 场地清理; 2. (轨道铺、拆)装砂袋; 3. 桩机定位; 4. 打钢管; 5. 下砂袋; 6. 拔钢管; 7. 起重机(门架)桩机移位
-g	塑料排水板	m	1. 依据图纸所示位置和断面尺寸,按图示不同类型的塑料排水板长度以米为单位计量; 2. 不计伸入垫层内的塑料排水板长度	1. 场地清理; 2. (轨道铺、拆)桩机定位; 3. 穿塑料排水板; 4. 安桩靴; 5. 打拔钢管; 6. 剪断排水板; 7. 起重机(门架)桩机移位
-h	粒料桩			
-h-1	砂桩	m	依据图纸所示位置和断面尺寸,按图示不同桩径的砂桩、碎石桩长度以米为单位计量	1. 场地清理; 2. 成桩设备安装与就位; 3. 成孔; 4. 灌砂、灌碎石; 5. 桩机移位
-h-2	碎石桩	m		
-i	加固土桩			
-i-1	粉喷桩	m	依据图纸所示位置和断面尺寸,按图示不同桩径的粉喷桩长度以米为单位计量	1. 场地清理; 2. 钻机安装与就位; 3. 钻孔; 4. 喷(水泥)粉,搅拌; 5. 复喷、二次搅拌; 6. 桩机移位

子目号	子目名称	单位	工程量计量规则	工程内容
-i-2	浆喷桩	m	依据图纸所示位置和断面尺寸,按图示不同桩径的浆喷桩长度以米为单位计量	1. 场地清理; 2. 钻机定位; 3. 钻进; 4. 上提喷浆、强制搅拌; 5. 复搅; 6. 提杆出孔; 7. 钻机移位
-j	CFG 桩	m	依据图纸所示位置和断面尺寸,按图示不同桩径的 CFG 桩、不同规格的 Y 形沉管灌注桩、不同规格的薄壁筒型沉管灌注桩长度以米为单位计量	1. 场地清理; 2. 钻机定位; 3. 钻进成孔; 4. CFG桩混合料拌制; 5. 灌注及拔管; 6. 桩头处理; 7. 钻机移位
-k	Y 形沉管灌注桩	m		
-l	薄壁筒型沉管灌注桩	m		
-m	静压管桩	m	依据图纸所示位置和断面尺寸,按图示不同规格的静压管桩长度以米为单位计量	1. 场地清理; 2. 管桩制作; 3. 静力压桩机定位; 4. 压桩; 5. 桩身连接; 6. 桩头处理; 7. 压桩机移位
-n	强夯及强夯置换			
-n-1	强夯	m²	依据图纸所示位置和处理面积,按图示路堤底面积以平方米为单位计量	1. 场地清理; 2. 拦截、排除地表水; 3. 防止地表水下渗等防渗措施; 4. 强夯处理; 5. 路基整形; 6. 压实; 7. 沉降观测
-n-2	强夯置换	m³	依据图纸所示位置,按图示置换的体积以立方米为单位计量	1. 场地清理; 2. 拦截、排除地表水; 3. 防止地表水下渗等防渗措施; 4. 挖除材料; 5. 铺设置换材料; 6. 强夯; 7. 路基整形; 8. 承载力检测
205-2	红黏土及膨胀土路基处理			

子目号	子目名称	单位	工程量计量规则	工程内容
-a	石灰改良土	m³	1. 依据图纸所示位置和断面尺寸,对不良填料进行掺石灰、水泥改良处理,按不同掺灰量的压实体积计量; 2. 本条内容仅指石灰、水泥改良土作业,包括石灰的购置、运输、消解、拌合、洒水; 3. 土石方挖运、摊平、压实、整形在204节计量; 4. 包边土方在第204节计量	1. 原状土开挖翻松及晾晒; 2. 石灰/水泥消解; 3. 掺灰/水泥拌合
-b	水泥改良土	m³		
205-3	滑坡处理			
-a	清除滑坡体	m³	依据图纸所示位置,按照清除滑坡体土方与石方的天然体积分别以立方米为单位计量	1. 地表水引排、防渗、地下水疏导引离; 2. 挖除、装载; 3. 运输到指定地点堆放; 4. 现场清理
205-4	岩溶洞处理			
-a	回填	m³	依据图纸所示位置和范围,按照图纸要求的回填材料的密实体积以立方米为单位计量	1. 清除覆土; 2. 炸开顶板; 3. 地下水疏导引离; 4. 挖除充填物; 5. 分层回填; 6. 碾压、夯实
205-5	湿陷性黄土路基处理			
-a	陷穴处理			
-a-1	灌砂	m³	依据图纸所示位置,按照灌砂的体积,以立方米为单位计量	1. 施工排水处理; 2. 开挖; 3. 灌砂; 4. 压实
-a-2	灌水泥砂浆	m³	依据图纸所示位置,按照灌水泥砂浆的体积,以立方米为单位计量	1. 施工排水处理; 2. 开挖; 3. 水泥砂浆拌制; 4. 灌水泥砂浆
-b	强夯及强夯置换			
-b-1	强夯	m²	依据图纸所示位置和处理面积,按图示路堤底面积以平方米为单位计量	1. 场地清理; 2. 拦截、排除地表水; 3. 防止地表水下渗等防渗措施; 4. 强夯处理; 5. 路基整形; 6. 压实; 7. 沉降观测

了目号	了目名称	单位	工程量计量规则	工程内容
-b-2	强夯置换	m³	依据图纸所示位置,按图示置换的体积以立方米为单位计量	1. 场地清理; 2. 拦截、排除地表水; 3. 防止地表水下渗等防渗措施; 4. 挖除材料; 5. 铺设置换材料; 6. 强夯; 7. 路基整形; 8. 承载力检测
-c	石灰改良土	m³	1. 依据图纸所示位置和断面尺寸,对不良填料进行掺石灰改良处理,按不同掺灰量的压实体积计量; 2. 本条内容仅指石灰改良土作业,包括石灰的购置、运输、消解、拌合、洒水; 3. 土石方挖运、摊平、压实、整形在204节计量	1. 原状土开挖翻松及晾晒; 2. 石灰消解; 3. 掺灰拌合
-d	灰土桩	m	依据图纸所示位置和断面尺寸,按图示不同直径的灰土桩的长度以米为单位计量	1. 场地清理; 2. 钻机安装与就位; 3. 钻孔; 4. 喷(水泥)粉,搅拌; 5. 复喷、二次搅拌; 6. 桩机移位
205-6	盐渍土路基处理			
-a	垫层			
-a-1	砂垫层	m³	1. 依据图纸所示位置和断面尺寸,按图示砂垫层、砂砾垫层,密实体积以立方米为单位计量; 2. 因换填而挖除的非适用材料列入203-1相关子目计量	1. 基底清理; 2. 临时排水; 3. 分层铺筑; 4. 分层碾压
-a-2	砂砾垫层	m³		
-b	土工合成材料			
-b-1	防渗土工膜	m²	1. 依据图纸所示位置和规格、型号,按土层中分层铺设防渗土工膜、土工格栅的累计净面积以平方米为单位计量; 2. 接缝的重叠面积和边缘的包裹面积不予计量	1. 清理下承层; 2. 铺设及固定; 3. 接缝处理(搭接、缝接、粘接); 4. 边缘处理
-b-2	土工格栅	m²		
205-7	风积沙路基处理			
-a	土工合成材料		同205-6-b土工合成材料	
205-8	冻土路基处理			
-a	隔热层(XPS保温板)	m²	依据图纸所示位置和断面形状、尺寸,按图示粘贴的XPS保温板面积,以平方米为单位计量	1. 备保温板、运输; 2. 裁剪保温板; 3. 清理粘贴面; 4. 涂刷或批刮黏结胶浆; 5. 贴到图示墙面或地面

子目号	子目名称	单位	工程量计量规则	工程内容
-b	通风管	m	依据图纸所示位置和断面形状、尺寸,按设置的通风管长度以米为单位计量	1. 基础开挖; 2. 通风管制作; 3. 通风管安装; 4. 回填砂砾; 5. 压实
-c	热棒	根	依据图纸所示位置和尺寸,按图示设置的热棒数量以根为单位计量	1. 场地清理; 2. 备水电、材料、机具设备; 3. 钻机定位; 4. 钻进、成孔; 5. 起吊安装热棒; 6. 热棒四周灌砂密实; 7. 钻机移位
207	坡面排水			
207-1	边沟			
-a	浆砌片石	m³	依据图纸所示位置及断面尺寸,按浆砌片石、不同强度等级浆砌块石的体积以立方米为单位计量	1. 场地清理; 2. 地基平整夯实,断面补挖 3. 铺设垫层; 4. 砂浆拌制; 5. 浆砌片石/块石、勾缝、抹面、养护; 6. 回填
-b	浆砌块石	m³		
-c	现浇混凝土	m³	依据图纸所示位置及断面尺寸,按照不同强度等级混凝土浇筑的边沟的体积以立方米为单位计量	1. 场地清理; 2. 地基平整夯实,断面补挖 3. 铺设垫层; 4. 模板制作、安装、拆除; 5. 钢筋制作与安装; 6. 混凝土拌合、运输、浇筑、养护; 7. 回填
-d	预制安装混凝土	m³	依据图纸所示位置及断面尺寸,按照不同强度等级混凝土预制的边沟的体积以立方米为单位计量	1. 场地清理; 2. 地基平整夯实,断面补挖 3. 铺设垫层; 4. 模板制作、安装、拆除; 5. 预制件预制、运输、装卸; 6. 预制件安装; 7. 回填
-e	预制安装混凝土盖板	m³	依据图纸所示位置及断面尺寸,按照不同强度等级混凝土预制的盖板体积以立方米为单位计量	1. 场地清理; 2. 模板制作、安装、拆除; 3. 钢筋制作与安装; 4. 预制件预制、运输、装卸; 5. 预制件安装
-f	干砌片石	m³	依据图纸所示位置及断面尺寸,按干砌片石的体积以立方米为单位计量	1. 场地清理; 2. 地基平整夯实,断面补挖 3. 铺设垫层; 4. 铺砌片石; 5. 回填

子目号	子目名称	单位	工程量计量规则	工程内容
207-2	排水沟		同207-1边沟	同207-1边沟
207-3	截水沟		同207-1边沟	同207-1边沟
207-4	跌水与急流槽		同207-1边沟	同207-1边沟
207-5	渗沟	m	依据图纸所示位置及断面尺寸,分不同类型及规格的渗沟,按长度以米为单位计量	1. 基础开挖; 2. 进出水口处理; 3. 铺设防渗材料; 4. 铺设透水管及泄水管; 5. 填料填筑及夯实; 6. 设置反滤层; 7. 设置封闭层; 8. 现场清理
207-6	蒸发池			
-a	挖土(石)方	m³	依据图纸所示地面线、断面尺寸、土石比例,按开挖的天然密实体积以立方米为单位计量	1. 场地清理; 2. 开挖、集中、装运; 3. 施工排水处理; 4. 弃方处理
-b	圬工	m³	依据图纸所示位置及断面尺寸,分不同类型及强度等级,按圬工体积以立方米为单位计量	1. 场地清理; 2. 基坑开挖及弃方处理; 3. 地基平整夯实,断面补挖 4. 浆砌片石、勾缝、抹面、养护; 5. 回填
207-7	涵洞上下游改沟、改渠铺砌			
-a	浆砌片石铺砌	m³	依据图纸所示位置及断面尺寸,按照不同强度等级水泥砂浆铺砌的片石体积以立方米为单位计量	1. 场地清理; 2. 地基平整夯实,沟、渠断面补挖; 3. 铺设垫层; 4. 砂浆拌制; 5. 浆砌片石勾缝、抹面、养护; 6. 回填
-b	现浇混凝土铺砌	m³	依据图纸所示位置及断面尺寸,按照不同强度等级混凝土浇筑的沟、渠铺砌体积以立方米为单位计量	1. 场地清理; 2. 地基平整夯实,沟、渠断面补挖; 3. 铺设垫层; 4. 模板制作、安装、拆除; 5. 混凝土拌合、运输、浇筑、养护;或预制件预制、运输、装卸、安装; 6. 回填
-c	预制混凝土铺砌	m³		
207-8	现浇混凝土坡面排水结构物	m³	依据图纸所示位置及断面尺寸,按照不同强度等级混凝土浇筑、预制的坡面排水结构物体积以立方米为单位计量	1. 场地清理; 2. 地基平整夯实,坡面排水结构物断面补挖; 3. 铺设垫层; 4. 模板制作、安装、拆除; 5. 混凝土拌合、运输、浇筑、养护;或预制件预制、运输、装卸、安装; 6. 回填
207-9	预制混凝土坡面排水结构物	m³		

184

子目号	子目名称	单位	工程量计量规则	工程内容
207-10	仰斜式排水孔			
-a	钻孔	m	依据图纸所示位置及孔径,按照不同孔径排水孔长度以米为单位计量	1. 搭拆脚手架; 2. 安拆钻机; 3. 布眼、钻孔、清孔; 4. 现场清理
-b	排水管	m	依据图纸所示位置及排水管材质,按照不同管径排水管长度以米为单位计量	1. 搭拆脚手架; 2. 管体制作、包裹渗水土工布(反滤膜); 3. 安装排水管,排水口处理; 4. 现场清理
-c	软式透水管	m		
208	护坡、护面墙			
208-1	护坡垫层	m³	依据图纸所示位置和密实厚度,按照不同材料类别的垫层体积以立方米为单位计量	1. 坡面清理、修整; 2. 垫层材料铺筑; 3. 压实、捣固; 4. 弃渣处理
208-2	干砌片石护坡	m³	1. 依据图纸所示位置和铺砌厚度,扣除急流槽所占部分,以立方米为单位计量; 2. 含碎落台、护坡平台满铺干砌片石数量	1. 清理边坡,坡面夯实,基础开挖; 2. 铺砌片石; 3. 回填; 4. 清理现场
208-3	浆砌片石护坡			
-a	满铺浆砌片石护坡	m³	1. 依据图纸所示位置和铺砌厚度、水泥砂浆强度,按照铺砌体积以立方米为单位计量; 2. 含碎落台、护坡平台满铺浆砌片石数量; 3. 扣除急流槽所占体积	1. 清理边坡,坡面夯实,基础开挖; 2. 浆砌片石; 3. 勾缝、抹面、养护; 4. 回填; 5. 清理现场
-b	浆砌骨架护坡	m³	1. 依据图纸所示位置和铺砌厚度、骨架形式、水泥砂浆强度,按照护坡体积以立方米为单位计量; 2. 同上第2条、第3条	
-c	现浇混凝土	m³	依据图纸所示位置及断面尺寸,按照不同强度等级混凝土浇筑的现浇混凝土体积以立方米为单位计量	1. 清理边坡,坡面夯实,基坑开挖; 2. 模板制作、安装、拆除; 3. 混凝土拌合、运输、浇筑、养护; 4. 回填; 5. 清理现场
208-4	混凝土护坡			

子目号	子目名称	单位	工程量计量规则	工程内容
-a	现浇混凝土满铺护坡	m³	1. 依据图纸所示位置及断面尺寸,按照不同强度等级混凝土浇筑/混凝土预制件铺砌坡面的实体体积以立方米为单位计量; 2. 含碎落台、护坡平台满铺混凝土数量; 3. 扣除急流槽所占体积	同208-3-c所述内容
-b	混凝土预制件满铺护坡	m³		1. 清理边坡,坡面夯实,基坑开挖; 2. 预制场建设; 3. 预制件预制、运输、装卸; 4. 预制件安装; 5. 回填; 6. 清理现场
-c	现浇混凝土骨架护坡	m³	依据图纸所示位置及断面尺寸,按照不同强度等级混凝土浇筑的骨架护坡体积以立方米为单位计量	同208-3-c所述内容
-d	混凝土预制件骨架护坡	m³	依据图纸所示位置和构造尺寸,按照不同强度等级混凝土预制件骨架护坡的体积以立方米为单位计量	同208-4-b所述内容
-e	浆砌片石	m³	依据图纸所示位置和铺砌厚度,按照不同强度等级水泥砂浆砌筑的浆砌片石护坡体积以立方米为单位计量	同208-3-a所述内容
208-5	护面墙			
-a	浆砌片(块)石护面墙	m³	1. 依据图纸所示位置和断面尺寸,按图示不同强度等级水泥砂浆砌片(块)石的体积以立方米为单位计量; 2. 不扣除沉降缝、泄水孔、预埋件所占体积	1. 基坑开挖、地基平整夯实、废方弃运; 2. 边坡清理夯实; 3. 浆砌片石,设泄水孔及其滤水层; 4. 接缝处理; 5. 勾缝、抹面、墙背排水设施设置、填料分层填筑; 6. 清理现场
-b	现浇混凝土护面墙	m³	1. 依据图纸所示位置和断面尺寸,按图示不同强度等级混凝土体积以立方米为单位计量; 2. 不扣除沉降缝、泄水孔、预埋件所占体积	1. 场地清理; 2. 基坑开挖,地基平整夯实,废方弃运; 3. 边坡清理夯实; 4. 模板制作、安装、拆除; 5. 混凝土拌合、运输、浇筑、养护; 6. 泄水孔及其滤水层、沉降缝设置; 7. 墙背排水设施设置、填料分层填筑; 8. 清理现场
-c	预制安装混凝土护面墙	m³	1. 依据图纸所示位置及断面尺寸,按照不同强度等级混凝土预制件体积以立方米为单位计量; 2. 不扣除沉降缝、泄水孔、预埋件所占体积	1. 预制场建设; 2. 预制件预制、运输、装卸; 3. 预制件安装; 4. 墙背排水设施设置、填料分层填筑; 5. 清理现场

子目号	子目名称	单位	工程量计量规则	工程内容
208-6	封面			
-a	封面	m²	依据图纸所示位置及断面尺寸,按照不同厚度的封面面积以平方米为单位计量	1. 坡面清理; 2. 封面施工; 3. 清理现场
208-7	捶面			
-a	捶面	m²	依据图纸所示位置及断面尺寸,按照不同厚度的捶面面积以平方米为单位计量	1. 坡面清理; 2. 捶面施工; 3. 清理现场
208-8	坡面柔性防护			
-a	主动防护系统	m²	1. 依据图纸所示,按主动防护系统防护的坡面面积以平方米为单位计量;或按被动防护系统网面面积以平方米为单位计量; 2. 网片搭接部分作为附属工作,不另行计量	1. 坡面清理; 2. 脚手架安设、拆除、完工清理和保养(主动防护系统);或基础及立柱施工(被动防护系统); 3. 支撑绳穿绳、张拉、固定; 4. 挂网、网片连接、缝合、固定; 5. 钻孔、清孔、套管装拔,锚杆制作、安装、锚固、锚头处理; 6. 浆液制备、注浆、养护; 7. 网面调整
-b	被动防护系统	m²		
209	挡土墙			
209-1	垫层	m³	依据图纸所示位置及垫层密实厚度,按照不同材料的垫层体积以立方米为单位计量	1. 基底清理; 2. 临时排水; 3. 铺筑垫层; 4. 夯实
209-2	基础			
-a	浆砌片(块)石基础	m³	依据图纸所示位置和断面尺寸,按图示不同强度等级水泥砂浆砌石体积以立方米为单位计量	1. 基坑开挖、清理、平整、夯实,废方弃运; 2. 拌、运砂浆; 3. 砌筑、养护; 4. 回填
-b	混凝土基础	m³	依据图纸所示位置和断面尺寸,按图示不同强度等级混凝土体积以立方米为单位计量	1. 基坑开挖、清理、平整、夯实; 2. 混凝土制作、运输; 3. 浇筑、振捣; 4. 养护; 5. 回填; 6. 清理现场
209-3	砌体挡土墙			
-a	浆砌片(块)石	m³	1. 依据图纸所示位置和断面尺寸,按图示不同强度等级水泥砂浆砌石体积以立方米为单位计量; 2. 不扣除沉降缝、泄水孔、预埋件所占体积	1. 基坑开挖、清理、平整、夯实; 2. 浆砌片(块)石,设泄水孔及其滤水层; 3. 接缝处理; 4. 勾缝、抹面、墙背排水设施设置、墙背填料分层填筑; 5. 清理、废方弃运

子目号	子目名称	单位	工程量计量规则	工程内容
209-4	干砌挡土墙	m³	1. 依据图纸所示位置和断面尺寸,按图示干砌体积以立方米为单位计量; 2. 不扣除沉降缝、泄水孔所占体积	1. 基坑开挖、清理、平整、夯实; 2. 砌筑片(块)石,泄水孔及其滤水层; 3. 接缝处理; 4. 抹面; 5. 墙背排水设施设置、墙背填料分层填筑; 6. 清理、废方弃运
209-5	混凝土挡土墙			
-a	混凝土	m³	1. 依据图纸所示位置和断面尺寸,按图示不同强度等级混凝土体积以立方米为单位计量; 2. 不扣除沉降缝、泄水孔、预埋件所占体积	1. 基坑开挖、清理、平整、夯实; 2. 模板制作、安装、拆除; 3. 混凝土拌合、运输、浇筑、养护; 4. 泄水孔及其滤水层、沉降缝设置; 5. 墙背填料分层填筑; 6. 清理,弃方处理
-b	钢筋	kg	1. 依据图纸所示及钢筋表所列钢筋质量以千克为单位计量; 2. 固定钢筋的材料、定位架立钢筋、钢筋接头、吊装钢筋、钢板、铁丝作为钢筋作业的附属工作,不另行计量	1. 钢筋的保护、储存及除锈; 2. 钢筋整直、接头; 3. 钢筋截断、弯曲; 4. 钢筋安设、支承及固定
210	锚杆、锚定板挡土墙			
210-1	锚杆挡土墙			
-a	现浇混凝土立柱	m³	依据图纸所示位置及断面尺寸,按照不同强度等级混凝土体积以立方米为单位计量	1. 基坑开挖、清理、平整、夯实; 2. 模板制作、安装、拆除; 3. 混凝土拌合、运输、浇筑、养护; 4. 锚头制作、防锈及防水封闭; 5. 清理现场
-b	预制安装混凝土立柱	m³	依据图纸所示位置及断面尺寸,按照不同强度等级混凝土立柱体积以立方米为单位计量	1. 基础开挖; 2. 预制场建设; 3. 预制件预制、运输、装卸; 4. 预制件安装; 5. 锚头制作、防锈及防水封闭;或墙背回填及墙背排水系统施工(预制安装混凝土挡板); 6. 清理现场
-c	预制安装混凝土挡板	m³	依据图纸所示位置和断面尺寸,按图示不同强度等级混凝土体积以立方米为单位计量	
210-2	锚定板挡土墙			
-a	现浇混凝土肋柱	m³	依据图纸所示位置及断面尺寸,按照不同强度等级混凝土体积以立方米为单位计量	1. 基坑开挖、清理、平整、夯实; 2. 模板制作、安装、拆除; 3. 混凝土拌合、运输、浇筑、养护; 4. 锚头制作、防锈及防水封闭 5. 清理现场

子目号	子目名称	单位	工程量计量规则	工程内容
-b	预制安装混凝土肋柱	m³	依据图纸所示位置及断面尺寸,按照不同强度等级混凝土体积以立方米为单位计量	1. 基础开挖; 2. 预制场建设; 3. 预制件预制、运输、装卸; 4. 预制件安装; 5. 锚头制作、防锈及防水封闭 6. 清理现场
-c	预制安装混凝土锚定板	m³	依据图纸所示位置及断面尺寸,按照不同强度等级混凝土体积以立方米为单位计量	1. 沟槽开挖; 2. 预制场建设; 3. 预制件预制、运输、装卸; 4. 预制件安装; 5. 墙背回填及墙背排水系统施工; 6. 清理现场
210-3	现浇墙身混凝土、附属部位混凝土			
-a	现浇混凝土墙身	m³	1. 依据图纸所示位置和断面尺寸,按图示不同强度等级混凝土体积以立方米为单位计量; 2. 不扣除沉降缝、泄水孔、预埋件所占体积	1. 模板制作、安装、拆除; 2. 混凝土拌合、运输、浇筑、养护; 3. 墙背回填及墙背排水系统施工; 4. 清理现场
-b	现浇附属部位混凝土	m³	依据图纸所示断面尺寸,按照不同强度等级混凝土体积以立方米为单位计量	1. 模板制作、安装、拆除; 2. 混凝土拌合、运输、浇筑、养护; 3. 清理现场
210-4	现浇桩基混凝土	m³	1. 依据图纸所示位置及断面尺寸,按照不同强度等级混凝土体积以立方米为单位计量; 2. 护壁混凝土为桩基混凝土的附属工作,不另行计量	1. 钻孔; 2. 模板制作、安装、拆除; 3. 护壁及桩身混凝土拌合、运输、浇筑、养护; 4. 墙背回填、压实、排水措施施工; 5. 清理现场
210-5	锚杆及拉杆			
-a	锚杆	kg	依据图纸所示位置,按照锚杆设计长度和规格计算质量以千克为单位计量	1. 坡面清理; 2. 钻孔; 3. 制作安放锚杆; 4. 灌浆; 5. 拉拔试验; 6. 锚固; 7. 锚头处理
-b	拉杆	kg	依据图纸所示位置及,按照拉杆设计长度和规格计算质量以千克为单位计量	1. 拉杆沟槽开挖、废方弃运; 2. 拉杆制作、防锈处理、安装; 3. 拉杆与肋柱、锚定板连接处的防锈处理; 4. 锚头制作、防锈处理、防水封闭、养护

子目号	子目名称	单位	工程量计量规则	工程内容
210-6	钢筋	kg	1. 依据图纸所示及钢筋表所列钢筋质量以千克为单位计量； 2. 固定钢筋的材料、定位架立钢筋、钢筋接头、吊装钢筋、钢板、铁丝作为钢筋作业的附属工作，不另行计量	1. 钢筋的保护、储存及除锈； 2. 钢筋整直、接头； 3. 钢筋截断、弯曲； 4. 钢筋安设、支承及固定
211	加筋土挡土墙			
211-1	基础			
-a	浆砌片石基础	m³	依据图纸所示位置和断面尺寸，按图示不同强度等级水泥砂浆砌石体积以立方米为单位计量	1. 基坑开挖、清理、平整、夯实，废方弃运； 2. 拌、运砂浆； 3. 砌筑； 4. 养护； 5. 回填
-b	混凝土基础	m³	依据图纸所示位置和断面尺寸，按图示不同强度等级混凝土体积以立方米为单位计量	1. 基坑开挖、清理、平整、夯实； 2. 混凝土制作、运输； 3. 浇筑、振捣； 4. 养护； 5. 回填； 6. 清理现场
211-2	混凝土帽石			
-a	现浇帽石混凝土	m³	依据图纸所示断面尺寸，按照不同强度等级混凝土体积以立方米为单位计量	1. 模板制作、安装、拆除； 2. 混凝土拌合、运输、浇筑、养护； 3. 清理现场
211-3	预制安装混凝土墙面板	m³	1. 依据图纸所示位置及断面尺寸，按照不同强度等级混凝土体积以立方米为单位计量； 2. 加筋土挡土墙的路堤填料第204节计量	1. 沟槽开挖； 2. 预制场建设； 3. 预制件预制、运输、装卸； 4. 预制件安装； 5. 墙背回填(不含路堤填料的回填)及墙背排水系统施工； 6. 清理现场
211-4	加筋带			
-a	扁钢带	kg	依据图纸，按铺设数量换算为质量以千克为单位计量	
-b	钢筋混凝土带	m³	1. 依据图纸，按不同强度混凝土体积以立方米为单位计量。 2. 混凝土中的钢筋作为加筋带的附属工作，不另行计量	1. 场地清理； 2. 铺设加筋带； 3. 填料摊平； 4. 分层压实
-c	塑钢复合带	kg	依据图纸所示，按铺设数量换算为质量以千克为单位计量	
-d	塑料土工格栅	m²	1. 依据图纸所示，按土层中分层铺设土工格栅的累计净面积为单位计量； 2. 接缝的重叠面积和边缘的包裹面积不予计量	
-e	聚丙烯土工带	kg	依据图纸所示，按铺设数量换算为质量以千克为单位计量	

子目号	子目名称	单位	工程量计量规则	工程内容
211-5	钢筋	kg	1. 依据图纸所示及钢筋表所列钢筋质量以千克为单位计量； 2. 固定钢筋的材料、定位架立钢筋、钢筋接头、吊装钢筋、钢板、铁丝作为钢筋作业的附属工作，不另行计量； 3. 加筋带中的钢筋不另行计量	1. 钢筋的保护、储存及除锈； 2. 钢筋整直、接头； 3. 钢筋截断、弯曲； 4. 钢筋安设、支承及固定
212	喷射混凝土和喷浆边坡防护			
212-1	挂网土工格栅喷浆防护边坡			
-a	喷浆防护边坡	m²	依据图纸所示位置及砂浆强度等级，按照不同厚度喷浆防护面积以平方米为单位计量	1. 岩面清理； 2. 设备安装与拆除； 3. 水泥砂浆拌制； 4. 喷射； 5. 养护
-b	铁丝网	kg	1. 依据图纸所示，按照设计数量以千克为单位计量； 2. 因搭接而增加的铁丝网不予计量	1. 清理坡面； 2. 铁丝网安设、支承及固定
-c	土工格栅	m²	1. 依据图纸所示，按分层铺设土工格栅的累计净面积以平方米为单位计量； 2. 接缝的重叠面积和边缘的包裹面积不予计量	1. 清理坡面； 2. 铺设； 3. 接缝处理（搭接、缝接、粘接）
-d	锚杆	kg	依据图纸所示位置，按照锚杆设计长度和规格计算质量以千克为单位计量	1. 清理坡面； 2. 钻孔； 3. 制作安放锚杆； 4. 灌浆
212-2	挂网锚喷混凝土防护边坡（全坡面）			
-a	喷射混凝土防护边坡	m²	依据图纸所示位置及混凝土浆强度等级，按照不同厚度喷射混凝土防护面积以平方米为单位计量	1. 岩面清理； 2. 设备安装与拆除； 3. 混凝土拌制； 4. 喷射； 5. 沉降缝设置； 6. 养护
-b	钢筋网	kg	1. 依据图纸所示位置，按照设计数量以千克为单位计量； 2. 因搭接而增加的钢筋网/铁丝网不予计量	1. 清理坡面； 2. 钢筋网、铁丝网安设、支承及固定
-c	铁丝网	kg		
-d	土工格栅	m²	1. 依据图纸所示，按分层铺设土工格栅的累计净面积以平方米为单位计量； 2. 接缝的重叠面积和边缘的包裹面积不予计量	1. 清理坡面； 2. 铺设； 3. 接缝处理（搭接、缝接、粘接）

子目号	子目名称	单位	工程量计量规则	工程内容
-e	锚杆	kg	依据图纸所示,按照锚杆设计长度和规格计算质量以千克为单位计量	1. 清理坡面; 2. 钻孔; 3. 制作安放锚杆; 4. 灌浆
212-3	坡面防护			
-a	喷浆边坡防护	m²	依据图纸所示位置及砂浆、混凝土强度等级,按照不同厚度喷浆、喷射混凝土防护面积以平方米为单位计量	1. 岩面清理; 2. 设备安装与拆除; 3. 水泥砂浆/混凝土拌制; 4. 喷射; 5. 养护
-b	喷射混凝土边坡防护	m²		
212-4	土钉支护			
-a	钻孔注浆钉	m	依据图纸所示位置,按图示不同直径的土钉钻孔桩长度以米为单位计量	1. 清理坡面; 2. 钻孔; 3. 制作安放土钉钢筋; 4. 浆体配置、运输、注浆
-b	击入钉	kg	依据图纸所示,按图示击入金属钉的质量为单位计量	1. 清理坡面; 2. 土钉制作; 3. 土钉击入
-c	喷射混凝土	m²	依据图纸所示位置及混凝土强度等级,按照不同厚度喷射混凝土面积以平方米为单位计量	1. 清理坡面; 2. 混凝土拌制; 3. 喷射混凝土; 4. 沉降缝设置; 5. 养护
-d	钢筋	kg	1. 依据图纸所示及钢筋表所列钢筋质量以千克为单位计量; 2. 固定钢筋的材料、定位架立钢筋、钢筋接头、铁丝作为钢筋作业的附属工作,不另行计量; 3. 土钉用钢材不予计量	1. 钢筋的保护、储存及除锈; 2. 钢筋整直、接头; 3. 钢筋截断、弯曲; 4. 钢筋安设、支承及固定
-e	钢筋网	kg	1. 依据图纸所示位置,按照设计数量以千克为单位计量; 2. 因搭接而增加的钢筋网不予计量	1. 清理坡面; 2. 钢筋网安设、支承及固定
-f	网格梁、立柱、挡土板	m³	依据图纸所示位置及断面尺寸,按照混凝土体积以立方米为单位计量	1. 边坡清理及土槽开挖; 2. 模板制作、安装、拆除; 3. 混凝土制作、运输、浇筑、养护; 4. 清理现场
-g	土工格栅	m²	1. 依据图纸所示,按分层铺设土工格栅的累计净面积以平方米为单位计量; 2. 接缝的重叠面积和边缘的包裹面积不予计量	1. 清理坡面; 2. 铺设; 3. 接缝处理(搭接、缝接、粘接)

子目号	子目名称	单位	工程量计量规则	工程内容
213	预应力锚索边坡加固			
213-1	预应力钢绞线	m	依据图纸所示位置和钢绞线规格,按照各类锚索锚固端底至锚具外侧的长度,以米为单位计量	1. 坡面清理; 2. 脚手架安设、拆除、完工清理和保养; 3. 钻孔、清孔; 4. 锚索成束、支架及导向头制作安装、锚固; 5. 浆液制备、注浆、养护; 6. 锚头防腐处理、封锚
213-2	无黏结预应力钢绞线	m	依据图纸所示位置和钢绞线规格,按照各类锚索锚固端底至锚具外侧的长度,以米为单位计量	
213-3	锚杆			
-a	钢筋锚杆	kg	依据图纸所示,按照安装的锚杆质量以千克为单位计量	1. 坡面清理; 2. 脚手架安设、拆除、完工清理和保养; 3. 钻孔、清孔、套管装拔; 4. 锚杆制作、安装、锚固、锚头处理; 5. 浆液制备、注浆、养护
-b	预应力钢筋锚杆	kg	依据图纸所示位置和规格、型号,按照安装的锚杆质量以千克为单位计量	1. 坡面清理; 2. 脚手架安设、拆除、完工清理和保养; 3. 钻孔、清孔、套管装拔; 4. 锚杆制作、安装; 5. 浆液制备、一次注浆、锚固; 6. 张拉、二次注浆
213-4	混凝土框格梁	m³	依据图纸所示,按照不同强度等级混凝土浇筑体积以立方米为单位计量	1. 边坡清理; 2. 模板制作、安装、拆除; 3. 混凝土制作、运输、浇筑、养护; 4. 清理现场
213-5	混凝土锚固板	m³		
213-6	钢筋	kg	1. 依据图纸所示及钢筋表所列钢筋质量以千克为单位计量; 2. 固定钢筋的材料、定位架立钢筋、钢筋接头、吊装钢筋、钢板、铁丝作为钢筋作业的附属工作,不另行计量	1. 钢筋的保护、储存及除锈; 2. 钢筋整直、接头; 3. 钢筋截断、弯曲; 4. 钢筋安设、支承及固定
214	抗滑桩			
214-1	现浇混凝土桩	m³	1. 依据图纸所示位,按照不同强度等级混凝土体积以立方米为单位计量; 2. 护壁混凝土及护壁钢筋为桩基混凝土的附属工作,不另行计量; 3. 声测管为现浇混凝土桩的附属工作,不另行计量	1. 场地清理; 2. 成孔; 3. 模板制作、安装、拆除; 4. 护壁及桩身混凝土制作、运输、浇筑、养护; 5. 桩的无损检测; 6. 清理现场

子目号	子目名称	单位	工程量计量规则	工程内容
214-2	桩板式抗滑挡墙	m³	依据图纸所示位置及断面尺寸,按照不同强度等级混凝土体积以立方米为单位计量	1. 沟槽开挖; 2. 预制场建设; 3. 预制件预制、运输、装卸; 4. 预制件安装; 5. 墙背回填及墙背排水系统施工; 6. 清理现场
214-3	钢筋	kg	1. 依据图纸所示及钢筋表所列钢筋质量以千克为单位计量; 2. 固定钢筋的材料、定位架立钢筋、钢筋接头、吊装钢筋、钢板、铁丝作为钢筋作业的附属工作,不另行计量; 3. 抗滑桩的护壁钢筋不予计量	1. 钢筋的保护、储存及除锈; 2. 钢筋整直、接头; 3. 钢筋截断、弯曲; 4. 钢筋安设、支承及固定
215	河道防护			
215-1	河床铺砌			
-a	浆砌片石铺砌	m³	依据图纸所示位置和断面尺寸,按图示不同强度等级水泥砂浆铺砌体积以立方米为单位计量	1. 临时排水; 2. 基坑开挖; 3. 拌、运砂浆; 4. 砌筑; 5. 养护; 6. 清理现场
-b	混凝土铺砌	m³	依据图纸所示位置及断面尺寸,按照不同强度等级混凝土铺筑体积以立方米为单位计量	1. 临时排水; 2. 基坑开挖; 3. 模板制作、安装、拆除; 4. 混凝土拌合、运输、浇筑、养护; 5. 清理现场
215-2	导流设施(护岸墙、顺坝、丁坝、调水坝、锥坡)			
-a	浆砌片石	m³	图纸所示位置和断面尺寸,按图示不同强度等级水泥砂浆砌石体积以立方米为单位计量	1. 围堰、临时排水工程施工; 2. 基坑修整、清理夯实,废方弃运; 3. 拌、运砂浆; 4. 砌筑、勾缝、抹面、养护; 5. 墙背回填、夯实
-b	混凝土	m³	依据图纸所示位置及断面尺寸,按照不同强度等级混凝土浇筑体积以立方米为单位计量	1. 围堰、临时排水工程施工; 2. 基坑修整、清理夯实,废方弃运; 3. 模板制作、安装、拆除、修理及保养; 4. 混凝土制作、运输、浇筑、振捣、养护; 5. 墙背回填、夯实

子目号	子目名称	单位	工程量计量规则	工程内容
-c	石笼	m³	1. 依据图纸所示,按照实际铺筑的石笼防护体积以立方米为单位计量; 2. 石笼钢筋(铁丝)网片不另行计量,含在石笼报价之中	1. 备材料及辅助设施; 2. 编织网片、装入块石、封闭成石笼; 3. 抛到图纸指定处; 4. 石笼间连接牢固
215-3	抛石防护	m³	依据图纸所示位置和断面尺寸,按照抛填石料体积以立方米为单位计量	1. 移船定位; 2. 抛填; 3. 测量检查

3. 路面工程计量规则

"第300章 路面"包括"第301节 通则""第302节 垫层""第303节 石灰稳定土底基层、基层""第304节 水泥稳定土底基层、基层""第305节 石灰粉煤灰稳定土底基层、基层""第306节 级配碎(砾)石底基层、基层""第307节 沥青稳定碎石基层(ATB)""第308节 透层和黏层""第309节 热拌沥青混合料面层""第310节 沥青表面处置与封层""第311节 改性沥青及改性沥青混合料""第312节 水泥混凝土面板""第313节 路肩培土、中央分隔带回填土、土路肩加固及路缘石""第314节 路面及中央分隔带排水"共14节内容。其中"第301节 通则"包括材料标准、路面施工的一般要求、材料取样与试验、试验路段、料场作业、拌合场场地硬化及遮雨棚、雨期施工,本节工作内容均不作计量,其所涉及的作业应包含在与其相关工程子目之中。

路面工程各子目具体说明及要求按招标文件"技术规范"中"第300章 路面"及合同条款规定内容和要求执行。路面工程工程量清单计算规则见表7-16。

路面工程工程量清单计量规则　　　　　　　　　表7-16

子目号	子目名称	单位	工程量计量	工程内容
302	垫层			
302-1	碎石垫层	m²	依据图纸所示压实厚度,按照铺筑的顶面面积以平方米为单位计量	1. 检查、清除路基上的浮土、杂物,并洒水湿润; 2. 摊铺; 3. 整平、整形; 4. 洒水、碾压、整修
302-2	砂砾垫层	m²		
302-3	水泥稳定土垫层	m²	依据图纸所示压实厚度,按照铺筑的顶面面积以平方米为单位计量	1. 检查、清除路基上的浮土、杂物,并洒水湿润; 2. 拌合、运输、摊铺; 3. 整平、整形; 4. 洒水、碾压、整修、初期养护
302-4	石灰稳定土垫层	m²		
303	石灰稳定土底基层、基层			
303-1	石灰稳定土底基层	m²	依据图纸所示压实厚度,按照铺筑的顶面面积以平方米为单位计量	1. 检查、清理下承层、洒水; 2. 拌合、运输、摊铺; 3. 整平、整形; 4. 洒水、碾压、初期养护
303-2	搭板、埋板下石灰稳定土底基层	m³	依据图纸所示尺寸、范围,按照铺筑体积以立方米为单位计量	

子目号	子目名称	单位	工程量计量	工程内容
303-3	石灰稳定土基层	m²	同303-1所列规则计量	
304	水泥稳定土底基层、基层			1. 检查、清理下承层、洒水； 2. 拌合、运输、摊铺； 3. 整平、整形； 4. 洒水、碾压、初期养护
304-1	水泥稳定土底基层	m²	同303-1所列规则计量	
304-2	搭板、埋板下水泥稳定土底基层	m³	同303-2所列规则计量	
304-3	水泥稳定土基层	m²	同303-1所列规则计量	
305	石灰粉煤灰稳定土底基层、基层			
305-1	石灰粉煤灰稳定土底基层	m²	同303-1所列规则计量	
305-2	搭板、埋板下石灰粉煤灰稳定土底基层	m³	同303-2所列规则计量	1. 检查、清理下承层、洒水； 2. 拌合、运输、摊铺； 3. 整平、整形； 4. 洒水、碾压、初期养护
305-3	石灰粉煤灰稳定土基层	m²	同303-1所列规则计量	
305-4	石灰煤渣稳定土基层	m²	同303-1所列规则计量	
306	级配碎(砾)石底基层、基层			
306-1	级配碎石底基层	m²	同303-1所列规则计量	
306-2	搭板、埋板下级配碎石底基层	m³	同303-2所列规则计量	1. 检查、清理下承层、洒水； 2. 铺筑材料拌合、运输、摊铺； 3. 整平、整形； 4. 洒水、碾压
306-3	级配碎石基层	m²	同303-1所列规则计量	
306-4	级配砾石底基层	m²	同303-1所列规则计量	
306-5	搭板、埋板下级配砾石底基层	m³	同303-2所列规则计量	
306-6	级配砾石基层	m²	同303-1所列规则计量	
307	沥青稳定碎石基层			
307-1	沥青稳定碎石基层(ATB)	m²	同303-1所列规则计量	1. 检查和清理下承层； 2. 拌合设备安装、调试、拆除； 3. 沥青铺筑材料加热、保温、输送，配料，矿料加热烘干、拌合、出料； 4. 运输、摊铺、压实、成型； 5. 接缝； 6. 初期养护
308	透层和粘层			
308-1	透层	m²	依据图纸所示沥青品种、规格、喷油量，按照洒布面积以平方米为单位计量	1. 检查和清扫下承层； 2. 材料制备、运输； 3. 试洒； 4. 沥青洒布车均匀喷洒并检测洒布用量； 5. 初期养护
308-2	粘层	m²		

子目号	子目名称	单位	工程量计量	工程内容
309	热拌沥青混合料面层			
309-1	细粒式沥青混凝土	m²	依据图纸所示级配类型及铺筑压实厚度,按照铺筑的顶面面积以平方米为单位计量	1. 检查和清理下承层; 2. 拌合设备安装、调试、拆除; 3. 沥青加热、保温、输送、配运料,矿料加热烘干、拌合、出料; 4. 运输、摊铺、碾压、成型; 5. 接缝; 6. 初期养护
309-2	中粒式沥青混凝土	m²		
309-3	粗粒式沥青混凝土	m²		
310	沥青表面处置与封层			
310-1	沥青表面处置	m²	依据图纸所示沥青种类、厚度、喷油量,按照沥青表面处置面积以平方米为单位计量	1. 检查和清理下承层; 2. 安拆除熬油设备; 3. 熬油、运油; 4. 沥青洒布车洒油; 5. 整形、碾压、找补; 6. 初期养护
310-2	封层	m²	依据图纸所示沥青种类、厚度,按照封层面积以平方米为单位计量	1. 检查和清扫下承层; 2. 试验段施工; 3. 专用设备洒布或施工封层; 4. 整形、碾压、找补; 5. 初期养护
311	改性沥青及改性沥青混合料			
311-1	细粒式改性沥青混合料路面	m²	依据图纸所示级配类型及压实厚度,按照铺筑的顶面面积以平方米为单位计量	1. 检查和清理下承层; 2. 拌合设备安装、调试、拆除; 3. 改性沥青混合料生产; 4. 混合料运输、摊铺、碾压、成型; 5. 接缝; 6. 初期养护
311-2	中粒式改性沥青混合料路面	m²		
311-3	SMA 路面	m²		
312	水泥混凝土面板			
312-1	水泥混凝土面板	m³	依据图纸所示厚度和混凝土强度等级,按照铺筑体积以立方米为单位计量	1. 检查和清理下承层、洒水湿润 2. 模板制作、架设、安装、修理、拆除; 3. 混凝土拌合物配合比设计、配料、拌合、运输、浇筑、振捣、真空吸水、抹平、压(刻)纹、养护; 4. 切缝、灌缝; 5. 初期养护

子目号	子目名称	单位	工程量计量	工程内容
312-2	钢筋	kg	1. 依据图纸所示水泥混凝土路面钢筋按图示质量以千克为单位计量; 2. 因搭接而增加的钢筋作为附属工作,不另行计量	1. 钢筋的保护、储存及除锈; 2. 钢筋整直、连接; 3. 钢筋截断、弯曲; 4. 钢筋安设、支承及固定
313	路肩培土、中央分隔带回填土、土路肩加固及路缘石			
313-1	路肩培土	m³	依据图纸所示断面尺寸,按照压实体积以立方米为单位计量	1. 挖运土; 2. 路基整修、培土、整形; 3. 分层填筑、压实; 4. 修整路肩横坡
313-2	中央分隔带回填土	m³	依据图纸所示断面尺寸,按照压实体积以立方米为单位计量	1. 挖运土; 2. 路基整修、培土、整形; 3. 分层填筑、压实
313-3	现浇混凝土加固土路肩	m³	依据图纸所示断面尺寸和混凝土强度等级,按照浇筑体积以立方米为单位计量	1. 路基整修; 2. 模板制作、安装、拆除、修理、涂脱模剂; 3. 混凝土拌合、制备、运输、摊铺、振捣、养护
313-4	混凝土预制块加固土路肩	m³	依据图纸所示断面尺寸和混凝土强度等级,按照预制安装体积以立方米为单位计量	1. 预制场地平整,硬化处理; 2. 预制块预制、装运; 3. 路基整修; 4. 预制块铺砌、勾缝
313-5	混凝土预制块路缘石	m³	依据图纸所示断面尺寸和混凝土强度等级,按照预制安装体积以立方米为单位计量	1. 预制场地平整,硬化处理; 2. 路缘石预制、装运; 3. 路基整修、基槽开挖与回填,废方弃运; 4. 基槽夯实; 5. 路缘石铺砌、勾缝; 6. 路缘石后背回填夯实
314	路面及中央分隔带排水			
314-1	排水管	m	依据图纸所示位置,分不同类型及规格,按埋设管长以米为单位计量	1. 基槽开挖填筑、废方弃运; 2. 垫层(基础)铺筑; 3. 排水管制作; 4. 安放排水管; 5. 接头处理; 6. 回填、压实; 7. 出水口处理

子目号	子目名称	单位	工程量计量	工程内容
314-2	纵向雨水沟(管)	m	依据图纸所示位置,分不同类型及规格,按埋设长度以米为单位计量	1. 基槽开挖、废方弃运; 2. 垫层(基础)铺筑; 3. 模板制作、安装、拆除、修理; 4. 钢筋制作与安装; 5. 盖板预制及安装; 6. 混凝土拌合、运输、浇筑; 7. 养护; 8. 安放排水管; 9. 接头处理; 10. 回填、压实; 11. 出水口处理
314-3	集水井	座	依据图纸所示位置,分不同类型及规格,按设置的集水井数量,以座为单位计量	1. 基坑开挖及废方弃运; 2. 地基平整夯实,垫层及基础施工; 3. 模板制作、安装、拆除、修理; 4. 钢筋制作与安装; 5. 混凝土拌合、运输、浇筑、养护; 6. 井壁外围回填,夯实
314-4	中央分隔带渗沟	m	依据图纸所示位置,分不同类型,按埋设长度以米为单位计量	1. 基槽开挖、废方弃运; 2. 垫层(基础)铺筑; 3. 制管、打孔; 4. 安放排水管; 5. 接头处理; 6. 填碎石、铺设土工布; 7. 回填、压实
314-5	沥青油毡防水层	m²	依据图纸所示位置,按铺设的防水层面积以平方米为单位计量	1. 下承层清理; 2. 喷涂黏结层; 3. 铺油毡; 4. 接缝处理
314-6	路肩排水沟	m	依据图纸所示位置及断面尺寸,按照不同类型的路肩排水沟的长度,以米为单位计量	1. 场地清理; 2. 地基平整夯实,排水沟断面补挖; 3. 铺设垫层; 4. 模板制作、安装、拆除; 5. 钢筋制作、安装; 6. 混凝土拌合、运输、浇筑、养护; 7. 预制件预制(现浇)、运输、装卸、安装; 8. 回填、清理
314-7	拦水带	m	依据图纸所示位置及断面尺寸,分不同类型,按照拦水带长度,以米为单位计量	1. 混凝土制作,运输,浇筑,振捣,养护,拆模,刷漆; 2. 开槽; 3. 预制块装运,安装、接缝防漏处理; 4. 沥青混凝土配运料、拌合、运输、摊铺、压实、成型、初期养护; 5. 清理

4. 桥梁、涵洞工程计量规则

"第 400 章 桥梁、涵洞"包括:"第 401 节 通则""第 402 节 模板、拱架和支架""第 403 节 钢筋""第 404 节 基坑开挖及回填""第 405 节 钻孔灌注桩""第 406 节 沉桩""第 407 节 挖孔灌注桩""第 408 节 桩的垂直静荷载试验""第 409 节 沉井""第 410 节 结构混凝土工程""第 411 节 预应力混凝土工程""第 412 节 预制构件的安装""第 413 节 砌石工程""第 414 节 小型钢构件""第 415 节 桥面铺装""第 416 节 桥梁支座""第 417 节 桥梁接缝和伸缩装置""第 418 节 防水处理""第 419 节 圆管涵及倒虹吸管涵""第 420 节 盖板涵、箱涵""第 421 节 拱涵"共 21 节内容。其中"第 402 节 模板、拱架和支架"包括模板、拱架和支架的设计制作、安装、拆卸施工等有关作业,本节工作作为有关工程的附属工作,均不作计量;"第 412 节 预制构件的安装"包括预制构件的起吊、运输、装卸、储存和安装,其工作量在第 410 节及第 411 节计量,本节不另行计量;"第 414 节 小型钢构件"包括桥梁及其他公路构造物,除钢筋及预应力钢筋以外的小型钢构件的供应、制造、保护和安装,除另有说明外,本节工作内容均不作计量;"第 418 节 防水处理"包括混凝土和砌体表面的沥青或油毛毡防水层,本节工作内容均不作计量。

桥梁、涵洞工程各子目具体说明及要求按招标文件"技术规范"中"第 400 章 桥梁、涵洞"及合同条款规定内容和要求执行。桥梁、涵洞工程工程量清单计量规则见表 7-17。

桥梁、涵洞工程工程量清单计量规则 表 7-17

子目号	子目名称	单位	工程量计量	工程内容
401	通则			
401-1	桥梁荷载试验(暂估价)	总额	依据图纸及桥梁荷试验委托合同中约定的试验项目以暂估价形式按总额为单位计量	1. 选择有资质的单位签订桥梁荷载试验委托合同; 2. 按图纸所示及合同约定的测试项目现场试验; 3. 数据采集、分析、编写提交试验报告
401-2	桥梁施工监控(暂估价)	总额	依据图纸及桥梁施工监控委托合同中约定的监控量测项目以暂估价形式按总额为单位计量	1. 选择有资质的单位签订桥梁施工监控委托合同; 2. 按图纸所示及合同约定的测试项目及量测频率对现场实施监控量测; 3. 数据采集、分析、编写提交监控量测报告
401-3	地质钻探及取样试验(暂定工程量)	m	按实际发生的地质钻探及取样试验分不同钻径以米为单位计量	1. 场地清理; 2. 钻机安拆、钻探; 3. 取样、试验
403	钢筋			
403-1	基础钢筋(含灌注桩、承台、桩系梁、沉桩、沉井等)	kg	1. 依据图纸所示及钢筋表所列钢筋质量以千克为单位计量; 2. 固定钢筋的材料、定位架立钢筋、钢筋接头、吊装钢筋、钢板、铁丝作为钢筋作业的附属工作,不另行计量	1. 钢筋的保护、储存及除锈; 2. 钢筋整直、接头; 3. 钢筋截断、弯曲; 4. 钢筋安设、支承及固定
403-2	下部结构钢筋	kg		
403-3	上部结构钢筋	kg		

子目号	子目名称	单位	工程量计量	工程内容
403-4	附属结构钢筋	kg	1. 同 403-1 所列第 1 条规则; 2. 缘石、人行道、防撞墙、栏杆、桥头搭板、枕梁、抗震挡块、支座垫块等构造物,其所用钢筋以及伸缩缝预埋的钢筋,均列入本子目计量; 3. 同 403-3 所列第 1 条规则	1. 钢筋的保护、储存及除锈; 2. 钢筋整直、接头; 3. 钢筋截断、弯曲; 4. 钢筋安设、支承及固定
404	基坑开挖及回填			
404-1	干处挖土方	m³	1. 根据图示,取用底、顶面间平均高度的棱柱体体积,分别按干处、水下及土、石,以立方米为单位计量; 2. 在地下水位以上开挖的为干处挖方;在地下水位以下开挖的为水下挖方; 3. 基坑底面、顶面及侧面的确定应符合下列规定: a. 基坑开挖底面:按图纸所示的基底高程线计算; b. 基坑开挖顶面:按设计图纸横断面上所标示的原地面线计算; c. 基坑开挖侧面:按顶面到底面,以超出基底周边 0.5m 的竖直面为界	1. 场地清理; 2. 围堰、排水; 3. 基坑开挖; 4. 基坑支护; 5. 基坑检查、修整; 6. 基坑回填、压实; 7. 弃方清运
404-2	水下挖土方	m³		
404-3	干处挖石方	m³		1. 场地清理; 2. 围堰、排水; 3. 钻爆; 4. 出渣; 5. 基坑支护; 6. 基坑检查、修整; 7. 基坑回填、压实; 8. 弃方清运
404-4	水下挖石方	m³		
405	钻孔灌注桩			
405-1	钻孔灌注桩			
-a	陆上钻孔灌注桩	m	1. 依据图纸所示桩长及混凝土强度等级,并按照不同桩径的桩长以米为单位计量; 2. 施工图设计水深小于 2m(含 2m) 的为陆上钻孔灌注;施工图设计水深大于 2 米的为水中钻孔灌注桩; 3. 桩长为桩底高程至承台底面或系梁底面;对于与桩连为一体的柱式墩台,如无承台或系梁时,则以桩位处原始地面线为分界线,地面线以下部分为灌注桩桩长;若图纸有标示的,按图纸标示为准	1. 安设护筒及设置钻孔平台; 2. 钻机安拆,就位; 3. 钻孔、成孔、成孔检查; 4. 安装声测管; 5. 混凝土制拌、运输、浇筑; 6. 破桩头; 7. 按招标文件技术规范 405.11 的规定进行桩基检测
-b	水中钻孔灌注桩	m		1. 搭设水中钻孔平台、筑岛或围堰、横向便道; 2. 钻机安拆,就位; 3. 钻孔、成孔、成孔检查; 4. 安装声测管; 5. 混凝土制拌、运输、浇筑; 6. 破桩头; 7. 按招标文件技术规范 405.11 的规定进行桩基检测

続表

子目号	子目名称	单位	工程量计量	工程内容
405-2	钻取混凝土芯样检测(暂定工程量)	m	1. 按实际钻取的混凝土芯样长度,分不同钻径以米为单位计量; 2. 如混凝土质量合格,钻取的芯样给予计量,否则,不予计量	1. 场地清理; 2. 钻机安拆、钻芯; 3. 取样、试验
405-3	破坏荷载试验用桩(暂定工程量)	m	依据图纸所示桩长及混凝土强度等级,按照不同桩径的桩长以米为单位计量	1. 钻孔平台搭设、筑岛或围堰; 2. 钻机安拆、就位; 3. 钻孔、成孔、成孔检查; 4. 安装声测管; 5. 混凝土制拌、运输、浇筑; 6. 破桩头
406	沉桩			
406-1	钢筋混凝土沉桩	m	依据图纸所示桩长及混凝土强度等级,按照不同桩径的桩长以米为单位计量	1. 钢筋混凝土或预应力混凝土桩预制、养护、移运、沉入、桩头处理; 2. 锤击、射水、接桩
406-2	预应力混凝土沉桩	m		
406-3	试桩(暂定工程量)	m		
407	挖孔灌注桩			
407-1	挖孔灌注桩	m	1. 依据图纸所示桩长及混凝土强度等级,按照不同桩径的桩长以米为单位计量; 2. 桩长为桩底高程至承台底面或系梁底面;对于与桩连为一体的柱式墩台,如无承台或系梁时,则以桩位处原始地面线为分界线,地面线以下部分为灌注桩桩长,若图纸有标示的,按图纸标示为准	1. 设置支撑与护壁; 2. 挖孔、清孔、通风、钎探、排水; 3. 安装声测管; 4. 混凝土制拌、运输、浇筑; 5. 破桩头; 6. 按招标文件技术规范405.11的规定进行桩基检测
407-2	钻取混凝土芯样检测(暂定工程量)	m	1. 按实际钻取的混凝土芯样长度,分不同钻径以米为单位计量; 2. 如混凝土质量合格,钻取的芯样给予计量,否则,不予计量	1. 场地清理; 2. 钻机安拆、钻芯; 3. 取样、试验
407-3	破坏荷载试验用桩(暂定工程量)	m	依据图纸所示桩长及混凝土强度等级,按照不同桩径的桩长以米为单位计量	1. 设置支撑与护壁; 2. 挖孔、清孔、通风、钎探、排水; 3. 安装声测管; 4. 混凝土制拌、运输、浇筑; 5. 破桩头
408	桩的垂直静荷载试验			
408-1	桩的检验荷载试验(暂定工程量)	每一试桩	1. 依据图纸及桩的检验荷载、破坏荷载的试验委托合同,在图纸所示位置现场进行桩的检验荷载试验,按实际进行检验荷载试验的桩数,分不同的桩径、桩长、混凝土强度等级、检验荷载等级以每一试桩为单位计量; 2. 桩的检验荷载、破坏荷载试验仅指荷载试验工作;桩的工程量在对应工程结构中计量。	1. 选择有资质的单位签订桩的检验荷载试验委托合同; 2. 按图纸所示及合同约定的内容现场进行桩的检验荷载试验(包括清理场地、搭设试桩工作台、埋设观测设备、加载、卸载、观测); 3. 数据采集、分析、编写提交桩的检验荷载试验报告
408-2	桩的破坏荷载试验(暂定工程量)	每一试桩		

子目号	子目名称	单位	工程量计量	工程内容
409	沉井			
409-1	钢筋混凝土沉井			
-a	井壁混凝土	m³	依据图纸所示位置及尺寸,按图示混凝土体积分不同强度等级以立方米为单位计量	1. 制作场地建设; 2. 配、拌、运混凝土; 3. 刃脚制作,浇筑、振捣、养护井壁混凝土; 4. 浮运、定位、下沉、助沉、接高、拼装; 5. 井内土石开挖、弃运
-b	封底混凝土	m³	依据图纸所示位置及尺寸,按图示混凝土体积分不同强度等级以立方米为单位计量	1. 场地清理; 2. 搭拆作业平台; 3. 配、拌、运混凝土; 4. 浇筑、养护
-c	填芯混凝土	m³		
-d	顶板混凝土	m³		
410	结构混凝土工程			
410-1	混凝土基础(包括支撑梁、桩基承台、桩系梁,但不包括桩基)	m³	依据图纸所示体积分不同强度等级以立方米为单位计量	1. 场地清理; 2. 搭拆作业平台; 3. 安拆套箱或模板;安设预埋件 4. 混凝土配运料、拌合、运输、浇筑、振捣、养护; 5. 施工缝、沉降缝设置处理; 6. 混凝土的冷却管制作安装,通水、降温; 7. 防水、防冻、防腐措施
410-2	混凝土下部结构			
-a	桥台混凝土	m³	1. 依据图纸所示体积分不同强度等级以立方米为单位计量; 2. 直径小于200mm的管子、钢筋、锚固件、管道、泄水孔或桩所占混凝土体积不予扣除	1. 场地清理; 2. 搭拆作业平台、支架; 3. 安拆模板;安设预埋件(包括支座预埋件、防震锚栓及套筒等); 4. 混凝土配运料、拌合、运输、浇筑、振捣、养护; 5. 施工缝、沉降缝设置处理;(秋天混凝土) 6. 防水、防冻、防腐措施
-b	桥墩混凝土	m³		
-c	盖梁混凝土	m³	1. 同410-2-a第1条; 2. 同410-2-a第2条; 3. 墩梁固结混凝土、耳背墙混凝土计入本子目;桥墩/桥台上的支座垫石、防震挡块混凝土计入附属结构混凝土	1. 场地清理; 2. 搭拆作业平台、支架; 3. 安拆模板;安设预埋件(包括支座预埋件、防震锚栓及套筒等); 4. 混凝土配运料、拌合、运输、浇筑、振捣、养护
-d	台帽混凝土	m³		

子目号	子目名称	单位	工程量计量	工程内容
410-3	现浇混凝土上部结构	m³	1. 依据图纸所示体积分不同强度等级以立方米为单位计量； 2. 直径小于 200mm 的管子、钢筋、锚固件、管道、泄水孔或桩所占混凝土体积不予扣除	1. 平整场地； 2. 搭拆工作平台； 3. 支架搭设、预压与拆除； 4. 安拆模板；安设预埋件； 5. 混凝土配运料、拌合、运输、浇筑、养护； 6. 施工缝、伸缩缝设置处理
410-4	预制混凝土上部结构	m³		1. 搭拆工作平台； 2. 安拆模板；安设预埋件(吊环、预埋连接件)； 3. 混凝土配运料、拌合、运输、浇筑、养护； 4. 构件预制、运输、安装
410-5	桥梁上部结构现浇整体化混凝土	m³	1. 同 410-3 第 1 条； 2. 同 410-3 第 2 条； 3. 铰缝、湿接缝、先简支后连续现浇接头混凝土计入本子目。	1. 工作面清理； 2. 搭拆作业平台； 3. 安拆支架、模板； 4. 混凝土配运料、拌合、运输、浇筑、养护
410-6	现浇混凝土附属结构	m³	1. 依据图纸所示体积分不同强度等级以立方米为单位计量； 2. 直径小于 200mm 的管子、钢筋、锚固件、管道、泄水孔或桩所占混凝土体积不予扣除； 3. 现浇、预制安装缘石、人行道、防撞墙、栏杆、护栏、桥头搭板、枕梁、抗震挡块、支座垫石等列入本子目	1. 工作面清理； 2. 搭拆作业平台； 3. 安拆支架、模板； 4. 混凝土配运料、拌合、运输、浇筑、养护
410-7	预制混凝土附属结构	m³		1. 预制场地建设、拆除； 2. 搭拆工作平台； 3. 安拆模板； 4. 混凝土配运料、拌合、运输、浇筑、养护； 5. 构件预制、运输、安装
411	预应力混凝土工程			
411-1	先张法预应力钢丝	kg	1. 依据图纸所示构件长度计算的预应力钢材质量，分不同材质以千克为单位计量。 2. 除上述计算长度以外的锚固长度及工作长度的预应力钢材含入相应预应力钢材报价之中，不另行计量	1. 制作安装预应力钢材； 2. 制作安装管道； 3. 安装锚具、锚板； 4. 张拉； 5. 放张； 6. 封锚头
411-2	先张法预应力钢绞线	kg		
411-3	先张法预应力钢筋	kg		
411-4	后张法预应力钢丝	kg	1. 按图示两端锚具间的理论长度计算的预应力钢材质量，分不同材质以千克为单位计量。 2. 除上述计算长度以外的锚固长度及工作长度的预应力钢材含入相应预应力钢材报价之中，不另行计量	1. 制作安装预应力钢材； 2. 制作安装管道； 3. 安装锚具、锚板； 4. 张拉； 5. 压浆； 6. 封锚头
411-5	后张法预应力钢绞线	kg		
411-6	后张法预应力钢筋	kg		

子目号	子目名称	单位	工程量计量	工程内容
411-7	现浇预应力混凝土上部结构	m³	1. 依据图纸所示体积分不同强度等级以立方米为单位计量； 2. 钢筋、钢材所占体积及单个面积在0.03m²以内的孔洞不予扣除	1. 平整场地； 2. 搭拆工作平台；支架搭设、预压与拆除； 3. 安拆模板； 4. 混凝土配运料、拌合、运输、浇筑、养护； 5. 施工缝、伸缩缝设置处理
411-8	预制预应力混凝土上部结构	m³	1. 同411-7第1条； 2. 同411-7第2条； 3. 后张法预应力混凝土梁封端混凝土工程量列入本子目	1. 搭拆工作平台； 2. 安拆模板； 3. 混凝土配运料、拌合、运输、浇筑、养护； 4. 构件预制、运输、安装
413	砌石工程			
413-1	浆砌片石	m³		1. 基础清理； 2. 基底检查； 3. 选修石料； 4. 铺筑基础垫层； 5. 搭、拆脚手架； 6. 配、拌、运砂浆； 7. 砌筑、勾缝、抹面、养护； 8. 沉降缝设置
413-2	浆砌块石	m³	依据图纸所示位置及尺寸砌筑体积分不同砂浆强度等级以立方米为单位计量	
413-3	浆砌料石	m³		
413-4	浆砌预制混凝土块	m³		
415	桥面铺装			
415-1	沥青混凝土桥面铺装	m³	依据图纸所示位置、尺寸，按照铺筑体积以立方米为单位计量	1. 清理下承层； 2. 拌合设备安装、调试、拆除； 3. 沥青混合料拌合、运输、摊铺、压实、成型； 4. 接缝； 5. 初期养护
415-2	水泥混凝土桥面铺装	m³	依据图纸所示位置、尺寸，分不同强度等级，按铺筑体积以立方米为单位计量	1. 场地清理； 2. 混凝土配运料、拌合、运输、浇筑、振捣、养护； 3. 施工缝、沉降缝设置处理
415-3	防水层			
-a	桥面混凝土表面处理	m²	按图示处理的桥面混凝土表面净面积以平方米为单位计量	1. 场地清理； 2. 混凝土面板铣刨（喷砂）拉毛； 3. 铣刨（喷砂）拉毛后清理、平整
-b	铺设防水层	m²	依据图纸所示位置及尺寸，在桥面铺装前铺设防水材料，按图示铺装净面积分不同材质以平方米为单位计量	1. 场地清理； 2. 桥面清洁； 3. 铺装防水材料； 4. 安拆作业平台； 5. 安设排水设施

子目号	子目名称	单位	工程量计量	工程内容
415-4	桥面排水			
-a	竖、横向集中排水管	kg 或 m	1. 依据图纸所示位置及尺寸,在桥面安设泄水孔,按图示数量分不同材质、管径计量;铸铁管、钢管以千克为单位计量;PVC管以米为单位计量; 2. 接头、固定泄水管的金属构件不予计量;铸铁泄水孔作为附属工作,不另行计量	1. 场地清理; 2. 安拆作业平台; 3. 钻孔安设排水管锚固件; 4. 安设排水设施
-b	桥面边部碎石盲沟	m³	依据图纸所示位置、尺寸,按照盲沟体积以立方米为单位计量	1. 边部切割; 2. 清理; 3. 盲沟设置
416	桥梁支座			
416-1	板式橡胶支座	dm³	依据图纸所示位置及尺寸,安装图纸所示类型及规格板式橡胶支座就位,按图示体积,分不同的材质及形状以立方分米为单位计量	1. 清洁整平混凝土表面; 2. 砂浆配运料、拌合,接触面抹平; 3. 钢板制作与安装; 4. 支座定位安装
416-2	隔震橡胶支座	个	依据图纸所示位置及尺寸,安装图纸所示类型及规格隔震橡胶支座就位,按图示数量分不同型号,支座反力以个为单位计量	
416-3	盆式支座	个	依据图纸所示位置及尺寸,安装图纸所示类型及规格盆式支座/球形支座就位,按图示数量分不同型号,支座反力以个为单位计量	1. 清洁整平混凝土表面; 2. 砂浆配运料、拌合,接触面抹平; 3. 钢板制作与安装; 4. 吊装设备安拆; 5. 支座定位安装; 6. 支座焊接固定
416-4	球形支座	个		
417	桥梁接缝和伸缩装置			
417-1	橡胶伸缩装置	m	依据图纸所示位置及尺寸,按图示的橡胶条伸缩装置长度(包括人行道、缘石、护栏底座与行车道等全部长度)以米为单位计量	1. 切割清理伸缩装置范围内混凝土;设置预埋件; 2. 伸缩装置定位、安装
417-2	模数式伸缩装置	m	依据图纸所示位置及尺寸,安装图示类型和规格的模数式伸缩装置,按图示长度(包括人行道、缘石、护栏底座与行车道等全部长度),分不同伸缩量以米为单位计量	1. 切割清理伸缩装置范围内混凝土;设置预埋件; 2. 伸缩装置定位、安装; 3. 混凝土拌合、运输、浇筑、压纹、养护
417-3	梳齿板式伸缩装置	m	依据图纸所示位置及尺寸,按图示的梳齿板式伸缩装置长度(包括人行道、缘石、护栏底座与行车道等全部长度),分不同伸缩量以米为单位计量	

子目号	子目名称	单位	工程量计量	工程内容
417-4	填充式材料伸缩装置	m	依据图纸所示位置及尺寸,按图示的填充式材料伸缩装置长度(包括人行道、缘石、护栏底座与行车道等全部长度),分不同材质以米为单位计量	1. 切割清理伸缩装置范围内混凝土; 2. 跨缝板安装; 3. 材料填充、养护
419	圆管涵及倒虹吸管涵			
419-1	单孔钢筋混凝土圆管涵	m	1. 依据图纸所示,按不同孔径的涵身长度(进出口端墙外侧间距离)计算,以米为单位计量; 2. 基底软基处理参照第205节的相关规定计量,列入第205节相应子目	1. 基坑排水; 2. 挖基、基底清理; 3. 基座砌筑或浇筑; 4. 垫层材料铺筑; 5. 钢筋制作安装; 6. 预制或现浇钢筋混凝土管; 7. 铺涂防水层; 8. 安装、接缝; 9. 砌筑进出口(端墙、翼墙、八字墙井口); 10. 防水、防冻、防腐措施; 11. 回填
419-2	双孔钢筋混凝土圆管涵	m		
419-3	钢筋混凝土圆管倒虹吸管涵	m		
420	盖板涵、箱涵			
420-1	钢筋混凝土盖板涵	m	1. 依据图纸所示,按不同跨径的盖板涵长度以米为单位计量; 2. 基底软基处理参照第205节的相关规定计量,列入第205节相应子目	1. 场地清理; 2. 围堰、排水,基坑开挖,基坑支护; 3. 基础及涵台施工; 4. 施工缝设置、处理; 5. 盖板预制、运输、安装; 6. 砂浆制作、填缝; 7. 防水、防冻、防腐措施; 8. 回填
420-2	钢筋混凝土箱涵	m	1. 依据图纸所示,按不同跨径的箱涵长度以米为单位计量; 2. 基底软基处理参照第205节的相关规定计量,列入第205节相应子目	1. 围堰、排水,基坑开挖; 2. 垫层、基础施工; 3. 搭拆作业平台; 4. 模板安设、加固、检查; 5. 钢筋安设、支承及固定; 6. 混凝土配运料、拌合、运输、浇筑、养护; 7. 施工缝设置、处理; 8. 防水、防冻、防腐措施; 9. 回填
420-3	钢筋混凝土盖板通道涵	m	1. 依据图纸所示,按不同跨径的盖板通道涵长度以米为单位计量; 2. 基底软基处理参照第205节的相关规定计量,列入第205节相应子目	1. 场地清理; 2. 围堰、排水,基坑开挖,基坑支护; 3. 基础及涵台施工; 4. 施工缝设置、处理; 5. 盖板预制、运输、安装; 6. 砂浆制作、填缝; 7. 铺设通道路面;砌筑边沟; 8. 防水、防冻、防腐措施; 9. 回填

子目号	子目名称	单位	工程量计量	工程内容
420-4	钢筋混凝土箱型通道涵	m	1. 依据图纸所示,按不同跨径的箱型通道涵长度计算以米为单位计量; 2. 基底软基处理参照第205节的相关规定计量,并列入第205节相应子目	1. 围堰、排水,基坑开挖; 2. 垫层、基础施工; 3. 搭拆作业平台; 4. 模板安设、加固、检查; 5. 钢筋安设、支承及固定; 6. 混凝土配运料、拌合、运输、浇筑、养护; 7. 施工缝设置、处理; 8. 铺设通道路面;砌筑边沟; 9. 防水、防冻、防腐措施; 10. 回填
421	拱涵			
421-1	拱涵			
-a	石拱涵	m	1. 依据图纸所示,按不同跨径的石拱涵长度以米为单位计量; 2. 基底软基处理参照第205节的相关规定计量,并列入第205节相应子目	1. 场地清理; 2. 围堰、排水,基坑开挖,基坑支护; 3. 基础及涵台施工; 4. 搭拆作业平台; 5. 安拆支架、拱盔; 6. 选修石料,配砂浆; 7. 砌筑; 8. 勾缝、抹面、养护; 9. 防水、防冻、防腐措施
-b	混凝土拱涵	m	1. 依据图纸所示,按不同跨径的混凝土拱涵长度以米为单位计量; 2. 基底软基处理参照第205节的相关规定计量,并列入第205节相应子目	1. 场地清理; 2. 围堰、排水,基坑开挖,基坑支护; 3. 基础及涵台施工; 4. 搭拆作业平台; 5. 安拆支架、拱盔; 6. 配、拌、运混凝土、浇筑、养护; 7. 防水、防冻、防腐措施
421-2	拱形通道涵			
-a	石拱通道涵	m	1. 依据图纸所示,按不同跨径的石拱通道涵长度以米为单位计量; 2. 基底软基处理参照第205节的相关规定计量,并列入第205节相应子目	1. 场地清理; 2. 围堰、排水,基坑开挖,基坑支护; 3. 基础及涵台施工; 4. 搭拆作业平台; 5. 安拆支架、拱盔; 6. 选修石料,配砂浆; 7. 砌筑; 8. 勾缝、抹面、养护; 9. 铺设通道路面;砌筑边沟; 10. 防水、防冻、防腐措施

子目号	子目名称	单位	工程量计量	工程内容
-b	混凝土拱通道涵	m	1. 依据图纸所示，按不同跨径的混凝土拱通道涵长度以米为单位计量； 2. 基底软基处理参照第205节的相关规定计量，并列入第205节相应子目	1. 场地清理； 2. 围堰、排水，基坑开挖，基坑支护； 3. 基础及涵台施工； 4. 搭拆作业平台； 5. 安拆支架、拱盔； 6. 配、拌、运混凝土、浇筑、养护； 7. 铺设通道路面；砌筑边沟； 8. 防水、防冻、防腐措施

5. 安全设施及预埋管线工程计量规则

"第600章 安全设施及预埋管线"包括"第601节 通则""第602节 护栏""第603节 隔离栅和防落网""第604节 道路交通标志""第605节 道路交通标线""第606节 防眩设施""第607节 通信和电力管道与预埋（预留）基础""第608节 收费设施及地下通道"共8节内容。"第601节 通则"为安全设施与预埋管线施工的一般要求，本节工作内容均不作计量，其所涉及的作业应包含在与其相关工程子目之中。

安全设施及预埋管线工程工程量计量规则见表7-18。

安全设施及预埋管线工程工程量清单计量规则　　　　　　表7-18

子目号	子目名称	单位	工程量计量	工程内容
602	护栏			
602-1	混凝土护栏（护墙、立柱）			
-a	现浇混凝土护栏	m³	1. 依据图纸所示位置和断面尺寸，按图示浇筑的不同强度的混凝土体积以立方米为单位计量； 2. 不扣除混凝土沉降缝、泄水孔所占体积； 3. 桥上混凝土护栏（护墙、立柱）在410-6中计量	1. 基槽开挖； 2. 铺筑垫层； 3. 模板制作、安装、拆除； 4. 混凝土制作、运输、浇筑、养护； 5. 沉降缝、泄水孔预留、灌缝处理； 6. 基坑回填、夯实； 7. 清理、弃方处理
-b	预制安装混凝土护栏	m³	1. 依据图纸所示位置和断面尺寸，按图示预制并安装的不同强度等级的混凝土体积以立方米为单位计量； 2. 不扣除混凝土沉降缝、泄水孔和预埋件所占体积； 3. 桥上混凝土护栏（护墙、立柱）在410-7中计量	1. 混凝土护栏块预制、运输； 2. 基槽开挖； 3. 铺筑垫层； 4. 结合面凿毛； 5. 混凝土护栏块安装； 6. 接缝处理； 7. 基坑回填、夯实； 8. 清理、弃方处理
-c	现浇混凝土基础	m³	依据图纸所示位置和断面尺寸，按图示浇筑混凝土体积以立方米为单位计量	1. 基槽开挖、清理； 2. 模板制作、安装、拆除； 3. 混凝土拌制、运输、浇筑、养护； 4. 基坑回填、夯实； 5. 清理、弃方处理

子目号	子目名称	单位	工程量计量	工程内容
-d	钢筋	kg	1. 依据图纸所示及钢筋表所列钢筋质量计量； 2. 固定钢筋的材料、定位架立钢筋、钢筋接头、吊装钢筋、钢板、铁丝作为钢筋作业的附属工作,不另行计量	1. 钢筋的保护、储存及除锈； 2. 钢筋整直、接头； 3. 钢筋截断、弯曲； 4. 钢筋安设、支承及固定
602-2	石砌护墙	m³	1. 依据图纸所示位置和断面尺寸,按图示各类石砌体积以立方米为单位计量； 2. 不扣除砌体沉降缝、泄水孔所占体积	1. 基槽开挖； 2. 铺筑碎(砾)石垫层； 3. 砂浆制作、运输,石料清洗,块石修面,砌体砌筑； 4. 沉降缝、泄水孔预留,灌缝处理,勾缝抹面； 5. 基坑回填,夯实； 6. 清理,弃方处理
602-3	波形梁钢护栏			
-a	路侧波形梁钢护栏	m	依据图纸所示位置、防撞等级、构造形式代号,按图示长度以米为单位计量	1. 基础施工(成孔、埋入或预埋套筒或预埋地脚螺栓等)； 2. 波形梁及其匹配件安装； 3. 场地清理,弃方处理； 4. 补涂防腐涂装
-b	中央分隔带波形梁钢护栏	m	依据图纸所示位置、防撞等级、构造形式代号,按图示长度(单柱)计量	
-c	波形梁钢护栏端头	个	1. 依据图纸所示位置、断面尺寸,按图示各型号端头数量,以个为单位计量； 2. 每个端头的长度为沿路线的长度,详见《公路交通安全设施设计细则》JTG/T D81—2017	1. 基槽开挖； 2. 混凝土制备、运输、埋设预埋件、浇筑、养护； 3. 安装波形梁护栏端头； 4. 场地清理,弃方处理； 5. 补涂防腐涂装
602-4	缆索护栏			
-a	路侧缆索护栏	m	依据图纸所示位置和断依据图纸所示位置和断面尺寸,分不同类型,按图示护栏长度以米为单位计量	1. 基槽开挖； 2. 基础施工； 3. 缆索及各种匹配件安装； 4. 张拉、固定； 5. 场地清理,弃方处理； 6. 补涂防腐涂装
-b	中央分隔带缆索护栏	m	依据图纸所示位置和断面尺寸,分不同类型,按图示护栏长度(单柱)以米为单位计量	1. 基槽开挖； 2. 基础施工； 3. 立柱及支架设置； 4. 缆索及各种匹配件安装； 5. 张拉、固定； 6. 场地清理,弃方处理； 7. 补涂防腐涂装
602-5	中央分隔带活动护栏			

子目号	子目名称	单位	工程量计量	工程内容
-a	钢质插拔式	m	依据图纸所示位置和断面尺寸,按图示活动护栏长度以米为单位计量	1. 基础开挖; 2. 护栏固定型钢及插口型钢基槽埋设; 3. 护栏及其匹配件连接,防盗和开启装置设施安装,表面反射体安装
-b	钢质伸缩式	m	依据图纸所示位置和断面尺寸,按图示活动护栏长度以米为单位计量	1. 基础开挖; 2. 护栏固定型钢基槽埋设; 3. 护栏及其匹配件连接,防盗和开启装置设施安装,表面反射体安装
-c	钢管预应力索防撞活动护栏	m	依据图纸所示位置和断面尺寸,按图示活动护栏长度以米为单位计量	1. 基础开挖; 2. 导向板埋设,混凝土拌制、运输、浇筑、养护,基础回填夯实; 3. 护栏单元框架及其匹配件安装,防盗和开启装置设施安装,表面反射体安装
603	隔离栅和防落物网			
603-1	钢板网隔离栅	m	1. 依据图纸所示位置和断面尺寸,按图示钢板网隔离栅、编织网隔离栅、电焊网隔离栅、沿路线展开长度以米为单位计量; 2. 不扣除钢管(型钢)所占沿路线长度,三角形起讫端按相应沿路线长度的1/2计量	1. 沿路线清理,基槽开挖; 2. 基础混凝土制作,运输,钢管(型钢)柱埋设,浇筑,振捣,养护,网框、网面安装,隔离栅门制作安装; 3. 场地清理,基坑回填,弃方处理
603-2	编织网隔离栅	m		
603-3	焊接网隔离栅	m		
603-4	刺钢丝网隔离栅	m	1. 依据图纸所示位置和断面尺寸,按图示刺铁丝网隔离栅沿路线展开长度以米为单位计量; 2. 不扣除混凝土立柱所占沿路线长度,三角形起讫端按相应沿路线长度的1/2计量	1. 沿路线清理,基槽开挖; 2. 预制场平整、硬化,立柱钢筋(挂钩)制作安装,立柱混凝浇筑、养护; 3. 基础混凝土制作,运输,立柱埋设,浇筑,振捣,养护,刺铁丝安装,隔离栅门制作安装; 4. 场地清理,基坑回填,弃方处理
603-5	防落物网	m	1. 按图纸设计以米为单位计量; 2. 立柱、安装网片的支架,预埋件及紧固件,防雷接地等不另行计量	1. 钢管(型钢)柱埋设、浇筑、养护; 2. 网框、网面安装; 3. 对防雷接地处理
604	道路交通标志			
604-1	单柱式交通标志	个	依据图纸所示位置和断面尺寸,分不同规格的标志板面,按安装就位的标志数量以个为单位计量	1. 基槽开挖; 2. 基础施工(钢筋与预埋件安装、混凝土浇筑等); 3. 立柱、标志板及各种匹配件制作与安装; 4. 清理,弃方处理
604-2	双柱式交通标志	个		
604-3	三柱式交通标志	个		
604-4	单悬臂式交通标志	个		
604-5	双悬臂式交通标志	个		

子目号	子目名称	单位	工程量计量	工程内容
604-6	门架式交通标志	个	依据图纸所示位置和断面尺寸,分不同规格的标志板面,按安装就位的标志数量以个为单位计量	1. 基槽开挖; 2. 基础施工(钢筋与预埋件安装、混凝土浇筑等); 3. 门架构件、标志板及各种匹配件制作与安装; 4. 清理,弃方处理
604-7	附着式交通标志	个		1. 安设预埋件或连接件; 2. 立柱及板面制作与安装
604-8	里程碑	个	依据图纸所示位置和断面尺寸,按图示里程碑数量以个为单位计量	1. 基础施工或设置连接件; 2. 里程碑制作与安装
604-9	公路界碑	个	依据图纸所示位置和断面尺寸,按图示公路界碑数量以个为单位计量	1. 界碑制作; 2. 基槽开挖、基槽混凝土浇筑、界碑埋设; 3. 基坑回填、夯实; 4. 清理,弃方处理
604-10	百米桩	个	依据图纸所示位置和断面尺寸,分不同类型,按图示百米桩数量以个为单位计量	百米桩制作、安装
604-11	防撞桶	个	依据图纸所示位置和断面尺寸,按图示防撞桶数量以只为单位计量	防撞桶安设、表面粘贴反光膜
604-12	锥形桶	个	依据图纸所示位置和断面尺寸,按图示锥形桶数量以个为单位计量	锥形桶安设、表面粘贴反光膜
604-13	道路反光镜	个	依据图纸所示位置,分不同类型的反光镜数量,以个为单位计量	1. 基础施工; 2. 反光镜安装; 3. 场地清理
605	道路交通标线			
605-1	热熔型涂料路面标线	m²	依据图纸所示位置和断面尺寸,分不同类型,按图示标线面积以平方米为单位计量	1. 路面清扫; 2. 刮涂底油,涂料加热溶解,喷(刮)标线,撒玻璃珠(反光标线),初期养护
605-2	溶剂型涂料路面标线	m²		1. 路面清扫; 2. 涂料拌合溶解,喷(刮)标线,撒布玻璃珠(反光标线),初期养护
605-3	预成型标线带	m²		1. 路面清扫; 2. 刮涂底油,粘贴标线,初期养护
605-4	突起路标	个	依据图纸所示位置,分不同类型,按图示突起路标数量以个为单位计量	1. 路面清扫; 2. 底胶调和,粘贴突起路标,初期养护
605-5	轮廓标	个	依据图纸所示位置,分不同类型,按图示轮廓标数量以个为单位计量	1. 基础施工及连接件设置; 2. 轮廓标安装; 3. 发光型轮廓标调试

子目号	子目名称	单位	工程量计量	工程内容
605-6	立面标记	处	依据图纸所示位置,按图示立面标记以处为单位计量	表面清理,刮(喷)涂
605-7	锥形路标	个	依据图纸所示位置,按图示锥形路标以个为单位计量	锥形路标制作与安装
605-8	减速带	m	依据图纸所示位置,按图示减速带长度以米为单位计量	1. 钻孔及锚杆安设; 2. 橡胶减速带安装
605-9	铲除原有路面标线	m²	依据图纸所示,按铲除的原路面标线面积计量	1. 铲除原有标线; 2. 清理现场
606	防眩设施			
606-1	防眩板	块	依据图纸所示位置和断面尺寸,分不同类型,按图示防眩板数量以块为单位计量	1. 钻孔及螺栓安设; 2. 支架安装; 3. 防眩板安装,校位
606-2	防眩网	m	1. 依据图纸所示位置和断面尺寸,分不同类型,按图示防眩网长度以米为单位计量 2. 不扣除立柱所占长度	1. 钻孔及螺栓安设; 2. 支架安装; 3. 防眩网安装,校位
607	通信和电力管道与预埋(预留)基础			
607-1	人(手)孔	个	依据图纸所示位置和断面尺寸,按图示现浇混凝土人孔的数量以个为单位计量	1. 基槽开挖; 2. 铺筑碎(砾)石垫层,立模; 3. 混凝土制作,运输,构造钢筋和穿钉、管道支架、拉力环的加工制作、装卸运输、预埋,浇筑,振捣,养护,拆模; 4. 钢筋混凝土上腹盖板预制或现浇的全部工序,井孔口圈和井盖制作安装; 5. 基坑回填,夯实; 6. 清理,弃方处理
607-2	紧急电话平台	个	依据图纸所示位置和断面尺寸,按图示电话平台的数量以个为单位计量	1. 基槽开挖; 2. 浆砌片石基础调整,铺筑碎(砾)石垫层,立模; 3. 混凝土制作,运输,钢管护栏加工制作、装卸运输、预埋,浇筑,振捣,接地母线预埋,养护,拆模; 4. 基坑回填,夯实; 5. 清理,弃方处理
607-3	管道工程	m	1. 依据图纸所示位置和断面尺寸,分不同类型及规格,按图示铺设的管道长度以米为单位计量; 2. 不扣除人孔、手孔所占长度	1. 基槽开挖; 2. 铺筑细粒土找平层; 3. 硅芯管下料铺设,接头接续,定位,编码,包封,人孔和手孔封口,管口保护; 4. 土体回填,夯实; 5. 过桥管箱支架及管箱安装; 6. 清理,弃方处理

子目号	子目名称	单位	工程量计量	工程内容
608	收费设施及地下管道			
608-1	收费亭	个	依据设计图纸所示位置和尺寸,分不同类型,按图示材料材质制作安装收费亭数量,以个为单位计量	收费亭制作、防腐、粘贴反光标识、就位、固定
608-2	收费天棚	m²	依据图示位置和尺寸,按图示材料制作安装的收费天棚平面投影面积,以平方米为单位计量	1. 基础施工; 2. 立柱结构制作、架设; 3. 天棚支撑系统结构制作、安装、固定; 4. 刷防护油漆
608-3	收费岛	个	依据图纸所示位置和断面尺寸,分不同类型,按图示混凝土收费岛数量,以个为单位计量	1. 模板制作、安装、拆除; 2. 钢筋制作、安装; 3. 混凝土拌合、运输、浇筑、养护; 4. 涂料拌制、刮涂底油、喷(刮)标线、初期养护; 5. 清理现场
608-4	地下通道	m	依据图纸所示位置和结构形式及断面尺寸,分不同类型,按地下通道中心量测的洞口间距离,以米为单位计量	1. 支架、模板制作、安装、拆除; 2. 钢筋制作、安装; 3. 混凝土拌合、运输、浇筑、养护; 4. 预制梁板、运输、安装; 5. 清理现场
608-5	预埋管线	m	依据图纸所示位置和断面尺寸,分不同类型,按图示预埋管线长度,以米为单位计量	1. 备管、运输; 2. 基槽开挖、埋地管就位,穿放牵引铁丝,安装接续、焊缝防腐处理; 3. 包封及进出口端封口处理; 4. 基槽回填、夯实; 5. 清理现场,弃方处理
608-6	架设管线	m	依据图纸所示位置和断面尺寸,分不同类型,按图示架设管线长度,以米为单位计量	1. 管线支架、运输、安装; 2. 管线现场就位、安装、焊缝防腐处理; 3. 进出口端封口处理

6. 绿化及环境保护工程计量规则

"第700章 绿化及环境保护设施"主要包括:"第701节 通则""第702节 铺设表土""第703节 撒播草种和铺植草皮""第704节 种植乔木、灌木和攀缘植物""第705节 植物养护和管理""第706节 声屏障"共6节内容。其中"第701节 通则"包括材料标准、绿化施工的一般要求,本节工作内容均不作计量,其所涉及的作业应包含在与其相关工程子目之中;"第705节 植物养护和管理"包括从绿化植物开始种植到工程缺陷责任期结束的养护和管理,本节工作含入绿化植物种植的相关子目中,均不另行计量。

苗木计算应符合下列规定:

(1) 胸径应为地表面向上1.2m处树干直径;

（2）冠径（冠幅）应为苗木冠丛垂直投影面的最大直径和最小直径之间的平均值；

（3）蓬径应为灌木、灌丛垂直投影面的直径；

（4）地径应为地表面向上 0.1m 高处树干直径；

（5）干径应为地表面向上 0.3m 高处树干直径；

（6）株高应为地表面至树顶端的高度；

（7）冠丛高应为地表面至乔（灌）木顶端的高度；

（8）篱高应为地表面至绿篱顶端的高度。

绿化及环境保护工程工程量计算规则见表 7-19。

绿化及环境保护设施工程量计算规则 表 7-19

子目号	子目名称	单位	工程量计量	工程（工作）内容
702	铺设表土			
702-1	开挖并铺设表土	m³	依据图纸所示位置和断面尺寸,按开挖并铺设的种植土体积以立方米为单位计量	1. 填前场地清理； 2. 回填种植土、清除杂物、拍实、耙细整平、找坡、沉降后补填； 3. 路面清洁保护,场地清理,废弃物装卸运输
702-2	铺设利用的表土	m³	依据图纸所示位置和断面尺寸,按铺设利用的种植土体积以立方米为单位计量	1. 填前场地清理； 2. 回填种植土、清除杂物、拍实、耙细整平、找坡、沉降后补填； 3. 路面清洁保护,场地清理,废弃物装卸运输
703	撒播草种和铺植草皮			
703-1	撒播草种（含喷播）	m²	1. 依据图纸所示位置,按图示种植的面积以平方米为单位计量； 2. 扣除结构工程防护和密栽灌木所占面积,不扣除散栽苗木所占面积	1. 场地清理,耙细； 2. 种植及覆盖； 3. 浇水、施肥、除虫、除杂草、修剪、补种； 4. 清除垃圾、杂物
703-2	撒播草种及花卉、灌木籽（含喷播）	m²		
703-3	先点播灌木后喷播草种	m²	1. 依据图纸所示位置,按图示种植的面积以平方米为单位计量； 2. 扣除结构工程防护和密栽灌木所占面积,不扣除散栽苗木所占面积	1. 场地清理,耙细； 2. 挖坑穴（槽）、灌木点播； 3. 喷播草种,覆盖； 4. 浇水、施肥、除虫、除杂草、修剪、补种； 5. 清除垃圾、杂物
703-4	铺植草皮	m²	1. 依据图纸所示位置,按图示种植的面积以平方米为单位计量； 2. 扣除结构工程和密栽灌木所占面积,不扣除散栽苗木所占面积	1. 场地清理,耙细； 2. 铺植草皮； 3. 浇水、施肥、除虫、除杂草、修剪、补种； 4. 清除垃圾、杂物

子目号	子目名称	单位	工程量计量	工程(工作)内容
703-5	三维土工网植草	m²	1. 依据图纸所示位置,按图示种植的面积以平方米为单位计量; 2. 扣除结构工程面积	1. 地表整理、修整坡面; 2. 铺设三维土工网及锚钉固定 3. 铺设表土; 4. 喷播草种(灌木籽); 5. 浇水、施肥、除虫、除杂草、修剪、补种; 6. 清除垃圾、杂物
703-6	客土喷播	m²	依据图纸所示,按照客土喷播的面积以平方米为单位计量	1. 坡面整理; 2. 安设锚杆; 3. 安设铁丝网(钢丝网); 4. 绿化基材制备; 5. 喷播绿化基材; 6. 浇水、施肥、除虫、除杂草、修剪、补种; 7. 清除垃圾、杂物
703-7	植生袋	m²	依据图纸所示位置,按铺设面积以平方米计算	1. 清理坡面; 2. 垫铺碎石; 3. 安放植生袋; 4. 浇水、施肥、除虫、除杂草、修剪、补种; 5. 清除垃圾、杂物
703-8	绿地喷灌管道	m	依据图纸所示,按敷设的不同管径的管道长度以米为单位计量	1. 开挖与回填; 2. 管道敷设,管道连接,闸阀、洒水栓安装; 3. 通水及洒水调试
704	种植乔木、灌木和攀缘植物			
704-1	人工种植乔木	棵	依据图纸所示位置,按图示种植的不同规格的各类乔木数量以棵为单位计量	1. 开挖种植穴(槽); 2. 换填种植土; 3. 苗木栽植; 4. 支撑、浇水、施肥、除虫、除杂草、修剪、补种; 5. 场地清理,废弃物装卸运输
704-2	人工种植灌木	棵	依据图纸所示位置,按图示种植的不同规格的各类灌木,攀缘植物,竹母,数量以棵为单位计量	1. 开挖种植穴(槽); 2. 换填种植土; 3. 苗木栽植; 4. 支撑牵引、浇水、施肥、除虫、除杂草、修剪、补种; 5. 场地清理,废弃物装卸运输
704-3	人工种植攀缘植物	棵		
704-4	人工种植竹类	棵		
706	声屏障			
706-1	吸、隔声板声屏障	m	依据图纸所示位置和断面尺寸,分不同类型,按图示吸、隔声板声屏障的长度以米为单位计量	1. 场地清理; 2. 基础施工; 3. 声屏障制作; 4. 声屏障安装

216

子目号	子目名称	单位	工程量计量	工程(工作)内容
706-2	吸声砖声屏障	m³	1. 依据图纸所示位置和断面尺寸，分不同类型，按图示吸声砖、砖墙的体积以立方米为单位计量； 2. 基础作为附属工作，不另行计量	1. 场地清理； 2. 基础施工； 3. 吸声砖、砖墙砌筑； 4. 压顶； 5. 装饰装修
706-3	砖墙声屏障	m³		

本 章 小 结

本章首先介绍了工程量清单的作用、相关概念及工程量清单主要包括工程量清单说明、投标报价说明、计日工说明、其他说明及工程量清单各项表格这五部分内容；然后详细叙述了工程量清单各章具体内容及计量规则。

习　题

7-1　工程量清单编制原则归纳为"四统一"，下列错误的提法是（　　）。

A. 项目编码统一　　　　　　　　B. 项目名称统一

C. 计价依据统一　　　　　　　　D. 工程量清单计算规则统一

7-2　对工程量清单概念表述不正确的是（　　）。

A. 工程量清单是包括工程数量的明细清单表

B. 工程量清单也包括工程数量相应的单价

C. 工程量清单由招标人提供

D. 工程量清单是招标文件的组成部分

7-3　工程量清单计价方法的作用是（　　）。

A. 有利于"逐步建立以市场形成价格为主的价格机制"工程造价体制改革的目标

B. 有利于将工程的"质"与"量"紧密结合起来

C. 有利于业主获得最合理的工程造价

D. 有利于国家对建设工程造价的宏观调控

E. 有利于中标企业精心组织施工，控制成本，充分体现本企业的管理优势

7-4　《工程量清单计价规范》的特点是（　　）。

A. 强制性　　　　B. 市场性　　　　C. 实用性　　　　D. 竞争性　　　　E. 通用性

7-5　工程量清单，主要用于（　　）

A. 编制标底　　　B. 投标报价　　　C. 调整工程量

D. 优化设计方案　　E. 办理竣工结算

7-6　按照工程量清单报价的方法进行标底编制时，措施项目组价的方法一般有（　　）。

A. 用估算形式的组价　　　　　　B. 用费率形式的组价

C. 用定额单价形式的组价　　　　D. 用综合单价形式的组价

E. 用概算指标形式的组价

7-7 关于工程量清单计价的规定，以下说法正确的有（   ）。

A. 编制标底和报价时，其计价的依据不同

B. 工程量清单计价时，所用到的单价均为综合单价

C. 投标报价时，投标人对业主提供的措施项目清单可根据情况选择性报价

D. 投标报价不得低于社会平均成本

E. 安全施工费、规费、税金必须计价且不得优惠和变更

7-8 公路工程工程量清单计价中分部分项工程量清单计价表中有综合单价一项，该综合单价应包括完成一个规定计量单位工程所需的（   ）。

A. 直接费　　　　B. 间接费　　　C. 利润　　　　D. 税金

第8章 公路工程招投标

教学目标

(1) 熟悉工程项目招、投标的概念及其理论;

(2) 掌握施工项目招、投标的程序;

(3) 初步掌握编制标底、控制价的原则、程序及编制方法;

(4) 初步掌握投标报价的编制方法,投标策略的选择;

(5) 理解评标、定标方法和工程合同价的确定。

教学要求

知识要点	能力要求	相关知识
概述	1. 了解工程项目招投标的类别; 2. 熟悉建设项目招、投标的概念及其理论; 3. 掌握工程项目招标的方式	1. 工程项目招投标的概念及理论; 2. 工程项目招投标的分类方法及类别; 3. 两种招标方式的特点
施工招标	1. 熟悉施工项目招标文件的组成; 2. 掌握施工项目招标程序; 3. 掌握标底、控制价的概念; 4. 初步掌握编制标底的原则、依据及编制方法	1.《公路工程标准施工招标文件》的有关内容; 2. 两种不同招标方式下的施工项目招标程序; 3. 标底、控制价的内容、编制原则、编制程序及编制方法; 4. 评标、定标的方法
施工投标	1. 熟悉施工项目投标文件的组成; 2. 掌握施工项目投标程序; 3. 掌握投标报价的编制方法,投标策略的选择; 4. 了解三种不同的合同形式	1. 施工项目投标文件的组成; 2. 施工项目投标程序; 3. 投标报价的编制方法、依据及报价技巧。 4. 合同价的三种形式

基本概念

招标;投标;招标文件;标底;控制价;投标文件;投标报价;报价技巧;合同价。

8.1 概　述

8.1.1 工程项目招投标的概念

招投标,是招标投标的简称,招标和投标是市场经济中用于采购大宗商品的一种交易方式,是交易过程的两个方面。这种方式是在商品的采购行为中,招标人通过事先公布的采购要求,吸引众多的投标人按照同等条件进行平等竞争,按照规定程序并组织技术、经济和法律等方面专家对众多的投标人进行综合评审,从中择优选定项目的中标人的行为过程。

在市场经济中，建筑产品也是商品，在国际上广泛采用招标投标的方式实现工程建设任务的发包与承包。我国的工程建设招标与投标，是在国家法律的保护和监督之下、双方同意基础上法人之间的经济活动。

工程项目招标是指招标人在发包建设项目之前，根据拟建工程的内容、工期、质量和投资额等技术经济要求，公开招标或邀请有资格和能力的企业或单位参加工程项目的投标报价，从中择优选取可承担可行性研究方案论证、科学试验或勘察、设计、施工等任务承包单位的过程。工程项目投标是指经审查获得投标资格的投标人，以同意发包方招标文件所提出的条件为前提，经过广泛的市场调查掌握一定的信息并结合自身情况（能力、经营目标等），以投标报价的竞争形式获取工程任务的过程。

我国法学界一般认为，建设工程招标是要约邀请，而投标是要约，中标通知书是承诺。我国《合同法》也明确规定，招标公告是要约邀请。也就是说，招标实际上是邀请投标人对其提出要约（即报价），属于要约邀请。投标则是一种要约，它符合要约的所有条件，如具有缔结合同的主观目的；一旦中标，投标人将受投标书的约束；投标书的内容具有足以使合同成立的主要条件等。招标人向中标的投标人发出的中标通知书，则是招标人同意接受中标的投标人的投标条件，即同意接受该投标人的要约的意思表示，应属于承诺。

招投标制是实现项目法人责任制的重要保证之一。它的推行，有利于促使工程建设按基本建设程序进行，保证建设的科学性、合理性，有利于保证工程质量、缩短工期、节约投资，有利于促进承包企业提高履约率和经营管理水平。

8.1.2 工程项目招投标的分类

工程项目招标投标多种多样，按照不同的标准可以进行不同的分类。

1. 按照工程建设程序分类

按照工程建设程序，可以将工程招标投标分为建设项目前期咨询招投标、勘察设计招投标、材料设备采购招投标、监理招投标、施工招投标。

1）建设项目前期咨询招投标。

建设单位（业主）邀请工程咨询单位对建设项目进行可行性研究，其标的物是可行性研究报告。中标的工程咨询单位必须对自己提供的研究成果负责，可行性研究报告应得到业主认可。

2）勘察设计招投标

建设单位（业主）根据批准的可行性研究报告，择优选择勘察设计单位的过程，其标的物是勘察设计成果。勘察和设计是两种不同性质的工作，可由勘察单位和设计单位分别完成。勘察单位最终提出施工现场的地理位置、地形、地貌、地质、水文等在内的勘察报告。设计单位最终提供设计图纸和成本预算结果。

3）材料设备采购招投标

工程建设中，材料、设备费在工程总投资中占很大比重。工程建设物资招标的标的是所需要的建筑材料、建筑构件、设备等。

4）施工招投标

在工程项目的初步设计或施工图设计完成以后，用招投标的方式选择承包商，其标的物是向建设单位（业主）交付按设计规定建造的建筑产品。工程施工招投标在各类招投标中数量大、范围广、价值高、招标工作的代表性强，本教材主要介绍这类招投标。

5）监理招投标。

监理招投标是通过竞争的方式选择工程监理单位的一种招投标方法。监理招标的标的物为监理工程师提供的服务。

2. 按工程项目承包的范围分类

按工程承包的范围可将工程招标划分为项目总承包招投标、工程分承包招投标及专项工程承包招投标。

1）项目全过程总承包招投标

这种又可分为两种类型，其一是指工程项目实施阶段的全过程招投标；其二是指工程项目建设全过程的招投标。前者是在设计任务书完成后，从项目勘察、设计到施工交付使用进行一次性招标；后者则是从项目的可行性研究到交付使用进行一次性招标，业主只需提供项目投资和使用要求及竣工、交付使用期限，其可行性研究、勘察设计、材料和设备采购、土建施工设备安装及调试、生产准备和试运行、交付使用，均由一个总承包商负责承包，即所谓"交钥匙工程"。承揽"交钥匙工程"的承包商被称为总承包商，绝大多数情况下，总承包商要将工程部分阶段的实施任务分包出去。

2）工程分承包招投标

中标的工程总承包人作为其中标范围内的工程任务的招标人，将其中标范围内的工程任务，通过招标投标的方式，分包给具有相应资质的分承包人，中标的分承包人只对招标的总承包人负责。

3）专项工程承包招投标

在工程承包招标中，对其中某项比较复杂或专业性强、施工和制作要求特殊的单项工程进行单独招标。

8.1.3 工程项目招标的方式

工程项目的招标有公开招标、邀请招标两种方式。

1. 公开招标

公开招标也称无限竞争性招标，由业主在国内外主要报纸、有关刊物上或在电台、电视台发布招标广告，凡对工程项目有兴趣的承包商，均可购买资格预审文件参与投标。这种招标方式可为所有的承包商提供一个平等竞争的机会，业主有较大的选择余地，有利于降低工程造价，提高工程质量，缩短工期。但由于参与竞争的承包商可能很多，会增加资格预审和评标的工作量，还有可能出现故意压低投标报价的投机承包商以低价挤掉对报价严肃认真而报价相对较高的承包商的情况。因此采用此种招标方式时，业主应加强资格预审，认真评标。

2. 邀请招标

邀请招标也称有限竞争性选择招标。这种招标不发布广告，业主根据自己的经验和对各种信息资料的了解，向三个以上具备招标项目资格能力要求的特定的潜在投标人发出投标邀请书，邀请其前来投标。这种招标方式一般可以保证参加投标的承包商有此项目施工经验、信誉可靠，有能力完成该工程项目，但由于经验和信息资料有一定的局限性，有可能漏掉一些在技术上、报价上有竞争力的后起之秀。

无论公开招标还是邀请招标都必须按规定的招标程序完成，一般是事先制定统一的招标文件，投标按招标文件的规定进行。

8.2 施 工 招 标

8.2.1 施工项目招标文件的组成

我国《招投标法》规定，招标人应当根据招标项目的特点和需要编制招标文件，所谓招标文件是指建设单位在招标以前，为供投标单位阅读和了解工程实际情况，把拟建的公路工程的技术经济条件编写成的文件的统称。

《公路工程标准施工招标文件》（2018年，以下简称《招标文件》）由四卷九章组成。公路项目招标文件由三部分组成，即商务部分、技术规范、工程量清单及标准表格。

其具体内容如下：

第一卷

第一章　招标公告（未进行资格预审）

　　　　投标邀请书（适用于邀请招标）

　　　　投标邀请书（代资格预审通过通知书）

第二章　投标人须知

第三章　评标办法（合理低价法）

　　　　评标办法（技术评分最低标价法）

　　　　评标办法（综合评分法）

　　　　评标办法（经评审的最低投标价法）

第四章　合同条款及格式

第五章　工程量清单

第二卷

第六章　图纸

第三卷

第七章　技术规范

第八章　工程量清单计量规则

第四卷

第九章　投标文件格式

8.2.2 施工项目招标程序

施工招标分为公开招标和邀请招标，不同的招标方式，具有不同的活动内容，其程序也不尽相同。图8-1为公开招标和邀请招标的程序。

1. 建设项目报建

根据《工程建设项目报建管理办法》的规定，凡在我国境内投资兴建的工程建设项

建设项目报建	建设项目报建
⬇	⬇
建设单位招标资格审查	建设单位招标资格审查
⬇	⬇
招标申请	招标申请
⬇	⬇
资格预审文件与招标文件的编制、送审	招标文件的编制、送审
⬇	⬇
招标公告	发招标邀请书
⬇	⬇
资格预审	发售招标文件
⬇	⬇
发售招标文件	现场勘探、招标预备会
⬇	⬇
现场勘探、招标预备会	标底的编制与送审
⬇	⬇
标底的编制与送审	投标文件接收
⬇	⬇
投标文件接收	开标、评标、定标
⬇	⬇
开标、评标、定标	签订合同
⬇	
签订合同	

图 8-1 公开招标和邀请招标的程序

目，都必须实行报建制度，接受当地建筑行政主管部门或其授权机构的监督管理。

报建的内容主要包括：工程名称、建设地点、投资规模、资金来源、当年投资额、工程规模、开竣工日期、发包方式和工程筹建情况。

由建设行政主管部门审批，具备招标条件的，方可开始办理建设单位资质审查。

2. 建设单位招标资格审查

政府招标管理机审查建设单位是否具备施工招标条件：

（1）有从事招标代理业务的营业场所和相应资金；

（2）有能够编制招标文件和组织评标的相应专业力量。

不具备条件的建设单位，须委托具有相应资质的中介机构代理招标，建设单位与中介机构签订委托代理招标的协议，并报招标管理机构备案。

3. 招标申请

由招标单位填写"建设工程招标申请表"，并经上级主管部门批准后，连同"工程建设项目报建审查登记表"一起报招标管理机构审批。

申请表的主要内容包括工程名称、建设地点、招标建设规模、结构类型、招标范围、招标方式、要求施工企业等级、施工前期准备情况（土地征用、拆迁情况、勘察设计情况、施工现场条件等）、招标机构组织情况。

4. 资格预审文件与招标文件的编制、送审

资格预审文件是指招标人对资格预审申请人或投标人的经营资格、专业资质、财务状况、技术能力、管理能力、业绩、信誉等方面评估审查，以判定其是否具有参与项目投标和履行合同的资格及能力而编制的文件。招标文件的编制是指建设单位在招标以前，必须把拟建的公路工程的技术经济条件编写成文件，供投标单位阅读和了解。

资格预审文件和招标文件都必须经过招标管理机构审查审查，同意后方可刊登资格预审公告、招标公告。

5. 资格审查

资格审查分为资格预审和资格后审两种办法。

资格预审是招标人通过发布资格预审公告，向不特定的潜在投标人发出投标邀请，由招标人或者由其依法组建的资格审查委员会按照资格预审文件确定的审查方法、资格条件以及审查标准，对资格预审申请人的经营资格、专业资质、财务状况、类似项目业绩、履约信誉等条件进行评审，以确定通过资格预审的申请人。未通过资格预审的申请人，不具有投标的资格。资格预审的方法包括合格制和有限数量制。一般情况下应采用合格制，潜在投标人过多的，可采用有限数量制。

资格后审是在开标后由评标委员会对投标人进行的资格审查。采用资格后审时，招标人应当在开标后由评标委员会按照招标文件规定的标准和方法对投标人的资格进行审查。资格后审是评标工作的一个重要内容。对资格后审不合格的投标人，评标委员会应否决其投标。

6. 发放招标文件

招标人将招标文件、图纸和有关技术资料发售给通过资格预审获得投标资格的投标单位。招标人对已发出的招标文件进行必要的澄清或修改的，应当在招标文件要求提交投标文件截止时间的至少15日前，以书面形式通知所有招标文件收受人。该澄清或修改的内容为招标文件的组成部分。

7. 勘察现场

当投标单位对招标文件阅读熟悉和基本掌握之后，招标单位统一组织一次现场考察，目的在于让投标单位进一步了解工程现场及有关因素（如水、电、路、料等），考察的内容主要有两个方面，即重点工程的考察和地方材料（砂、石、土）及料场的考察，现场考察的时间、地点和缴纳的费用一般在投标邀请函中明确。

8. 招标预备会

招标预备会由招标单位组织建设单位、设计单位、施工单位参加。主要内容是由招标单位以正式会议的形式口头解答投标单位在考察前和考察后以书面提出的各种问题，并在会议结束后，招标单位按其口头解答的内容以书面文字正式通知投标单位，这一通知同样是招标文件的组成部分，目的在于澄清招标文件中的疑问，解答投标单位对招标文件和勘察现场中所提出的疑问和问题。

9. 标底的编制与送审

工程标底是招标者，对招标工程所需要工程费用的自我测算和事先控制，也是审核投标报价评标和决标的重要依据。标底制定是否恰当，对投标竞争起着决定性的作用。

施工招标，可编制标底也可不编。如果编制标底，当招标文件的商务条款一经确定，

即可进入编制。标底编制完后应将必要的资料报送招标管理机构审定。如果不编制标底，一般用投标单位报价的平均值作为评标价或实行合理低价中标。

10. 投标文件的接收

投标单位根据招标文件的要求，编制投标文件并进行密封和标记，在投标截止时间前按规定的地点将其递交至招标单位。招标单位接收投标文件，并将其秘密封存。

11. 开标

在投标截止日期后，按规定时间、地点在投标单位法定代表人或授权代理人在场的情况下举行开标会议，按规定的议程进行开标。开标由招标单位主持，并邀请所有投标单位的法定代表人或其代理人和评标委员会全体成员参加，建设行政主管部门及其工程招标投标监督管理机构依法实施监督。

12. 评标

评标由招标代理、建设单位、上级主管部门协商，按有关规定成立评标委员会，在招标管理机构监督下，依据评标原则、评标方法对投标单位报价、工期、质量、施工方案或施工组织设计、以往业绩、社会信誉、优惠条件等方面进行综合评价，公正合理择优选择中标单位。

评标委员会的成员由招标人的代表和受聘的专家组成，人数须为 5 人以上单数，有关技术、经济等方面的专家的人数不得少于成员总数的 2/3，以保证各方面专家的人数在评标委员会成员中占绝对多数，充分发挥专家在评标活动中的权威作用，保证评审结论的科学性、合理性。

评标结束后，评标委员会应当编制评标报告，评标报告需经评标委员会全体成员签字确认。

在施工招投标中，开标评标是招标程序中极为重要的环节，只有做出客观公正的评标才能最终正确地选择最优秀最合适的承包商，《中华人民共和国招标投标法》规定，开标应当在招标文件确定的提交投标文件截止时间的同一时间公开进行；开标地点应当为招标文件中预先确定的地点。开标由招标人主持，邀请所有投标人参加。开标时，由投标人或推选的代表检查投标文件的密封情况，也可以由招标人委托的公证机构检查并公证；经确认无误后，由工作人员当众拆封。宣读投标人名称、投标价格和投标文件的其他主要内容。招标人在招标文件要求提交投标文件的截止日期前收到的所有投标文件，开标时都应该当众予以拆封、宣读，开标过程应当记录，并存档备查。

13. 定标

在评标委员会提交评标报告后，招标单位应当在招标文件规定的时间内完成定标。定标后招标单位需向中标单位发出《中标通知书》。

《中标通知书》的实质内容应当与中标单位投标文件的内容相一致。自中标通知书发出之日起 30 日内，招标单位应当与中标单位签订合同，合同价应当与中标价相一致。合同的其他主要条款应当与招标文件、《中标通知书》相一致。

中标后除不可抗力外，中标单位拒绝与招标单位签订合同的，招标单位可以不退还其投标保证金，并可以要求赔偿相应的损失；招标单位拒绝与中标单位签订合同的，应当双倍返还其投标保证金并赔偿相应的损失。

14. 合同签订

中标单位接到中标通知书后，应在十五天内按中标通知书写明的时间、地点及要求与招标单位签订承包合同。签订合同的唯一依据是招标文件、投标书及有效的补充文件和信函。中标单位与招标单位签订合同时，应当按照招标文件的要求，向招标单位提供履约保证。履约保证可以采用银行履约保函（一般为合同价的 5%～10%），或者其他担保方式（一般为合同价的 10%～20%）。招标单位应当向中标单位提供工程款支付担保。

合同签订之后，招标工作即告结束，签约双方都必须严格履行合同。

8.2.3 工程招标标底的编制

标底是建筑安装工程造价的表现形式之一，它是指由招标单位自行编制或委托具有编制标底资格和能力的中介机构代理编制的，按规定报经审定的招标工程的预期价格。

1. 标底的组成内容

（1）标底的综合编制说明。

（2）标底价格审定书，标底价格计算书，带有价格的工程量清单，现场因素，各种施工措施费的测算明细及采用固定价格工程的风险系数测算明细等。

（3）主要材料用量。

（4）标底附件，如各项交底纪要，各种材料及设备的价格来源，现场的地质、水文、交通、供水供电等地上情况的有关资料，编制标底价格所依据的施工方案或施工组织设计等。

2. 编制标底的原则

1）标底编制应遵循客观、公正的原则

由于招投标时各单位的经济利益不同，招标单位希望投入较少的费用，按期、保质、保量地完成工程建设任务。而投标单位的目的则是以最少投入尽可能获取较多的利润。这就要求工程造价专业人员要有良好的职业道德，站在客观的、公正的立场上，兼顾招标单位和投标单位的双方利益，以保证标底的客观、公正性。

2）严格"量准价实"的原则

在编制标底时，由于设计图纸的深度不够，对材料用量的标准及设备选型等内容交底较浅，就会造成工程量计算不准确，设备、材料价格选用不合理。因此要求设计人员力求做细、严格按照技术规范和有关标准进行精心设计；而专业人员必须具备一定的专业技术知识，只有技术与各专业配合协调一致，才可避免技术与经济脱节，从而达到"量准价实"的目的。标底应考虑人工、材料、设备、机械台班等影响标底价格变化的因素，还应考虑不可预见费（特殊情况）、预算包干费、措施费（赶工措施费、施工技术措施费）、现场因素费用、保险以及采用固定价格工程的风险金等因素，工程要求优良的还应增加相应的费用。标底由成本、利润、税金等组成，且应控制在批准总概算（或修正概算）及投资包干的限额内。一个工程只能编制一个标底。

3. 编制标底的主要程序

招标文件中的商务条款一经确定，应根据招标项目的具体情况，在恰当的时候组织标底的编制工作。

工程项目标底的编制程序如下：

（1）确定标底的编制单位。标底由招标单位自行编制或委托经建设行政主管部门批准的具有编制标底资格和能力的中介机构代理编制。

（2）提供以下资料，以便进行标底的计算。

① 全套施工图纸及现场地质、水文、地上情况的有关资料。

② 招标文件。

③ 领取的标底价格计算书、报审的有关表格。

（3）参加交底会及现场勘察。标底编、审人员均应参加施工图交底，施工方案交底以及现场勘察、招标预备会，以便于标底编、审工作的开展。

（4）编制标底。编制人员应严格按照国家的有关政策、规定，科学、公正地编制标底价格。

4. 标底的编制方法

目前，根据我国《建设工程发包与承包计价管理方法》的规定，招标标底由成本（直接费、间接费）、利润和税金构成，其可以采用综合单价法和工料单价法来编制。

1）综合单价法

综合单价法是根据工程项目的划分，以完成各分部分项工程的所有费用除以相应工程量得到的综合单价来确定工程标底的一种方法。每一分项工程的综合单价为全费用（包含直接费、间接费、利润、税金）单价。

路桥工程中较为广泛地采用综合单价法编制标底。在具体编制时，根据工程量清单中确定的分项工程细目，除了在第100章中以项计价的（保险费等）按项计价外，其余分项细目的综合单价以完成该分项工程细目规定的工程内容所需的全部费用（含直接费、间接费、利润和税金）除以相应工程量计算得到，各章费用汇总得到标底价。

2）工料单价法

工料单价法是根据施工图纸及技术说明，按照预算定额规定的分部分项工程子目逐项计算出工料消耗量，再套用工料单价确定直接工程费，然后按规定的费用定额确定其他工程费、间接费、利润和税金，并适当地考虑一定的不可预见费，汇总后即为工程预算，也就是标底的基础。

工料单价法在实施中，也可以采用工程概算定额对分项工程子目作适当的归并和综合，简化标底价格的计算。采用概算定额编制标底，通常适用于技术设计阶段即进行招标的工程。在施工图阶段招标，也可按施工图计算工程量，按预算定额和单价计算直接费，这样既可提高计算结果的正确性，又可减少工作量，节省人力和时间。

运用工料单价法编制的招标工程标底大多是在工程概算定额或施工图预算定额的基础上做出的，但它不完全等同于工程概算或施工图预算。编制一个合理、可靠的标底还必须在此基础上考虑以下因素：

（1）标底必须满足目标工期的要求，对提前工期因素有所反映。应将目标工期对照工期定额或常规工期，按提前天数给出必要的赶工费和奖励，并列入标底。

（2）标底必须满足招标方的质量要求，对高于国家验收规范的质量因素有所反映，标底中对工程质量的反映，应按国家相关施工验收规范的要求作为合格建筑产品的标准，按国家规范来检查验收。但招标方往往还会提出要达到高于国家验收规范的质量要求，为此，施工单位要付出比合格水平更多的费用。

（3）标底必须适应建筑材料采购渠道和市场价格的变化，并结合招标中对调价问题的考虑来确定材料价格。

（4）标底必须合格考虑本招标工程的自然地理条件和招标工程范围等因素。特殊地下工程及"三通一平"（水通、电通、路通和场地平整）等招标工程范围内的费用要正确的计入标底价格，由于自然条件导致的施工不利因素也应考虑计入标底。

8.2.4 工程招标控制价的编制

招标控制价又称"拦标价"，是指招标人根据国家或省级、行业建设主管部门颁发的有关计价依据和办法，以及拟定的招标文件和招标工程量清单，结合工程具体情况编制的招标工程的最高投标限价。

1. 招标控制价编制原则

1）工程招标发包时，国有资金投资的工程其招标控制价原则上不能超过批准的投资概算，如超过批准的概算，招标人应当将其报原概算审批部门重新审核。

2）国有资金投资的工程进行招标，根据《中华人民共和国招标投标法》的规定，招标人可以设标底。当招标人不设标底时，为有利于客观、合理地评审投标报价和避免哄抬标价，造成国有资产流失，招标人应当在招标文件中明确最高投标限价或者最高投标限价的计算方法。招标人不得规定最低投标限价。

3）所有国有资金投资的工程，投标人的投标报价不能高于招标控制价，否则，其投标将被拒绝。

2. 招标控制价编制方法

1）分部分项工程费应根据招标文件中的分部分项工程量清单项目的特征描述及有关要求，按规定确定综合单价进行计算。综合单价中应包括招标文件中要求投标人承担的风险费用。

2）其他项目费应按下列规定计价。

（1）暂列金额：由招标人根据工程的复杂程度、设计深度、工程环境条件（包括地质、水文、气候条件等）进行估算，一般可按分部分项工程费的 10%～15% 作为参考。

（2）暂估价：其中的材料单价应按照工程造价管理机构发布的工程造价信息或参考市场价格确定；暂估价中的专业工程暂估价应按有关专业计价规定估算。

（3）计日工：在编制招标控制价时，对计日工中的人工单价和施工机械台班单价应按省级、行业建设主管部门或其授权的工程造价管理机构公布的单价计算；材料应按工程造价管理机构发布的工程造价信息中的材料单价计算，工程造价信息未发布材料单价的材料，其价格应按市场调查确定的单价计算。

（4）总承包服务费：招标人应根据招标文件中列出的内容和向总承包人提出的要求，参照下列标准计算：

① 招标人权要求对分包的专业工程进行总承包管理和协调时，按分包的专业工程估算造价的 1.5% 计算；

② 招标人要求对分包的专业工程进行总承包管理和协调，并同时要求提供配合服务时，根据招标文件中列出的配合服务内容和提出的要求，按分包的专业工程估算造价的 3%～5% 计算；

③ 招标人自行供应材料的，按招标人供应材料价值的1%计算。

3. 招标控制价编制的注意事项

1）招标控制价的作用决定了招标控制价不同于标底，无须保密。为体现招标的公平、公正，防止招标人有意抬高或压低工程造价，招标人应在招标文件中如实公布招标控制价，不得对所编制的招标控制价进行上浮或下调。招标人在招标文件中公布招标控制价时，应公布招标控制价各组成部分的详细内容，不得只公布招标控制价总价。同时，招标人应将招标控制价报工程所在地的工程造价管理机构备查。

2）投标人经复核认为招标人公布的招标控制价未按照《建设工程工程量清单计价规范》GB 50500—2013 的规定进行编制的，应在开标前5天向招投标监督机构或工程造价管理机构投诉。

招投标监督机构应会同工程造价管理机构对投诉进行处理，发现确有错误的，应责成招标人修改。

8.3 施工投标

8.3.1 施工项目投标文件的组成

公路工程投标中，投标人编写的投标文件按招标文件中的要求提交相应资料：

① 投标函及投标函附录；

② 法定代表人身份证明或附有法定代表人身份证明的授权委托书；

③ 联合体协议书；

④ 投标保证金；

⑤ 已标价工程量清单（经济标部分）；

⑥ 施工组织设计（技术标部分）；

⑦ 项目管理机构；

⑧ 拟分包项目情况表；

⑨ 资格审查资料；

⑩ 承诺书；

⑪ 调价函及调价后的工程量清单（如有）；

⑫ 投标人须知前附表规定的其他材料。

以上内容都必须使用《招标文件》中提供的格式或大纲，除另有规定者外，投标人不得修改。

8.3.2 施工项目投标程序

公路工程施工投标程序如图8-2所示。

1. 研究招标文件

研究招标文件，就是"吃透"标书、"消化"标书，要搞清标书的内容和要求，重点研究投标人须知、特别条款、设计图纸、工程范围以及工程量清单，对技术规范要看其是否有特殊要求。其目的是弄清承包人的责任和报价范围，不要发生任何遗漏；弄清各项技術要求，以便确定合理的施工方案；找出需要询价的特殊材料与设备，及时调查价格，以免因盲目估价而造成失误；理出含糊不清的问题，及时提出并请招标单位予以澄清。

投标单位在领到招标文件以后，首先搞清上述问题是十分重要的，它有利于投标单位确定报价策略，正确计算报价，及时研究合同条件以便采取必要的对策，是避免工作失误的先决条件。

1）在合同条件方面

（1）工作要求：包括开工竣工日期，总工期及是否有分段分批竣工交付使用的要求和有关工期提前或拖后的奖罚条件与奖罚限额；

（2）工程保修期限；

（3）质量等级与标准；

（4）物资供应分工中双方的责任；

（5）付款条件：是否有预付款及扣回的办法；按进度结算还是完工一次结算延期付款的责任和利息的支付。

2）材料设备和施工技术方面

（1）设计中采用的施工与验收规范及设计的规定与技术特殊要求；

（2）有无特殊的施工方法的要求，其中需要何种特殊设备、设施，有何特殊费用；

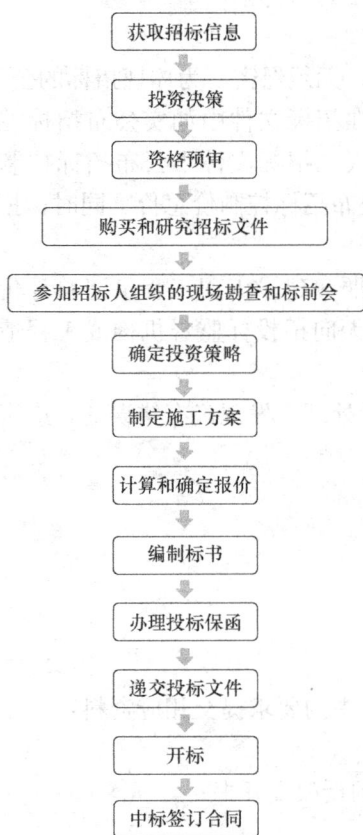

图 8-2　施工投标的程序

（3）有无特殊的材料设备，如招标单位指定供货单位的材料和投标单位需要询价的材料等；

（4）关于材料设备代用的规定

3）工程范围和报价要求方面

（1）弄清合同的种类（如总价合同还是单价合同），不同的合同种类其报价要求不同，必须区别对待；

（2）工程量清单的编制体系和方法，如工程项目的组成和工程细目的组成，一定要搞清楚项目或细目的含义，以避免工程开始后结账时造成麻烦；

（3）各种费用列入报价的方法；

（4）总包与分包的规定：如怎样选定总包和分包单位之间相互责任、权利和义务；

（5）施工期间内的材料、设备涨价，国家统一调整工资等的补偿规定。

2．勘察现场和标前会议

现场勘查之前，投标人一定要仔细研究招标文件，特别是工作范围特殊条款，以及设计图纸和说明，把疑问点记录下来，然后拟定调研提纲，做到有准备有计划的进行调查。

投标人完成投标前调查和现场勘察工作后，可根据调查和考察的结果对是否参加此项工程的投标做出最终决策。此时尚可因某些不利于投标人因素的存在而不参加投标，但一旦标书递交后，在投标截止日期与标书规定的投标有效期终止之间这段时间，投标人不能撤回标书，否则没收投标保证金。

3. 校核工程量，编制施工方案

招标文件中"工程量清单"上开列的工程数量属于估算的工程量，不能作为承包商在履行合同义务过程中应予以完成的实际工程量。一般来说，招标文件中给出的工程量都比较准确，但投标人还需进行核实。否则一旦有漏项和其他错误就会影响中标和造成不应有的经济损失。

核实工程量时，只需选择工程量大造价高的项目抽查若干项，按图纸核对即可，不必重新计算一遍，核对工程量的主要任务如下：①检查有无漏项或重复；②工程量是否准确；③施工方法及要求与图纸是否相符。

如果发现工程量有重大出入，特别是漏项时可找业主核对，要求因业主认可在标前函中说明，在中标后签合同时再加以认证，切记不可随意加以更改或补充，以免造成废标。

施工方案是标书的重要组成部分。选择和确定施工方案时应注意，对于比较简单的工程，应结合已有的施工机械及工人技术水平来确定施工方法，努力做到节省开支、加快速度；对于复杂工程则要考虑多种方案，综合比较，择优选择，必须结合施工进度计划及施工机械设备性能来研究，充分考虑可能发生的情况，并采取相应措施后方能决定。

8.3.3 工程投标报价文件的编制

国内外公路工程招标中公路工程施工费用的构成时基本相同的，但不同工程的招标要求不尽相同，在计算报价时的方法也有区别。

1. 投标报价的计算依据

报价的计算依据有：设计文件；工程量清单；选用的人工、材料、机械消耗定额；合同条件，尤其是有关工期、支付条件、外汇比例的规定；有关法规；拟采用的施工方案、施工组织设计、进度计划；施工规范和施工说明书；建筑材料、设备的价格及运费；劳务工资标准；施工现场道路交通、用水用电情况；当地生活物资价格水平；此外，还应考虑各种有关的间接费用。

2. 投标报价的程序

承包商通过资格预审、购买到全套招标文件之后，即可根据工程的性质、大小，组织一个经验丰富、有较强决策力的班子进行投标报价。承包工程有固定总价合同、单价合同、成本加酬金合同等几种主要合同形式，不同合同形式的计算报价是有差别的。路桥工程投标中常用单价合同，其投标报价计算的主要程序为：

(1) 研究招标文件。

(2) 现场考察。

(3) 复核工程量。

(4) 编制施工计划。

(5) 计算人工、材料、机械单价。

(6) 计算间接费率。

(7) 计算各清单项目的单价和合计价。考虑上级企业管理费、风险费，预计利润。

（8）确定投标价格。

3. 投标报价的编制方法

投标报价的编制方法与标底的编制方法相似，可利用综合单价法和工料单价法编制。计算标价之前，投标人应充分熟悉招标文件和施工图纸，了解设计意图、工程全貌，同时还要了解并掌握工程现场情况，对招标单位提供的工程量清单进行审核。投标人必须根据自己的技术水平、管理水平、施工机械装备以及针对该工程项目编制的施工组织设计等情况确定基础标价，在此基础上考虑市场竞争、预期利润水平、投标策略等确定最终报价。

4. 投标报价的注意事项

根据《招标文件范本》的规定，在编制投标报价时应考虑到：

（1）工程量清单应与投标须知、合同条款、技术规范及图纸等文件结合起来查阅与理解。

（2）工程量清单中所列工程数量是估算的或设计的预计数量，仅作为投标的共同基础，不能作为最终结算与支付的依据。实际支付应按实际完成的工程量，由承包人按技术规范规定的计量方法，以监理工程师认可的尺寸、断面计量，按工程量清单的单价和总价计算支付金额；或者根据具体情况，按合同条款的规定，按监理工程师确定的单价或总价计算支付额。

（3）除非合同另有规定，工程量清单中有标价的单价和总价均已包括了为实施和完成合同工程所需的劳务、材料、机械、质检（自检）、安装、缺陷修复、管理、保险（工程一切险和第三方责任险除外）、税费、利润等费用，以及合同明示或暗示的所有责任、义务和一般风险。

（4）工程一切险的投保金额为工程量清单第 100 章（不含工程一切险及第三方责任险的保险费）～第 900 章的合计金额。工程量清单第 100 章内列有上述保险费的支付细目，投标人应根据保险费率计算出保险费并将其填入工程量清单内。除上述工程一切险及第三方责任险以外，所投其他保险的保险费均由承包人承担并支付，不在报价中单列。

（5）工程量清单中合同工程的每一个细目都需填入单价。有些细目数量虽未标出但要求填入总额价，投标人也应按要求将总价填入。对于没有填入单价或总价的细目，其费用应视为已包括在工程量清单的其他单价或总价中。承包人必须按监理工程师的指令完成工程量清单中未填入单价或总价的工程细目，但不能得到相应结算与支付。

（6）符合合同条款规定的全部费用应认为已被计入有标价的工程量清单所列各细目之中。未列细目不予计量的工作，其费用应视为已分摊到合同工程有关细目的单价或总价之中。

（7）工程量清单的各章是按技术规范的相应章次编号的，因此工程量清单中各章工程细目的范围与计量等应与技术规范相应章节的范围、计量与支付条款结合起来理解或解释。

（8）对于符合要求的投标文件，在签订合同协议书前如发现工程量清单中有计算方面的差错，应按投标须知的规定进行修正。

（9）工程量清单中所列工程量的变动，丝毫不会降低或影响合同条款的效力，也不免除承包人按规定的标准进行施工和修复缺陷的责任。

（10）承包人对用于本合同工程的各类装备的提供、运输、维护、拆卸、拼装等支付的费用已包括在工程量清单的单价与总价之中。

（11）工程量清单中标明的暂定金额，除合同另有规定外，应由监理工程师按合同条款的规定，结合工程具体情况，报经业主批准后指令全部或部分使用，或者根本不予动用。

工程量清单中的暂定金额一般有三种方式：计日工、专项暂定金额、一定百分比的不可预见因素的预备金。它们都是可能发生也可能不发生的在招标时难以确定的金额，均按合同通用条款的规定办理。投标报价中包括此三项暂定金额是表明承包人对此有合同义务。不可预见因素的预备金含工程地质与自然条件的意外费和价格意外费，视具体项目情况应不超过合同总价的 10%；专项暂定金额控制在合同总价的 2%左右。

（12）计量方法：

① 用于支付已完工程的计量方法，应符合技术规范中相应章节的"计量与支付"条款的规定。

② 图纸中所列的工程数量表及数量汇总表仅是提供的资料，不是工程量清单的外延。当图纸与工程量清单所列数量不一致时，以工程量清单所列数量作为报价的依据。

5. 投标报价的技巧

衡量投标人报价成功与否的标准是：其报价应足够低，从而赢得项目；同时却应有足够高，以保证能完成合同，并有一定利润。因此，如何在保证利润同时又能提高中标率就需要一定的技巧，常用的投标报价技巧主要有：

1）不平衡报价法

不平衡报价法是指一个工程项目总报价基本确定后，通过调整内部各个项目的报价，使其不提高总价、不影响中标，又能在结算时得到更理想的经济效益的方法。一般可以考虑在以下几方面用不平衡报价法：

（1）对于能够较早支付的项目（如开办费、基础工程、土石方开挖、桩基等），可适当提高单价，这样能较早得到多的支付，减少企业流动资金贷款利息的支出。

（2）预计今后工程量可能增加的项目，单价可适当提高，这样在不影响投标总价的情况下，结算时可得到更多的支付；同时将今后工程量可能减少项目的单价降低，工程结算时损失不大，两者相减就会多出一部分利润来。对于上述两种情况要统筹考虑，即对于工程量有错误的早期工程，如果实际工程量可能小于工程量表中的数量，则不能盲目抬高单价，要具体分析后再定。

（3）设计图纸不明确时，估计修改后工程量要增加的项目，可以提高单价；而对于工程内容解说不清楚的项目，则可适当降低单价，待澄清后可再要求提价。

（4）暂定项目，又叫作任意项目或选择项目，对这类项目要具体分析。因为这类项目要在开工后再由业主研究决定是否实施以及由哪家承包商实施，则其中可能要由投标人自己做的项目，单价可高些，不一定由投标人自己做的项目单价则应低些。

采用不平衡报价法时一定要建立在对工程量表中的工程量仔细核对分析的基础上，特别是对单价低报的项目，如果其工程量在项目执行时增多将会造成承包商的重大损失；不平衡报价过多过于明显，可能会引起业主反感，甚至导致废标。

2）计日工单价的报价

如果是单纯报计日工单价而且不计入总价中，可以报高些，以便在业主额外用工或使用施工机械时可多盈利。但如果计日工单价要计入总报价中时，则需具体分析是否报高价，以免抬高总报价，同时应考虑到如果计日工单价过高，则可能业主会少用或不用承包商的计日工。总之，要分析业主在开工后可能使用的计日工数量，再来确定报价方针。

3）可供选择项目的报价

有些工程项目的分项工程，业主可能要求按某一方案报价，而后再提供几种可供选择方案的比较报价。投标时应对当地习惯采用的方案情况进行调查，对于将来有可能被选择使用的方案应适当提高报价；对于不太可能被选择的方案，可将其价格有意抬高一些，以阻挠业主选用。但是，所谓"可供选择项目"并非由承包商任意选择，业主才有权进行选择。因此，虽然适当提高了可供选择项目的报价，但并不意味着肯定可以取得较好的利润。它只是提供了一种可能性，一旦业主今后选用，承包商即可得到额外加价的利益。

4）暂定工程量的报价

暂定工程量有三种：第一种是业主规定了暂定工程量的分项内容和暂定总价款，并规定所有投标人都必须在各自总报价中加入这笔固定金额，由于分项工程量不准确，所以允许将来按投标人所报单价和实际完成的工程量付款；第二种是业主列出了暂定工程量的项目和数量，但并没有限制这些工程量的估价总价款，要求投标人既列出单价，又要按暂定项目的数量计算总价，将来结算付款时可按实际完成的工程量和所报单价支付；第三种是只有一笔暂定工程的固定总金额，将来这笔金额做什么用由业主决定。对于第一种情况，暂定总价款是固定的，对各投标人的总报价水平竞争力没有任何影响，因此投标人投标时应将暂定工程量的单价适当提高，这样既不会因今后工程量变更而吃亏，也不会削弱其投标报价的竞争力。对于第二种情况，投标人投标报价时必须慎重考虑。如果单价定的高了，同其他工程量计价一样，将会增加总报价，影响投标人投标报价的竞争力；如果单价定的低了，将来这类工程量增加将会影响投标人的收益。一般来说，对于这类工程量可以采用正常价格。如果承包商估计今后实际工程量肯定会增加，则可适当提高单价，使将来可获得额外收益。第三种情况对投标竞争没有意义，投标人按招标文件的要求将规定的暂定款列入总报价即可。

5）多方案报价法

对于一些招标文件，如果发现其工程范围不是很明确，条款不清楚或很不公正，或技术规范要求过于苛刻时，投标人要在充分估计投标风险的基础上，按多方案报价法处理，即投标人按原招标文件报一个价，然后再提出如某条款作某些变动时报价可降低多少，从而可报出一个较低的价。这样可以降低总价，吸引业主。

6）分包商报价的采用

对于某些专业性较强、需分包给其他专业施工公司的工程，或业主指定分包的工程，总承包商在投标前应先取得分包商的报价，并加入总承包商的一定的管理费，作为投标总价的一个组成部分一并列入报价单中。应当注意，可能会出现分包商在投标前同意接受总承包商压低其报价的要求，但等到总承包商得标后，他们常以种种理由要求提高分包价格的情况，这将使总承包商处于十分被动的地位。解决的办法是：总承包商在投标前找2～3家分包商分别报价，而后选择与其中一家信誉较好、实力较强且报价合理的分包商签订协议，同意该分包商作为本分包工程的唯一合作者，并将分包商的姓名列到投标文件中，要求该分包商相应地提交投标保函。如果该分包商认为这家总承包商确实有可能得标，也许愿意接受这一条件。这种把分包商的利益同投标人的利益捆在一起的做法，不但可以防止分包商事后反悔和涨价，还可以迫使分包商报出较合理的价格，以便共同争取得标。

8.3.4 工程合同价的确定

《建筑工程施工发包与承包计价管理办法》规定，工程合同价可以采用三种方式：固定价、可调价和成本加酬金价。

1. 固定价

1）固定总价

固定总价合同的价格计算是以设计图纸、工程量及规范等为依据，承发包双方就承包工程协商一个固定的总价，即承包方按投标时发包方接受的合同价格实施工程，无特定情况不做变化。采用这种合同，合同总价只有在设计和工程范围发生变更的情况下才能随之作相应的变更，除外，合同总价一般不能因此变动。在合同执行过程中，承发包双方均不能以工程量、设备和材料价格、工资等变动为理由，提出对合同总价调值的要求。所以，作为合同总价计算依据的设计图纸、说明、规定及规范需对工程做出详尽的描述，承包方要在投标时对一切费用上升的因素做出估计并将其包含在投标报价之中。承包方因为可能要为许多不可预见的因素付出代价，所以往往会加大不可预见费用，致使这种合同的投标价格较高。固定总价合同一般适用于以下情况：

（1）招标时的设计深度已达到施工图设计要求，工程设计图纸完整齐全，项目范围及工程量计算依据确切，合同履行过程中不会出现较大的设计变更，承包方依据的报价工程量与实际完成的工程量不会有较大的差异。

（2）规模较小，技术不太复杂的中小型工程。

（3）合同周期较短，一般为一年之内的工程。

2）固定单价

固定单价合同分为估算工程量单价合同与纯单价合同。

（1）估算工程量单价，是以工程量清单和过程单价表为基础和依据来计算合同价格的，亦可称为计量估价合同。估算工程量单价合同通常是由发包方提出工程量清单，列出分部分 项工程量，由承包方以此为基础填报相应单价，累计计算后得出合同价格。但最后的工程结算价应按照实际完成的工程量来计算。即按合同中的分部分项工程单价和实际工程量，计算得出工程结算和支付的工程总价格。

采用估算工程量单价合同时，工程量是统一计算出来的，承包方只要经过复核后填上适当的单价，承担风险较小；发包方也只需审核单价是否合理即可，这种合同，承、发包双方共同承担风险，是比较常见的一种合同形式。

（2）纯单价。采用这种计价方式的合同时，发包方只向承包方给出发包工程的有关分部分项工程及工程范围，不对工程量作任何规定。即在招标文件中仅给出工程内各个分部分项工程一览表、工程范围和必要的说明，而不必提供实物工程量。承包方在投标时只需要对这类给定范围的分部分项工程做出报价即可，合同实施过程中按实际完成的工程量进行结算。

这种合同计价方式主要适用于没有施工图，或工程量不明却急需开工的紧迫工程，如设计单位来不及提供正式施工图纸，或虽有施工图但由于某些原因不能比较准确地计算工程量时。当然，对于纯单价合同来说，发包方必须对工程范围的划分做出明确的规定，以使承包方能够合理地确定工程单价。

2. 可调价

可调价是指合同总价或单价在合同实施期内根据合同约定的办法调整，即在合同的实施过程中可以按照约定，随资源价格等因素的变化而调整的价格。

1) 可调总价

可调总价合同的总价一般也是以设计图纸及规定、规范为基础，在报价及签约时，按招标文件的要求和当时的物价来计算合同总价。但合同总价是一个相对固定的价格，在合同执行过程中，由于通货膨胀而使所用的工料成本增加，可对合同总价进行相应的调整。可调总价合同的合同总价不变，只是在合同条款中增加调价条款，如果出现通货膨胀这一不可预见的费用因素，合同总价就可按约定的调价条款作相应调整。

可调总价合同列出的有关调价的特定条款，往往是在合同专用条款中列明，调价必须按照这些特定的调价条款进行。这种合同与固定总价合同的不同之处在于，它对合同实施中出现的风险作了分摊，发包方承担了通货膨胀的风险，而承包方承担合同实施中实物工程量、成本和工期因素等其他风险。

可调总价适用于工程内容和技术经济指标规定很明确的项目，由于合同中列有调值条款，所以工期在一年以上的工程项目较适于采用这种合同计价方式。

2) 可调单价

合同单价的可调，一般是在工程招标文件中规定、在合同中签订的单价，根据合同约定的条款，如在工程实施过程中物价发生变化等，可作调值。有的工程在招标或签约时，因某些不确定因素而在合同中暂定某些分部分项工程的单价，在工程结算时，再根据实际情况和合同约定对合同单价进行调整，确定实际结算单价。

3. 成本加酬金合同

成本加酬金合同是将工程项目的实际投资划分成直接成本费和承包方完成工作后应得酬金两部分。工程实施过程中发生的直接成本费由发包方实报实销，再按合同约定的方式另外支付给承包方相应报酬。

这种合同计价方式主要适用于工程内容及技术经济指标尚未全面确定，投标报价的依据尚不充分的情况下，发包方因工期要求紧迫，必须发包的工程；或者发包方与承包方之间有着高度的信任，承包方在某些方面具有独特的技术、特长或经验。由于在签订合同时，发包方提供不出可供承包方准确报价必须的资料，报价缺乏依据，因此，合同内只能商定酬金的计算方法。

成本加酬金合同广泛地适用于工作范围很难确定的工程和在设计完成之前就开始施工的工程。以这种计价方式签订的工程承包合同，有两个明显缺点：一是发包方对工程总价不能实施有效的控制；二是承包方对降低成本也不太感兴趣。因此，采用这种合同计价方式，其条款必须非常严格。

本 章 小 结

本章节首先介绍了工程项目招、投标的概念及分类形式。然后主要介绍施工招标的有关知识，如招标文件由四卷九章组成，公开招标程序和邀请招标程序之间的异同点，标底、控制价、投标报价的编制方法均可采用综合单价法和工料单价法，三种造价的区别及编制注意事项。最后叙述了公路项目投标文件的组成、投标程序及合同价的三种形式。

习 题

一、选择题

8-1 按照施工合同文本的规定，承包人负责设计的图纸经工程师审查批准使用后，出现因设计责任的质量事故，该项损失应由（ ）负责。

A. 发包人　　　　B. 工程师　　　　C. 承包人　　　　D. 承包人与工程师共同

8-2 不属于建设工程招标标底价格的编制依据是（ ）。

A. 招标文件的商务条款

B. 施工方案或施工组织设计

C. 施工现场地址、水文、地上情况等资料

D. 企业定额、类似工程的成本核算资料

8-3 当投标单位在审核工程量时发现工程量清单上的工程量与施工图中的工程量不符时，应（ ）。

A. 以工程量清单中的工程量为准

B. 以施工图中的工程量为准

C. 以上面 A、B 两者的平均值为准

D. 在规定时间内向招标单位提出，经招标单位同意后方可调整

8-4 对施工工期较长，承包方为减少由于通货膨胀引起工程成本增加的风险，应尽可能采用（ ）合同。

A. 固定总价　　　B. 固定单价　　　C. 可调总价　　　D. 成本加酬金

8-5 工程量清单计价制度要求采用的合同计价方式为（ ）。

A. 总价合同　　　　　　　　　B. 单价合同

C. 可调价格合同　　　　　　　D. 固定价格合同

8-6 具有通用技术、性能标准或者招标人对其技术和性能没有特殊要求的招标项目适用的评标方法是（ ）。

A. 最低投标价法　　B. 综合评估法　　C. 评议法　　　　D. 专家法

8-7 《建设工程施工合同（示范文本）》的组成部分中，发包方和承包方不能进行修改和细化的部分是（ ）。

A. 协议书　　　　B. 通用条款　　　C. 专用条款　　　D. 附件

8-8 目前在我国工程量清单计价过程中，分部分项工程单价有（ ）。

A. 人工费、材料费、机械费

B. 人工费、材料费、机械费、管理费

C. 人工费、材料费、机械费、管理费、利润

D. 人工费、材料费、机械费、措施费、管理费、规费、利润和税金

8-9 某企业拟建一幢宿舍楼，预计建设工期为半年，整体工程的合同价款总额已经

确定，预计在施工过程中不会随物价变化而变化，最适合的合同价形式为（　　）。

A. 固定合同总价　　B. 固定合同单价　　C. 可调值总价　　D. 纯合同单价

8-10　评标由招标人依法组建的评标委员会负责。依法必须进行招标的项目，其评标委员会由招标人的代表和有关技术、经济等方面的专家组成，成员人数为五人以上单数，其中技术、经济等方面的专家不得少于成员总数的（　　）。

A. 1/4　　　　　B. 1/3　　　　　C. 1/2　　　　　D. 2/3

8-11　评标委员会的专家成员应当从（　　）有关部门提供的专家名册或者招标代理机构的专家库内的相关专家名单中确定。

A. 国务院　　　　　　　　　　　B. 省级人民政府

C. 省级以上人民政府　　　　　　D. 县级以上人民政府

8-12　评标和定标应当在投标有效期结束日（　　）个工作日前完成。

A. 10　　　　　B. 15　　　　　C. 20　　　　　D. 30

二、多项选择题

8-13　FIDIC 合同条件下工程结算的条件是（　　）。

A. 质量合格

B. 符合合同条件

C. 变更项目有造价工程师的变更通知

D. 支付金额必须大于其中支付证书规定的最小款额

E. 承包商的工作使工程师满意

8-14　按计价方式划分合同形式，一般分为（　　）。

A. 总价合同　　　　　　　　　　B. 成本加酬金合同

C. 风险包干合同　　　　　　　　D. 固定费率合同

E. 单价合同

8-15　编制依据的适用范围对评标原则叙述正确的有（　　）。

A. 评标委员会应当根据招标文件规定的评标标准和方法，对投标文件进行系统地评审和比较

B. 评标委员会经过评审，认为所有投标都不符合招标文件要求的，不可以否决所有投标，应选择一个比较符合的

C. 评标委员会应当按照招标文件确定的评标标准和方法，对投标文件进行评审和比较；设有标底的，应当参考标底

D. 招标人应当采取必要的措施，保证评标在严格保密的情况下进行

E. 评标委员会不允许投标人对投标文件中含义不明确的内容作必要的澄清或者说明

8-16　标底审核的主要内容有（　　）。

A. 标底计价内容　　　　　　　　B. 工程量清单单价组成分析

C. 计日工单价　　　　　　　　　D. 分部分项工程量清单

E. 措施项目清单

8-17　采用工料单价法编制标底时，各分项工程的单价中应包括（　　）。

A. 人工费　　　　B. 材料费　　　　C. 机械使用费

D. 其他直接费　　E. 间接费

三、简答题

8-18 投标报价的主要计算依据及主要程序是什么?

8-19 建设工程施工招标与投标文件各有哪些内容?

8-20 如何确定中标时间?如何发布中标通知书?

8-21 投标人资格预审的要求和程序有哪些?

第 9 章　公路工程造价管理系统

教学目标

熟悉公路工程造价管理系统。

教学要求

能够应用公路工程造价管理系统编制造价文件。

公路工程具有线路长、建设周期长、投资大、受自然因素影响大的特点，使确定其造价的程序和方法复杂化。特别是引入招投标制度以后，市场竞争激烈，对工程造价工作提出了更高的要求，一是必须在很短的时间内计算科学合理的报价，二是要求报价单位必须把握工程造价的动态因素。有时根据投标策略，可能会要求造价人员在极短的时间内重新计算报价并打印。因此，如仍采用那种传统的甚至手工编制工程造价的方法，就显得力不从心。

公路工程造价编制工作早已步入了计算机时代，通过公路工程造价软件，可快速准确地计算工程造价，大大缩短编制公路工程造价的时间，提高效率，增强竞争力。

下面以《纵横公路工程造价管理系统》为主，讲述如何用公路工程造价软件编制概预算及工程量清单预算。

9.1　纵横公路工程造价系统

9.1.1　纵横公路工程造价管理系统主要功能和特性

传统的造价软件一直停留在"计算工具"的层面上，《纵横公路工程造价管理系统》V9.1.0版本是国家实行营改增之后的版本，它创造性地融合了专家的报价经验；以"智能""专业""高效"为软件的核心思想，使软件真正成为造价人员的"外脑"。

1. 主要功能

（1）施工单位能快速、准确地编制投标书。

（2）项目业主能有效地对多项目实行投资审核与监管，编制标底。

（3）咨询机构可以快速地向客户提交咨询方案或结果、进行项目审核。

（4）工程设计单位使用本软件编制估概预算，便于协同工作、重复修改和多方案比较。

2. 主要特性

1）原创模板克隆功能

快速组价的同时，实现预算标准化与知识积累。初学者可使用系统自带模板，或本单位内部模板，计算工程造价可迅速上手。

单位里不同人做的预算差异太大、五花八门时，可以逐步建立一个项目定额组价的模板库，让不同的预算人员使用。可积累知识、提高预算标准化程度。

使用共同的模板，可快速保证了预算文件编制的统一性。让预算员摘录图纸工程量，造价审查人员专注于指标分析。实现造价指标分析（脑力劳动）与计算定额工程量（体力劳动）两者的分工。

通过模板克隆，自动按分解系数计算定额工程量，让同类构造物具备相同单价指标，便于快速判断设计方案造价。提高设计方案比选与造价审查的效率。

当需编制多个标的预算时，A 标预算已编制完成，将 A 标变成模板，克隆到 B 标、C 标中（将历史项目变成模板，克隆到新项目中），就能快速完成 B 标、C 标的预算编制。即利用历史项目预算，完成新项目的定额套用。

2）原创造价审查功能模块，可满足造价站审查需求

（1）具备查找定位功能

并列显示造价书中同名分项单价指标，便于快速发现单价指标过高过低的分项。

（2）图纸工程量窗口

可将设置位置、图号、图纸工程量等详细信息填在此处，便于审查时核对原始数据。

（3）审查报表

可用于多造价书间的单价偏差对比表、工料机费用权重表等一系列审查报表，满足项目间的单价指标、费用组成等多角度分析要求。

3）有还原点功能，保障操作安全，无惧误删除、误操作。

（1）还原点功能

误删除、误修改任何数据，都可以即时还原到某一还原点保存的数据。

（2）可设置数据还原点

可为一个预算书保存多个还原点，一旦文件误删除、误操作，随时回到某一次保存状态。

4）增强报表定制服务，解决投标急需的特殊报表

当投标时需要特殊报表时，用户可以享受到纵横公司报表定制服务。报表功能不便可以横排还可输出竖排的页眉页脚。

5）具有强大的 Excel 兼容性，可在系统界面与 Excel 间相互复制任意数据

可交叉复制定额号、工程量、材料预算价、计算结果等等，进行加工或分析，如进行调价方案比选等。

6）利于多人协同工作，方便编制多分段大型项目概预算

支持多预算书窗口平铺，多预算书间直接相互复制数据，无须导入导出，就像在两个 Excel 文件中复制操作一样简单。支持导出导入块文件，用 U 盘或 QQ 交换预算书的某个节点块文件。

7）改造传统软件的调价功能，深入至原始计算数据的每一个细节，在最短的时间内实现任意清单单价调整强化了清单调价功能。

（1）可成批调清单的"工料机消耗量、清单单价、费率"；乘系数后，所有单价分析

表数据自动调整。

（2）实时同屏显示调价前后清单单价、金额对照，快速判断调价合理性。

（3）所有报表均可输出调价前、调价后两套报表，视不同需要灵活调用。

（4）反向调价。当已明确某清单的最终报价，可直接输入清单单价，系统自动反算调价系数，计算工料机数据，配合单价分析报表数据输出。

8）容易查找、调整定额，降低了造价编制者的门槛

独创智能定额逼近，边输入，边提示下一级定额。鼠标双击定额号列（或输入定额号数字），系统智能逼近所需的定额，逐步提示，无需死记定额号。

9）定额模糊查找

只需输入定额名称中的关键字，对应定额自动过滤出来。不必死记定额号，也省去手工查找定额的麻烦。

10）独创智能定额调整

提炼定额说明成为选项，造价编制人员只要视实际施工方案打钩选取，无须死记硬背。

厚度、运距调整只需输入实际值，软件则会自动进行查找辅助定额、自动改写定额名称、自动计算分项单价等操作。摒弃旧式造价软件反复查找定额、输增量的模式，降低人为操作错误发生率。

11）支持费用分摊

清单往往没有列明、又用在多条清单上的合理费用，如混凝土搅拌站、弃土场建设等，需要按报价策略进行分摊。《纵横公路工程造价管理系统》的分摊操作直观明了，同屏显示分摊结果。分摊细目作为一项体现在所有单价分析表中，而不仅仅只是出现一个金额，改变旧式软件的复杂操作。

12）材料预算单价计算简便快捷

可直接读取各省公布的材料价格信息，自动填入原价内，快速准确。

同一料场的运价、运费等计算数据一般均相同，可成批设置材料计算数据，重新设计的材料计算界面，免除旧版软件反复切换界面的麻烦。快速完成材料预算单价计算。

13）计算灵活——组价方式多样、计算基数无穷

一个清单项目的组价，可灵活使用定额组价、数量乘单价组价、基数计算、直接输入清单单价等多种计算方法，使造价编制更加得心应手。软件除特别提供的计算基数外，还可以直接调用系统编码组合成无穷的计算基数，就像 Excel 一样。

9.1.2 纵横公路工程造价管理系统开发依据及应用范围

1. 开发依据：

（1）《公路工程基本建设项目概算预算编制办法》JTG B06—2007；

（2）《公路工程基本建设项目投资估算编制办法》JTG M20—2011；

（3）《公路工程概算定额》JTG/T B06-01—2007；

（4）《公路工程预算定额》JTG/T B06-02—2007；

（5）《公路工程估算指标》JTG/T M21—2011；

（6）《公路工程机械台班费用定额》JTG/T B06-03—2007；

（7）《公路工程标准施工招标文件》（2018 年版）；

（8）各省、市、自治区交通厅（局）发布的《公路工程基本建设项目概算预算编制办法》补充规定、补充定额、养路费车船税标准等相关文件。

（9）国家发布的有关法律、法规、规章、规程等。

2. 应用范围

软件适用于新建、改建的公路工程基本建设项目估算、概算、预算、投标报价和标底等的编制，可用于政府行政机关、行业主管部门、项目投资业主、设计、施工、建设、管理、审计、审核、监理、咨询、学校等相关单位。

9.1.3 纵横公路工程造价管理系统的下载安装与注册

1. 下载安装程序

登录纵横公司官方网站：www.smartcost.com.cn，进入"产品下载"，下载安装程序即可。

2. 解压安装程序

（1）双击压缩包，解压安装程序；

（2）运行安装程序，按提示安装即可；

（3）安装完成后，在桌面即出现两个图标（图 9-1）。

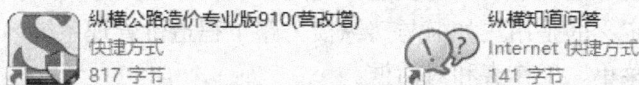

图 9-1　图标

建议请将软件安装在非系统盘（如 D：\ Program Files \ 纵横软件 \）。安装完成后，插上软件加密锁即可使用。

在安装过程中，用户可点击按"退出安装"或"取消"按钮中断安装程序。确认要退出安装后，系统会自动删除当前已安装的文件，并退出安装程序。

3. 如何注册纵横公路造价软件

注册方式：手工输入注册码

首先，打开软件，单击帮助菜单/产品注册/下一步/下一步/选择"手工输入注册码"。

然后，将注册码复制粘贴到"注册码"栏内，软件注册即可完成。

如有疑问请随时致电销售代表或纵横客服热线：0756-3850888。

9.1.4 纵横公路工程造价管理系统版本介绍

1. 专业版

建议估算、可行估算、概算、修正概算、施工图预算、清单预算、标底控制价、中间结算、设计变更结算、单价变更审核、竣工结算。

2. 项目专业版

项目专业版＝专业版＋材料调差（建议估算、可行估算、概算、修正概算、施工图预算、清单预算、标底控制价、中间结算、设计变更结算、单价变更审核、竣工结算、场内

调差和场外调差）

3. 网络版

只要能上网，就拥有免费正版纵横公路造价软件（功能同专业版）。

4. 学习版

除了不能直接打印和导出报表，其他功能均与专业版相同。

升级服务：

（1）请定期浏览：www.smartcost.com.cn 网站，大版本的升级周期一般为 6 个月，请随时关注。

（2）可随时在纵横知道文库 http：//zhzdwk.com 上获得补充定额、补充规定、养护定额、材料价格信息等增值服务。

（3）可随时在纵横知道问答 http：//zhzdwd.com 上获得公路工程造价知识，交流公路工程造价相关问题。

9.2 纵横公路工程造价管理系统的认识

9.2.1 基本操作术语

为了不引起误解，也便于以后的叙述，先定义一些大家熟悉的又很重要的贯穿本手册的术语。这些术语定义的是用户如何与《纵横公路工程造价管理系统》交互工作，如何用鼠标和键盘来使用菜单、工作表和对话框。

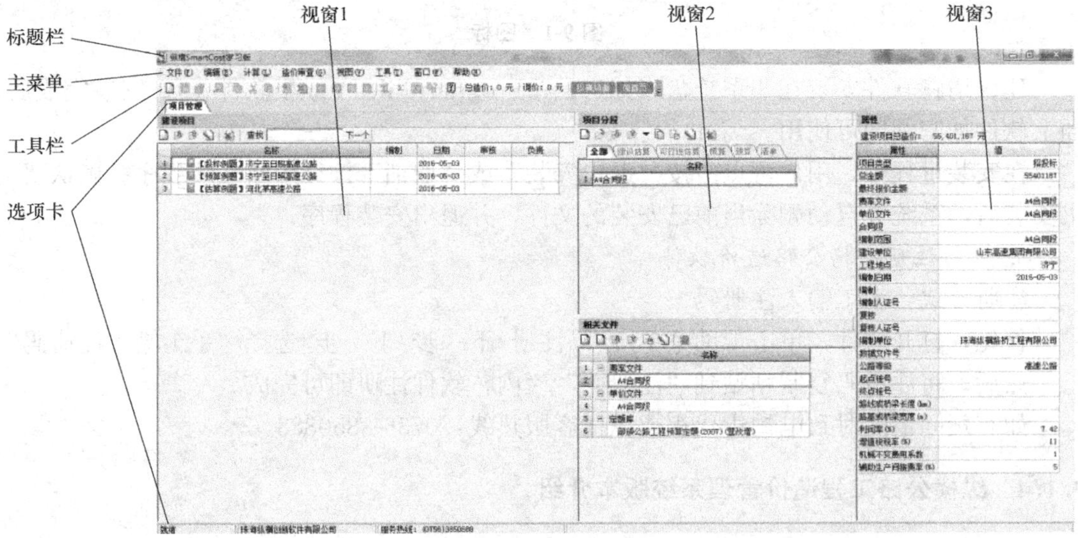

图 9-2 软件操作界面介绍

视窗：在界面上，划分出几个区域，使各项操作均可在一个界面中完成，这样的区域就叫做视窗，如图 9-2 的界面，分为视窗 1、视窗 2 和视窗 3。通过拖拉视窗边界可以改变视窗大小。

标题栏：显示所打开的建设项目名称及相关内容，如"【投标例题】济宁至日照高速公路-A4 合同段"。

主菜单：将所有的功能命令分类，分别放在各个菜单中。

工具栏：上面有一些执行《纵横公路工程造价管理系统》中常用命令的快捷图标按钮，将鼠标停在快捷图标上 1 秒钟，就有汉字显示它所代表的命令。

选项卡：可在同一视窗或对话框中快速切换到不同的操作页面。

对话框：能为用户提供信息。

9.2.2 常用专有名词

（1）建设项目：按一个总体设计组织施工，建成后具有完整的系统，可以独立地形成生产能力或者使用价值的建设工程。

（2）单项工程：指具有独立的设计文件，竣工后能够独立发挥设计规定的作用或效益的工程，也称为工程项目。它是建设项目的组成部分，一个建设项目可以是一个单项工程，也可以包括多个单项工程。

（3）分部工程：按工程的部位、结构、施工工艺等将单位工程划分为分部工程。

（4）分项工程：按不同的施工方法、构造及材料将分部工程划分为分项工程，是施工图预算中最基本的计算单位。

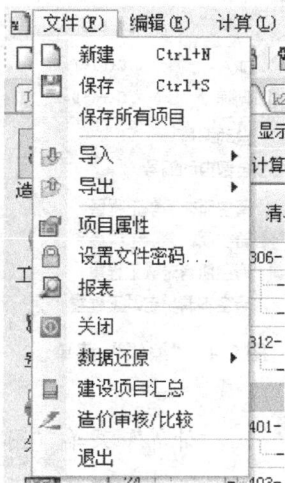

图 9-3 "文件"菜单

9.2.3 快速浏览《纵横公路工程造价管理系统》

1. "文件"菜单（图 9-3、表 9-1）

"文件"菜单表   表 9-1

命令	作用
新建	可新建建设项目文件
保存	可对当前打开的建设项目文件进行保存
保存所有项目	可对软件中所有的建设项目文件进行保存
导入	可直接导入建设项目文件和导入 Excel 清单文件
导出	可导出建设项目、成批导出建设项目及导出清单到 Excel
项目属性	录入"基本信息""技术参数""计算参数""其他取费""小数位数"
设置文件密码	对建设项目文件设置密码
报表	打开建设项目生成的报表
关闭	关闭当前打开的建设项目
数据还原	可将误操作、删除的数据还原
建设项目汇总	汇总同一项目下的多个标段文件数据
造价审核/比较	供造价审核结果与原造价的增减对比表，对比至每一条清单分项
退出	退出纵横公路工程造价管理系统

2. "编辑"菜单（图9-4、表9-2）

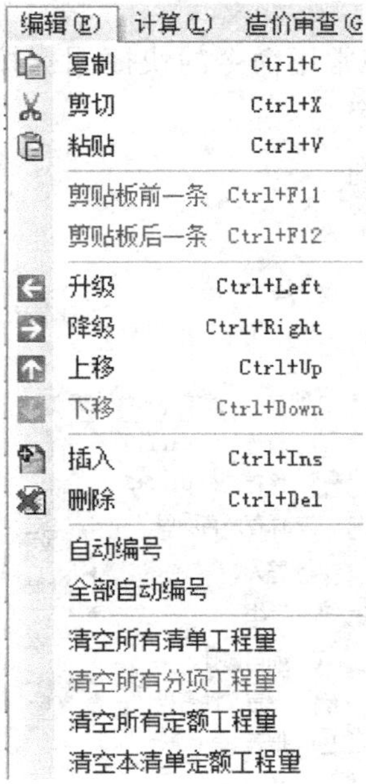

图9-4 "编辑"菜单

"编辑"菜单表   表9-2

命令	作用
复制	复制预算书结构及定额、文本
剪切	剪切预算书结构及定额、文本
粘贴	粘贴预算书结构及定额、文本
升级	将预算书结构提升至上一层结构
降级	将预算书结构下降至下一层结构
上移	将预算书结构上移一行
下移	将预算书结构下移一行
插入	向后插入一行
删除	删除一行
自动编号	将选中的清单分项自动编号
全部自动编号	将当前清单分项全部自动编号
清空所有清单工程量	清空当前清单分项内的所有工程量
清空所有定额工程量	清空当前清单分项内所有定额的工程量

3. "计算"菜单（图9-5、表9-3）

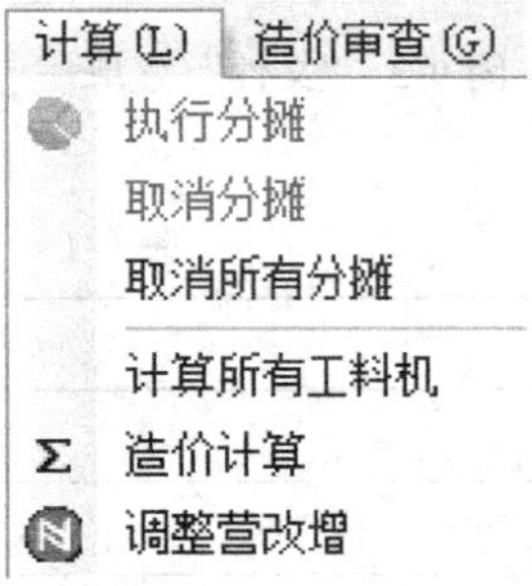

图9-5 "计算"菜单

"计算"菜单表   表9-3

命令	作用
执行分摊	将工程量清单中没有单独开列、而在实际施工过程中必须发生的合理费用,分摊到"多个"相关清单分项内
取消分摊	取消选中的分摊项目
取消所有分摊	取消当前项目中的所有分摊项
计算所有工料机	计算当前项目的所有工料机
造价计算	对当前项目的总造价进行计算

4. "造价审查"菜单（图9-6、表9-4）

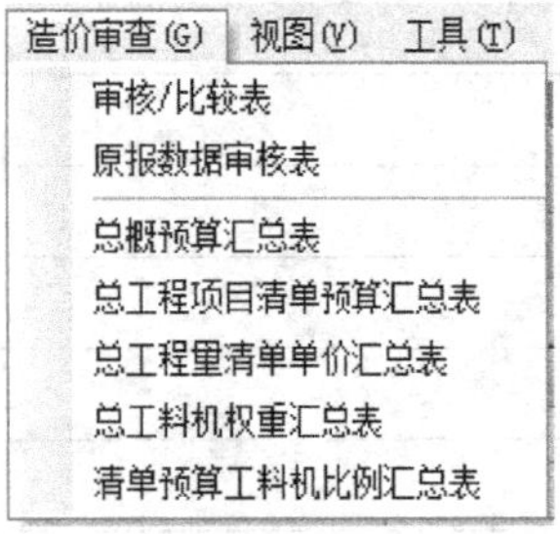

图9-6 "造价审查"菜单

"造价审查"菜单表   表9-4

命令	作用
审核/比较表	提供造价审核结果与原造价的增减对比表,可细至清单分项
总概预算汇总表	对同一个项目下的多个标段概预算汇总
总工料机权重汇总表	显示各工料机总数量、预算价、金额,占材料费比重等

5. "视图"菜单（图9-7、表9-5）

图9-7 "视图"菜单

"视图"菜单表　　　　　　　　表9-5

命令	作用
造价书	用户需在此界面添加工程细目，并根据自身项目特点及相应施工组织设计，采用套定额、列计算公式等造价编辑操作
工料机汇总	用户可在此界面汇总并确认整个建设项目的工料机价格，并可以进行工料机价格信息的批量导入、导出操作
费率	在此界面进行费用项目的取费设置
分摊	将工程量清单中没有单独开列、而在实际施工过程中必须发生的合理费用，分摊到"多个"相关清单分项
调价	用户可根据自身需要对工程量清单报价进行合理地调整，用户可以在此界面采用"正向调价"或"反向调价"两种调价方式调整
定额调整	当定额的工作内容和计算分项的工作内容不完全一致时，可对定额进行相关调整
特殊符号工具栏	显示/关闭特殊符号栏
工具栏	显示/关闭常用工具栏与特殊符号栏，对工具栏排列进行自定义

6. "工具"菜单（图9-8、表9-6）

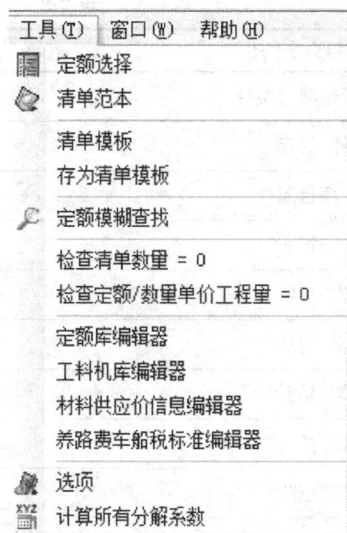

图9-8 "工具"菜单

"工具"菜单表　　　　　　　　表9-6

命令	作用
定额选择	用户可根据需要选择相应定额
清单范本	用户可根据需要选择相应清单分项
清单模板	用户可以从分项模板里批量录入定额
存为清单模板	为提高造价文件的编制效率，系统专门设置了清单模板（又称定额模板）功能
定额模糊查找	用户可按定额编号或名称查询所需的定额
检查清单数量=0	快速检查当前清单标段中清单数量=0的项目
检查定额/数量单价工程量 =0	快速查找清单分项中定额数量=0的定额
定额库编辑器	用户可根据需要编制补充定额
工料机库编辑器	对工料机库中没有的工料机可以编制新的工料机库
材料供应价信息编辑器	对材料供应价格信息进行编辑
养路费车船税标准编辑器	对养路费车船税标准进行编辑
选项	对编制预算过程中的基本需求进行设置

7. "窗口"菜单（图9-9、表9-7）

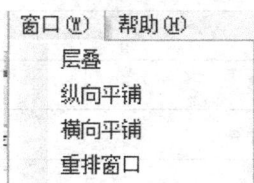

图9-9 "窗口"菜单

"窗口"菜单表　　　　　　　　表9-7

命令	作用
层叠	可实现多个项目对比
纵向平铺	可实现多个项目对比，直接复制数据，无需切换
横向平铺	可实现多个项目对比，直接复制数据，无需切换
重排窗口	对窗口进行重排

8. "帮助"菜单（图 9-10，表 9-8）

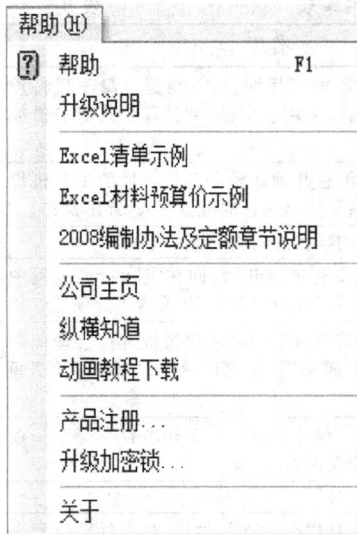

图 9-10　"帮助"菜单

"帮助"菜单表　　　　表 9-8

命令	作用
帮助	用户可获取纵横公路工程造价管理系统概述、基础入门、如何编制概预算文件等帮助
升级说明	纵横公路工程造价管理系统升级说明
Excel 清单示例	内置工程量清单预算 Excel 清单示例
2008 编制办法及定额章节说明	查看部颁编制办法、各省编制办法、概预算定额章节说明
公司主页	可随时在纵横网站上获得材料价格信息、补充定额、补充规定等增值服务；官网：www.smartcost.com.cn
纵横知道	关于"常见疑难问题解答"及公路造价知识
动画教程下载	获得纵横公路工程造价管理系统的动画教程及帮助
产品注册	对软件加密狗进行注册
升级加密锁	对加密锁进行升级
关于	查看用户使用的软件版本号

9. 快捷图标与工具（表 9-9）

快捷图标与工具表　　　　表 9-9

图标	名称	所代表菜单命令的位置
	新建项目文件	文件/新建项目文件
	保存	文件/保存
	项目属性	文件/项目属性
	报表	文件/报表
	复制	编辑/复制
	剪切	编辑/剪切
	粘贴	编辑/粘贴
	插入	编辑/插入
	删除	编辑/删除
	升级	编辑/升级
	降级	编辑/降级
	上移	编辑/上移
	下移	编辑/下移
	定额调整	视图/定额调整
Σ	造价计算	清单报价/造价计算
Σ	计算当前选中项	计算选中项
	帮助	帮助/帮助

248

9.3　纵横公路工程造价管理系统工程量清单预算编制

9.3.1　编制工程量清单预算的操作流程

1. 新建项目，完善项目属性
(1) 清单预算文件名称一般为标段名称；
(2) 一个建设项目下面可以包含多个标段；
(3) 确定项目属性。
2. 确定费率文件
选择费率计算参数；
3. 建立工程量清单
(1) 导入 Excel 工程量清单；
(2) 直接复制粘贴 Excel 工程量清单；
(3) 从"清单范本"中直接选择工程量清单。
4. 定额选择
(1) 从定额表中选择；
(2) 定额搜索；
(3) 直接输入，定额编号智能逼近。
5. 定额调整
(1) 工料机、混凝土；
(2) 附注条件；
(3) 辅助定额；
(4) 稳定土配合比；
(5) 单价调整；
(6) 自动统计"混凝土需计拌合量"。
6. 补充定额的编制（如有）
(1) 一般补充定额；
(2) 有新材料补充定额。
7. 工料机分析与单价计算
(1) 人工单价；
(2) 材料单价；
(3) 机械单价。
8. 分摊及调价
9. 报表输出
(1) 直接打印或导出 Excel、PDF 格式；
(2) 报表定制。
10. 数据交流
数据交换，导出 .sbp 文件。

9.3.2 新建项目文件、费率文件

1. 建立项目文件

新建项目文件、标段文件、费率文件和单价文件方法如下：

（1）打开《纵横公路工程造价管理系统》，如图 9-11 所示。

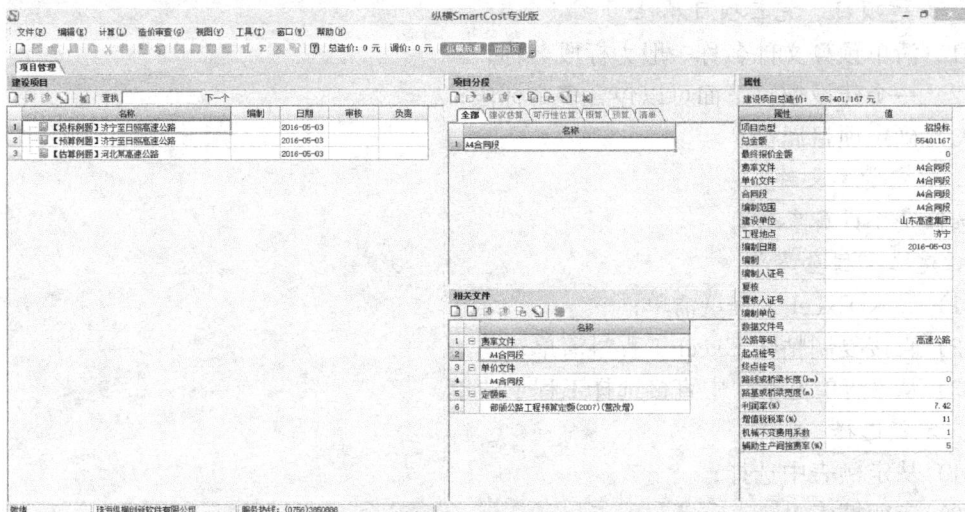

图 9-11　项目管理界面

（2）点击软件左上方"文件"菜单栏下"新建项目文件"按钮，或快捷菜单栏下的新建建设项目图标 ，在弹出的空白栏输入文件名称、建设项目名称，如：A8 合同段（K17＋300～K19＋900）、国道×××线××至××高速公路。选择"项目类型"，软件默认"2009 清单范本"，点击"确定"，建设项目文件、标段文件、费率文件、单价文件同时建立（系统默认单价文件、费率文件与标段文件同名）。如图 9-12 所示。

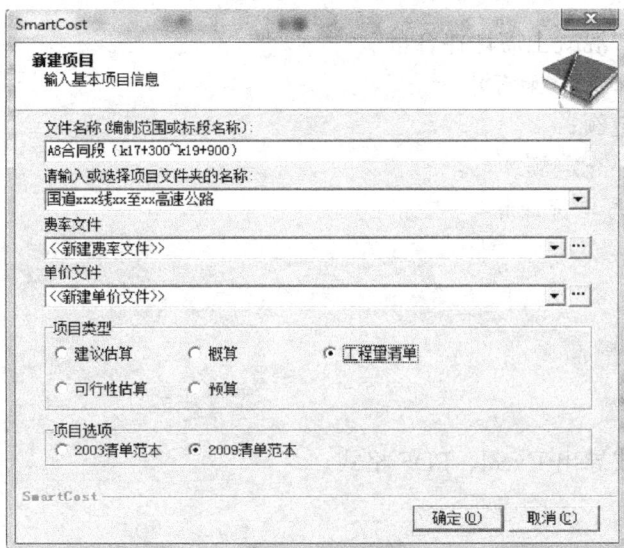

图 9-12　新建项目对话框

2. 设置项目属性

项目属性包含一些与造价编制有关的信息，如编制单位、建设单位、利润率、税率等。设置项目属性方法如下。

1）调出"项目文件属性"对话框

在造价书界面点击菜单栏上"项目文件属性" 🖫 按钮，弹出图 9-13 所示项目文件属性对话框。

2）输入项目属性

在项目文件属性对话框中有基本信息、技术参数、计算参数、其他取费、小数位数等六个选项，按实际项目情况输入或选择相关信息。

（1）在"基本信息"栏中，输入编制范围、编制人、复核人等信息，这些信息与报表输出有关。

（2）在"技术参数"栏中，填写公路等级、起终点桩号等技术数据，此处数据不参与造价计算。

（3）在"计算参数"栏中，可更改利润率和税率，确定机械不变费用系数、辅助生产间接费率等。

（4）在"其他取费"栏中，输入或选择绿化工程费指标、冬雨期施工增工率、临时设施用工指标等。

（5）在"小数位数"栏中，可自定义计算小数位数。勾选"本分段工程单独设置"，即可设置本标段造价数据的小数位数。

设置小数位数适应于一些对计算精度较高的项目，主要是清单工程量较小的项目，如小型建设项目清单编制、清单变更预算等。本软件精度设置符合公路造价习惯，计算精度可满足绝大部分要求。其他精度值如非必要，请勿随意修改。

注："高级"栏请勿随意修改。

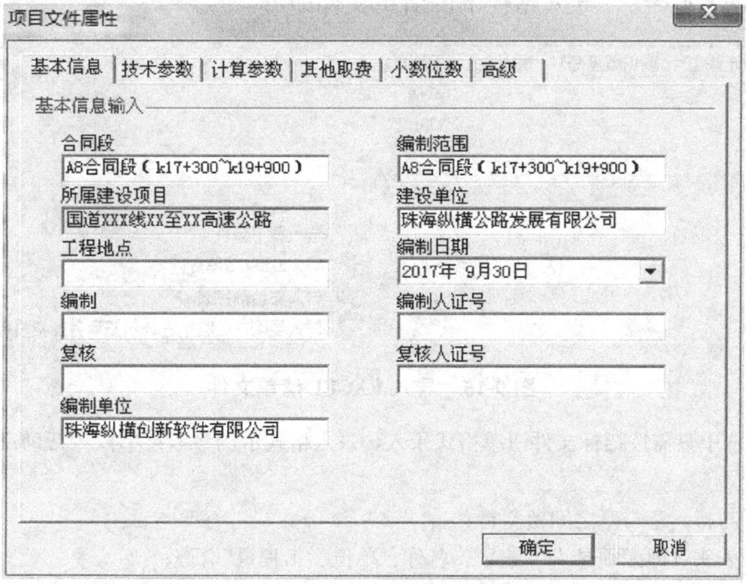

图 9-13　项目文件属性对话框

3. 确定费率文件

费率文件主要是指公路工程的其他工程费、规费、企业管理费等费用的费率，其他工程费按"人工费＋材料费＋机械费/人工费＋机械费"为基数，间接费（规费＋企业管理费）按"人工费/直接费"为基数，乘以"费率"计算，根据工程实际情况取用不同的值。各省（市、区）结合当地实际情况，对部颁编制办法作了相应的补充规定。凡在该地区进行的公路建设项目均要执行当地的补充规定。根据项目所在地具体工程情况选择不同的费率标准（详见《公路工程基本建设项目概算预算编制办法》及各省补充规定）。

【操作】：点击主窗口左边的"费率"图标，然后根据工程实际情况选择"费率计算参数"，系统会自动生成综合费率，并生成费率文件。如图 9-14 所示，下拉选择工程所在地：浙江；费率标准：浙江一类项目概预算-浙交办 [2016] 113 号，将鼠标悬停于冬期、雨期施工上面，按软件自动提示选择即可；其他参数根据实际情况选择。

费率计算参数	
名称	参数值
工程所在地	浙江
费率标准	浙江一类项目概预算-浙交办[201
冬季施工	准二区
雨季施工	II区1个月
夜间施工	不计
高原施工	不计
风沙施工	不计
沿海地区	不计
行车干扰	不计
施工安全	计
临时设施	计
施工辅助	计
工地转移(km)	0
养老保险(%)	20
失业保险(%)	2
医疗保险(%)	8
住房公积金(%)	12
工伤保险(%)	1
基本费用	计
+ 综合里程(km)	0
职工探亲	计
职工取暖	准二区
财务费用	计
计划利润率(%)	7.42 ▼
增值税率(%)	11

图 9-14 费率计算参数视图

9.3.3 建立清单分项

1. 从已有 Excel 版本工程量清单中复制粘贴到《纵横公路工程造价管理系统》或直接导入 Excel 工程量清单。

【操作】：点击"文件"/选择"导入"/"导入 EXCEL 清单文件"（图 9-15），软件弹出对话框，点击"确定"，导入路径下的清单文件即可。

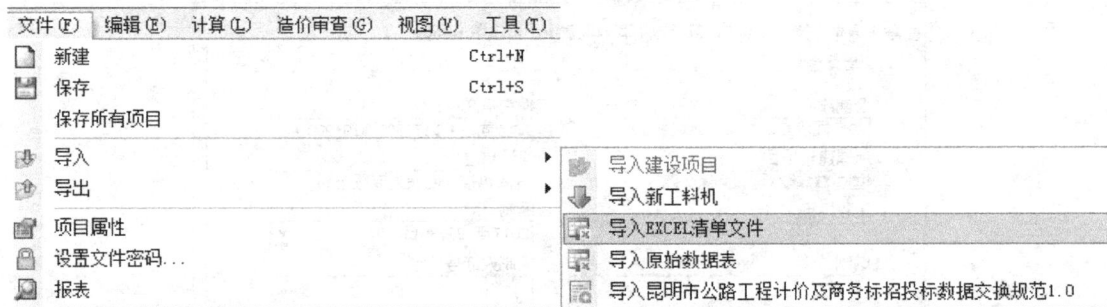

文件(F)	编辑(E)	计算(L)	造价审查(G)	视图(V)	工具(T)
新建				Ctrl+N	
保存				Ctrl+S	
保存所有项目					
导入				▶	导入建设项目
导出				▶	导入新工料机
项目属性					导入EXCEL清单文件
设置文件密码...					导入原始数据表
报表					导入昆明市公路工程计价及商务标招投标数据交换规范1.0

图 9-15 导入 EXCEL 清单文件

注：在 Excel 中只需按招标文件清单格式录入，录入格式示例参考菜单栏"帮助/Excel 清单示例"。录入格式说明：

① 无须在行与行，章与章之间留空行；

② 无须录入表头（即无须录入"编号、名称、单位、工程量"行）；

③ 当清单分项单位为 m² 或 m 时，只需输入 m² 或 m³，系统自动转换 m² 或 m；

④ 只需录入 100-700 章清单分项即可，暂列金额、计日工等系统已默认建立，无需录入，如图 9-16 所示。

	清单 第100章 总则		
101-1	保险费		
-a	按合同条款规定，提供建筑工程一切险	总 额	1
-b	按合同条款规定，提供第三方责任险	总 额	1
102-4	工程管理软件及培训费	总 额	1
	清单 第200章 路基		
202-1	清理与掘除		
-a	清理现场	m2	23518
203-1	路基挖方		
-a	挖土方	m3	21187
208-2	浆砌片石护坡		
-a	M7.5浆砌片石	m3	3730
-b	Φ50PVC管	m	5
	清单 第300章 路 面		
306-1	级配碎石底基层		
-a	厚150mm	m2	5100
-b	厚200mm	m2	2267
312-1	水泥混凝土面板		
-b	厚220mm（混凝土弯拉强度5.0Mpa）	m2	4400
	清单 第400章 桥梁、涵洞		
401-1	桥梁荷载试验		
-a	桥梁荷载试验（暂定金额）	总 额	1
403-1	基础钢筋（包括灌注桩、承台、沉桩、沉井等）		
-a	光圆钢筋（I级）	kg	51295
-b	带肋钢筋（HRB335、HRB400）	kg	932271

图 9-16　Excel 中清单范本示例

2. 从清单范本中选择，建立当前标段文件的工程量清单

1）直接从清单范本中添加

直接从清单范本中添加也有两种操作方法。

【操作1】：在图 9-17 所示"清单范本"窗口中的"选用"列方框中逐项勾选目标分项，再点击"添加"按钮。清单范本中已勾选的清单分项则可以添加进当前标段文件的工程量清单中。

图 9-17　清单范本

注：当勾选父项时，子项全部自动选择；当勾选个别子项时，父项自动选择。

【操作2】：双击图9-17所示清单范本中需添加的分项的名称，可直接将该清单分项添加到当前标段文件工程量清单中。

注：当双击父项时，仅仅只选择父项，子项不会自动选择；当双击子项时，父项自动选择。若添加的项目有误，可在项目表中选中要删除的项目，点屏幕上方的删除按钮![删除]，或者点鼠标右键，选择删除。当删除父项时，子项全部删除；当删除个别子项时，父项不会删除。

2）添加非标准清单分项

若清单范本中没有期望的清单分项，即需添加清单范本中没有的分项，有两种操作方法。

【操作】：点击需添加的清单分项所在位置，再点击"造价书"界面左上角插入按钮![插入]。则在当前选中单元格后插入一行空白行。

[例9-1] 在"厚200mm级配碎石底基层"清单分项后面添加"厚250mm级配碎石底基层"。操作如下：

在造价书界面，用鼠标选中工程量清单中"级配碎石底基层"的子项"厚200mm"所在行→点击"造价书"界面左上角的插入按钮![插入]，则在"厚200mm"细目后增加了一空行，如图9-18所示，在插入行中输入清单编号、工程细目名称"厚250mm"，并在"单位"列中选择该细目的工程量单位。

清单 第200章 路基			
203-1	路基挖方		
—a	挖土方	m3	21187.000
208-2	浆砌片石护坡		
—a	M7.5浆砌片石	m3	3730.000
—b	Φ50PVC管	m	5.000
清单 第300章 路面			
306-1	级配碎石底基层		
—b	厚220mm	m2	2267.000
c	厚250mm	m²	

图9-18 添加非标准清单分项

注：（1）若清单层次需调整，可通过工具栏快捷键→（降级）、←（升级）、↑（上移）、↓（下移）调整，如图![←][→][↑][↓]。

（2）若需删除清单，可选择该"清单"点击"![删除]"按钮，或右键"删除"即可。

9.3.4 清单分项的定额选择与定额调整

1. 定额选择常用方法

1）从定额表中选择定额

选中需套定额的清单分项，点击"造价书"界面右上角的"定额选择"，在相应的定额章节中找到需要套用的定额后，双击定额即可，如图9-19所示。

2）定额搜索

选中需套定额的清单分项，点击"定额选择"，切换到"定额搜索"选项卡窗口，在该窗口中输入需要查找的定额名称的关键字，如输入"交工"后回车，系统会查找出当前定额库中所有含有"交工"字样的定额，如图9-20所示。

注：编制办法附录一"公路交工前养护费"在《纵横公路工程造价管理系统》中已做成定额形式，

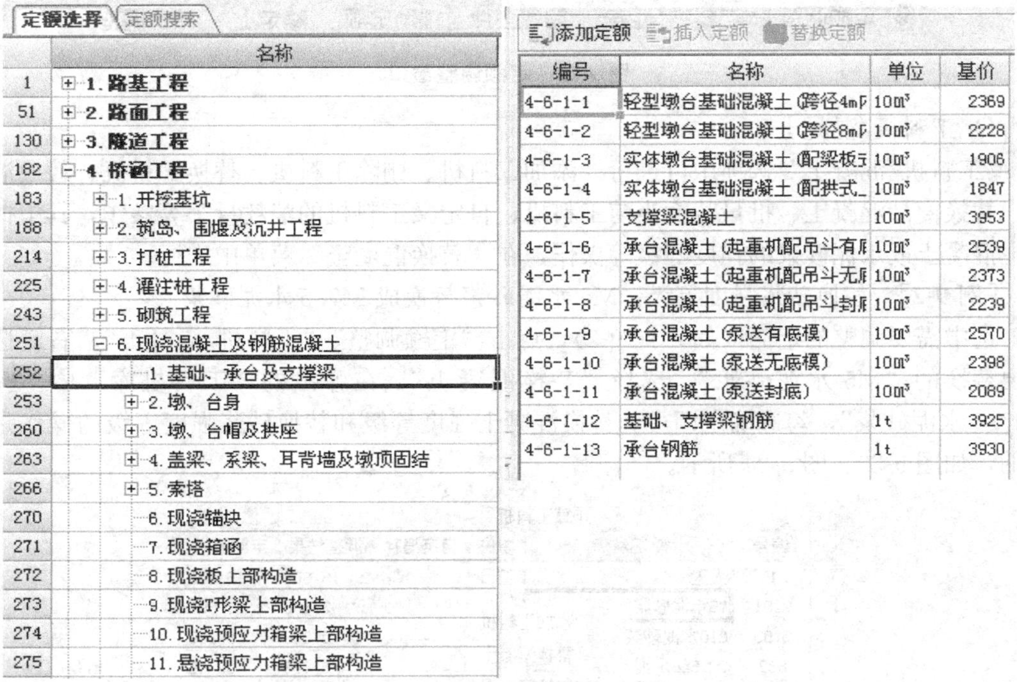

图 9-19　定额选择

需要计算此项费用，直接套用定额即可。点击"定额选择"，在第七章"临时工程"第七节"公路交工前养护费"中选择。

同样，"临时工程汽车便道养护"也已做成定额的形式，在第七章"临时工程"第一节"汽车便道"中选择。"基坑水泵台班消耗"亦然，在第四章"桥涵工程"第十六节"基坑水泵台班消耗"中选择。

3）直接输入，定额编号智能逼近

在定额计算窗口中直接输入定额编号，定额编号可在《公路工程预算定额》中查得；输入编号的同时，软件智能逼近相近的定额，如图 9-20、图 9-21 所示。

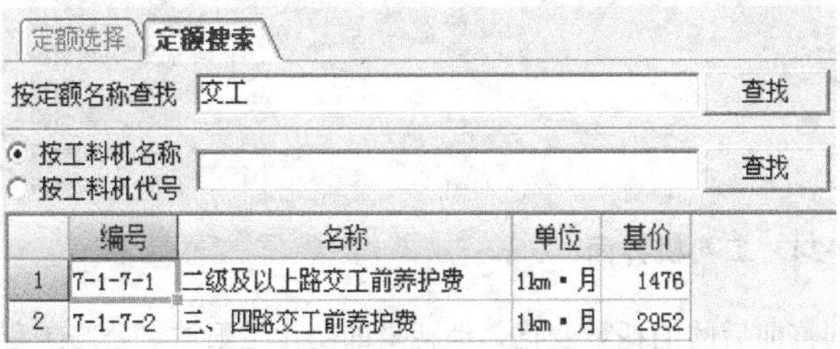

图 9-20　定额搜索

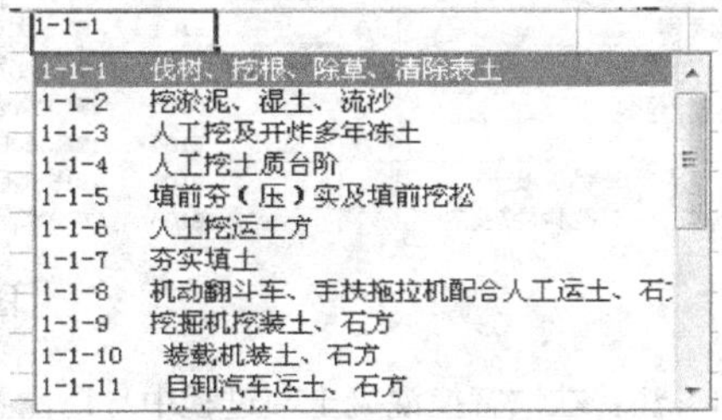

图 9-21　定额编号智能逼近

2. 定额调整

当定额的工作内容和计算的清单分项的工作内容不完全一致时，可对定额进行相关调整。《纵横公路工程造价管理系统》的定额调整分为：工料机/混凝土、附注条件、辅助定额、稳定土、单价调整。

选中要调整的定额细目，点击定额调整按钮，软件弹出"定额调整"窗口，如图9-22所示。

255

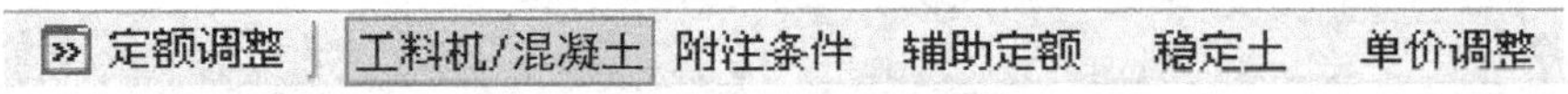

图 9-22 定额调整窗口

1）工料机/混凝土

"工料机/混凝土"选项中可进行"添加工料机、删除工料机、替换工料机、替换混凝土、替换商品混凝土、批量替换当前工料机、自定义工料机的消耗量"等操作，其中抽换水泥混凝土或水泥砂浆的强度等级等操作，在"替换混凝土"菜单中进行。

[例 9-2] 替换砂浆强度等级：M5 水泥砂浆替换成 M7.5 水泥砂浆。

选中需要调整的定额（如 5-1-10-2），点击"定额调整""工料机/混凝土"，右键选中需要替换的"M5 水泥砂浆"，选择"替换混凝土"，在弹出的"工料机库"中，选择"M7.5 水泥砂浆"，勾选确定即可。替换混凝土强度等级和替换砂浆强度等级的操作是一样的，如图 9-23、图 9-24 所示。

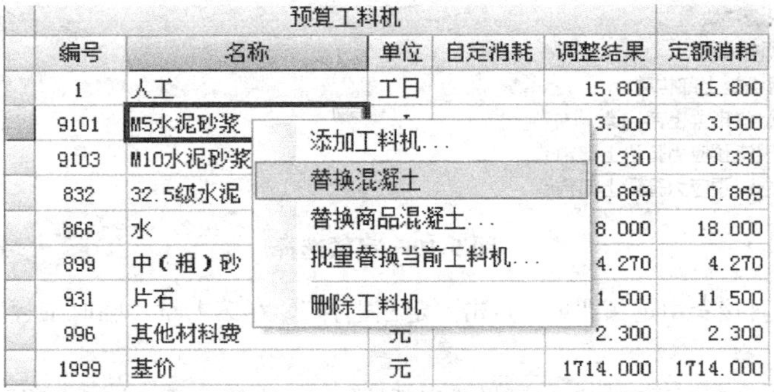

图 9-23 工料机/混凝土界面

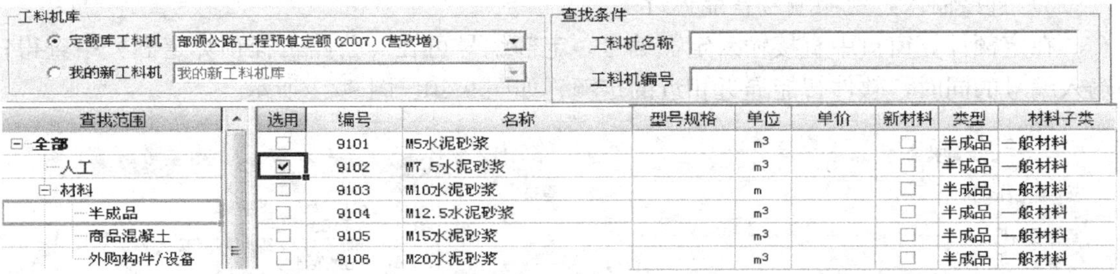

图 9-24 工料机界面

注：在"替换混凝土"过程中，请注意调整前后的消耗量变化，消耗量的变化是根据《公路工程预算定额》附录二的《混凝土配合比表》进行自动替换。

[例 9-3] 批量新增材料，如乔木。

首先，选中需要新增材料的定额，点击"定额调整""工料机/混凝土"，右键"添加工料机"，点击左下角"新增工料机"，如图 9-25 所示。

图 9-25 导入新材料

256

然后，在 Excel 中编辑需批量增加的乔木的规格，如图 9-26 所示：

复制后，切换到"新工料机"窗口，在"名称"下粘贴；

点击"保存"，点击"关闭"，关闭窗口后，返回"选择工料机"窗口如图 9-27 所示。

乔木	4cm	根	37
乔木	5cm	根	39
乔木	6cm	根	40
乔木	7cm	根	43
乔木	8cm	根	45
乔木	9cm	根	47
乔木	10cm	根	48

图 9-26　编辑新增材料规格

	编号	名称	型号规格	单位	定额价	类型	材料子类	毛重系数	一次装卸损耗率	场外运输损耗率	采购保管费率
1	220001	乔木	4cm	根	37	材料	一般材料	0	0	0	0
2	220002	乔木	5cm	根	39	材料	一般材料	0	0	0	0
3	220003	乔木	6cm	根	40	材料	一般材料	0	0	0	0
4	220004	乔木	7cm	根	43	材料	一般材料	0	0	0	0
5	220005	乔木	8cm	根	45	材料	一般材料	0	0	0	0
6	220006	乔木	9cm	根	47	材料	一般材料	0	0	0	0
7	220007	乔木	10cm	根	48	材料	一般材料	0	0	0	0

图 9-27　选择工料机界面

点击"确定"后，就完成了批量新增材料，需要查看选用时，点击"我的新工料机"，如图 9-28 所示。找到需要添加的工料机，勾选后确定，并输入自定消耗，完成新增工料机的工作。

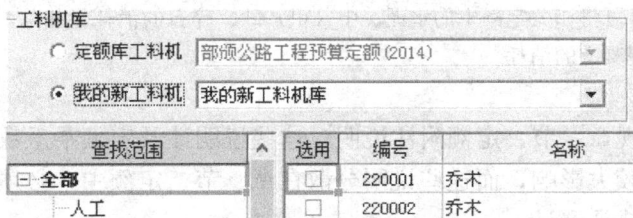

图 9-28　新工料机库

注：可以新增的工料机类型为材料、机械和混凝土（混凝土需输入配合比）。

输入新工料机完成后，在"新工料机"对话框中点"保存"图标，新增的工料机，软件统一放置于"我的新工料机"内。

建立好的新工料机，可以点"新工料机"对话框中"导出"图标，软件将新工料机数据以数据文件形式保存到电脑中。当电脑中有可利用的工料机数据文件时，也可点"新工料机"对话框中"导入"图标，导入新工料机到当前工料机列表中。

[例 9-4]　替换商品混凝土。

选中需要调整的定额（如 4-6-10-2），点击"定额调整"，"工料机/混凝土"，选中"C50 号泵送混凝土 42.5 水泥 2cm 碎石"工料机，右键选择"替换商品混凝土"，弹出"选择工料机"，找到需要替换的商品混凝土即可，如图 9-29 所示。

替换完成后，水泥、中（粗）砂、碎石的消耗量会自动扣除，水主要用于养生，所以消耗量不变。

注：① 取费类别选择构造物Ⅲ系指商品混凝土（包括沥青混凝土和水泥混凝土）的浇筑和外购构件及设备的安装工程。商品混凝土和外购构件及设备的费用不作为其他工程费和间接费的计算基数，详见部颁编制办法。

② 水泥混凝土替换为商品混凝土时，系统自动弹出"询问"窗口，如图 9-30 所示，请先调整厚度。购买商品混凝土时，需知具体消耗量，即确定商品混凝土的体积。所以在软件中进行操作时，会提示"请先调整厚度，再替换商品混凝土"。不需要调整厚度时，确定继续操作即可。

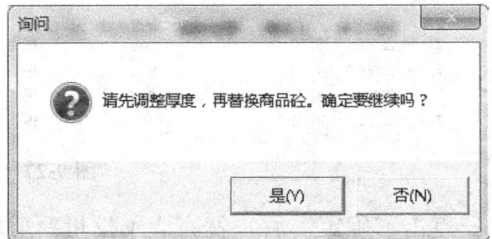

预算工料机

编号	名称	单位	自定消耗	调整结果
1	人工	工日		15.700
9246	C50号泵送混凝土42.5水泥2cm碎石	m³	0.000	0.000
102	锯材	m³		0.090
182	型钢	t		0.028
271	钢模板	t		0.060
651	铁件	kg		10.100
833	42.5级水泥	t		0.000
866	水	m³		21.000
899	中（粗）砂	m³		0.000
951	碎石（2cm）	m³		0.000
996	其他材料费	元		32.400
10020	C50普通商品混凝土4cm碎石	m³	10.400	10.400
1308	60m³/h以内混凝土输送泵车	台班		0.090
1453	20t以内汽车式起重机	台班		0.470
1663	Φ100mm以内电动多级离心水泵	台班		0.300
1998	小型机具使用费	元		6.200
1999	基价	元		6272.000

图 9-29 定额调整后的工料机界面

图 9-30 替换询问

③ 根据《公路工程预算定额》总说明第十一条：本定额中各类混凝土均按施工现场拌合进行编制，当采用商品混凝土时，可将相关定额中的水泥、中（粗）砂、碎石的消耗量扣除，并按定额中所列的混凝土消耗量增加商品混凝土的消耗。

2）附注条件

定额中常常出现章、节、定额附注说明，这些说明涉及定额乘系数、工料机抽换等方面，对造价结果有较大影响，而这些说明分散在章、节、定额中，必须熟悉定额的同时细心耐心，才能避免错计漏计。

《纵横公路工程造价管理系统》中已经将定额书中的说明做成了选项的形式，做预算时，直接根据实际情况勾选即可。

［例 9-5］ 挖芦苇根。

选中需要调整的定额（1-1-1-10 挖竹根），点击"定额调整""附注条件"，勾选"挖芦苇根 定额×0.73"，如图 9-31 所示。

［例 9-6］ 灌注桩桩径系数调整。

当设计桩径与定额桩径不同时，可根据实际情况选择相应桩径。

选中需要调整的定额（如 4-4-5-43），点击"定额调整""附注条件"，根据实际桩径勾选即可，如图 9-32 所示。

	调整	条件	内容
1	☐	桩径130cm以内	定额×0.94
2	☑	桩径140cm以内	定额×0.97
3	☐	洞内用洞外项目	人、机、小型机具×1.2
4	☐	自定义系数	人工×1;材料×1;机械>

图 9-31 挖芦苇根

	调整	条件	内容
1	☑	挖芦苇根	定额×0.73
2	☐	洞内用洞外项目	人、机、小型机具×1.2
3	☐	自定义系数	人工×1;材料×1;机械>

图 9-32 灌注桩桩径系数调整

258

3）辅助定额

辅助定额主要是调整定额的运距、厚度、钢绞线的束数、强夯夯击点数次数等内容。定额中描述定额单位值的定额叫做"主定额"；定额中同时给出了可对主定额进行调整的定额，其定额名称中一般含有"增、减"字样，则为辅助定额。

[例 9-7]　调整运距："8t 自卸汽车运输 10.2 公里"。

选中需要调整的定额（1-1-11-9），点击"定额调整""辅助定额"，在"实际值"处输入"10.2"即可，软件自动选择 5、10、15km 以内的辅助定额，定额名称随即自动变化，单价随即自动计算，如图 9-33 所示。

工料机/混凝土	附注条件	辅助定额	稳定土

	参数	定额值	实际值
1	运距km	1	10.2

定额编号	定额名称	定额单位	工程量	取费类别	调整状态	m3单价
1-1-11-9	8t内自卸车运土10.2km	m³天然密	21.187	3)汽车运输	+12×18	17.68

图 9-33　运距调整

注：自卸汽车运输路基土、石方定额项目和洒水汽车洒水定额项目，均按不同的运输距离综合考虑了施工便道的影响，仅适用于平均运距在 15km 以内的工程；当运距超过 15km 时，应按工程所在地社会运输的有关规定计算运费。

当运距超过第一个定额运距单位，其运距尾数不足一个增运定额单位的半数时不计，超过半数时按一个增运定额运距单位计算。

例如，平均运距为 10.2km 时，套用第一个 1km 和运距 15km 以内的增运定额 18 个单位后，尾数为 0.2km，不足一个增运定额单位（0.5km）的半数（0.25km），因此不计；如平均运距为 10.3 时，0.3km 已经超过一个增运定额单位的半数（0.25km），因此计，增运单位则合计为 19 个。

使用增运定额时要注意两点：①平均运距一般不扣减第一个 1km；②平均运距为整个距离内直接套用，不是分段套用。

[例 9-8]　调整水平泵送距离。

选中需要调整的定额（如 4-6-2-11），点击"定额调整""辅助定额"，在"实际值"处输入实际泵送距离即可，人工、机械消耗量自动调整，如图 9-34 所示。

工料机/混凝土	附注条件	辅助定额	稳定土

	参数	定额值	实际值
1	水平泵送m	50	100

定额编号	定额名称	定额单位	工程量	取费类别	调整状态
4-6-2-11	圆柱式墩台混凝土(泵送高10m内)	10m³	322.000	8)构造物Ⅰ	+3×1

图 9-34　水平泵运距调整

注：定额中采用泵送混凝土的项目均已包含水平和向上垂直泵送所消耗的人工、机械，当水平泵送距离超过定额综合范围时，可按定额说明增列人工及机械消耗量。向上垂直泵送不得调整。

[例 9-9]　钢绞线束数调整。

选中需要调整的定额（如 4-7-20-15），点击"定额调整""辅助定额"，输入实际的钢绞线束数值即可，工料机的消耗量自动调整，如图 9-35 所示。

4）稳定土配合比调整

一般调整稳定土配合比，系数自动保持为100%。

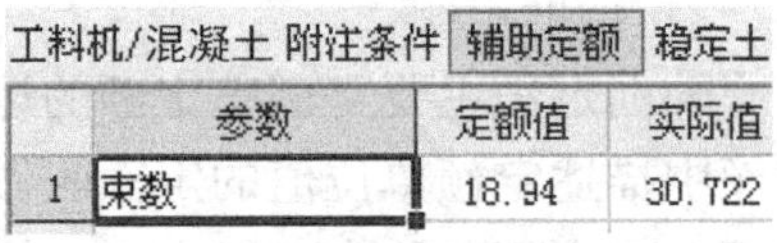

工料机/混凝土 附注条件 辅助定额 稳定土

	参数	定额值	实际值
1	束数	18.94	30.722

图 9-35　钢绞线束数调整

［**例 9-10**］　调整水泥稳定碎石配合比为4∶96

选中需要调整的定额（2-1-7-5），点击“定额调整”“稳定土”，在“调整配合比”中输入实际配合比即可。切换到“工料机/混凝土”，可以看到，水泥、碎石消耗量自动换算，无须其他任何操作，如图9-36所示。

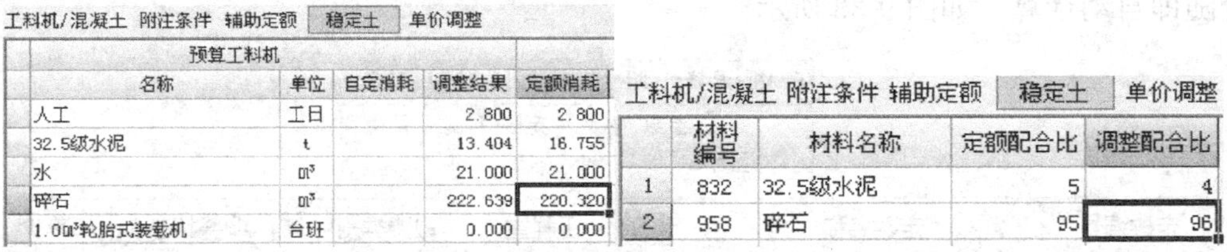

工料机/混凝土 附注条件 辅助定额 稳定土 单价调整

预算工料机				
名称	单位	自定消耗	调整结果	定额消耗
人工	工日		2.800	2.800
32.5级水泥	t		13.404	16.755
水	m³		21.000	21.000
碎石	m³		222.639	220.320
1.0m³轮胎式装载机	台班		0.000	0.000

工料机/混凝土 附注条件 辅助定额 稳定土 单价调整

	材料编号	材料名称	定额配合比	调整配合比
1	832	32.5级水泥	5	4
2	958	碎石	95	96

图 9-36　稳定土调整

5）单价调整

选中需要调整的定额，点击“定额调整”“单价调整”，在“单价调整”处直接输入实际单价即可。此单价调整只对本条定额相应材料单价起作用，可以看到本条定额被调价材料后会有“（1）”之类的字样，如图9-37所示。

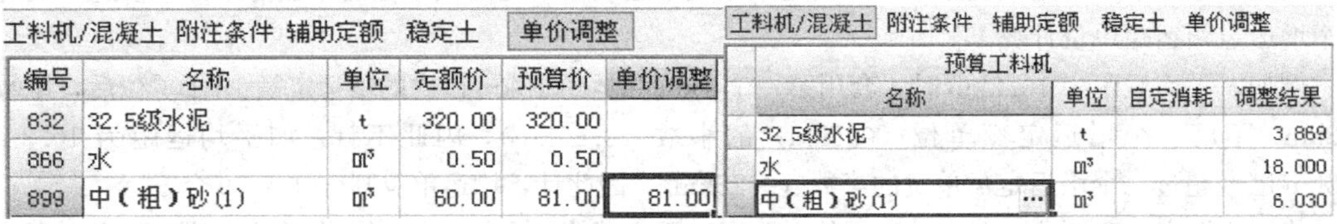

工料机/混凝土 附注条件 辅助定额 稳定土 单价调整

编号	名称	单位	定额价	预算价	单价调整
832	32.5级水泥	t	320.00	320.00	
866	水	m³	0.50	0.50	
899	中（粗）砂(1)	m³	60.00	81.00	81.00

工料机/混凝土 附注条件 辅助定额 稳定土 单价调整

预算工料机			
名称	单位	自定消耗	调整结果
32.5级水泥	t		3.869
水	m³		18.000
中（粗）砂(1)	m³		6.030

图 9-37　单价调整

6）自动统计“混凝土需计拌合量”

在造价书界面选中需要统计的清单分项，右键选择“混凝土需计拌合量”，弹出“混凝土合计”窗口，在窗口中可以查看混凝土的相关统计信息，选中混凝土拌合、运输定额，点击“填写工程量”，软件自动将统计好的混凝土需计拌合量填写到定额工程量中。

［**例 9-11**］　在清单分项“410-1 混凝土基础”上鼠标右键选择“混凝土需计拌合量”，选中混凝土拌合、运输定额，点击“填写工程量”，软件自动将统计好的混凝土需计拌合量（计损耗）填写到定额工程量中，如图9-38所示。

7）清单第100章费用计算

一般来说，清单第100章总则费用可采用基数计算。

［**例 9-12**］　根据招标文件，工程一切险＝第100章到700章合计（不含工程一切险、第三方责任险）×0.3%。

首先，点击一切险的金额列（F列）⋯按钮，弹出表达式编辑器；然后，双击计算基数中的“各章清单合计”，完成输入“＝（{各章清单合计}－F5）×0.3%”计算式（其中“各章清单合计”不含工程一切险本身，“F5”为第三方责任险金额），系统自动计算金额，如图9-39所示。

图 9-38 混凝土需计拌合量

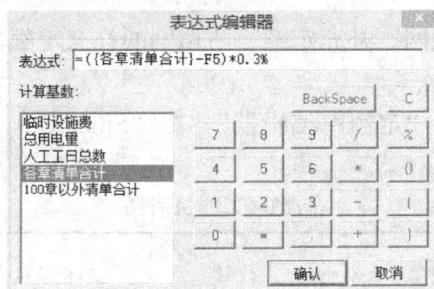

图 9-39 工程一切险

对某些已知单价的清单分项，可以在数量单价列直接输入单价。系统自动计算结果。

对于专项暂定金额项目，在软件造价书主窗口的"专项暂定"列勾选，下拉选择"材料""工程设备""专项工程"即可。

9.3.5 补充定额的调整及编制

补充定额是指《公路工程预算定额》（或概算定额）内没有包含的定额，如为新工艺作的补充定额，系统已内置各省近年公路工程的大量新工艺定额，内容包括路基、路面、隧道、桥涵、防护、绿化、交通工程及沿线设施等，可直接调用。

下面，介绍如何调用其他省份的补充定额及如何新建补充定额。

首先：在造价书界面，点击 📄 定额库，点击左下角"增加定额库"，在弹出的窗口中进行选择，如图 9-40 所示。

点击定额库旁边的 ▼ ，即可切换当前定额库，调用补充定额。

注：调用完补充定额后，切换回部颁定额。

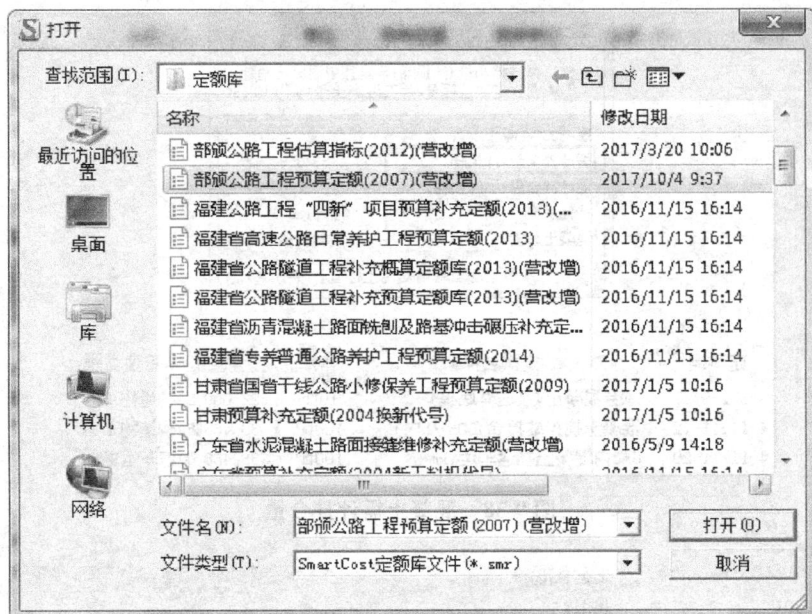

图 9-40　定额库

[例 9-13]　新建"防抛网"补充定额。防抛网的补充定额数据，如表 9-10 所示。

建立补充定额操作如下：

在"工具"菜单中选择"定额库编辑器"，在"SmartCost 定额库编辑器"窗口中点击"新建"，如图 9-41 所示。

防抛网工料机消耗　　　　　　　　　　　　　　　表 9-10

序号	工料名称	单位	代号	工料机单机	防抛网（一）	防抛网（二）
					1	2
1	人工	工日	1	49.2	5.3	4
2	钢丝	kg	131	4.97	33.9	33.9
3	钢管	t	191	5610	0.124	0.155
4	螺栓	kg	240	10.65	42.931	1.131
5	膨胀螺栓	套	242	3.3	120	
6	铁丝编制网	m^2	693	18.84	99	82.5
7	其他材料费	元	996	1	28	25
8	4t 以内载货汽车	台班	1372	293.84	0.15	0.15
9	小型机具使用费	元	1998	1	23	23
10	基价	元	1999	1	3938	2893

注：此新建定额属于"其他工程及沿线设施"，在"其他工程及沿线设施"上右键"增加子项"，输入补充定额名称，在右侧定额窗口输入编号、名称及定额单位等基本信息，如图 9-42 所示。

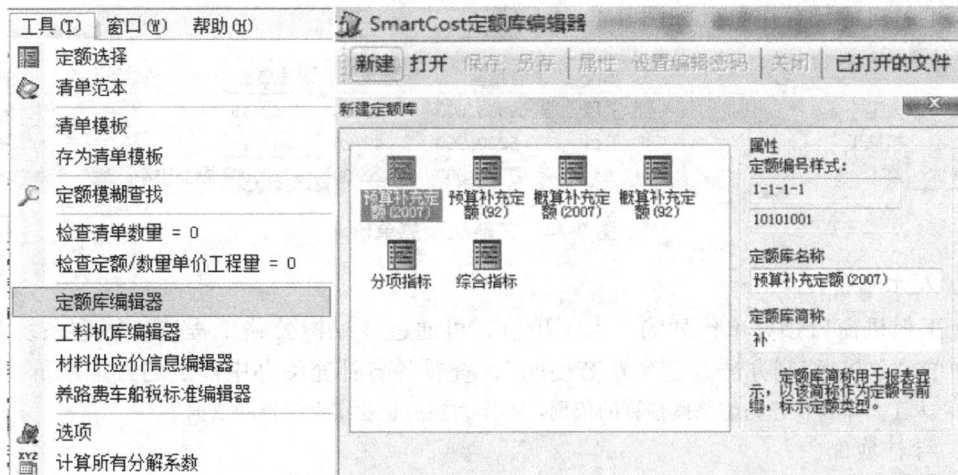

图 9-41 新建补充定额

图 9-42 新增定额编号

建立好补充定额项后，在工料机窗口右键添加工料机，输入定额消耗。软件自动计算该补充定额的基价，点击保存，如图 9-43 所示，即可调用新增补充定额。

	编码	名称	型号规格	单位	定额单价	定额消耗	主材	新材料	类型
1	1	人工		工日	49.2	0.000	☑	☐	人工
2	131	钢丝	φ5mm以内	kg	4.97	0.000	☑	☐	材料
3	191	钢管	无缝钢管	t	5610	0.000	☑	☐	材料
4	240	螺栓	混合规格	kg	10.65	0.000	☐	☐	材料
5	693	铁丝编制网	镀锌铁丝（包括加强	m²	18.84	0.000	☑	☐	材料
6	996	其他材料费		元	1	0.000	☑	☐	材料
7	1372	4t以内载货汽车	CA10B	台班	285.75	0.000	☑	☐	机械
8	1998	小型机具使用费		元	1	0.000	☐	☐	机械
9	1999	基价		元	1	0.000	☐	☐	基价

图 9-43 新增定额的工料机

9.3.6 工料机预算单价计算

1. 工料机预算单价

"工料机"窗口汇总显示本标段文件所有定额内包含的工料机，可直接在此窗口修改或计算工料机的预算单价，如图 9-44 所示。

编号	名称	单位	消耗量	定额单价	预算单价	规格	主材
1	人工	工日	69863.000	49.20	43.15		☑
2	机械工	工日	5220.500	49.20	43.15		☑
101	原木	m³	0.000	1120.00	1120.00	混合规格	☑

图 9-44 工料机预算单价

2. 人工单价

在工料机窗口预算单价列输入人工单价，可通过《纵横公路工程造价管理系统》"帮助"中的"2008 编制办法及定额章节说明"，查看各省补充编办中规定的人工单价。

注：人工费单价仅作为编制概预算的依据，不作为施工企业实发工资的依据。

3. 材料单价

材料的预算价，是指材料运达工地仓库的价格，不是材料的出厂价格，也不是市场价格，直接在预算单价列输入即可。

注：材料预算价由材料原价、运杂费、场外运输损耗、采购及仓库保管费组成。

材料预算价格＝（材料原价＋运杂费）×（1＋场外运输损耗率）×（1＋采购及保管费率)一包装品回收价值。原价又叫供应价、购买价、出厂价，对自采材料而言，叫料场价。

运费计算操作要点：

（1）添加计算材料

双击或右键选中需要添加的材料点击"添加计算材料"。

（2）运费计算

点击"运费计算"，输入起讫地点、原价、运价、运距、装卸费单价、装卸次数、其他费用等。

[例 9-14] 计算中（粗）砂运费（表 9-11）。

运费计算表   表 9-11

名称	起讫地点	原价	运价	运距	装卸费	装卸次数	预算价
中(粗)砂	料场-工地	45	0.8	14	5	1	78.97

（3）自采材料原价计算

切换到"原价计算窗口"，应先输入供应地点，再在"定额编号"选择定额（第八章材料采集及加工定额）计算或直接输入供应价，即可确定工料机供应价。

在运费计算窗口中，应先输入起讫地点，运输工具选择"自办运输"，在"单位运价"栏输入实际数值或选择定额（第九章材料运输定额）计算。

通过上面步骤操作，软件自动计算出自采材料的预算单价。

4. 机械单价

施工机械台班单价由不变费用和可变费用组成。不变费用一般不允许修改（特殊情况：如青海省机械台班单价计算时，考虑高寒边远地区维修工资、配件材料等价差的影响因素，第一类费用即不变费用采用 1.1 的系数进行调整），可变费用只需确定机械工单价、动力燃料费，车船使用税、机械台班费用自动计算。

注：《纵横公路工程造价管理系统》中，切换到"机械单价"窗口，点击选择工程所在地"车船税

标准"即可。国发〔2008〕37号、财综〔2008〕84号文件规定，取消公路养路费，所以选取各省不含养路费车船税标准。

9.3.7　分摊

分摊的目的，在于将工程量清单中没有单独列项而在实际施工过程中必须发生的合理费用，分摊到"多个"相关清单分项内。常见的分摊项目有"拌合站建设费""弃土场建设费"等。

〔例9-15〕　将混凝土拌合站一座（金额150000元）分摊到清单中路面的306-1和312-1。

1. 建立分摊项目

切换到分摊窗口，输入分摊项"名称"：混凝土拌合站，输入分摊"单位"：座，确定分摊项金额，采用"数量单价"进行分摊，如图9-45所示。

定额计算	数量单价		
✓ ✗			
名称	单位	数量	单价
1　拌合站	座	1.000	150000.00

执行分摊	取消分摊	取消所有分摊		
名称	单位	数量	单价	金额
1　拌合站	座	1.000	150000	150000

图9-45　建立分摊项目

2. 执行分摊

点击窗口左上角的"执行分摊"，勾选参与费用分摊的清单分项，选择分摊方式，点击"确定"即可，如图9-46所示。

选择	清单编号	名称	单位	工程量	综合单价	金额	锁定
☑	405-1-	钻孔灌注桩 φ150mm	m	60	4895.23	293714	☐
☐	⊟ 410-1	混凝土基础(包括支撑梁、桩基)	m³			3186387	☐
☑	410-1-	C30混凝土	m³	7478.6	394.01	2946643	☐
☑	410-1-	C20混凝土	m³	719.8	333.07	239744	☐
☐	⊟ 410-2	混凝土下部结构	m³			30262026	☐
☑	410-2-	C50混凝土	m³	304	1110.49	337589	☐
☑	410-2-	C40混凝土	m³	15691	1209.29	18974969	☐
☑	410-2-	C35混凝土	m³	14184.3	622.15	8824762	☐
☑	410-2-	C30混凝土	m³	3416.2	621.95	2124706	☐
☐	⊟ 410-5	上部结构现浇整体化混凝土	m³			3399967	☐
☑	410-5-	C50混凝土	m³	5869.4	579.27	3399967	☐
☐	⊟ 410-6	现浇混凝土附属结构	m³			2021887	☐

	清单编号	名称	分摊比例
9	410-2-b	C40混凝土	16.463
10	410-2-c	C35混凝土	7.66
11	410-2-d	C30混凝土	1.844
12	410-5-a	C50混凝土	2.951
13	410-6-a	C25混凝土	0.235
14	410-6-b	C40混凝土	0.033
15	410-6-c	C35混凝土	0.045

分摊方式
○ 按清单金额分摊　　　　　　　　○ 自定义分摊比例
○ 按混凝土用量分摊

图9-46　执行分摊

3. 查看分摊结果

执行分摊后，在造价书界面已分摊清单分项下的"数量单价"窗口中可查看。分摊项在清单或者报表里，是作为一项独立的费用出现的。

4. 取消分摊

点击窗口左上角的"取消分摊"即可，如图9-47所示。

图 9-47 取消分摊

9.3.8 调价

《纵横公路工程造价管理系统》可成批调整清单分项的"工料机消耗量、单价、费率"，乘系数后，所有单价分析表数据自动调整。

1. 正向调价

（1）点击左侧调价按钮进入到调价窗口。

（2）点击"成批调整消耗"，在人工、材料、机械方框内分别输入系数或者选择"调整综合单价"进行调价，勾选选择所有清单分项，确定，如图9-48所示。

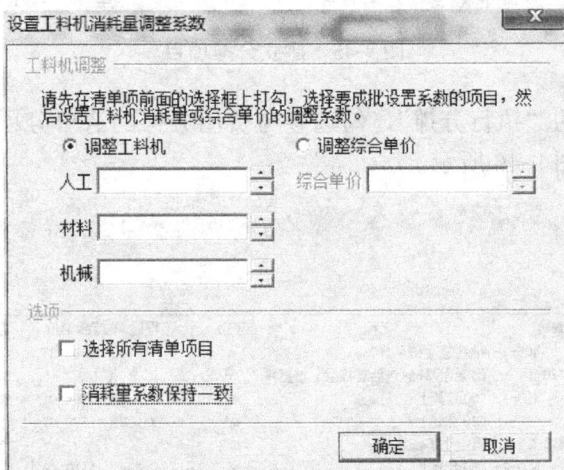

图 9-48 设置工料机调整系数

工料机消耗量与"费率/单价调整"可同时调价。若只对"费率/单价调整"则跳过此步。

（3）点击"费率/单价调整"在弹出窗口中输入调价比例。

费率、单价与工料机消耗量调价可同时进行。若只调"工料机消耗量"则跳过此步，如图9-49所示。

注：

① 可在工料机窗口，勾选设置具体的工料机不参与调价。

② 调价时，可设置具体的清单不参与调价。

③ 调价时，可设置清单中的人工、材料、机械不参与调价。

④ 调价是出报表前的最后工作，应于计算完所有项目后再进行。

在调整材料系数时，应慎重，以免出现不合理的现象，如混凝土的定额消耗单位为10m³，定额消耗量一般为10.2m³，若材料统一乘系数0.9后，则出现"每10m³混凝土定额"只使用"9m³混凝土材

266

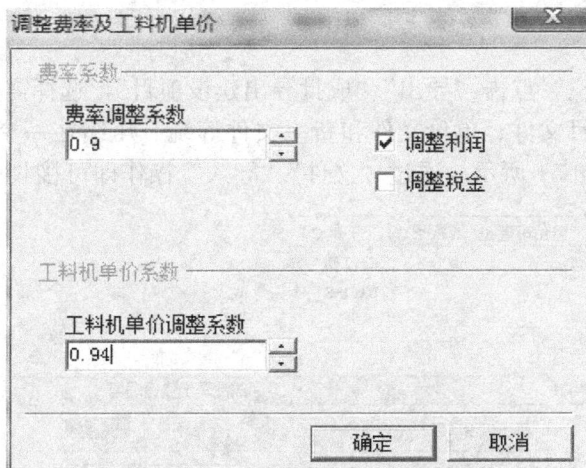

图 9-49　设置费率调整系数

料"的问题。特别是要求 08 表形式的详细单价分析表的情况下,明显不合理。

若必须调整材料系数,建议对不同的定额选择范围分批调价。

调价后,可观察到调价前后的清单单价、总额的变化。

当已有消耗量系数,如需删除,可点击"清空消耗量系数"进行清空,重新设置。

2. 反向调价

输入"反向目标综合单价/金额",点击"反向调价",如图 9-50 所示。

初始报价		反向目标	
综合单价	金额	综合单价	金额
	13,704,681		14,500,000

清空消耗量系数　成批调整消耗　费率/单价调整　　反向调价　　　正向调价

图 9-50　反向调价

当某清单有目标综合单价/金额,则优先计算该清单,再计算总造价。

注:

① 反向调价是根据设置的目标综合单价/金额快速计算出调整后报价/金额,计算过程中可能存在计算的正常误差。

② 建议"反向调价"与"费率/单价调整"不同时进行,减少精度误差。

③ 若已进行消耗量调整,点击"反向调价"时会清空原始的消耗量调整系数。

《纵横公路工程造价管理系统》中保存了"调价前"与"调价后"两套报表(全部报表),用户按招标文件的要求选择任意一套报表打印。在招标过程中,常需对几个报价方案进行对比分析,这时,就可以利用《纵横公路工程造价管理系统》与 Excel 无缝衔接的特点,将清单分项及各个调价方案的报价复制到 Excel 中进行分析比对。

9.3.9　报表输出

点击"报表"图标可直接预览、打印、输出报表,导出 PDF、Excel 格式,A3、A4自由切换,同时还可对报表进行设置。

9.3.10 交换数据

在"文件"菜单栏，点击"导出""成批导出建设项目"，选择需要导出的项目，可以把整个建设项目的项目文件、单价文件和费率文件等统一压缩在一个 .sbp 文件里，便于进行数据交换，如图 9-51 所示。通过"文件""导入"操作即可接收项目文件。

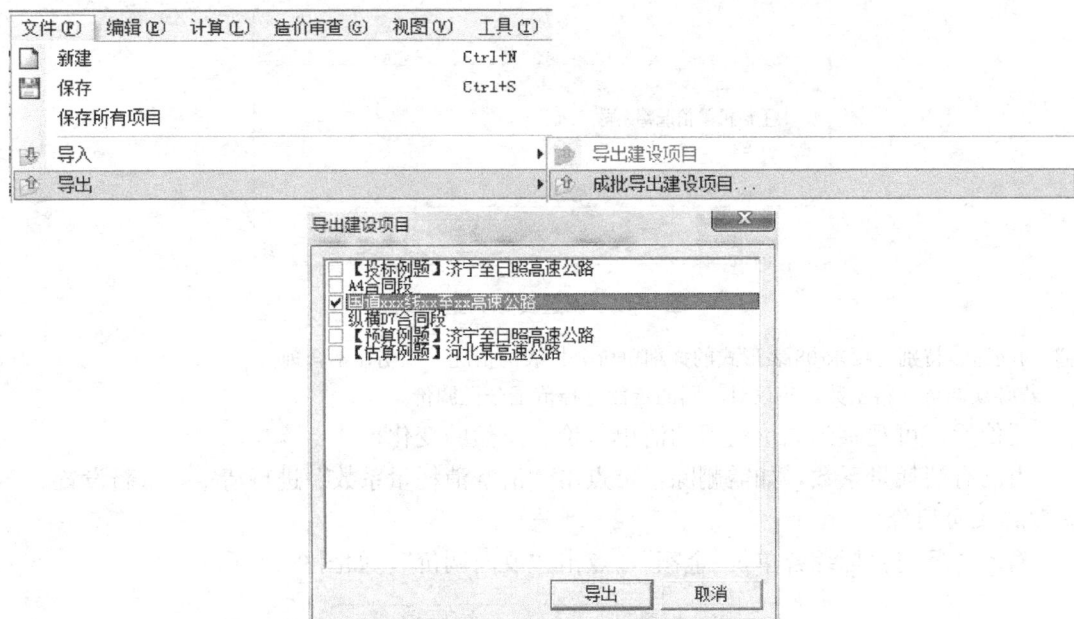

图 9-51 导出建设项目

9.4 施工图预算编制案例

公路工程概预算的编制是一项十分细致的工作，编制前应全面了解工程所在地的建设条件，掌握各种基本资料，正确引用规定的定额、取费标准和材料及设备价格。在编制时，应严格执行国家的方针、政策和有关制度，复核公路设计规范和施工技术规范。

图 9-52 盖板涵

当水流需要横穿路基，即路基跨越水沟或水渠，则应设置过水涵洞，涵洞设置形式有圆管涵、盖板涵（图 9-52）、箱涵、拱涵以及倒虹吸管涵，常见有八字翼墙、一字墙或跌水井等洞口形式。

盖板涵：指洞身由盖板、台帽、涵台、基础和伸缩缝等组成的结构物。其填土高度为 1~8m，甚至可达 12m，施工技术较简单，排洪能力较大。

下面具体说明如何用纵横 SmartCost 公路工程造价软件进行盖板涵施工图预算的编制。

9.4.1 示例工程概况

某高速公路新建工程 A7 合同段，盖板涵中心桩号为 K232＋490，涵洞长为 73.9m。主要工程数量如表 9-12 所示。

工程数量表　　　　　　　　　　　　　　　　　　　　　表 9-12

中心桩号	结构类型	孔数及孔径	涵长	主要工程数量							
				钢筋混凝土盖板			洞身				
							涵台台身			涵台基础	
				C30	HPB300钢筋	HRB400钢筋	C30	HPB300钢筋	HRB400钢筋	C25	整体式基础钢筋HRB400
		(孔·m)	(m)	(m³)	(kg)	(kg)	(m³)	(kg)	(kg)	(m³)	(kg)
K232＋490	钢筋混凝土盖板涵	1-3×3	73.9	142.2		20563.9	399.3	2980.7	3268.1	282.6	9881.6

中心桩号	结构类型	孔数及孔径	涵长	主要工程数量						接沟	
				洞口							
				八字(一字)翼墙墙身	八字(一字)翼墙基础	帽石	伸缩缝	防水层	隔水墙及洞口铺砌	M7.5浆砌片石	挖基
				C25	C20	C20	沥青麻絮	沥青	M7.5浆砌片石		砂砾垫层
		(孔·m)	(m)	(m³)	(m³)	(m³)	(m³)	(m³)	(m³)	(m³)	(m³) (m³)
K232＋490	钢筋混凝土盖板涵	1-3×3	73.9	48.6	114.8	0.6	130	600	33.2	27.6	100　591

盖板涵图纸如图 9-53 所示。

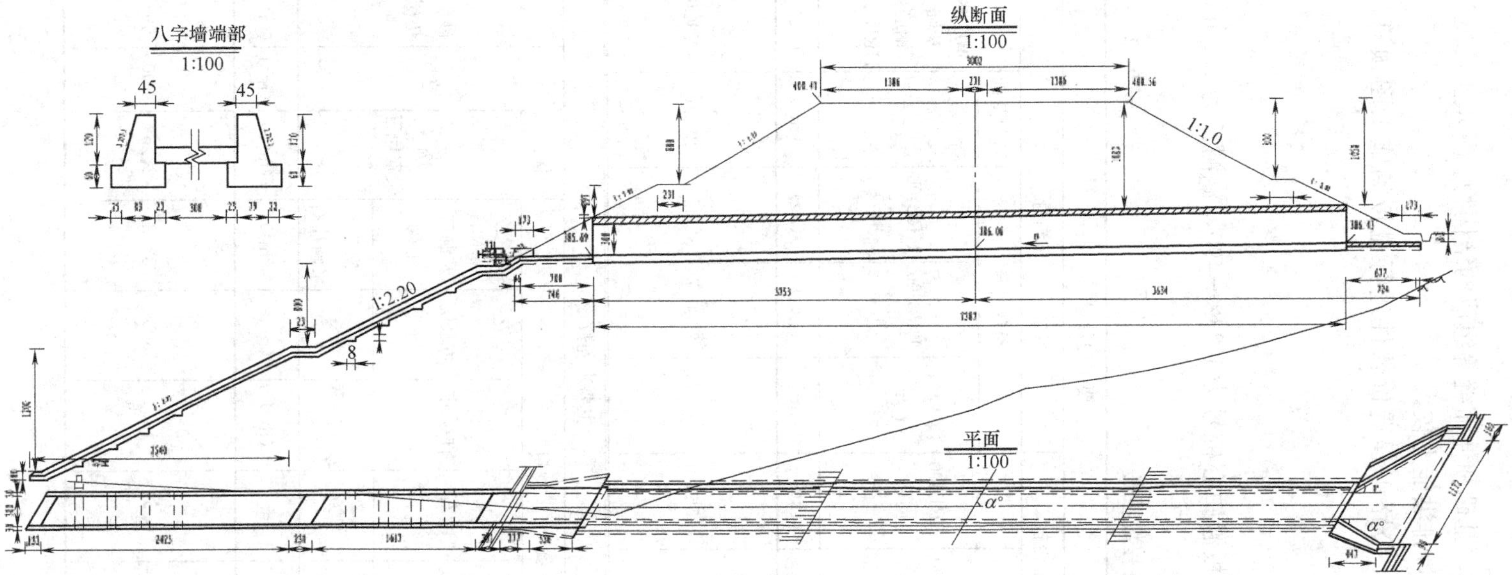
八字墙端部
1:100
45
45
纵断面
1:100
1:1.0
1:2.20
8
平面
1:100
α°
α°

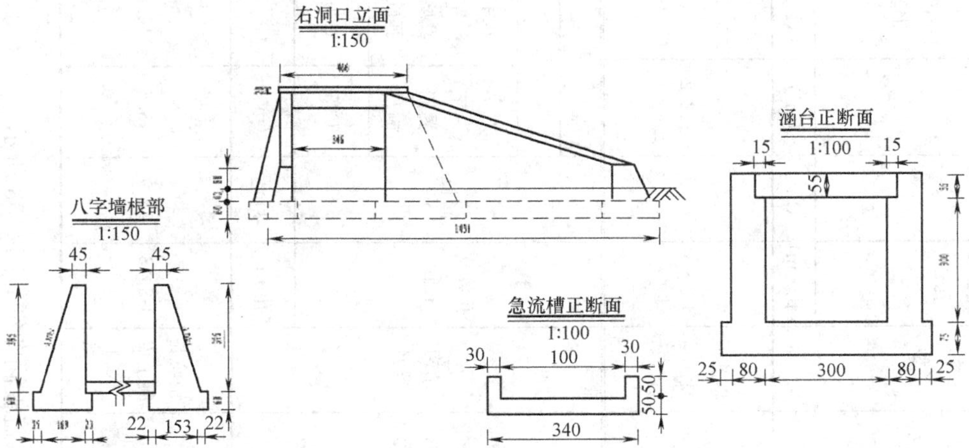
右洞口立面
1:150
八字墙根部
1:150
45
45
22
153
22
急流槽正断面
1:100
30
100
30
50
50
340
涵台正断面
1:100
15
15
55
25
80
300
80
25

附注：

1.本图尺寸除标高以米计外，其余均以厘米为单位；

2.涵洞进出口务必和路基边沟，原有排水沟接好，使水流顺畅；

3.涵洞布置图需和《钢筋混凝土涵洞通道通用图》配合使用；

4.施工时，若涵底标高与实地标高有出入时请及时与设计代表协商；

5.排洪灌溉渠应与原有沟渠接顺，接沟数量已计入数量表中；

6.地基允许承载力不小于300kPa。

图 9-53　盖板涵图纸

相关编制信息如表 9-13、表 9-14 所示。

<table>
<tr><td colspan="2" style="text-align:center">项目属性</td><td style="text-align:right">表 9-13</td></tr>
</table>

建设单位:纵横公路发展有限公司	建设项目:某高速公路新建工程
数据文件号:Smart Cost 2017	公路等级:高速公路
工程地点:浙江	编制范围:A7 合同段
路线或桥梁长度(km):2.6	路基或桥梁宽度(m):24.5
利润率:7.42%	税金:11%

<table>
<tr><td colspan="3" style="text-align:center">取费信息</td><td style="text-align:right">表 9-14</td></tr>
</table>

工程所在地	浙江	费率标准	浙江一类项目概预算-浙交办[2016]113 号
冬期施工	准二区	雨期施工	Ⅱ区 7 个月
夜间施工	不计	高原施工	不计
风沙施工	不计	沿海地区	不计
行车干扰	不计	施工安全	计
临时设施	计	施工辅助	计
工地转移(km)	0	养老保险(%)	20
失业保险(%)	2	医疗保险(%)	8
住房公积金(%)	12	工伤保险(%)	1
基本费用	计	综合里程(km)	0
职工探亲	计	职工取暖	准二区
财务费用	计		

盖板涵施工工艺流程如图 9-54 所示。

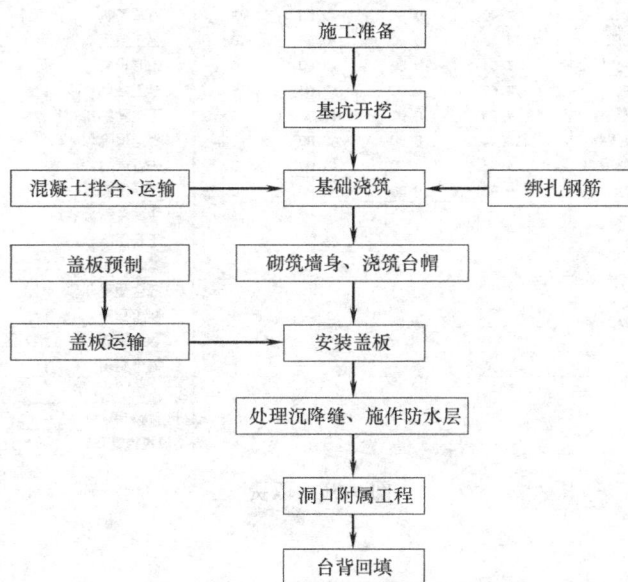

图 9-54 盖板涵施工工艺流程

9.4.2 编制准备工作

1. 创建建设项目

打开纵横造价软件,点击"文件"新建建设项目,在新建项目对话框中依次输入文件名称(A7)、建设项目名称(某高速公路新建工程),"项目类型"选择预算,点击"确定",此时完成了建设项目文件的建立,同时建立的还有费率文件、单价文件(系统默认单价文件、费率文件与标段文件同名)。

选择"文件"中的项目属性(图9-55),进行项目属性的设置。

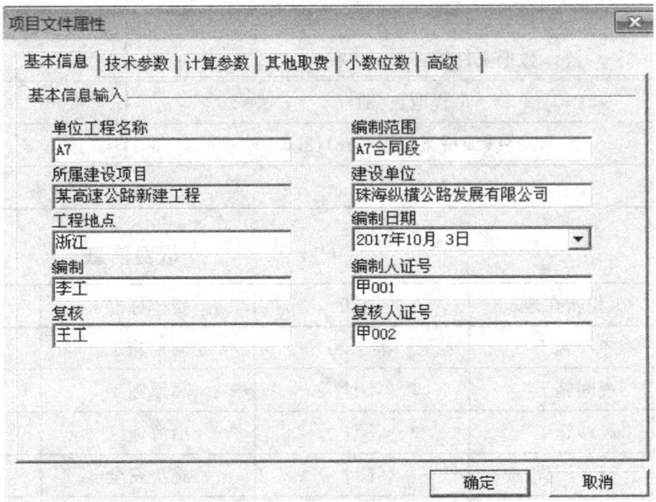

2. 调整费率(图9-56)

图 9-55 项目属性

图 9-56 取费

9.4.3 编制预算书

1)在项目表中选择盖板涵项目节,添加到预算书界面,盖板涵应按不同的材料和涵径划分细目（图 9-57）。

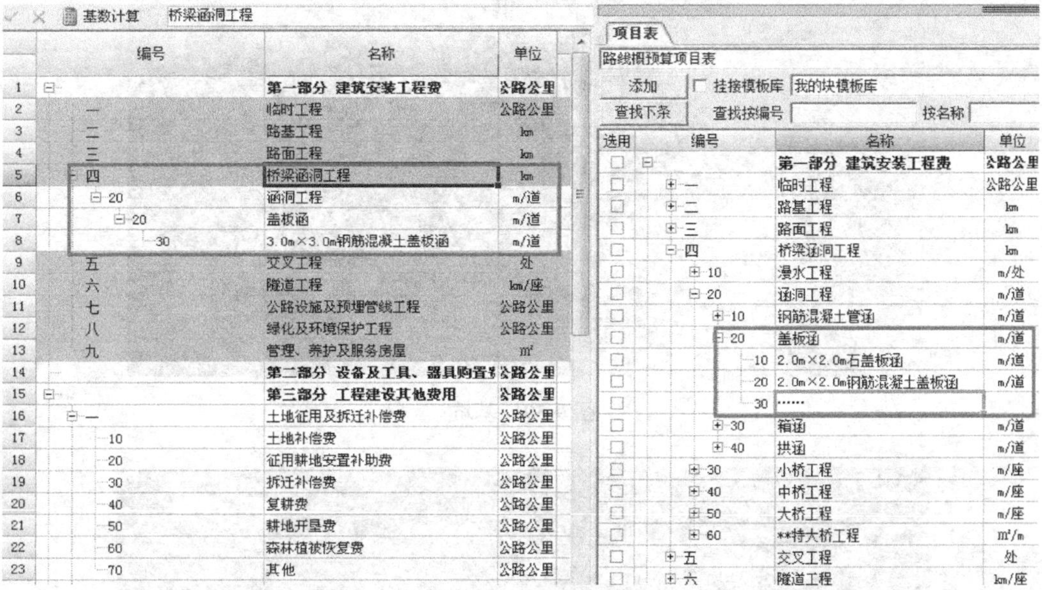

图 9-57　预算书

2）输入 3.0m×3.0m 钢筋混凝土盖板涵的单位数量，进行组价（图 9-58）。

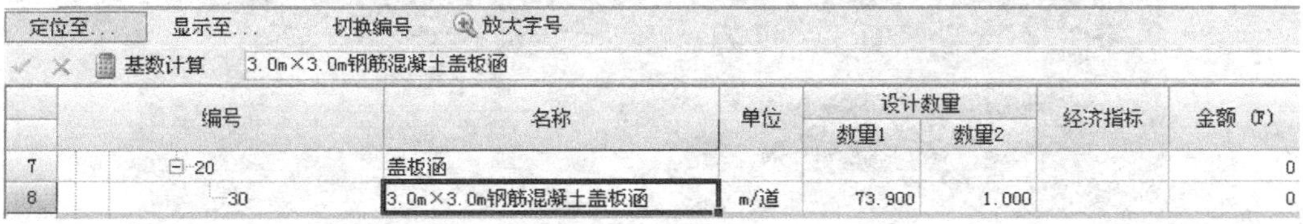

图 9-58　清单分项

　　盖板涵混凝土桥台施工顺序：基坑开挖、基底处理，然后浇筑基础混凝土，再进行涵底铺砌，最后进行台身的施工，回填土方。

　　铺筑的砂砾应符合规范要求，并且有良好的级配，经监理工程师认可后，铺设垫层。铺设垫层时严禁从高处抛垫，应设置溜槽，使材料平顺地落在基底，以减少对基底土的扰动。

　　砂砾垫层铺平后，用平板振动器振实，经监理工程师认可后，开始铺砌涵底。砌筑时片石表面泥土清洗干净，基础及台身坐浆砌筑，砌体按设计图的沉降缝相应分段、分层砌筑，各段水平砌缝保持一致。片石安放稳固，片石间砂浆饱满，粘结牢固，不得直接贴靠或脱空。最后进行台帽的浇筑。

　　（1）基坑开挖、基底处理（图 9-59、图 9-60）

　　基坑一般应采用机械开挖，人工配合成型。挖掘机开挖距基底标高 10～20cm，人工修整基底确保不扰动基底上层。

　　开挖基坑时一般在基坑两侧留出临时排水沟，以降低基坑水位，以免地表水或地下水浸湿基底土质。

图 9-59 基坑

图 9-60 基坑开挖

　　基坑开挖完后应检测地基承载力，当基底承载力不符合设计要求时应进行基底换填补强，达到设计要求后，方可进行下一道工序的施工。

　　根据公路工程预算定额第四章第一节说明，如图 9-61 所示，开挖基坑土、石方运输按弃土于坑外 10m 范围内考虑，如坑上运距超过 10m 时，另按路基土、石方增运定额计算。开挖基坑定额中已综合了基底夯实，基坑回填及检平石质基底用工，湿处挖基还包括挖边沟、挖集水井及排水作业用工，使用定额时，不得另行计算。机械挖基定额中已综合包括了基底标高 20cm 范围内采用人工开挖和基底整修费用。

　　套取定额（所选定额仅供参考，图 9-62）：

　　基坑开挖套取定额 4-1-3-3 "基坑≤1500m³ 1.0m³ 内挖掘机挖土"，输入定额工程量。

　　土方运输套取定额 1-1-11-22 "15t 内自卸车运土增 0.5km（5km 内）"，输入定额工程量。

　　砂砾垫层套取定额 4-11-5-1 "填砂砾（砂）垫层"，输入定额工程量。

　　注：基坑≤1500m³ 指的单个基坑的体积≤1500m³，组价时，应注意根据图纸核实单个基坑的体积大小。

274

第一节 开挖基坑

说 明

1. 干处挖基指开挖无地面水及地下水位以上部分的土壤,湿处挖基指开挖在施工水位以下部分的土壤。挖基坑石方、淤泥、流沙不分干处、湿处均采用同一定额。

2. 开挖基坑土、石方运输按弃土于坑外 10m 范围内考虑,如坑上水平运距超过 10m 时,另按路基土、石方增运定额计算。

3. 基坑深度为坑的顶面中心标高至底面的数值。在同一基坑内,不论开挖哪一深度均执行该基坑的全深度定额。

4. 电动卷扬机配抓斗及人工开挖配卷扬机吊运基坑土、石方定额中,已包括移动摇头扒杆用工,但摇头扒杆的配置数量应根据工程需要按吊装设备定额另行计算。

5. 开挖基坑定额中已综合了基底夯实、基坑回填及检平石质基底用工,湿处挖基还包括挖边沟、挖集水井及排水作业用工,使用定额时,不得另行计算。

6. 开挖基坑定额中不包括挡土板,需要时应据实按有关定额另行计算。

7. 机械挖基定额中已综合了基底标高以上 20cm 范围内采用人工开挖和基底修整用工。

8. 本节基坑开挖定额均按原土回填考虑,若采用取土回填时,应按路基工程有关定额另计土费用。

9. 挖基定额中未包括水泵台班,挖基及基础、墩台修筑所需的水泵台班按"基坑水泵台班消耗"表的规定计算,并计入挖基项目中。

图 9-61 定额说明

定额编号	定额名称	定额单位	工程量	取费类别	调整状态
4-1-3-3	基坑≤1500m3 1.0m3内挖掘	1000m³	0.100	8)构造物Ⅰ	
1-1-11-22	15t内自卸车运土增0.5km(5	m³天然密	0.100	3)汽车运输	
4-11-5-1	填砂砾(砂)垫层	10m³	59.100	8)构造物Ⅰ	

图 9-62 套取定额

(2) 基础浇筑 (图 9-63)

图 9-63 涵洞基础

套取定额 (所选定额仅供参考,图 9-64):

绑扎钢筋,基础钢筋套取定额 4-6-1-12 "基础、支撑梁钢筋",填写定额工程量。根据图纸工程数量表整体式基础钢筋为 HRB400,则应将定额中的光圆钢筋替换为带肋钢筋。

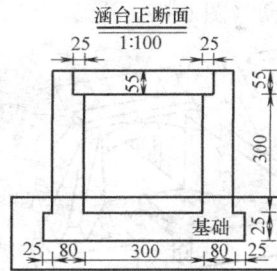

图 9-64 调整钢筋消耗量

275

基础浇筑套取定额 4-6-1-1 "轻型墩台基础混凝土（跨径 4m 内）"，填写定额工程量。根据图纸工程数量表，涵台基础为 C25 混凝土，而定额工料机消耗中为 C15 混凝土，需要抽换混凝土强度等级，如图 9-65、图 9-66 所示。

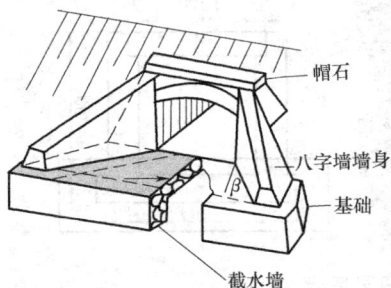

工料机/砼	附注条件 辅助定额 稳定土 单价调整		
	预算工料机		
编号	名称	单位	消耗量
1	人工	工日	8.500
9235	C15号普通混凝土32.5水泥8cm碎石二	m³	10.200
102	锯材	m³	0.003
182	型钢	t	0.011
272	组合钢模板	t	0.024
651	铁件	kg	9.400
832	32.5级水泥		2.581
866	水	m³	12.000
899	中（粗）砂	m³	5.610
954	碎石（8cm）		8.470
996	其他材料费	元	24.900
1451	12t以内汽车式起重机	台班	0.170
1998	小型机具使用费	元	6.800
1999	基价	元	369.000

工料机/砼	附注条件 辅助定额 稳定土 单价调整		
	预算工料机		
编号	名称	单位	消耗量
1	人工	工日	8.500
9221	C15号普通混凝土32.5水泥4cm碎石二	m³	10.200
102	锯材	m³	0.003
182	型钢	t	0.011
272	组合钢模板	t	0.024
651	铁件	kg	9.400
832	32.5级水泥		3.417
866	水	m³	12.000
899	中（粗）砂	m³	4.896
952	碎石（4cm）		8.466
954	碎石（8cm）	m³	0.004
996	其他材料费	元	24.900
1451	12t以内汽车式起重机	台班	0.170
1998	小型机具使用费	元	6.800
1999	基价	元	2644.000

图 9-65　抽换材料

定额编号	定额名称	定额单位	工程量	取费类别	调整状态
4-6-1-1	轻型墩台基础混凝土（跨径4m内）	10m³	28.260	8)构造物Ⅰ	普C15-32.5-8，-10.2，普C25-32.5-4，+10.2
4-6-1-12	基础、支撑梁钢筋	1t	9.882	13)钢材及钢结构	111量0,112量1.025

图 9-66　套取定额

注：在填写钢筋工程量时，定额单位为"t"，应注意图纸工程数量表为"kg"还是"t"，注意单位换算，否则会严重影响单价。

（3）涵底铺砌（图 9-67）

图 9-67　涵底铺砌

套取定额（所选定额仅供参考，图 9-68）：

涵底铺砌，套取定额 4-5-2-1 "浆砌片石基础、护底、截水墙"，输入定额工程量。

定额编号	定额名称	定额单位	工程量	取费类别	调整状态
4-5-2-1	浆砌片石基础、护底、截水墙	10m³	3.320	8)构造物Ⅰ	

图 9-68　套取定额

（4）浇筑墙身（图 9-69）

套取定额（所选定额仅供参考，图 9-70）：

图 9-69　涵台台身

4-6-2　墩、台身

工程内容　1)搭、拆脚手架及轻型上下架;2)组合钢模组拼拆及安装、拆除、修理、涂脱模剂、堆放;3)定型钢模安装、拆除、修理、涂脱模剂、堆放;4)提升钢模拼拆及安装、提升、拆除、修理、涂脱模剂、堆放;5)钢筋除锈、制作、电焊、绑扎及骨架吊装入模;6)混凝土运输、浇筑、捣固及养生。

图 9-70　定额说明

　　绑扎钢筋,套取定额 4-6-2-8 "实体式墩台钢筋",填写定额工程量。根据图纸调整光圆钢筋和带肋钢筋的消耗量。

　　浇筑墙身混凝土,套取定额 "轻型墩台混凝土(跨径 4m 内)",填写定额工程量。根据图纸,涵台台身为 C30 混凝土,而定额工料机消耗中为 C20 混凝土,需要抽换混凝土强度等级。

　　根据公路工程预算定额,4-6-2 "墩、台身" 工作内容已包括搭拆脚手架及轻型上下架,组合钢模板组拼拆及安装、拆除、修理、涂脱模剂、堆放等工作,故模板不需另行套取定额,如图 9-71 所示。

定额编号	定额名称	定额单位	工程量	取费类别	调整状态
4-6-2-8	实体式墩台钢筋	1t	2.981	13)钢材及锅	111量1.025,112量0
4-6-2-8	实体式墩台钢筋	1t	3.268	13)钢材及锅	111量0,112量1.025
4-6-2-2	轻型墩台混凝土(跨径4m内)	10m³	39.930	8)构造物Ⅰ	普C20-32.5-4, -10.2, 普C30-32.5-4, +10.2

图 9-71　套取定额

（5）浇筑帽石（图 9-72）

图 9-72　帽石

套取定额（所选定额仅供参考，图 9-73）：

浇筑帽石，套取定额 4-6-3-4 "墩、台帽混凝土（钢模非泵送）"，填写定额工程量。根据图纸工程数量表，涵台帽石为 C20 混凝土，而定额工料机消耗中为 C30 混凝土，需要抽换混凝土强度等级。

定额编号	定额名称	定额单位	工程量	取费类别	调整状态
4-6-3-2	墩、台帽混凝土(钢模非泵送)	10m³实体	0.060	8)构造物Ⅰ	普C30-32.5-4, -10.2, 普C20-32.5-4, +10.2

图 9-73 套取定额

（6）预制盖板

盖板在预制场预制，运输到施工场地，对盖板进行起吊安装。

套取定额（所选定额仅供参考，图 9-74）：

绑扎钢筋，套取定额 4-7-9-3 "预制矩形板钢筋"，填写定额工程量。根据图纸调整光圆钢筋和带肋钢筋的消耗量。

图 9-74 预制盖板

预制盖板，套取定额 4-7-9-1 "预制矩形板混凝土（跨径 4m 内）"，填写定额工程量，如图 9-75 所示。

图 9-75 盖板运输

盖板运输，套取定额 4-8-3-9 "8t 内汽车式起重机装卸 1km"，填写定额工程量（定额工程量与盖板定额工程量一致），如图 9-76 所示。

盖板吊装，套取定额 4-7-10-2 "起重机安装矩形板"，填写定额工程量（定额工程量与盖板定额工程量一致），如图 9-77 所示。

注：预制构件运输运距未调整，应根据项目实际情况调整。

图 9-76　盖板吊装

定额编号	定额名称	定额单位	工程量	取费类别	调整状态
4-7-9-3	预制矩形板钢筋	1t	20.564	13)钢材及钢结构	111量0,112量1.025
4-7-9-1	预制矩形板混凝土(跨径4m内)	10m³	14.220	8)构造物Ⅰ	
4-8-3-9	8t内汽车式起重机装卸1km	100m³	1.422	3)汽车运输	
4-7-10-2	起重机安装矩形板	10m³	14.220	8)构造物Ⅰ	

图 9-77　套取定额

（7）沉降缝（图 9-78）

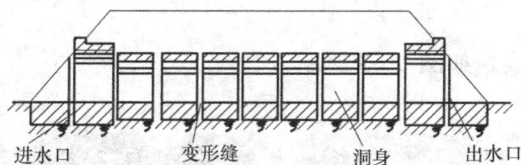

图 9-78　沉降缝

为防止构造物各部分由于地基不均匀沉降引起构造物破坏所设置的垂直缝称为沉降缝。沉降缝的施工，要求做到使缝两边的构造物能自由沉降，又能严密防止水分渗漏，故沉降缝必须贯穿整个断面（包括基础），如图 9-79 所示。

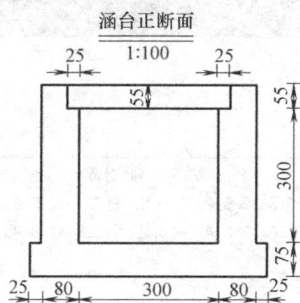

附注:
1.本图尺寸除标高以米计外,其余均以厘米为单位;
2.涵洞进出口务必路基边沟,原有排水沟接好,使水流顺畅;
3.涵洞布置图需和《钢筋混凝土涵洞通道用图》配合使用;
4.施工时,若涵底标高与实地标高有出入时请及时与设计代表协商;
5.排洪灌溉渠应与原有沟渠接顺,接沟数量已计入数量表中;
6.地基允许承载力不小于300kPa。

图 9-79　涵台正断面图纸

套取定额（所选定额仅供参考，图 9-80）：

沉降缝，套取定额 4-11-7-13 "沥青麻絮伸缩缝"，填写定额工程量。

279

定额编号	定额名称	定额单位	工程量	取费类别	调整状态
4-11-7-1	沥青麻絮伸缩缝	1m²	130.000	8)构造物Ⅰ	

图 9-80　套取定额

（8）防水层（图 9-81）

图 9-81　防水层

套取定额（所选定额仅供参考，图 9-82）：

防水层，套取定额 4-11-4-5 "涂沥青防水层"，填写定额工程量。

定额编号	定额名称	定额单位	工程量	取费类别	调整状态
4-11-4-5	涂沥青防水层	10m²	60.000	8)构造物Ⅰ	

图 9-82　套取定额

（9）洞口附属工程

洞门八字墙（一字墙）如图 9-83 所示。

图 9-83　洞门

套取定额（所选定额仅供参考，图 9-84）：

定额编号	定额名称	定额单位	工程量	取费类别	调整状态
4-6-1-1	轻型墩台基础混凝土（跨径4m内）（八字墙基础）	10m³	11.480	8)构造物Ⅰ	普C15-32.5-8，-10.2，普C20-32.5-8，+10.2
4-6-2-2	轻型墩台混凝土（跨径4m内）（八字墙墙身）	10m³	4.860	8)构造物Ⅰ	普C20-32.5-4，-10.2，普C25-32.5-4，+10.2

图 9-84　套取定额

浇筑八字墙基础，套取定额 4-6-1-1 "轻型墩台基础混凝土（跨径 4m 内）"，填写定额工程量。根据图纸工程数量表，八字墙基础为 C20 混凝土，而定额工料机消耗中为 C15 混凝土，需要抽换混凝土强度等级。

浇筑八字墙墙身，套取定额 4-6-2-2"轻型墩台混凝土（跨径 4m 内）"，填写定额工程量。根据图纸工程数量表，八字墙墙身为 C25 混凝土，而定额工料机消耗中为 C20 混凝土，需要抽换混凝土强度等级。

（10）接沟

套取定额（所选定额仅供参考，图 9-85）：

接沟，套取定额 4-5-2-9"浆砌片石锥坡、沟、槽、池"，填写定额工程量。根据图纸工程数量表，接沟为 M7.5 浆砌片石，而定额工料机消耗中为 M5 水泥砂浆，需抽换砂浆强度等级。

定额编号	定额名称	定额单位	工程量	取费类别	调整状态
4-5-2-9	浆砌片石锥坡、沟、槽、池	10m³	2.760	8)构造物Ⅰ	M5, -3.5, M7.5, +3.5

图 9-85　套取定额

（11）混凝土拌合运输

根据公路工程预算定额第四章说明，定额中混凝土工程除小型构件、大型预制构件底座、混凝土搅拌站安拆和钢桁架式码头项目中已考虑混凝土拌合费用外，其他混凝土项目中均未考虑混凝土的拌合费用，应按有关定额另行计算，如图 9-86 所示。

第四章　桥涵工程

说　明

本章定额包括开挖基坑、围堰、筑岛及沉井、打桩、灌注桩、砌筑、现浇混凝土及钢筋混凝土、预制、安装混凝土及钢筋混凝土构件，构件运输、拱盔、支架、钢结构和杂项工程等项目。

一、混凝土工程

1. 定额中混凝土强度等级均按一般图纸选用，其施工方法除小型构件采用人拌人捣外，其他均按机拌机捣计算。

2. 定额中混凝土工程除小型构件、大型预制构件底座、混凝土搅拌站安拆和钢桁架桥式码头项目中已考虑混凝土的拌合费用外，其他混凝土项目中均未考虑混凝土的拌合费用，应按有关定额另行计算。

3. 定额中混凝土均按露天养生考虑，如采用蒸汽养生时，应从各有关定额中扣减人工 1.5 个工日及其他材料费 4 元，并按蒸汽养生有关定额计算。

4. 定额中混凝土工程均已包括操作范围内的混凝土运输。现浇混凝土工程的混凝土平均运距超过 50m 时，可根据施工组织设计的混凝土平均运距，按第十一节杂项工程中混凝土运输定额增列混凝土运输。

5. 定额中采用泵送混凝土的项目均已包括水平和向上垂直泵送所消耗的人工、机械，当水平泵送距离超过定额综合范围时，可按下表增列人工及机械消耗量。向上垂直泵送不得调整。

图 9-86　定额说明

定额中混凝土工程均已包括操作范围内的混凝土运输。现浇混凝土工程的混凝土平均运距超过 50m 时，可根据施工组织设计的混凝土平均运距，按十一节杂项工程中混凝土运输定额增列混凝土运输。

套取定额（所选定额仅供参考，图 9-87）：

混凝土拌合，套取定额 4-11-11-12"混凝土搅拌站拌合（60m³/h 内）"。

混凝土运输，套取定额 4-11-11-20"6m³ 内混凝土搅运车运 1km"，混凝土运输的运距应根据拌合站的位置进行调整。

定额选取后，选中 3.0m×3.0m 钢筋混凝土盖板涵细目，点击右键，选择"混凝土

图 9-87　混凝土拌合运输

需计拌合量",点击"填写工程量"将计损耗的混凝土数量填写到混凝土拌合运输的定额工程数量之中。

注：定额中混凝土运距均未调整,应根据项目实际情况调整,如图 9-88 所示。

图 9-88　调整需计拌合量

3）组价完成（仅供参考,图 9-89）

定额编号	定额名称	定额单位	工程量	取费类别	调整状态
4-1-3-3	基坑≤1500m3 1.0m³内挖掘机挖土	1000m³	0.100	8)构造物Ⅰ	
1-1-11-22	15t内自卸车运土增0.5km(5km内)	0m³天然密9	0.100	3)汽车运输	
4-11-5-1	填砂砾(砂)垫层	10m³	59.100	8)构造物Ⅰ	
4-5-2-1	浆砌片石基础、护底、截水墙	10m³	3.320	8)构造物Ⅰ	
4-6-1-1	轻型墩台基础混凝土(跨径4m内)	10m³	28.260	8)构造物Ⅰ	普C15-32.5-8, -10.2, 普C25-32.5-4, +10.2
4-6-1-12	基础、支撑梁钢筋	1t	9.882	13)钢材及钅	111量0,112量1.025
4-6-2-8	实体式墩台钢筋	1t	2.981	13)钢材及钅	111量1.025,112量0
4-6-2-8	实体式墩台钢筋	1t	3.268	13)钢材及钅	111量0,112量1.025
4-6-2-2	轻型墩台混凝土(跨径4m内)	10m³	39.930	8)构造物Ⅰ	普C20-32.5-4, -10.2, 普C30-32.5-4, +10.2
4-6-3-2	墩、台帽混凝土(钢模非泵送)	10m³实体	0.060	8)构造物Ⅰ	普C30-32.5-4, -10.2, 普C20-32.5-4, +10.2
4-7-9-3	预制矩形板钢筋	1t	20.564	13)钢材及钅	111量0,112量1.025
4-7-9-1	预制矩形板混凝土(跨径4m内)	10m³	14.220	8)构造物Ⅰ	
4-8-3-9	8t内汽车式起重机装卸1km	100m³	1.422	3)汽车运输	
4-7-10-2	起重机安装矩形板	10m³	14.220	8)构造物Ⅰ	
4-11-7-13	沥青麻絮伸缩缝	1m²	130.000	8)构造物Ⅰ	
4-11-4-5	涂沥青防水层	10m²	60.000	8)构造物Ⅰ	
4-6-1-1	轻型墩台基础混凝土(跨径4m内)(八字墙基础)	10m³	11.480	8)构造物Ⅰ	普C15-32.5-8, -10.2, 普C20-32.5-8, +10.2
4-6-2-2	轻型墩台混凝土(跨径4m内)(八字墙身)	10m³	4.860	8)构造物Ⅰ	普C20-32.5-4, -10.2, 普C25-32.5-4, +10.2
4-5-2-9	浆砌片石锥坡、沟、槽、池	10m³	2.760	8)构造物Ⅰ	M5, -3.5, M7.5, +3.5
4-11-11-12	混凝土搅拌站拌合(60m³/h内)	100m³	10.064	8)构造物Ⅰ	
4-11-11-20	6m³内混凝土搅运车运1km	100m³	10.064	3)汽车运输	

图 9-89　预制盖板涵

9.5 清单预算编制案例

工程量清单报价是建设工程招投标工作中，由招标人按国家统一的工程量计算规则提供工程数量，由投标人自主报价，并按照经评审低价中标的工程造价计价模式。

工程量清单计价提供的是计价规则、计价办法以及定额消耗量，真正实现了量价分离、企业自主报价、市场有序竞争形式价格。工程量清单计价是市场形成工程造价的主要形式，工程量清单计价有利于发挥企业自主报价的能力，实现由政府定价向市场定价的转变；有利于规范业主在招标中的行为，有效避免招标单位在招标中盲目压价的行为，从而真正体现公开、公平、公正的原则，适应市场经济规律。

下面将演示如何具体使用纵横 SmartCost 公路工程造价软件编制路基土石方清单（图9-90），从而掌握纵横公路工程造价软件的使用以及清单的编制流程。

图 9-90 路基土石方施工

9.5.1 例题基本信息

1. 案例：某高速公路新建工程 A2 合同段（K0+000～K5+000），共长 5km，路基宽 24.5m，施工工期为 4 个月，主要工程数量表见表 9-15，请编制相应工程量清单。

工程数量表 表 9-15

挖方		填方		本桩利用		远运利用			弃方		
土方	石方	土方	石方	土方	石方	土方	石方	平均运距	土方	石方	平均运距
普通土	软石										
天然方		压实方(m³)		压实方(m³)		压实方(m³)		km	天然方(m³)		km
36414	68472	29575	62006	8740	3764	20835	58242	1	2107	11426	1

弃土场工程数量		
M7.5 浆砌片石护脚	M7.5 浆砌片石排水沟	便道
m³	m³	m
194.4	896.4	188

283

2. 项目属性以及取费信息见表 9-16 和表 9-17。

项目属性   表 9-16

建设单位:珠海纵横公路发展有限公司	工程地点:浙江
数据文件号:SmartCost 2017	公路等级:高速公路
工程地点:浙江	编制范围:A7 合同段
路线或桥梁长度(km):2.6	路基或桥梁宽度(m):24.5
利润率:7.42%	税金:11%

取费信息   表 9-17

工程所在地	浙江	费率标准	浙江一类项目概预算-浙交办[2016]113 号
冬期施工	准二区	雨期施工	Ⅱ区 7 个月
夜间施工	不计	高原施工	不计
风沙施工	不计	沿海地区	不计
行车干扰	不计	施工安全	计
临时设施	计	施工辅助	计
工地转移(km)	0	养老保险(%)	20
失业保险(%)	2	医疗保险(%)	8
住房公积金(%)	12	工伤保险(%)	1
基本费用	计	综合里程(km)	
职工探亲	计	职工取暖	准二区
财务费用	计		

9.5.2 编制依据

1. 施工工艺（图 9-91）

场地处理 → 土石方开挖 → 土石方运输 → 填筑

图 9-91 施工工艺

场地处理：各项准备工作，如清除场地内所有地上、地下障碍物；排除地面积水；铺筑临时道路等。

土石方开挖：在建设区域内，为建筑施工创造条件，按设计要求进行的开挖土石方作业。

土石方运输：根据施工组织设计的土石方调配方案进行土石方的运输。

路基填筑：挖方经实验室试验后，合格则用于填方，不合格则为弃方，若利用方不足用于路基填筑则用借方。

2.《公路工程标准施工招标文件（2018 版）》（下册）

1）203.05 计量与支付

计量：

（1）路基土石方开挖数量包括边沟、排水沟、截水沟，应以经监理人校核批准的横断面地面线和土石分界的补充测量为基础，按路线中线长度乘以经监理人核准的横断面面积进行计算，以立方米计量。

（2）除非监理人另有指示，凡超过图纸或监理人规定尺寸的开挖，均不予计量。

（3）石方爆破安全措施、弃方的运输和堆放、质量检验、临时道路和临时排水等均含入相关子目单价或费率之中，不另行计量。

支付子目如表 9-18 所示。

支付子目（一）   表 9-18

子目号	细目名称	单位
203-1	路基挖方	
-a	挖土方	m³
-b	挖石方	m³

2）204.06 计量与支付

计量：

（1）填筑路堤的土石方数量，应以承包人的施工测量和补充测量经监理人校核批准的横断面地面线为基础，以监理人批准的横断面图为依据，由承包人按不同来源（包括利用土方、利用石方和借方等）分别计算，经监理人校核认可的工程数量作为计量的工程数量。

（2）利用土、石填方及土石混合填料的填方，按压实的体积，以立方米计量。计价中包括挖台阶、摊平、压实、整形等一切与有关作业的费用。利用土、石方的开挖作业在第203节路基挖方中计量。承包人不得因为土石混填的工艺、压实标准及检测方法的变化而要求增加额外的费用。

支付子目如表 9-19 所示。

支付子目（二）   表 9-19

子目号	细目名称	单位
204-1	路基填筑（包括填前压实）	
-b	利用土方	m³
-c	利用石方	m³

3.《公路工程预算定额》

第一章 第一节：路基土、石方工程说明：

（1）"人工挖运土方""人工开炸石方""机械打眼开炸石方""抛坍爆破石方"等定额中，已包括开挖边沟消耗的工料和机械台班数量，因此，开挖边沟的数量应合并在路基土、石方数量内计算。

（2）各种开炸石方定额中，均已包括清理边坡工作。

（3）机械施工土、石方，挖方部分机械达不到需由人工完成的工程量由施工组织设计确定。其中人工操作部分按相应定额乘以 1.15 的系数。

（4）抛坍爆破石方定额按地面横坡坡度划分，地面横坡变化复杂，为简化计算，凡变化长度在 20m 以内，以及零星变化长度累计不超过设计长度的 10m 时，可并入附近路段计算。抛坍爆破的石方清运及增运定额，系按设计数量乘以（1-抛坍率）编制。

（5）自卸汽车运输路基土、石方定额项目和洒水汽车洒水定额项目，仅适用于平均运距在 15km 以内的土、石方或水的运输，当平均运距超过 15km 时，应按社会运输的有关规定计算其运输费用。当运距超过第一个定额运距单位时，其运距尾数不足一个增运定额单位的半数时不计超过半数时按一个增运定额运距单位计算。

（6）路基加宽填筑部分如需清除时，按刷坡定额中普通土子目计算，清除的土方如需远运按土方运输定额计算。

（7）下列数量应由施工组织设计提出，并入路基填方数量内计算：

① 清除表土或零填方地段的基底压实、耕地填前夯（压）实后回填至原地面标高所需的土、石方数量。

② 因路基沉陷需增加填筑的土、石方数量。

③ 为保证路基边缘的压实度须加宽填筑时所需的土、石方数量。

4. 工程量计算规则

（1）土石方体积的计算：除定额中另有说明者外，土方挖方按天然密实体积计算。填方按压（夯）实后的体积计算，石方爆破按天然密实体积计算。当以填方压实体积为工程，采用以天然密实方为计量单位的定额时所采用的定额应乘以表 9-20 的系数。

计算系数   表 9-20

公路等级 \ 土类	土方			石方
	松土	普通土	硬土	
二级及二级以上等级公路	1.23	1.16	1.09	0.92
三、四级公路	1.11	1.05	1.00	0.84

其中，推土机、铲运机施工土方的增运定额按普通土栏目的系数计算，人工挖运土方的增运定额和机械翻斗车、手扶拖拉机运输土方、自卸汽车运输土方的运输定额在表9-20系数的基础上增加 0.03 的土方运输损耗，但弃方运输不应计算运输损耗。

（2）零填及挖方地段基底压实面积等于路槽底面的宽度（m）和长度（m）的乘积。

（3）抛坍爆破的工程量，按抛坍爆破设计计算。

（4）整修边坡的工程量，按公路路基长度计算。

5. 临时工程说明

（1）本章定额包括汽车便道，临时便桥，临时码头，轨道铺设，架设输电、电信线路，人工夯打小圆木桩共六个项目。

（2）汽车便道按路基宽度为 7.0m 和 4.5m 分别编制，便道路面宽度按 6.0m 和 3.5m 分别编制，路基宽度 4.5m 的定额中已包括错车道的设置。汽车便道项目中未包括便道使用期内养护所需的工、料、机数量，如便道使用期内需要养护，编制预算时，可根据施工期按表 9-21 增加数量。

				增加数量		表 9-21

序号	项目	单位	代号	汽车便道路基宽度（m）	
				7.0	4.5
1	人工	工日	1	3.0	2.0
2	天然级配	m³	908	18.00	10.80
3	6～8t 光轮压路机	台班	1075	2.20	1.32

9.5.3 编制准备工作

1. 路基土石方工程数量核算

利用方合计（压实方）：

土方：8740＋20835＝29575m³

石方：3764＋58242＝62006m³

弃方合计（天然密实方）：

土方：36414-29575 * 1.16＝2107m³

石方：68472-62006 * 0.92＝11426m³

2. 新建文件

（1）打开纵横公路造价软件，点击"文件"选择"新建"，在新建项目对话框中依次输入文件名称、建设项目名称，"项目类型"选择工程量清单，点击"确定"，便完成一个建设项目的新建，包括标段文件、费率文件、单价文件（系统默认单价文件、费率文件与"文件名称"同名），如图 9-92 所示。

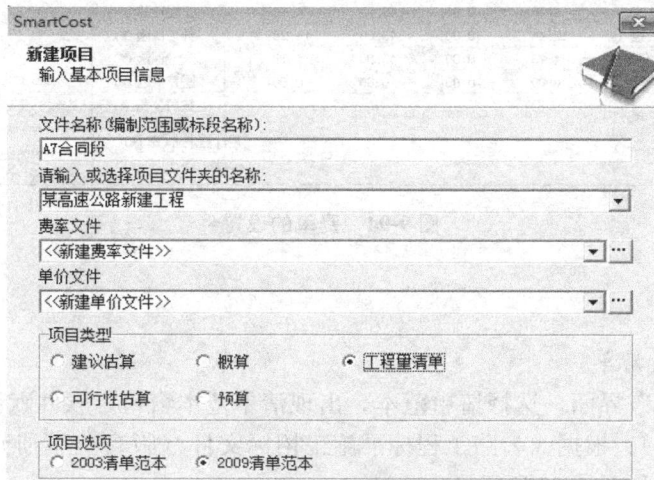

图 9-92 基本项目信息的录入

（2）选择"文件"中的项目属性，进行项目属性的设置，其中包括基本信息、技术参数、计算参数、其他取费、小数位数等，根据项目实际情况进行设置，如图 9-93 所示。

3. 设置费率

点击"费率"界面，选择费率计算参数，如图 9-94 所示。

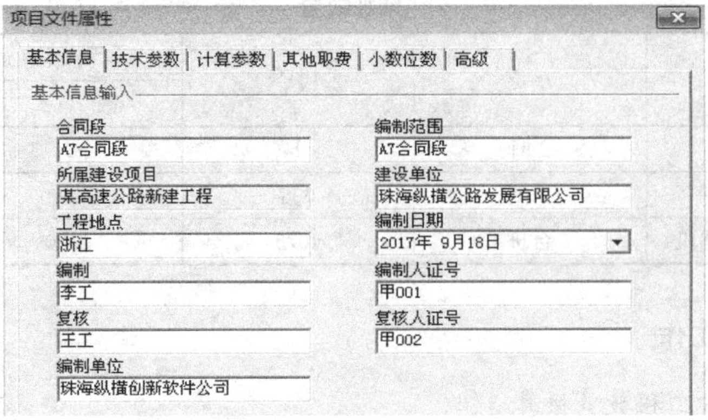

图 9-93 项目属性的输入

图 9-94 费率的设置

9.5.4 清单编制

1. 提取工程量清单

点击"造价书"界面，选择清单范本，出现清单范本窗口，软件默认打开的是现行部颁清单范本（2018）。根据《公路工程标准施工招标文件（版）》（下册）提取对应的清单项，摘取工程量，如图 9-95 所示。

应注意路基土石方开挖数量为天然密实方，开挖土方工程量为 36414m³，开挖石方工程量为 68472m³；路基填筑数量为压实方，利用土方工程量为 29575m³，利用石方工程数量为 62006m³。

2. 套选路基挖方定额（所选定额仅作参考）

1）203-1-a 挖土方

根据具体施工条件、运输距离以及填挖土层厚度、土壤类别作下列选择（图 9-96）：

288

清单编号	名称	单位	清单数量
−	**清单 第200章 路基**		
− 203-1	路基挖方		
−a	挖土方	m³	36414.000
−b	挖石方	m³	68472.000
− 204-1	路基填筑(包括填前压实)		
−b	利用土方	m³	29575.000
−c	利用石方	m³	62006.000

图 9-95　提取工程量

（1）运距在 100m 以内的场地平整以选用推土机最为适宜。

（2）地面起伏不大、坡度在 20°以内的大面积场地平整，当土壤含水量不超过 27％，平均运距在 800m 以内时，宜选用铲运机。

（3）丘陵地带，土层厚度超过 3m，土质为土、卵石或碎石碴等混合体，且运距在 1.0km 以上时，宜选用挖掘机配合自卸汽车施工。所以在进行机械配套选型时，一般本桩利用选择推土机，远运利用选择挖掘机挖土。

图 9-96　推土机、铲运机、挖掘机

开挖土方：开挖土方为 35414m³ 的普通土，本桩利用土方采用 1-1-9-5 定额开挖，挖掘机不需装车，应乘以 0.87 的系数，再选择 1-1-12-14 定额进行运输；远运利用土方及弃方采用 1-1-9-5 定额开挖。其中本桩利用土方为 8740m³，本桩利用方图纸所给数据是以压实方为单位，1-1-12-16 定额单位为天然密实方，所以应乘以 1.16 的系数进行换算，即本桩利用的工程量为 10138.4m³。本桩利用也可套用 1-1-9-5 定额，但注意由于本桩利用不需装车，定额需乘以 0.87 的系数。远运利用及弃方工程量＝总开挖数量－本桩利用数量，即工程量为 26275.6m³。

土方运输：需要汽车运输的土方为远运利用方及弃方的数量（本桩利用不需要汽车运输）套用 1-1-11-21 定额。远运利用图纸所给数据是以压实方为单位，1-1-11-21 定额单位为天然密实方，并且自卸汽车运输土方需要在 1.16 的换算系数的基础上增加 0.03 的土方运输损耗，所以需要乘以 1.19 的系数进行换算，但弃方运输不计算运输损耗。

挖土方定额套用见图 9-97。

2）203-1-b 挖石方

石方开炸：选择 1-1-15-12 定额进行打眼开炸石方。其中本桩利用土方为 3764m³，本桩利用方图纸所给数据是以压实方为单位，1-1-15-24 定额单位为天然密实方，所以应乘以 0.92 的系数进行换算。1-1-15 机械打眼开炸石方定额中均包含了石方爆破后，推土机清运 20m 的爆破石方。应注意远运利用及弃石方爆破后直接采用装载机与自卸汽车运输，

清单编号	名称	单位	清单数量	清单单价	金额（元）
一	清单 第200章 路基				2,428,510
日 203-1	路基挖方				1,385,425
-a	挖土方	m³	36414.000	5.61	204,283

定额编号	定额名称	定额单位	工程量	取费类别	调整状态
1-1-9-5	1.0m3内挖掘机挖装土方普通土	m³天然密	10.138	2)机械土方	定额×0.87
1-1-12-14	135kW内推土机20m普通土	m³天然密	10.138	2)机械土方	
1-1-9-5	1.0m3内挖掘机挖装土方普通土	m³天然密	26.276	2)机械土方	
1-1-11-21	15t内自卸车运土1km	m³天然密	20.835	3)汽车运输	定额×1.19
1-1-11-21	15t内自卸车运土1km	m³天然密	2.107	3)汽车运输	

图 9-97 挖土方定额选用

可根据需要扣除推土机台班，即调整 1006 量为 0；本桩利用则采用推土机进行，故不需要扣除推土机台班。

装石方：选择 1-1-10-6 定额进行远运利用、弃方石方的装载，注意远运利用需乘以转换系数 0.92。

石方运输：选择 1-1-11-49 定额进行远运利用、弃方石方的运输，自卸汽车运输远运利用石方需要乘以 0.92 的转换系数，注意石方不需要乘以损耗系数。

挖石方定额套用见图 9-98。

清单编号	名称	单位	清单数量	清单单价	金额（元）
一	清单 第200章 路基				2,428,510
日 203-1	路基挖方				1,385,425
-b	挖石方	m³	68472.000	17.25	1,181,142

定额编号	定额名称	定额单位	工程量	取费类别	调整状态
1-1-15-24	135kW内推土机20m软石	m³天然密	3.764	5)机械石方	定额×0.92
1-1-15-24	135kW内推土机20m软石	m³天然密	65.008	5)机械石方	1006量0
1-1-10-6	3m3内装载机装软石	m³天然密	53.583	5)机械石方	
1-1-10-6	3m3内装载机装软石	m³天然密	11.426	5)机械石方	
1-1-11-49	15t内自卸车运石1km(远运利用)	m³天然密	53.583	3)汽车运输	
1-1-11-49	15t内自卸车运石1km（弃方）	m³天然密	11.426	3)汽车运输	

图 9-98 挖石方定额选用

3. 套选路基填方定额（所选定额仅作参考，图 9-99）

1) 204-1-b 利用土方

碾压路基：套用 1-1-18-5 定额进行土方碾压，工程量为本桩利用 8740m³ 与远运利用 20835m³ 的合计，共 29575m³。

整修路拱：套用 1-1-20-1 定额，工程量为路线长度×路线宽度×土方比例＝24.5×5000×29575/（29575＋62006）＝39568m²。

整修边坡：套用 1-1-20-3 定额，工程量为路线长度×土方比例，即 5×29575/（29575＋62006）＝1.62km。

注：路基填筑的其他附属工作，如挖台阶、填前夯实、洒水、零填及挖方地段碾压等根据实际项目情况考虑，本案例暂未考虑。

清单编号	名称	单位	清单数量	清单单价	金额（元）
二	清单 第200章 路基				2,850,128
⊟ 204-1	路基填筑（包括填前压实）				1,043,198
-b	利用土方	m³	29575.000	6.55	193,716

定额编号	定额名称	定额单位	工程量	取费类别	调整状态
1-1-18-5	高速一级路20t内振动压路	00m³压实	29.575	2)机械土方	
1-1-20-1	机械整修路拱	1000m²	39.568	2)机械土方	
1-1-20-3	整修边坡二级及以上等级	1km	1.620	1)人工土方	

图 9-99　利用土方定额选用

2）204-1-c 利用石方（图 9-100）

碾压路基：套用 1-1-18-18 定额进行土方碾压，工程量为本桩利用 3764m³ 与远运利用 58242m³ 的合计，共 62006m³。

整修路拱：套用 1-1-20-1 定额，工程量为路线长度×路线宽度×石方比例＝24.5×5000×62006/（29575＋62006）＝39568＝82932m²。

整修边坡：套用 1-1-20-3 定额，工程量为路线长度×石方比例，即 5×62006/（29575＋62006）＝39568＝3.38km。

注：路基填筑的其他附属工作，如挖台阶、填前夯实、洒水、零填及挖方地段碾压等根据实际项目情况考虑，本案例暂未考虑。

清单编号	名称	单位	清单数量	清单单价	金额（元）
	清单 第200章 路基				2,850,128
⊟ 204-1	路基填筑（包括填前压实）				1,043,198
-c	利用石方	m³	62006.000	13.70	849,482

定额编号	定额名称	定额单位	工程量	取费类别	调整状态
1-1-18-18	高速一级路20t内振动压路	00m³压实	62.006	5)机械石方	
1-1-20-1	机械整修路拱	1000m²	82.932	2)机械土方	
1-1-20-3	整修边坡二级及以上等级	1km	3.380	1)人工土方	

图 9-100　利用石方定额选用

4. 套选弃土场定额（所选定额仅作参考，图 9-101）

根据《公路工程标准施工招标文件（下册）》，关于弃方的处理：承包人在有弃方的路段开工前至少 28d，应提出开挖、调运施工方案报监理人批准。该方案包括挖方及弃方的数量、调运方案、弃方位置及其堆放形式、坡脚加固处理、排水系统的布置以及有关的计划安排等。弃土应按图纸要求进行压实，且应按图纸要求及时完成弃土场的结构防护、排水工程。承包人还应按本规范的有关技术要求对弃土场进行绿化，以保障生态环境不受破坏。

1）分摊界面

图 9-101　弃土场

本弃土场采用分摊的方式将弃土场建设的相关费用合理地分摊到弃土方和弃石方中，点击"分摊"界面，在表格中输入名称、单位和数量，如图 9-102 所示。

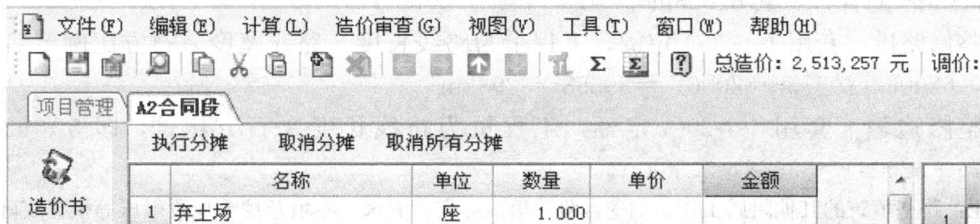

图 9-102　弃土场信息的输入

2）定额编制

浆砌护脚：套用 5-1-16-2 定额，工程量为 194.4m³，将 M5 的砂浆抽换为 M7.5 的砂浆。

浆砌排水沟：套用 1-2-3-1 定额，工程量为 896.4m³，将 M5 的砂浆抽换为 M7.5 的砂浆。

汽车便道：套用 7-1-1-1 定额，工程量为 0.188km，汽车便道砂砾路面套用 7-1-1-5 定额，工程量为 0.188km，汽车变道养护：套用 7-1-1-7 定额，工期为 4 个月，工程量为 0.752。如图 9-103 所示。

名称	单位	数量	单价	金额
1　弃土场	座	1.000	314491	314491

定额编号	定额名称	定额单位	工程里	取费类别	调整状态
5-1-16-2	浆砌护脚	10m³	19.440	8)构造物 I	M5, -3.5, M7.5, +3.5
1-2-3-1	浆砌片石边沟 排水沟 截水沟	10m³	89.640	8)构造物 I	M5, -3.5, M7.5, +3.5
7-1-1-1	汽车便道平微区路基宽7m	1km	0.188	7)其他路面	
7-1-1-5	汽车便道砂砾路面宽6m	1km	0.188	7)其他路面	
7-1-1-7	便道养护路基宽7m	1km·月	0.752	7)其他路面	

图 9-103　弃土场定额选用

3）执行分摊

点击左上角"执行分摊"，将弃土场建设费用分摊到挖土方和挖石方中，如图 9-104 所示。

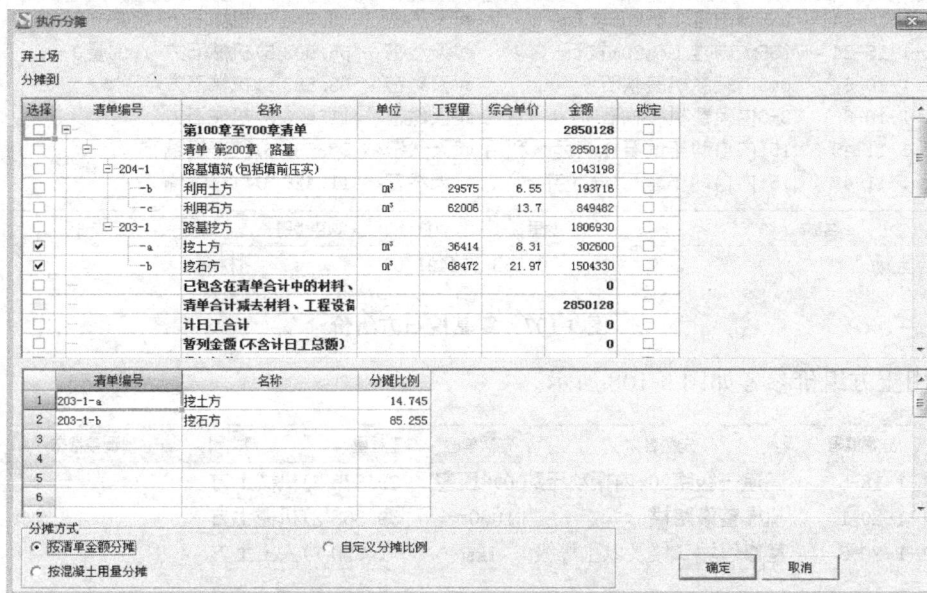

图 9-104 弃土场的分摊（分摊方式可结合实际项目情况选择）

5. 土石方完整组价参考方案

路基土石方工程量清单，如图 9-105 所示。

清单编号	名称	单位	清单数量	清单单价	金额（元）
	清单 第200章 路基				2,785,883
203-1	路基挖方				1,742,685
-a	挖土方	m³	36414.000	8.05	293,133
-b	挖石方	m³	68472.000	21.17	1,449,552
204-1	路基填筑(包括填前压实)				1,043,198
-b	利用土方	m³	29575.000	6.55	193,716
-c	利用石方	m³	62006.000	13.70	849,482

图 9-105 路基土石方工程量清单

挖土方组价参考如图 9-106 所示。

定额编号	定额名称	定额单位	工程量	取费类别	调整状态
1-1-9-5	1.0m3内挖掘机挖装土方普通土	m³天然密	10.138	2)机械土方	定额×0.87
1-1-12-14	135kW内推土机20m普通土	m³天然密	10.138	2)机械土方	
1-1-9-5	1.0m3内挖掘机挖装土方普通土	m³天然密	26.276	2)机械土方	
1-1-11-21	15t内自卸车运土1km	m³天然密	20.835	3)汽车运输	定额×1.19
1-1-11-21	15t内自卸车运土1km	m³天然密	2.107	3)汽车运输	

名称	单位	数量	单价	取费类别	类型		利润
弃土场	座	0.147	314491.00		材料	☐	0

图 9-106 路基挖土方组价

挖石方组价参考如图 9-107 所示。

定额编号	定额名称	定额单位	工程量	取费类别	调整状态
1-1-15-24	135kW内推土机20m软石	m³天然密	3.764	5)机械石方	定额×0.92
1-1-15-24	135kW内推土机20m软石	m³天然密	65.008	5)机械石方	1006量0
1-1-10-6	3m3内装载机装软石	m³天然密	53.583	5)机械石方	
1-1-10-6	3m3内装载机装软石	m³天然密	11.426	5)机械石方	
1-1-11-49	15t内自卸车运石1km(远运利用	m³天然密	53.583	3)汽车运输	
1-1-11-49	15t内自卸车运石1km（弃方）	m³天然密	11.426	3)汽车运输	

名称	单位	数量	单价	取费类别	类型		利润
弃土场	座	0.853	314491.00		材料	☐	0

图 9-107　路基挖石方组价

利用土方组价参考如图 9-108 所示。

定额编号	定额名称	定额单位	工程量	取费类别	调整状态
1-1-18-5	高速一级路20t内振动压路	00m³压实	29.575	2)机械土方	
1-1-20-1	机械整修路拱	1000m²	39.568	2)机械土方	
1-1-20-3	整修边坡二级及以上等级	1km	1.620	1)人工土方	

图 9-108　路基利用土方组价

利用石方组价参考如图 9-109 所示。

定额编号	定额名称	定额单位	工程量	取费类别	调整状态
1-1-18-18	高速一级路20t内振动压路	00m³压实	62.006	5)机械石方 ▼	
1-1-20-1	机械整修路拱	1000m²	82.932	2)机械土方	
1-1-20-3	整修边坡二级及以上等级	1km	3.380	1)人工土方	

图 9-109　路基利用石方组价

本 章 小 结

本章节主要介绍了纵横 SmartCost 公路工程造价软件的基本功能、特点及操作流程，然后用实例具体讲述了如何用公路工程造价软件编制概预算及工程量清单预算。

习　题

9-1　采用纵横 SmartCost 造价软件编制工程造价的流程是怎样的？

9-2　纵横 SmartCost 公路工程造价软件的特点是什么？在应用过程中有哪些技巧？

9-3　编制公路工程投标标底时需要进行分摊操作的项目有什么？在纵横 SmartCost 造价软件招投标版中应该如何操作？

9-4　纵横 SmartCost 造价软件中如何进行定额抽换工作？

参 考 文 献

[1] 中华人民共和国交通运输部. 公路工程基本建设项目概算预算编制方法 JTG B06—2007 [S]. 北京：人民交通出版社，2007.

[2] 中华人民共和国交通运输部. 公路工程概算定额 JTG/T B06-01—2007 [S]. 北京：人民交通出版社，2007.

[3] 中华人民共和国交通运输部. 公路工程预算定额 JTG/T B06-02—2007 [S]. 北京：人民交通出版社，2007.

[4] 中华人民共和国交通运输部. 公路工程机械台班费用定额 JTG/T B06-03—2007 [S]. 北京：人民交通出版社，2007.

[5] 中华人民共和国交通运输部. 公路工程施工定额 [M]. 北京：人民交通出版社，2009.

[6] 中华人民共和国交通运输部. 公路工程基本建设项目投资估算编制方法 JTG M20—2011 [S]. 北京：人民交通出版社，2011.

[7] 中华人民共和国交通运输部. 公路工程估算指标 JTG/T M21—2011 [S]. 北京：人民交通出版社，2011.

[8] 全国造价工程师执业资格考试培训教材编审委员会. 建设工程计价 [M]. 北京：中国计划出版社，2017.

[9] 中华人民共和国交通运输部. 公路工程标准施工招标文件（2018）[M]. 北京：人民交通出版社，2018.

[10] 公路工程造价员培训编写组. 公路工程造价员培训教材 [M]. 北京：中国建材工业出版社，2010.

[11] 中华人民共和国交通运输部公告. 关于公布公路工程基本建设项目概算预算编制办法局部修订的公告，2011 年第 83 号.

[12] 高继伟. 图解公路工程工程量计算手册 [M]. 北京：机械工业出版社，2009.

[13] 范智杰. 公路工程量与造价控制 [M]. 北京：人民交通出版社，2008.

[14] 邢凤岐，徐连铭. 公路工程定额应用与概预算编制示例 [M]. 北京：人民交通出版社，2008.

[15] 雷书华，高伟. 公路投标报价三种工程量的关系及计算规则探析 [J]. 交通标准化，2004（5）.

[16] 赵晞伟. 公路工程定额应用释义 [M]. 北京：人民交通出版社，2007.

[17] 杨子敏. 公路工程造价指南——估算、概算、预算及决算 [M]. 北京：人民交通出版社，1999.

[18] 刘维庆，雷书华. 土木工程施工招标与投标 [M]. 北京：人民交通出版社，2007.

[19] 张铁成，温晓军，李春华，等. 新版公路工程定额及编制办法解读与应用案例 [M]. 北京：人民交通出版社，2008.

[20] 张兴强. 公路工程概预算 [M]. 第 1 版. 北京：清华大学出版社，北京交通大学出版社，2011.

[21] 舒翔，王维多. 卓有成效的公路工程计量与支付管理 [M]. 北京：人民交通出版社，2006.